LA FRANCE

GÉOGRAPHIE et HISTOIRE

curieuses et insolites

Pierre Deslais
Rodolphe Ferron

LA FRANCE
GÉOGRAPHIE et HISTOIRE
curieuses et insolites

Editions OUEST-FRANCE

AVANT-PROPOS

« L'histoire n'est que la géographie dans le temps, comme la géographie n'est que l'histoire dans l'espace. »

Elisée Reclus

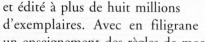

Aussi bien à travers sa géographie que son histoire, la France regorge de curiosités, comme l'ont démontré les deux ouvrages qui se retrouvent ici associés : *La France, géographie curieuse et insolite* paru en 2011 et *La France, histoire curieuse et insolite* l'année suivante. La première partie constitue un tour de la France et de ses départements qui n'est pas sans rappeler celui des deux enfants du célèbre manuel de lecture de G. Bruno, pseudonyme d'Augustine Feuillée, née en 1833 à Laval (Mayenne) – tout comme l'auteur principal de ce livre près de cent cinquante ans plus tard. Son *Tour de la France par deux enfants* fut publié pour la première fois en 1877

et édité à plus de huit millions d'exemplaires. Avec en filigrane un enseignement des règles de morale, ce manuel narre les aventures de deux jeunes garçons, l'un robuste, l'autre fragile mais intelligent et courageux. Il n'avait pas seulement pour but d'apprendre la lecture : il devait surtout faire connaître leur pays aux jeunes écoliers.

Notre découverte des départements reprend quelque peu le parcours de ces deux héros, mais il se veut naturellement moins patriotique que l'œuvre de G. Bruno, typique des premières heures de la revancharde IIIe République après la défaite de 1870. Son dessein est de présenter la France et sa géographie, avec de nombreuses illustrations qui évoquent l'époque de Pierre Vidal de la Blache, le géographe auteur du *Tableau de la géographie de la France* à l'origine des fameuses cartes murales suspendues dans les classes primaires depuis le début du siècle dernier. Au fil d'un découpage géographique, cette première partie mettra en avant les curiosités de chacun des 101 départements, un échelon administratif aujourd'hui menacé par certains projets de réforme, mais auquel les Français restent pourtant très attachés.

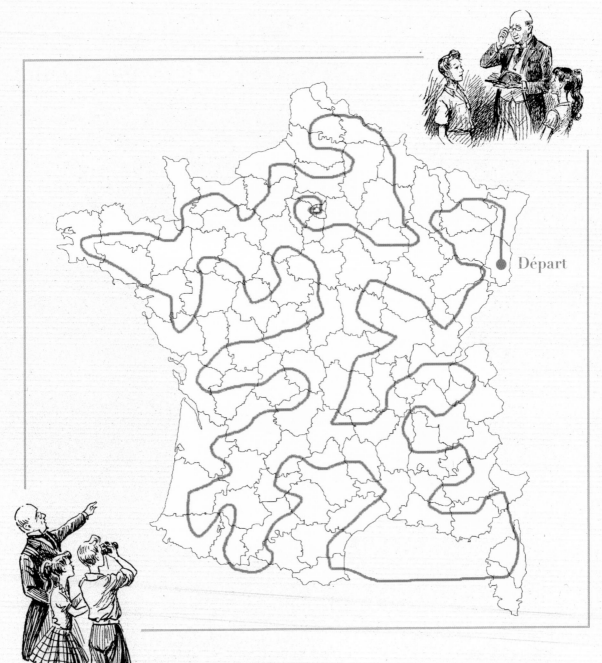

Départ

L'itinéraire de notre géographie curieuse et insolite reprend peu ou prou celui du *Tour de la France par deux enfants*, le manuel de lecture de G. Bruno : il débute non loin de la ligne bleue des Vosges, avant de descendre vers la Méditerranée et de remonter vers le nord par la façade atlantique. Ce périple à travers les départements français se termine par l'Outre-Mer.

Les trois dessins de cette double page sont extraits de *Îles et côtes de France*, de Henry de Monfreid, 1957.

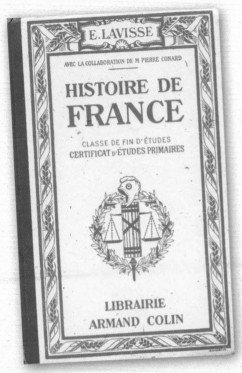

L'approche de la seconde partie est quant à elle chronologique et veut faire (re)découvrir l'histoire de France en privilégiant les aspects insolites des événements incontournables qui permettent de la comprendre, mais aussi en faisant la part belle à des anecdotes qui n'ont pas forcément bousculé la « grande histoire ». Les illustrations anciennes rappellent elles aussi les manuels scolaires d'autrefois, centrés sur une histoire nationale riche en « images d'Épinal » (Roland et son olifant, Saint Louis rendant la justice sous son chêne, Henri IV et sa poule au pot…).

Saint Louis rendant la justice à Vincennes.

Cahier de _____ Appartenant à _____

Le Livre d'Or des Enfants courageux.

Joseph Barra

COLLECTION GODCHAUX. DÉPOSÉ.

Protège-cahier de la fin du XIXᵉ siècle.

Henri IV a toujours joui d'une bonne renommée dans l'imagerie populaire.

Influencés par le « roman national » des historiens du XIXᵉ siècle, ces manuels d'histoire n'hésitaient pas à prendre leur distance avec la vérité historique pour présenter les exploits de héros quelque peu instrumentalisés comme Vercingétorix, Jeanne d'Arc ou bien encore les jeunes martyrs révolutionnaires Bara et Viala. C'est ainsi que cet ouvrage tordra le cou de certains mythes tenaces ou de certaines demi-vérités historiques devenues familières.

UNE BRÈVE HISTOIRE DES DÉPARTEMENTS FRANÇAIS

Les départements expriment une valeur fondamentale de la Révolution française : l'égalité. Leur découpage décidé en décembre 1789, et ayant pris effet en mars 1790, vise à remplacer des provinces aux dimensions très inégales, et entre lesquelles les privilèges sont aussi inégaux. Condorcet avait souhaité que « dans l'espace d'un jour, les citoyens les plus éloignés du centre puissent se rendre au chef-lieu, y traiter d'affaires pendant plusieurs heures et retourner chez eux ». Sans aller jusqu'à un découpage géométrique, les nouvelles limites départementales ont souvent suivi celles des provinces, mais, comme pour mieux marquer la rupture avec l'Ancien Régime, les noms de celles-ci n'apparaissent pas dans les noms des nouveaux départements, qui s'inspirent alors des éléments naturels : des fleuves (Loire-Inférieure, Haute-Garonne…), des rivières (ancienne Mayenne-et-Loire, Nièvre…), des montagnes (Lozère, Vosges…), de sites particuliers (Calvados, Pas-de-Calais…), de leur localisation (Nord, Finistère…), ou de leur végétation particulière (Landes). Celui de la Côte-d'Or, en référence à la couleur des vignes à l'automne sur la montagne de Beaune, fut inventé pour l'occasion.

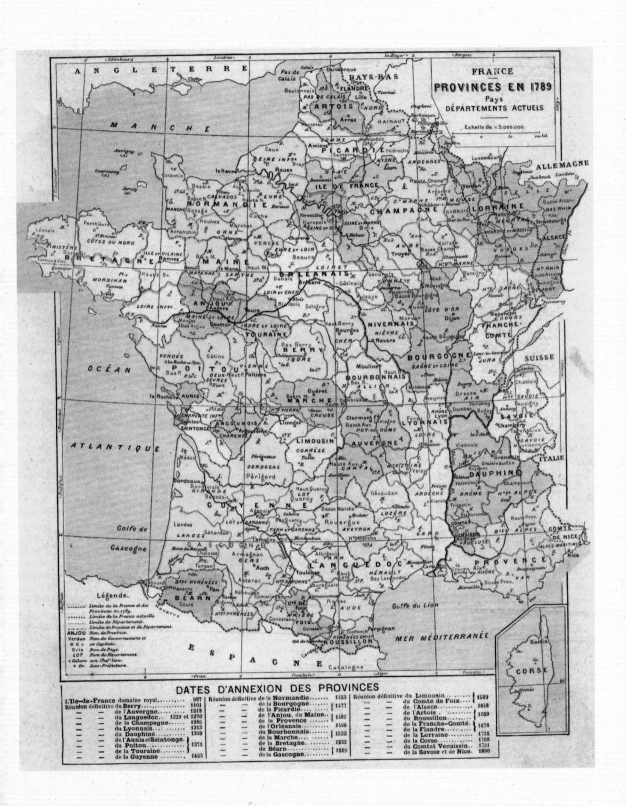

DATES D'ANNEXION DES PROVINCES

L'Ile-de-France domaine royal	987	Réunion définitive de la Normandie	1453	Réunion définitive du Limousin	1589
Réunion définitive du Berry	1101	— de la Bourgogne	1477	— du Comté de Foix	1589
— de l'Auvergne	1213	— de la Picardie		— de l'Alsace	1648
— du Languedoc	1229 et 1270	— de l'Anjou, du Maine	1481	— de l'Artois	1659
— de la Champagne	1285	— de la Provence		— du Roussillon	
— du Lyonnais	1313	— de l'Orléanais	1498	— de la Franche-Comté	1678
— du Dauphiné	1349	— du Bourbonnais	1522	— de la Flandre	
— de l'Aunis et Saintonge		— de la Marche		— de la Lorraine	1735
— du Poitou	1371	— de la Bretagne	1532	— de la Corse	1768
— de la Touraine	1453	— du Béarn	1589	— du Comtat Venaissin	1791
— de la Guyenne	1453	— de la Gascogne		— de la Savoie et de Nice	1860

Au gré de l'histoire et des décisions politiques, les départements ont alors connu de nombreuses modifications, dans leurs limites, dans leurs noms et dans leur nombre. Avec les conquêtes napoléoniennes, la France totalisa 130 départements, qui s'étendaient de l'embouchure de l'Elbe à Rome.

Certains de ces changements apparaissent dans la numérotation des départements qui ne respecte pas toujours l'ordre alphabétique, principalement pour les départements franciliens, dont les numéros 91, 92 et 93 ont été auparavant portés par les trois premiers départements d'Algérie.

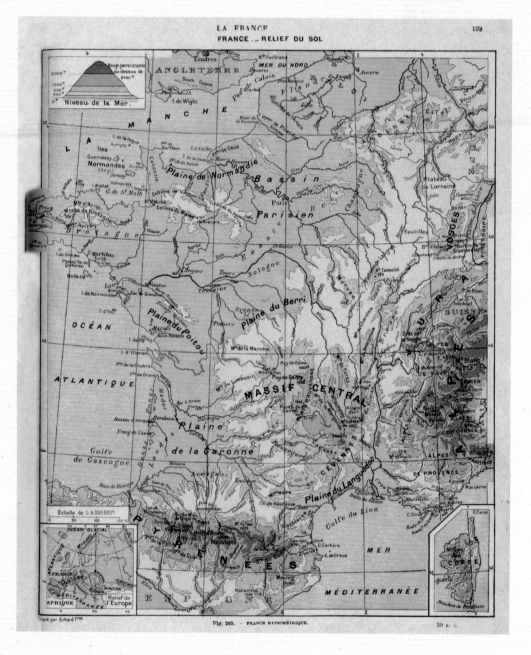

Fig. 269. - FRANCE HYPSOMÉTRIQUE.

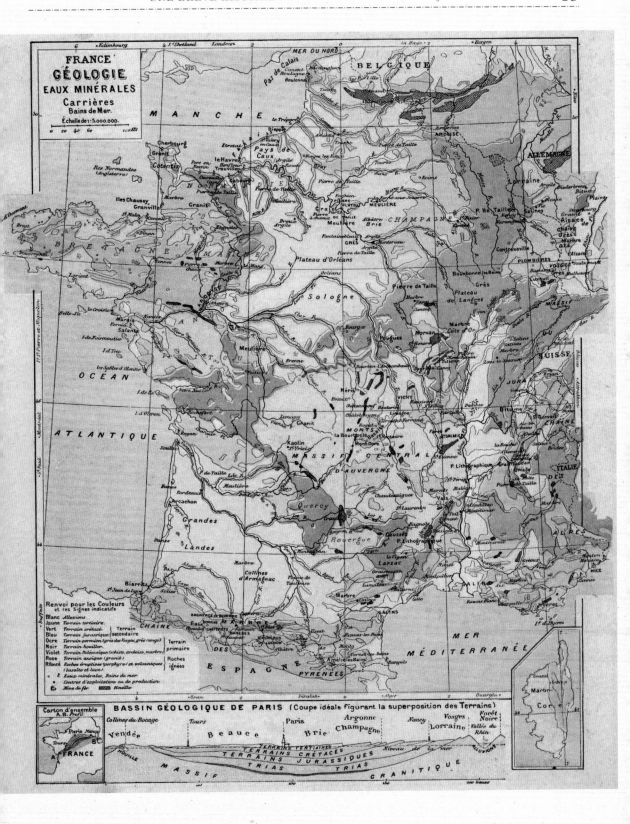

LES COLONIES FRANÇAISES

Publié sous le patronage du **Comité DUPLEIX.** — BONVALOT, Directeur, 26, rue de Grammont, PARIS

47. — Un Morne. — Plantation de Cannes à Sucre.

La Guadeloupe.

Dans les Grandes Cultures

Le Manioc

Récolte du Manioc à la Guyane.

LES DEPARTEMENTS D'OUTRE-MER

Avant la création des départements d'outre-mer en 1946, la France comptait 95 départements. Réservé au protectorat de Tunisie, le numéro 96 ne leur fut pas attribué. Ils prirent le numéro 97 auquel il faut ajouter un chiffre, la Guadeloupe portant par exemple le 971. Les départements d'outre-mer forment chacun une région monodépartementale depuis 1982.

Aux 96 départements que compte la métropole depuis la bidépartementalisation de la Corse de 1976, il faut ajouter un cinquième département d'outremer. Depuis mars 2011 et son changement de statut, Mayotte constitue le 101e département français, avec le numéro 976, car Saint-Pierre-et-Miquelon s'est par le passé vu attribuer le 975 avant d'abandonner son statut départemental en 1985.

MONTEBELLO
VIEUX RHUM
DE LA GUADELOUPE

42 % vol.
70 cl

MONTEBELLO S.A.R.L.
Distillerie CARRERE
97170 PETIT BOURG - GUADELOUPE F.W.I.
VIEILLI ET MIS EN BOUTEILLE À LA DISTILLERIE

HAUT-RHIN 68

RÉGION : ALSACE - PRÉFECTURE : COLMAR (PLUS GRANDE VILLE MULHOUSE)
SUPERFICIE : 3 525 KM² - POPULATION : 742 408 HAB.

L'Alsace (de 's Elsass, étymologiquement pays de la rivière l'Ill), et plus précisément le Haut-Rhin, sont composées de plusieurs régions naturelles bien distinctes. Avec pour limite orientale le Rhin, la plaine d'Alsace est une partie du fossé d'effondrement qui a séparé les Vosges et la Forêt-Noire, qui étaient jadis contiguës. Cette région connaît une relative activité sismique, attestée par le tremblement de terre de Bâle de 1356. A l'ouest, le versant alsacien des Vosges culmine à 1 424 m au Grand Ballon, parfois appelé Ballon de Guebwiller. Entre les deux, les premières collines, dites sous-vosgiennes, sont le domaine réservé de la viticulture, tandis que la région du Sundgau dans le sud du département annonce déjà les premiers soubresauts du Jura.

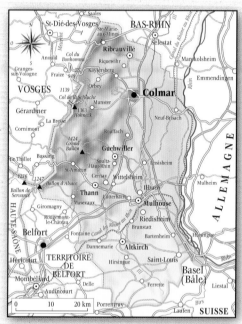

Le plus grand musée automobile du monde

Les frères Hans et Fritz Schlumpf, jadis à la tête d'un véritable empire du textile dans la région, avaient envisagé d'ouvrir un musée présentant leur collection de voitures prestigieuses et rares. Leur projet encore secret touchait au but, quand la société fut frappée par la crise du milieu des années 1970, et qu'un conflit social les fit fuir vers la Suisse. Les syndicalistes rebaptisèrent le lieu « Musée des travailleurs » pendant deux ans, avant que la collection soit classée Monument historique et vendue à l'association de la Cité de l'automobile de Mulhouse, fière de ses Bugatti et autres Rolls-Royce.

L'EFFET « SÈCHE-CHEVEUX »

Grâce à l'effet de foehn, la plaine d'Alsace jouit d'un climat relativement chaud et sec, par rapport au versant occidental des Vosges notamment. Mus par les vents d'ouest dominants, les nuages doivent se libérer de leur humidité pour s'élever et franchir la ligne bleue des Vosges. En résulte sur le versant alsacien un vent chaud et sec appelé foehn, terme désignant localement un sèche-cheveux. Colmar, célèbre pour sa Petite Venise, est ainsi une des villes les moins arrosées de France avec 530 mm de précipitations par an. Les vignes des collines sous-vosgiennes jouissent également de ce foehn, mais aussi des premiers rayons matinaux du soleil, salvateurs en période de gel, grâce à leur exposition plein est.

TOKAY OU PINOT GRIS ?

Depuis 2007 et une précédente plainte de leurs homologues hongrois, les viticulteurs alsaciens ne peuvent plus mentionner le terme Tokay sur leurs bouteilles. Ce cépage est en fait le pinot gris, mais une légende tenace raconte encore que Lazare de Schwendi, général du Saint-Empire, a combattu en Hongrie et pris la ville de Tokaj, et il y aurait recueilli quelques plants de vigne du fameux cépage dont il aurait fait don à la ville de Kaysersberg.

Le veilleur de nuit de Turckheim

Dans la charmante petite ville de Turckheim subsiste encore un veilleur de nuit. Chargé autrefois de veiller à ce que les chandelles soient bien éteintes afin de limiter les risques d'incendie dans cette ville où subsistent de multiples maisons à pans de bois, il effectue désormais sa ronde tous les soirs à 22 heures du 1er mai au 31 octobre, les trois premiers samedis de l'Avent à 22 heures, et chaque 31 décembre à minuit… essentiellement pour le folklore. ■

BAS-RHIN 67

RÉGION : ALSACE - PRÉFECTURE : STRASBOURG
SUPERFICIE : 4 755 KM² - POPULATION : 1 091 015 HAB.

La capitale du sapin de Noël

Chaque mois de décembre, non loin de son étonnant château d'eau classé Monument historique*, la ville de Sélestat voit les échoppes de son marché de Noël s'illuminer, comme partout en Alsace. Même si on y fêtait plutôt la Saint-Nicolas autrefois, Sélestat est liée à une autre coutume de Noël. On y retrouverait les origines du sapin de Noël, avec un « arbre du Christ » mentionné dès 1521.

*Il était surmonté d'un coq de 1918 à 1940, année où il fut remplacé par un aigle impérial…

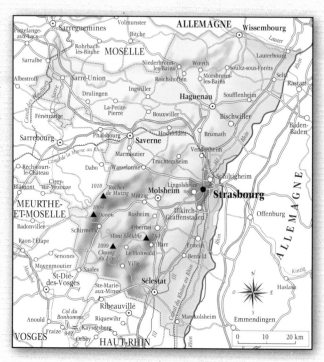

KIRSCH D'ALSACE
GRANDE DISTILLERIE DE FRUITS
A l'Alsacienne
SOCIÉTÉ ANONYME
SCHILTIGHEIM (ALSACE)

Le Rhin, qui fait de Strasbourg le deuxième port fluvial du pays, donne son nom aux deux départements alsaciens, qui, avec la Moselle, ont dû subir les vicissitudes des relations franco-allemandes. De leur ancienne appartenance à l'Allemagne de 1871 à 1918, subsistent quelques particularismes comme les trains circulant à droite, un régime de sécurité sociale propre et les deux jours fériés supplémentaires du vendredi saint et du 26 décembre. Les lois de séparation de l'Eglise et de l'Etat de 1905 n'y étant pas appliquées, les prêtres restent salariés par l'Etat.

Alsace - Le Château du Haut-Kœnigsbourg.

D'UN MONT À L'AUTRE

Sur les premiers contreforts vosgiens, une longue série de forteresses médiévales veille sur la plaine d'Alsace. Parmi elles, le Haut-Kœnigsbourg contraste avec ses voisins pour la plupart en ruine. Si ses origines remontent au XIᵉ siècle, il a été restauré au début du siècle dernier pour répondre aux goûts de l'empereur allemand Guillaume II. Un promontoire voisin tient une place importante dans la culture alsacienne et porte justement le nom de la patronne de l'Alsace. Il s'agit du mont Saintè-Odile, haut lieu spirituel entouré d'une enceinte aux origines obscures, appelée « mur païen ».

◈ UNE CAPITALE EUROPÉENNE BIEN FRANÇAISE ◈

Haut lieu européen avec le Conseil de l'Europe, la Cour européenne des droits de l'homme et le Parlement, Strasbourg n'en garde pas moins une importance toute particulière pour la France. Le texte de 842 qui évoque l'alliance de deux petits-fils de Charlemagne, appelé serments de Strasbourg, constitue le plus ancien témoignage écrit en langue romane (ancêtre du français). En 1792, à la demande du baron de Dietrich maire de Strasbourg, Rouget de Lisle y créa *Le Chant pour l'armée du Rhin* qui allait devenir *La Marseillaise*. Enfin la France est évoquée dans le pittoresque quartier de la Petite France, mais l'origine de ce nom est moins glorieuse. On y soignait autrefois les malades de la syphilis, pathologie couramment appelée « mal français »…

MORTS POUR LA PATRIE…

LES MONUMENTS AUX MORTS LOCAUX NE PEUVENT ARBORER LE TRADITIONNEL « MORTS POUR LA FRANCE », LES ALSACIENS AYANT COMBATTU CÔTÉ ALLEMAND LORS DE LA PREMIÈRE GUERRE MONDIALE, POUR LES FRANÇAIS EN 1940, AVANT PAR LA SUITE D'ÊTRE ENRÔLÉS DE FORCE DANS LA WEHRMACHT, D'OÙ LE SURNOM DES « MALGRÉ NOUS ».

LE CENTENAIRE DE LA « MARSEILLAISE »
(Rouget de Lisle à Strasbourg)

MOSELLE 57

RÉGION : LORRAINE - PRÉFECTURE : METZ
SUPERFICIE : 6 216 KM² - POPULATION : 1 042 230 HAB.

Seul l'actuel département de la Moselle, avec quelques anciennes communes des Vosges, correspond à la partie de la Lorraine annexée à l'Empire allemand en 1871. Auparavant l'arrondissement de Briey (Meurthe-et Moselle actuelle) faisait partie de la Moselle, tandis que les arrondissements de Château-Salins et de Sarrebourg aujourd'hui mosellans appartenaient au département de la Meurthe. Les Allemands ont ainsi privé la France des mines de fer de l'ouest du département, mais aussi des mines de charbon des environs de Forbach, notamment le carreau de la Houve à Creutzwald, dernière mine de charbon française, exploitée jusqu'en 2004.

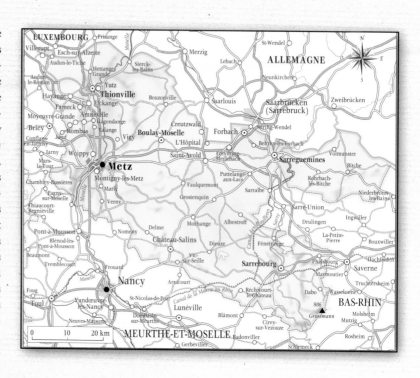

L'utopique Bataville

C'est au début des années 1930, au milieu d'étangs et de forêts du sud-ouest de la Moselle, que l'industriel tchèque Tomáš Bata a décidé de créer une cité ouvrière idéale du nom de Bataville. Autour de cette « usine modèle » fortement empreinte d'idées fordistes et paternalistes, le géant de la chaussure a doté la cité ouvrière d'infrastructures propres comme son église, son épicerie, sa piscine ou encore son école.

UN ASCENSEUR POUR LES BATEAUX

EN 1969, LA CONSTRUCTION DU PLAN INCLINÉ DE SAINT-LOUIS-ARZVILLER SUR LE CANAL DE LA MARNE AU RHIN A PERMIS LE CONTOURNEMENT D'UN PASSAGE LABORIEUX DE DIX-SEPT ÉCLUSES RAPPROCHÉES, AU NIVEAU DE LA TROUÉE DE SAVERNE, PASSAGE PEU ÉLEVÉ PERMETTANT DE FRANCHIR LA BARRIÈRE DES VOSGES. A L'HEURE DU DÉVELOPPEMENT DURABLE, CE CANAL ET CE PLAN INCLINÉ HAUT DE 40 M POURRAIENT VOIR DANS L'AVENIR LEUR FRÉQUENTATION S'INTENSIFIER SÉRIEUSEMENT.

La légende du Graoully

Le blason du FC Metz arbore une curieuse créature appelée Graoully. Le Graoully était à l'origine un serpent avant d'évoluer en dragon au fil du temps. Il aurait été chassé de l'amphithéâtre de Divodurum (Metz), par saint Clément au IIIe siècle. Il faut voir dans cette légende la volonté des chrétiens de lutter contre les croyances païennes symbolisées par ce monstre hideux, que les enfants fouettaient à la fin de processions qui ont perduré au cours des siècles.

LA DYNASTIE INDUSTRIELLE DES WENDEL

La famille Wendel a été à la tête d'un véritable empire de la sidérurgie en Lorraine au début du XIXe siècle. Après l'annexion, elle a poursuivi l'exploitation du minerai de fer, couramment appelé « minette de Lorraine », et celle du gisement houiller sarrois-lorrain, même si deux députés de la famille ont siégé comme « députés contestataires » au Reichstag. La famille a aussi tenu à développer ses activités en territoire français, notamment à Jœuf (Meurthe-et-Moselle) où de nombreux travailleurs italiens ont migré et où plus tard le jeune Michel Platini signa sa première licence, quelques années avant d'être refusé par le FC Metz…

◇ … COMME À GRAVELOTTE ! ◇

Quand il pleut fortement, on dit parfois qu'il tombe – ou qu'il pleut – comme à Gravelotte. Cette expression doit son origine à la guerre de 1870 et à la bataille de Gravelotte, aussi appelée bataille de Saint-Privat, en raison de l'intensité des tirs de l'artillerie prussienne et du nombre important de soldats tombés au champ d'honneur. Après ces combats et ceux de la Première Guerre mondiale, la Moselle s'est retrouvée au cœur de la ligne Maginot, ensemble de fortifications aménagé dans les années 1930 pour éviter une nouvelle invasion… ∎

CHEMINS DE FER D'ALSACE ET DE LORRAINE

VISITEZ METZ VILLE HISTORIQUE

MEURTHE-ET-MOSELLE 54

RÉGION : LORRAINE - PRÉFECTURE : NANCY
SUPERFICIE : 5 246 KM² - POPULATION : 729 768 HAB.

BAROQUE ET ART NOUVEAU

La place Stanislas, joyau de l'architecture baroque dû à l'architecte Emmanuel Héré, était en 1755 la place Royale, nommée par Stanislas Leszczynski en l'honneur de son gendre Louis XV. Après avoir été rebaptisée place Napoléon puis à nouveau place Royale, elle prit son nom actuel en 1831. Le nom de Nancy est également associé à l'Art nouveau avec Emile Gallé, les frères Daum ou Louis Majorelle, promoteurs de l'école de Nancy au début du siècle dernier.

Les souffleurs de verre de Baccarat.

La bergamote de Nancy

« Nos bergamottes (sic) sont garanties à l'essence naturelle d'une sorte de citron venant de Sicile »…

… tel est ce qu'on peut lire sur certaines boîtes du célèbre bonbon nancéen, la bergamote. Le climat lorrain ne se prête pourtant guère à la culture de la bergamote, un agrume qui ressemble plutôt à une orange. L'origine de cette confiserie appréciée par Stanislas remonterait, paraît-il, au temps des ducs de Lorraine René d'Anjou et René II, qui furent également chacun roi de Sicile.

LA CAPTURE DE LA MOSELLE

En hydrographie, une capture correspond au changement de cours d'une rivière, détournée de son tracé primitif par une autre rivière plus active. A Toul, la Moselle reçoit, sur sa rive gauche l'Ingressin, un petit affluent qui coule au milieu d'une large vallée qu'il n'a pu creuser lui-même. C'est une des traces de la capture de la Moselle. Autrefois la Moselle se jetait dans la Meuse au niveau de Pagny. Au début de l'ère quaternaire, son cours a été détourné au niveau de Toul, et ses eaux rejoignent depuis celles de la Meurthe en aval de Nancy.

La Meurthe-et-Moselle a été formée en 1871 avec les portions des départements de la Meurthe et de la Moselle laissées à la France par le traité de Francfort. Il en résulte une curieuse forme « en oie » faisant s'étirer le département de la frontière belge, près de la citadelle Vauban de Longwy et de la dernière mine de fer d'Audun-le-Tiche fermée en 1997, jusqu'aux pentes du sommet vosgien du Donon, non loin de la célèbre cristallerie de Baccarat. L'histoire du département reste attachée au duc de Lorraine et roi de Pologne Stanislas Leszcynski qui avait sa cour au château de Lunéville et dont la plus célèbre place de Nancy porte le nom.

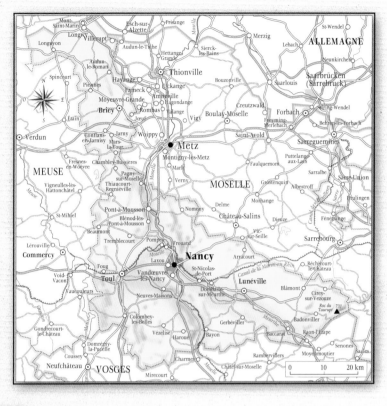

Vue de Nancy

UNE COLLINE INSPIRATRICE

Au sud de Nancy, le pays du Saintois, dont le nom devient Xaintois dans les Vosges, est dominé par la colline de Sion, qui est plutôt pour les géologues une « butte témoin », témoignant de l'existence d'un banc rocheux plus grand dont les roches les moins résistantes ont été érodées. A quelques hectomètres de la basilique Notre-Dame de Sion, précisément au Signal de Vaudémont (540 m), se dresse un monument plus discret, dédié à Maurice Barrès. Le site lui a inspiré son œuvre *La Colline inspirée* en 1913. « L'horizon qui cerne cette plaine, c'est l'horizon qui cerne toute vie. Il donne une place d'honneur à notre soif d'infini en même temps qu'il nous rappelle nos limites » (*La Colline inspirée*, 1913).

MEUSE

55

RÉGION : LORRAINE - PRÉFECTURE : BAR-LE-DUC (PLUS GRANDE VILLE VERDUN)
SUPERFICIE : 6 211 KM² - POPULATION : 194 218 HAB.

La Meuse est un fleuve qui s'étend sur 950 km depuis le Bassigny (Haute-Marne) jusqu'à la mer du Nord. Son bassin versant est très étroit sur sa partie française, en raison de la succession longitudinale de côtes, ou cuestas, ces talus caractéristiques de l'est du Bassin parisien. La vallée de la Meuse occupe le cœur du département qui porte son nom, mais se trouve ainsi séparée de l'Argonne à l'ouest par la côte des Bars, et de la Woëvre à l'est par les Côtes de Meuse. C'est sur les crêtes de ces dernières que furent bâtis les forts de Vaux et de Douaumont près desquels se tinrent les combats de la bataille de Verdun en 1916.

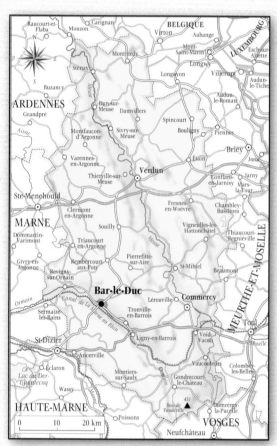

ARRESTATION DE LA FAMILLE ROYALE À VARENNES (22 Juin 1791)

◈ TERMINUS POUR LA FAMILLE ROYALE ◈

Sur la tour de l'horloge de Varennes-en-Argonne, une plaque rappelle la célèbre arrestation de Louis XVI, retenu par le maître des postes de Sainte-Menehould, Jean-Baptiste Drouet, le 21 juin 1791. La famille royale tentait alors de rejoindre Montmédy et sa citadelle où des troupes fidèles à la monarchie étaient postées.

LA VOIE SACRÉE

Après la Première Guerre mondiale, la route reliant Bar-le-Duc, chef-lieu du département, à Verdun, sa plus grande ville, reçut de Maurice Barrès le nom de « Voie sacrée ». Elle constituait l'axe logistique primordial pour ravitailler Verdun et nécessitait donc un entretien particulier. Depuis 2007, perpendiculairement à cet axe historique, à mi-chemin entre les deux villes, se trouve l'inattendue gare de Meuse-TGV, aussi appelée « Meuse-TGV-Voie sacrée ». Elle est située sur la commune de Trois-Domaines, réunion de trois villages réunissant à peine plus de 100 habitants.

DES COMMUNES SANS HABITANTS

LA MEUSE EST LE SEUL DÉPARTEMENT À COMPTER DES COMMUNES SANS HABITANTS. SIX VILLAGES DÉTRUITS LORS DE LA PREMIÈRE GUERRE MONDIALE ET NON RECONSTRUITS ONT, POUR LA MÉMOIRE, PRÉSERVÉ LEUR STATUT COMMUNAL. PARMI EUX, ON PEUT CITER FLEURY-DEVANT-DOUAUMONT, EN L'HONNEUR DUQUEL FLEURY-SUR-ORNE (CALVADOS) A ÉTÉ REBAPTISÉ. CETTE COMMUNE NORMANDE S'APPELAIT AUPARAVANT… ALLEMAGNE.

◈ L'ORIGINE DE LA LORRAINE ET DE LA FRANCE ◈

Par le traité de Verdun en 843, les petits-fils de Charlemagne se sont réparti le territoire du royaume de leur grand-père. L'un d'entre eux, Lothaire, obtint la partie centrale s'étendant de la mer du Nord à la Méditerranée, en passant par la Lorraine dont le nom découle de cette plus vaste région : la Lotharingie. Louis le Germanique reçut la Francie orientale rapidement nommée Germanie. Pour Charles le Chauve ce fut la Francie occidentale à l'origine de la France.

CHEMINS DE FER DE L'EST

Commercy, un arrêt apprécié

La madeleine de Commercy serait née dans les cuisines du duc de Lorraine Stanislas Leszczynski. Elle porterait le nom de la jeune servante Madeleine Paulmier à qui le duc aurait demandé le prénom afin de baptiser cette douceur. L'arrivée de la ligne de chemin de fer Paris-Strasbourg en 1852 a été déterminante pour sa notoriété. Les ventes de madeleines à la criée sur le quai de la gare, par les fenêtres ouvertes des wagons, étaient devenues incontournables et ont perduré jusqu'au milieu du XXe siècle. ∎

VOSGES 88

RÉGION : LORRAINE - PRÉFECTURE : EPINAL
SUPERFICIE : 5 874 KM² - POPULATION : 380 145 HAB.

PLOMBIÈRES, VILLE D'EAU… ET DE GLACE

Au départ de Vittel, la route thermale des Vosges s'achève à Plombières-les-Bains. Le site de cette « ville aux mille balcons » qui a accueilli les grands de ce monde, de Napoléon III à Beaumarchais qui y joua la première de son Mariage de Figaro, était déjà connu par les Romains qui aménagèrent des thermes, profitant des eaux les plus chaudes d'Europe (84 °C). Si la station thermale s'est bien fait une spécialité de la glace plombières, il faut retrouver l'origine de ce dessert dans une cuisine parisienne où un certain Tortoni l'élabora dans un moule en plomb. Mais, à cette recette glacée mêlant œufs et fruits confits, les restaurateurs locaux ont ajouté le kirsch, spécialité de la cité voisine de Fougerolles.

◊ DARNEY ET L'AMITIÉ FRANCO-TCHÉCOSLOVAQUE ◊

Le musée franco-tchécoslovaque de Darney rappelle les liens entre ce petit chef-lieu de canton et cette terre d'Europe centrale. Dès la fin du Moyen Age des maîtres verriers de Bohême sont venus exercer dans la région. Pendant la Première Guerre mondiale, le camp de Darney a abrité les troupes tchèques et slovaques, mais surtout, en 1918, il y fut signé la déclaration de l'indépendance de la Tchécoslovaquie. Le jumelage de Darney avec la ville tchèque de Slavkov – mieux connue sous son nom allemand d'Austerlitz – atteste encore de cette amitié.

Saint-Dié-des-Vosges, berceau de l'Amérique

Saint-Dié accueille chaque année le Festival international de géographie. Cette vocation est liée à un jour d'avril 1507 quand le cartographe Martin Waldseemüller plaça pour la première fois sur un planisphère le terme América, en l'honneur du Florentin Amerigo Vespucci qui supposa que Christophe Colomb venait de découvrir, non pas les Indes, mais un nouveau continent. Sur une carte de 1513, il préfère l'appellation *Terra incognita*, mais c'est bien le terme Amérique qui sera repris notamment par le célèbre cartographe flamand Mercator.

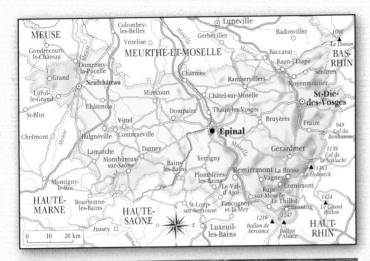

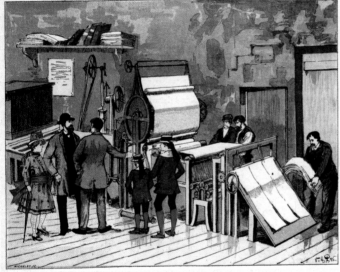

Une papeterie à Epinal en 1886.

Le massif vosgien ne couvre en fait que la partie orientale du département des Vosges, de bas plateaux comme celui de la Vôge couvrant le centre et l'ouest du département. A l'est, les vallées industrialisées de la Moselle, de la Moselotte, de la Vologne, et de la Meurthe se sont spécialisées dans le textile grâce à des industriels venus d'Alsace au XIXe siècle pour faire la renommée des « linges des Vosges ». Elles sont dominées par la route des crêtes qui serpente auprès de l'emblématique « ligne bleue des Vosges », point de fixation de la France revancharde après la défaite de 1870 et la perte de l'Alsace. Cette expression, issue du testament du natif de Saint-Dié Jules Ferry, est parfois utilisée de nos jours pour désigner les crêtes vosgiennes, le sens patriotique en moins, ou de manière imagée pour évoquer un but à atteindre.

Les images d'Epinal

LES IMAGES D'EPINAL SONT AUSSI ENTRÉES DANS LE LANGAGE COURANT ET SONT DÉSORMAIS SYNONYMES DE « CLICHÉ ». CES IMAGES COLORÉES S'INSPIRANT DÈS 1796 DE LA LITTÉRATURE, DE L'HISTOIRE OU DE LA VIE QUOTIDIENNE, SONT DUES À L'IMPRIMEUR SPINALIEN JEAN-CHARLES PELLERIN.

Transport du bois sur une schlitte dans les Vosges.

TERRITOIRE DE BELFORT 90

RÉGION : FRANCHE-COMTÉ - PRÉFECTURE : BELFORT
SUPERFICIE : 609 KM² - POPULATION : 141 958 HAB.

L e Territoire de Belfort est né du redécoupage alle-mand de 1871 et correspond à la partie du Haut-Rhin restée française. Dans l'attente d'un éventuel rattachement à l'Alsace, il a gardé un statut spécial jusqu'en 1922, année où il devient véritablement le 90e département français. Intégré finalement à la région Franche-Comté, il est le plus petit département métro-politain après Paris et les trois départements de la petite couronne. Dominé par le Ballon d'Alsace au nord, son territoire est majoritairement occupé par la trouée de Belfort, aussi appelée porte d'Alsace ou porte de Bour-gogne. Ce passage quasi incontournable, entre les Vos-ges au nord et le Jura au sud, fait de Belfort un verrou stratégique que Vauban s'empressa de fortifier une fois la ville rattachée au royaume de France.

La cité du lion

Le célèbre *Lion de Belfort* est une sculpture monumentale longue de 22 m et haute de 11 m, qui commémore l'héroïsme de la ville durant la guerre de 1870. Due au sculpteur alsa-cien Frédéric Bartholdi, elle est faite de pierres taillées séparé-ment, dont l'assemblage a été achevé en 1880. A cette date, la ville de Paris avait déjà commandé à l'artiste une réplique au tiers en bronze, pour orner la place d'Enfer, adroitement rebaptisée place Den-fert-Rochereau. A la mort de Bartholdi, une fausse rumeur naquit, prétendant qu'il se serait suicidé pour avoir oublié de représenter la langue de l'animal.

LE BALLON D'ALSACE... DE LORRAINE ET DE FRANCHE-COMTÉ

La Savoureuse, rivière traversant Belfort, naît sur les flancs du Ballon d'Alsace, point culminant du dépar-tement (1247 m). Bien que son nom n'évoque que l'Alsace, ses pentes s'étendent en réalité sur quatre com-munes appartenant à quatre dépar-tements différents – le Haut-Rhin, le Territoire de Belfort, la Haute-Saône et les Vosges – et donc sur trois régions différentes – l'Alsace, la Franche-Comté, et la Lorraine.

Arrondissement subsistant du Haut-Rhin

Le Territoire de Belfort n'a pas été annexé à l'Allemagne comme le reste du territoire du Haut-Rhin. Lors de la guerre de 1870, sous le commandement du colonel Denfert-Rochereau, la ville s'est illustrée héroïquement en résistant pendant plus de 100 jours au siège des Prussiens. La vibrante plaidoirie du député Emile Keller devant ses pairs et le caractère francophone de Belfort ont également favorisé le maintien en terres françaises de ce qui n'était avant 1922 que l'« arrondissement subsistant du Haut-Rhin ».

◇ L'IMMIGRATION DES « OPTANTS » ◇

Une clause du traité de Francfort permettait aux Alsaciens et aux Lorrains concernés par l'annexion à l'Empire allemand de conserver la nationalité française, à condition de quitter ces territoires. Ainsi de nombreux Alsaciens ont migré vers Belfort, contribuant au développement de la ville qui a vu sa population passer de 6 000 habitants en 1870 à 34 000 en 1914. Nancy et les vallées industrielles vosgiennes comme celles de la Moselle ou de la Moselotte ont également tiré profit de cette immigration d'Alsaciens et de Lorrains appelés « optants ».

Reddition de BELFORT (15 Février 1871)
Sortie de la garnison

HAUTE-SAÔNE 70

RÉGION : FRANCHE-COMTÉ - PRÉFECTURE : VESOUL
SUPERFICIE : 5 360 KM² - POPULATION : 237 197 HAB.

LA PATRIE DU SAPEUR CAMEMBER

Le sapeur Camember est un des tout premiers héros de la bande dessinée française, né de la plume du joyeux Luron – entendez là un habitant de la sous-préfecture Lure – Georges Colomb. Ce dernier qui écrivait sous le pseudonyme Christophe en a fait un héros natif de la ville imaginaire de Gleux-lès-Lure, dans le département tout aussi imaginaire, mais tout aussi identifiable, de la Saône-Supérieure. C'est en l'honneur de ce personnage de soldat illettré né le 29 février qu'a été dénommée *La Bougie du sapeur*, journal paraissant naturellement chaque 29 février.

Le vœu de Champagney

En 1789, en vue de la tenue des états généraux, la commune de Champagney eut à rédiger son cahier de doléances. Dans l'article 29, la population de cette modeste bourgade s'émeut ainsi du sort des esclaves noirs : « Les habitants et communauté de Champagney ne peuvent penser aux maux que souffrent les nègres dans les colonies, sans avoir le cœur pénétré de la plus vive douleur. » Ce texte visionnaire et éclairé fut ressorti de l'oubli dans les années 1970 et placé au cœur de l'actuelle Maison de la négritude et des droits de l'homme de Champagney, parrainée par Léopold Sédar Senghor.

La Haute-Saône illustrée
16 — *Servance*. - Le Saut de l'Ognon.

Reuchet, édit., Fougerolles

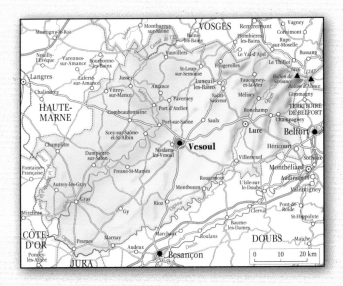

La Saône prend sa source dans le département des Vosges, mais ne tarde pas à rejoindre l'ouest du département de Haute-Saône, où elle traverse la petite ville de Gray qui fut le premier chef-lieu du département en 1790. La Saône peut ici, et jusqu'à sa confluence avec le Doubs, être appelée « Petite Saône ». L'est et le sud du département sont drainés par son affluent, l'Ognon. Né sur le plateau des Mille Etangs, près des mines de Château-Lambert, non loin du Ballon de Servance, point culminant du département avec ses 1 214 m, il forme d'innombrables méandres qui marquent la limite méridionale du département.

◇ BÉLINOGRAPHE ET RADIOGONIOMÈTRE ◇

En 1907, Edouard Belin mit au point dans les ateliers Méliès son bélinographe, ancêtre du fax ou télécopieur, encore utilisé par les reporters de presse dans les années 1970. La même année l'Italien Ettore Bellini invente le radiogoniomètre, appareil de géolocalisation ancêtre du GPS et de Galileo. Si le premier est né à Vesoul, le second a choisi de reposer en Haute-Saône, dans la petite cité de caractère de Ray-sur-Saône où il s'installa à la fin de sa vie.

NOTRE-DAME-DU-HAUT, L'ŒUVRE D'UN ATHÉE

Ancienne cité minière, Ronchamp a accédé à la notoriété en 1955, quand s'acheva la construction de la chapelle Notre-Dame-du-Haut. Une première chapelle Notre-Dame-du-Haut fut construite sur les hauteurs de Ronchamp, là où un sanctuaire attirait de nombreux pèlerins au Moyen Age. Définitivement ruinée après les bombardements de 1944, sa remplaçante fut alors la première réalisation cultuelle du célèbre architecte Le Corbusier. L'édifice privilégie des formes curvilignes pour être en harmonie avec le relief des Vosges saônoises. ■

CHOCOLAT GUÉRIN-BOUTRON

ARMES DES VILLES DE FRANCE

VESOUL

Vue de Vesoul

DOUBS

25

RÉGION : FRANCHE-COMTÉ - PRÉFECTURE : BESANÇON
SUPERFICIE : 5 234 KM² - POPULATION : 520 133 HAB.

Le département du Doubs se trouve étonnamment encerclé par la rivière qui lui donne son nom. Prenant sa source à Mouthe, au sud du département dans le massif du Jura, elle marque ensuite la frontière franco-suisse après Pontarlier, notamment au pittoresque saut du Doubs. Après une rapide boucle en territoire helvète, le Doubs revient côtoyer Montbéliard tout à fait au nord du département, avant de traverser le chef-lieu Besançon, établi dans un méandre protégé par une imposante citadelle Vauban. De sa source à sa confluence avec la Saône, le Doubs coule ainsi sur 453 km, alors que la distance à vol d'oiseau est inférieure à 100 km.

LES SANGLIERS DU MONT D'OR…

LE MONT D'OR EST LE POINT CULMINANT DU DÉPARTEMENT (1 463 M) MAIS AUSSI UN FROMAGE, POUR LEQUEL TRAVAILLENT ENCORE QUELQUES SANGLIERS. COMPRENEZ QU'IL S'AGIT LÀ D'ARTISANS CHARGÉS DE CONFECTIONNER DES SANGLES EN BOIS D'ÉPICÉA POUR CERCLER CE FROMAGE PARTICULIÈREMENT COULANT.

« LA PETITE SIBÉRIE »

La région de Mouthe, aux confins du département du Jura et de la Suisse, est surnommée « la Petite Sibérie » en raison de la rigueur de ses hivers. Le 17 janvier 1985, on y releva une température de - 41 °C, un record pour l'Hexagone, qui parvint à faire geler le mercure des thermomètres de l'époque.

BESANÇON
SITE PITTORESQUE, CENTRE DE TOURISME
STATION SALINE, MUSÉES, HORLOGERIE

(Adagp, Paris 2011)

Les « échelles de la Mort »

Près des gorges du Doubs qui définissent la frontière franco-suisse, il existe encore d'anciennes cabanes où les douaniers étaient postés. Pour leur échapper, les contrebandiers, localement appelés « bricotiers », n'hésitaient pas à gravir les falaises aux endroits les moins accessibles, à l'aide d'échelles rudimentaires. Aujourd'hui le site des « échelles de la Mort » à Charquemont permet de découvrir de somptueux paysages et de gravir les falaises sur des échelles sécurisées.

◈ Les derniers jours du gouverneur général de Saint-Domingue ◈

C'est au fort de Joux, que Toussaint Louverture vécut ses dernières heures. Né esclave, ce général haïtien s'est d'abord rallié à la République française, notamment quand celle-ci, en 1794, abolit l'esclavage. Ayant la volonté de mettre en place un « pouvoir noir » sur la colonie, il devient en 1801 gouverneur général à vie. Bonaparte le fait arrêter et interner en avril 1803 près de Pontarlier où il décédera d'une maladie pulmonaire, quelques mois avant qu'Haïti ne devienne, après les Etats-Unis, la deuxième colonie du continent américain à accéder à l'indépendance.

La Loue, affluent et résurgence du Doubs

Les plateaux calcaires du massif jurassien sont parcourus par des rivières souterraines au cœur de paysages dits « karstiques ». La somptueuse source de la Loue a inspiré le peintre originaire d'Ornans Gustave Courbet, mais ce dernier ne savait sans doute pas qu'il s'agissait d'une résurgence du Doubs, comme l'atteste un fait divers de 1901. Les usines Pernod de Pontarlier furent incendiées à cause de la foudre et il fut alors décidé de déverser une partie des stocks d'absinthe dans le Doubs. Deux jours plus tard, la Loue prit une teinte verte et l'odeur caractéristique de l'absinthe.

JURA

39

RÉGION : FRANCHE-COMTÉ - PRÉFECTURE : LONS-LE-SAUNIER
(PLUS GRANDE VILLE DOLE) - SUPERFICIE : 4 999 KM² - POPULATION : 258 897 HAB.

LES DIVULGATEURS DE LA SCIENCE

CAPITALES INDUSTRIELLES EN TOUT GENRE

Pour occuper leurs journées d'hiver trop rudes pour les travaux agricoles, les habitants de la montagne jurassienne ont développé des savoir-faire artisanaux particuliers, transmis de génération en génération, et à l'origine des spécialisations industrielles des villes des vallées jurassiennes. Moirans est ainsi devenu la capitale du jouet, Morez celle des lunettes, Bois-d'Amont celle des boîtes à fromage, Lavans celle des boutons, et enfin Saint-Claude celle de la pipe. S'ajoute à cette liste la tradition horlogère, partagée avec la Suisse voisine et symbolisée par les horloges comtoises.

◇ LES MAISONS DE PASTEUR ◇

Le plus célèbre enfant du pays est certainement Louis Pasteur. On peut visiter « sa maison » à Dole où il est né, mais surtout à Arbois, cité célèbre pour ses vins où il passa une grande partie de sa vie. Possédant quelques hectares de vigne non loin de là à Montigny-lès-Arsures, Pasteur y réalisa d'importants travaux sur la fermentation du vin.

En dehors de la région de Dole au nord du département, le Jura se trouve au cœur du massif du même nom. Le centre du département est le domaine du « Jura des plateaux », tandis que le sud-est est plutôt celui du « Jura plissé ». Combe, cluse, ruz, crêt, val perché... sont autant de termes spécifiques au relief dit « jurassien », dont le Jura est l'archétype. A cause de la perméabilité du calcaire, l'érosion donne naissance à des formes de relief particulièrement échancrées notamment sur la bordure des premiers plateaux avec de superbes vallées en cul-de-sac qui forment, entre autres, la reculée des Planches ou le cirque de Baume-les-Messieurs.

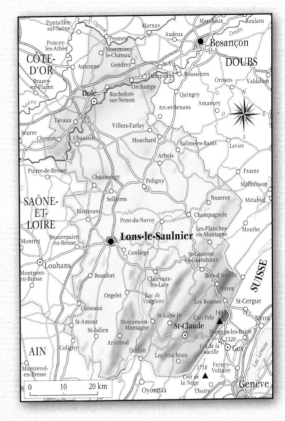

Alésia dans le Jura ?

Au terme d'un débat ancien, pas encore totalement clos pour certains, la localisation d'Alésia à Alise-Sainte-Reine (Côte-d'Or) est aujourd'hui admise par une large majorité d'historiens et d'archéologues. Au XIXᵉ siècle, le site d'Alaise au sud de Besançon eut ses partisans, mais aujourd'hui les irréductibles opposants à la thèse bourguignonne penchent plutôt pour le site de Chaux-des-Crotenay/Syam, près de Champagnole.

LE PAYS DU SELIGNIGÈNE

Les toponymes Lons-le-Saunier et Salins-les-Bains évoquent l'exploitation ancienne du sel. Il s'agit ici de la production de sel ignigène, obtenu grâce à l'évaporation de la saumure par le feu. C'est pour remplacer les infrastructures vieillissantes de ces deux villes que fut construite, à la fin du XVIIIᵉ siècle, la saline royale d'Arc-et-Senans dans le Doubs, œuvre ambitieuse de l'architecte Claude-Nicolas Ledoux. Depuis les puits de Salins-les-Bains, la nouvelle saline était approvisionnée par un saumoduc, une double canalisation en sapin longue de plus de 20 km. ■

CÔTE-D'OR 21

RÉGION : BOURGOGNE - PRÉFECTURE : DIJON
SUPERFICIE : 8 763 KM² - POPULATION : 521 608 HAB.

Le nom « Côte-d'Or » fut proposé par Charles-André-Rémy Arnoult, avocat au parlement de Dijon et député de l'Assemblée de 1790, inspiré par la teinte dorée que prenaient les vignes de la côte beaunoise à l'automne. Ce nom poétique a été préféré à ceux d'Haute-Seine ou de Seine-et-Saône. Les célèbres côtes de Beaune et de Nuits séparent, dans le sud-est du département, la vallée de la Saône de ce qui est communément appelé la Montagne de Beaune. Les collines du Morvan s'étendent sur le sud-ouest, tandis que le nord du département correspond à la partie méridionale du plateau de Langres, où la Seine prend sa source. Le département est au cœur d'un grand carrefour entre Paris et Lyon via le seuil de Bourgogne, mais aussi vers la Lorraine et l'Europe rhénane.

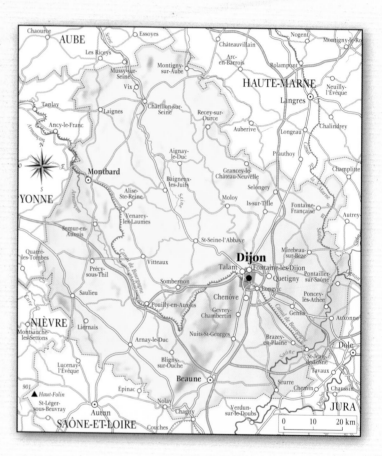

◇ LE TRÉSOR DE VIX ◇

En janvier 1953, la tombe d'une princesse celte fut mise au jour, au pied de l'oppidum du mont Lassois, près du petit village de Vix. De nombreux bijoux paraient la défunte, mais la plus belle pièce de ce trésor est le Vase de Vix, un cratère de bronze dont le col est décoré par un bandeau en relief représentant un défilé d'hoplites et de chars à quatre chevaux. Mais ce dernier est surtout remarquable par ses dimensions exceptionnelles : 1,64 m de haut, 208 kg, 1,27 m de diamètre, 1 100 litres de capacité. Conservé au musée de Châtillon-sur-Seine, il aurait été fabriqué par des Grecs d'Italie du Sud, mais son usage et les conditions de sa fabrication restent méconnus.

CHOCOLAT-LOUIT.

BUFFON

◇ LA FORGE DE BUFFON ◇

C'est près de sa ville natale de Montbard, à proximité du canal de Bourgogne, que le naturaliste Georges-Louis Leclerc, comte de Buffon, aménagea une forge, afin de parfaire ses travaux sur la métallurgie. Les lieux ont été pensés pour optimiser la production, avec sur le même espace les installations industrielles, la maison du maître et celles des ouvriers. Des ferronneries, des rampes d'escalier et des grilles du Jardin des Plantes de Paris, dont Buffon était l'intendant, sont ainsi originaires de Bourgogne.

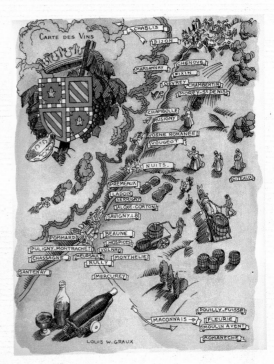

CARTE DES VINS

LOUIS W. GRAUX

Le véritable kir

Avant que le terme ne s'étende à tout mélange vin blanc-cassis, le kir se composait d'un tiers de crème de cassis de Dijon et de deux tiers de bourgogne aligoté, comme l'appréciait le chanoine Félix Kir. Ancien résistant et dernier prêtre à avoir porté la soutane sur les bancs de l'Assemblée nationale, ce truculent maire de Dijon a accordé en 1952 le droit d'utiliser son nom à la maison Lejay-Lagoute.

CHOCOLAT GUÉRIN-BOUTRON
LES DIFFÉRENTES INDUSTRIES
72 Sujets

FABRICATION DU VIN. PRESSOIR DE L'HOSPICE DE BEAUNE (CLOS VOUGEOT).

UNE DISCRÈTE PETITE PARCELLE...

LE PLUS PRESTIGIEUX CRU DE BOURGOGNE, LE ROMANÉE-CONTI, EST GÉNÉRALEMENT CLASSÉ COMME LE VIN LE PLUS CHER AU MONDE, TOUS MILLÉSIMES CONFONDUS. CE VIN ROUGE DE CÉPAGE PINOT NOIR EST PRODUIT SUR UNE PETITE PARCELLE DE 1,8 HA DE LA COMMUNE DE VOSNE-ROMANÉE. POUR POUVOIR GOÛTER À UNE DES SEULES 6 000 BOUTEILLES PRODUITES CHAQUE ANNÉE, IL FAUT ACHETER DOUZE AUTRES BOUTEILLES DE GRANDS CRUS LOCAUX ET SURTOUT ÊTRE CONNU DE LA PROPRIÉTÉ OU D'UN DES CAVISTES AGRÉÉS.

YONNE

89

RÉGION : BOURGOGNE - PRÉFECTURE : AUXERRE
SUPERFICIE : 7 427 KM² - POPULATION : 342 359 HAB.

LE VRAI CADET ROUSSELLE

CADET ROUSSELLE A BEL ET BIEN EXISTÉ. NÉ DANS LE JURA EN 1743, GUILLAUME JOSEPH ROUSSEL S'EST INSTALLÉ À 20 ANS À AUXERRE. DEVENU HUISSIER EN 1780, IL DEVINT UNE FIGURE POPULAIRE DE LA VILLE, À TEL POINT QUE GASPARD DE CHENU LUI A CONSACRÉ EN 1792 UNE CHANSON DÉSORMAIS CÉLÈBRE, QUE LES SOLDATS ICAUNAIS DE LA RÉVOLUTION COMMENCÈRENT À POPULARISER.

CADET ROUSSELLE

Cadet Rousselle a trois habits
Deux jaunes, l'autre en papier gris ;
Il met celui-ci quand il gèle
Ou quand il pleut ou quand il grêle.
Ah ! Ah ! Ah ! mais vraiment,
Cadet Rousselle est bon enfant.

Édité par DE RICQLÈS et Cie

PONT-SUR-YONNE – L'Aqueduc des Eaux de la Vanne.

DE L'EAU POUR PARIS

La Vanne, affluent de l'Yonne, a donné son nom à un aqueduc long de plus de 130 km, aménagé dans la deuxième moitié du XIXe siècle, pour alimenter la capitale en eau potable à partir de plusieurs sources du nord du département. Supporté par d'importants ouvrages d'art quand il ne peut être souterrain, l'aqueduc de la Vanne sillonne la forêt de Fontainebleau avant d'atteindre Paris et le réservoir de Montsouris.

La Fosse Dionne

Le lavoir de la Fosse Dionne était déjà joliment aménagé lorsque naquit à Tonnerre en 1728 le chevalier d'Eon (Charles Geneviève Louis Auguste André Timothée d'Eon de Beaumont), célèbre agent secret de Louis XV, connu pour avoir longtemps vécu sous les traits d'une femme. Ce lavoir a la particularité d'être alimenté par une source vauclusienne, résurgence d'une rivière souterraine des plateaux calcaires du Tonnerrois. Son nom découlerait de celui de la divinité des sources Divona.

La création du département de l'Yonne a réuni des terres de différentes provinces. Si l'Auxerrois et la Terre Plaine au sud-est sont historiquement bourguignons, la Puisaye au sud-ouest est issue de l'Orléanais, alors que le Tonnerrois, le pays d'Othe et le Sénonais sont d'anciennes terres champenoises. Une petite partie de l'Ile-de-France lui fut même rattachée. Née dans le Morvan, la rivière Yonne est le principal affluent de la Seine et a même un débit plus important que le fleuve à Montereau-Fault-Yonne, là où elles confluent. Les crues de la Seine à Paris dépendent ainsi avant tout des précipitations qui s'abattent sur le bassin versant de l'Yonne. Son nom latin Icauna a fait des habitants du département les Icaunais.

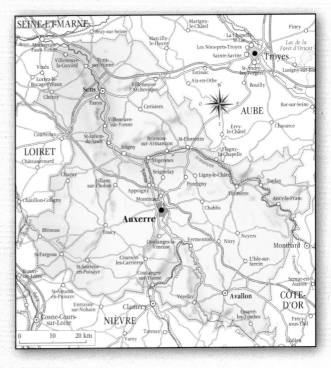

VEZELAY. — Saint Bernard prêche la seconde croisade en présence de Louis VII et des plus grands seigneurs. 1147.

◇ UN HAUT LIEU DE LA CHRÉTIENTÉ MÉDIÉVALE ◇

La « colline éternelle » de Vézelay était jadis très fréquentée en raison du culte des reliques de sainte Marie Madeleine, avant d'être concurrencée au XIIIe siècle par la découverte d'autres reliques de Marie Madeleine à Saint-Maximin dans le Var. Vézelay est devenu un des quatre principaux points de ralliement français pour le pèlerinage vers Saint-Jacques-de-Compostelle, et la basilique Sainte-Madeleine, restaurée par Viollet-le-Duc, demeure un chef-d'œuvre de l'art roman.

◇ LE PETIT LAROUSSE... ◇

La petite ville de Toucy vit naître un certain Pierre Larousse, fils d'un forgeron et d'une aubergiste. A 20 ans, il est déjà instituteur de son village natal, mais sa soif de connaissances le mène à Paris où il fréquente les universités et les bibliothèques. A 32 ans, il publie une *Lexicologie des écoles primaires*, sept ans avant la parution du *Nouveau Dictionnaire de la langue française*. ∎

NIÈVRE 58

RÉGION : BOURGOGNE - PRÉFECTURE : NEVERS
SUPERFICIE : 6 817 KM² - POPULATION : 220 653 HAB.

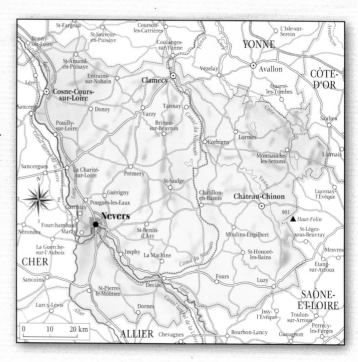

La Nièvre est un court affluent de la Loire qui ne coule que dans le département du même nom. Ce dernier correspond à l'ancienne province du Nivernais. Le département est largement recouvert par les forêts du massif du Morvan, où l'Yonne prend sa source au mont Préneley. C'est par flottage sur l'Yonne et sur ses affluents qu'on a longtemps acheminé du bois vers Paris. L'Allier et la Loire, qui se rencontrent au bec d'Allier près de Nevers, marquent successivement la limite occidentale du département. La vallée de la Loire y est ici le terroir du pouilly-fumé – à ne pas confondre avec le pouilly-fuissé du Mâconnais – dont le vignoble fait face à celui de Sancerre, dans le Cher.

◇ LE CHÂTEAU DE VAUBAN ◇

Le plus célèbre propriétaire du château de Bazoches, commune du nord du département, est sans nul doute Sébastien Le Prestre de Vauban. L'ingénieur militaire a acheté ce château ayant appartenu à son arrière-grand-père, grâce à une somme octroyée par Louis XIV après le siège de Maastricht. L'église du village abrite son tombeau mais, suite à une décision de Napoléon Ier, son cœur a été transféré aux Invalides. Son village natal de Saint-Léger dans l'Yonne voisine s'appelle désormais Saint-Léger-Vauban.

CHOCOLAT GUÉRIN-BOUTRON

CHATEAU DE BAZOCHES (Nièvre)

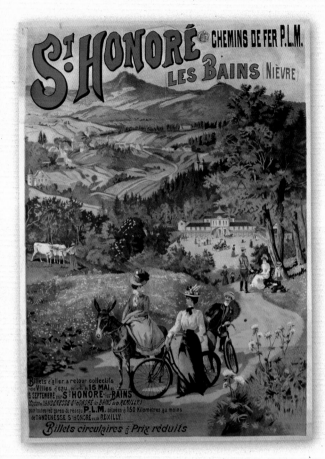

GALVACHERS MORVANDIAUX ET NOURRICES MORVANDELLES

En marge des difficiles travaux agricoles, deux activités se développèrent au XIXᵉ siècle dans le Morvan. Certains paysans sont temporairement devenus galvachers : ils quittaient alors leurs fermes avec leurs bœufs, dont la force de tractage servait au débardage des forêts. Les morvandelles étaient quant à elles réputées pour être de bonnes nourrices. Des « nourrices sur place » accueillirent des enfants de la capitale ou alors des « nourrices sur lieu » montèrent à Paris. Cette renommée fit choisir une nourrice de Dun-les-Places à Napoléon Iᵉʳ pour allaiter son fils Napoléon II.

◇ LA TERRE D'ÉLECTION DE FRANÇOIS MITTERRAND ◇

François Mitterrand a brigué de nombreux mandats dans la Nièvre à partir de 1946 suite à un parachutage électoral. De 1959 à 1981 il est maire de « Château-Chinon (Ville) », commune à dissocier de « Château-Chinon (Campagne) » bien que la première accueille la mairie de la seconde. Le village visible sur son affiche de campagne pour la présidentielle de 1981, avec le slogan « la force tranquille », est celui de Sermages. S'il repose aujourd'hui à Jarnac, sa ville natale en Charente, il a un temps souhaité être enterré sur le mont Beuvray aux confins de la Nièvre et de la Saône-et-Loire. C'est dans ce département voisin qu'il effectuait sa rituelle ascension de la Roche de Solutré chaque dimanche de Pentecôte.

Bethléem-lès-Clamecy

Avec la disparition en 1225 de l'Etat de Jérusalem, repris par les musulmans près d'un siècle après avoir été conquis par les croisés, le siège de l'évêché de Bethléem fut déplacé à Clamecy selon un souhait du duc de Nevers Guillaume IV. Jusqu'à la Révolution une cinquantaine d'évêques de Bethléem ont ainsi siégé à Clamecy, où aujourd'hui le quartier de Bethléem et l'église Notre-Dame de Bethléem construite en 1926 en béton armé rappellent cet épisode.

SAÔNE-ET-LOIRE 71

RÉGION : BOURGOGNE - PRÉFECTURE : MÂCON (PLUS GRANDE VILLE CHALON-SUR-SAÔNE) - SUPERFICIE : 8 575 KM² - POPULATION : 553 968 HAB.

LA DYNASTIE DES SCHNEIDER

Pendant près d'un siècle et demi, la ville du Creusot fut un centre métallurgique de premier ordre, sur lequel la famille Schneider a été toute-puissante pendant quatre générations. Après avoir racheté les forges de la ville en 1836, les Schneider ont organisé la ville sur un mode paternaliste, mettant à disposition des ouvriers différents services, comme les écoles où les jeunes élèves portaient l'uniforme aux couleurs de la société. Ils aménagèrent également le parc et le château de la Verrerie, pour en faire leur résidence, après le rachat en 1837 de l'ancienne manufacture de cristaux.

La Roche de Solutré, dominant le vignoble de Pouilly-Fuissé.

TERRES BURGONDES

Chalon-sur-Saône fut au VIᵉ siècle la résidence principale du roi de Bourgogne Gontran. A l'époque, la Bourgogne, ou Burgondie du nom du peuple des Burgondes, était un vaste territoire s'étendant jusqu'à la Provence. Plus tard, il fallut distinguer le « duché de Bourgogne », recouvrant un territoire proche de la Bourgogne actuelle, de la « franche comté de Bourgogne », celle-ci ayant donné naissance à l'actuelle Franche-Comté.

MONUMENTS ANTIQUES

PORTE ROMAINE St ANDRÉ, à AUTUN (S.et.L.)

Situé à cheval sur le bassin versant de la Loire à l'ouest et sur celui du Rhône avec la vallée de la Saône à l'est, le département de Saône-et-Loire présente des paysages variés, parfois fortement vallonnés dans le nord-ouest avec le point culminant du Morvan à 901 m au Haut-Folin, où il existe tout de même une discrète station de sports d'hiver. Les gisements houillers du département sont à l'origine du développement du Creusot et de Montceau-les-Mines, deux cités désormais en reconversion industrielle. Dans le sud et l'est, chaque région a sa spécialité : le Charolais est le berceau de la race bovine charolaise, les monts du Mâconnais se distinguent par leurs vignes, tandis que la Bresse louhannaise est quant à elle célèbre pour ses volailles.

◈ La forteresse d'Auguste, sœur et émule de Rome ◈

Sur le fronton de l'hôtel de ville d'Autun, on peut lire la devise *Roma celtica, soror et aemula Romae*. Cette devise est celle d'Augustodunum, littéralement « la forteresse d'Auguste », dont découle le nom actuel d'Autun. Fondée en -15, cette cité romaine s'est développée en attirant principalement la population de Bibracte, oppidum gaulois des Eduens, situé jadis au sommet du mont Beuvray. Elle abrite encore de nombreux monuments antiques comme le théâtre, le temple de Janus, les portes d'Arroux et Saint-André, et la mystérieuse pyramide de Couhard, probable monument funéraire.

La première photographie

C'EST À SAINT-LOUP-DE-VARENNES QUE NICÉPHORE NIÉPCE RÉALISA LA PREMIÈRE PHOTOGRAPHIE DE L'HISTOIRE EN 1827. LE PREMIER CLICHÉ AYANT NÉCESSITÉ UN TEMPS DE POSE DE HUIT HEURES A ÉTÉ NOMMÉ POINT DE VUE DU GRAS, DU NOM DE SA MAISON D'OÙ IL FIT UNE PRISE DE VUE DEPUIS LE DERNIER ÉTAGE.

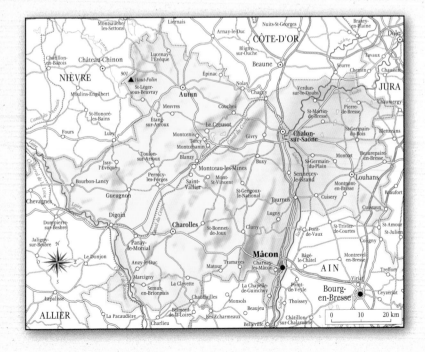

ALLIER

03

RÉGION : AUVERGNE - PRÉFECTURE : MOULINS (PLUS GRANDE VILLE MONTLUÇON)
SUPERFICIE : 7 340 KM² - POPULATION : 342 807 HAB.

M. Thivrier expulsé de la Chambre des députés

L e département de l'Allier est issu de la province du Bourbonnais et n'est donc pas historiquement auvergnat. Cette province correspond au duché de Bourbon. La petite ville de Bourbon-l'Archambault en était le cœur et constitue le berceau de la famille royale de Bourbon. Le département est traversé par l'Allier qui sépare la Sologne bourbonnaise à l'est du bocage bourbonnais à l'ouest. La Loire dans laquelle il se jette plus au nord près de Nevers marque la limite orientale du département. Dans le sud, la Combraille et la Limagne bourbonnaise prolongent des régions qui s'étendent en plus grande partie sur le département voisin du Puy-de-Dôme, alors qu'au sud-est la montagne bourbonnaise culmine à 1 287 m au puy de Montoncel.

Christophe Thivrier, premier maire socialiste

Commentry, petite ville industrielle des environs de Montluçon, a la particularité d'avoir élu le 6 juin 1882 Christophe Thivrier, le premier maire socialiste au monde. L'enfant du pays, lui-même ouvrier, s'est fait connaître plus largement pour avoir revêtu la blouse bleue des ouvriers bourbonnais en entrant au Palais-Bourbon, malgré les sommations des huissiers.

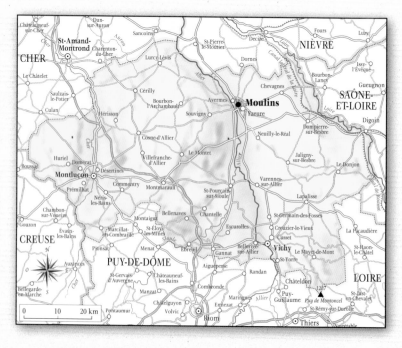

Les boules de Moulins

Octobre 1870, Paris est encerclé par les Prussiens. La capitale souffre du froid, de la faim et de son isolement. Pour communiquer avec la capitale, trois ingénieurs français ont alors conçu des sphères en zinc, étanches et creuses, pouvant contenir jusqu'à 500 lettres. Ces lettres furent rassemblées à Moulins, avant d'être déposées dans la Seine en amont de Paris. Seulement, la première des 55 « boules de Moulins » n'a été récupérée qu'après la fin du siège en mars 1871, et aujourd'hui moins de trente d'entre elles ont été repêchées, la dernière en 1988.

◇ JUIN 1940 ◇

En accueillant le gouvernement français, la ville thermale de Vichy a été placée bien malgré elle sous les projecteurs à partir de juin 1940. Les raisons ayant motivé ce choix sont multiples. Située en zone sud, Vichy est près de la ligne de démarcation et relativement proche de Paris, mais c'est surtout son importante capacité hôtelière et la qualité de celle-ci, avec notamment la présence d'un central téléphonique moderne conçu au départ pour satisfaire la clientèle internationale de la station, qui furent prises en compte, notamment par Pierre Laval qui possédait de surcroît une résidence à Châteldon, non loin de là.

UNE CHÊNAIE POUR LA MARINE FRANÇAISE…

Dans une ordonnance de 1669, le contrôleur des Finances Jean-Baptiste Colbert a initié une gestion plus méthodique des forêts du royaume, en vue de la production de bois pour les navires de la marine royale qu'il souhaitait ardemment renforcer. C'est ainsi que le reboisement et l'exploitation de la forêt de Tronçais s'amorcèrent et que des charpentiers de marine commencèrent à venir sur place sélectionner les arbres susceptibles de fournir de vigoureuses coques. Colbert n'avait peut-être pas prévu que les coques de ces navires seraient bientôt en acier, mais toujours est-il que la forêt de Tronçais, qui n'a gardé que 14 ha de sa « futaie Colbert » sur la dizaine de milliers qu'elle compte au total, est encore souvent considérée comme la plus belle futaie d'Europe. ■

PUY-DE-DÔME 63

RÉGION : AUVERGNE - PRÉFECTURE : CLERMONT-FERRAND
SUPERFICIE : 7 970 KM² - POPULATION : 628 485 HAB.

Le plus haut pont ferroviaire français

En octobre 1909, le président du Conseil Viviani a inauguré le viaduc des Fades qui enjambe la Sioule, dans le nord-est du département. Haut de 133 m, il était à l'époque le plus haut pont au monde. Aujourd'hui il est encore dans les quinze premiers, mais sa vétusté et la baisse de la fréquentation de la ligne reliant, indirectement, Clermont-Ferrand à Montluçon ont entraîné la suspension de son exploitation.

◇ LE PUY DE DÔME, SITE EXPÉRIMENTAL DE BLAISE PASCAL... ◇

En 1648, Blaise Pascal a fait réaliser une expérience pour mettre en avant l'existence de la pesanteur de l'air. Observant une baisse de la pression, mesurée sur un baromètre à mercure entre Clermont-Ferrand et le sommet du puy de Dôme, il a pu mettre en avant l'existence de la pression atmosphérique. Le pascal est par la suite devenu une unité de pression en l'honneur du célèbre savant né à Clermont-Ferrand, plus précisément à Clairmont, cité rattachée à Montferrand en 1630 par Louis XIII.

... et lieu d'arrivée du trophée Michelin

Clermont-Ferrand est indissociable de l'entreprise de pneumatiques fondée en 1889 par deux enfants du pays, Edouard et André Michelin. En 1898 est créé le personnage de Bibendum. Deux ans plus tard paraît le premier guide rouge, onze ans avant que les frères Michelin ne récompensent Eugène Renaux et Albert Senouque, premiers lauréats du prix Michelin pour être parvenus à se poser en avion au sommet du puy de Dôme, au départ de Paris.

Ce département est au cœur de l'Auvergne, région qui doit son nom au peuple gaulois des Arvernes, qui sous la conduite de Vercingétorix, ont résisté aux Romains à Gergovie, sur un plateau qui domine aujourd'hui Clermont-Ferrand, et d'où l'on reconnaît facilement l'ancien volcan du puy de Dôme. Le point culminant du département – et du Massif central – est cependant le puy de Sancy (1 886 m), au pied duquel les deux torrents de la Dore et de la Dogne s'unissent pour former la Dordogne. Le relief permet de distinguer plusieurs régions naturelles : la plaine de la Limagne, dans laquelle coule l'Allier, sépare les reliefs de l'ouest du département (monts Dôme, monts Dore, Cézallier, Artense et Combraille), des monts du Livradois et du Forez à l'est.

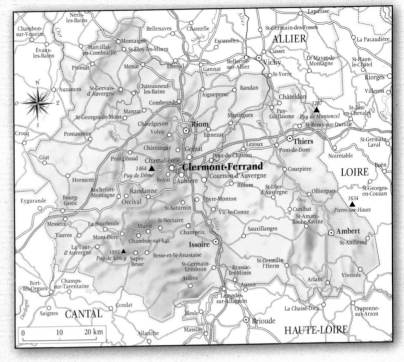

LA VALLÉE DE LA DUROLLE, HAUT LIEU DE LA COUTELLERIE

La coutellerie est apparue à Thiers au XVe siècle. Les terres peu favorables à l'agriculture ont poussé les Thiernois à développer leur industrie. Cette activité ne s'est pas développée grâce à la présence de mines de fer, mais elle a profité de la force motrice de la Durolle, petite rivière tortueuse au long de laquelle on peut voir encore aujourd'hui de nombreuses traces de cette activité (rouets, usines, moulins…). Les couteliers ont désormais quitté les rives de la Durolle, mais c'est toujours à Thiers et dans ses environs qu'est produite la majorité des couteaux français. ∎

Un petit billet sur Chamalières…

ENTRE CLERMONT-FERRAND ET LES PREMIÈRES HAUTEURS DE LA CHAÎNE DES PUYS, LA VILLE DE CHAMALIÈRES EST CONNUE POUR SON ANCIEN MAIRE VALÉRY GISCARD D'ESTAING. C'EST AUSSI DANS CETTE VILLE, ET UNIQUEMENT DANS CELLE-CI, QUE LA BANQUE DE FRANCE A FAIT IMPRIMER LES BILLETS EN FRANCS ET IMPRIME AUJOURD'HUI CEUX EN EUROS.

CANTAL

15

RÉGION : AUVERGNE - PRÉFECTURE : AURILLAC
SUPERFICIE : 5 726 KM² - POPULATION : 148 737 HAB.

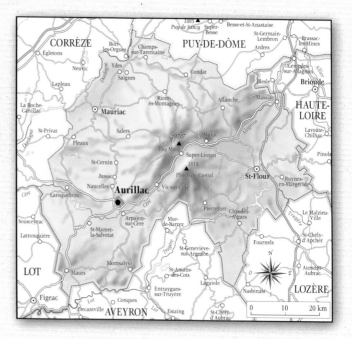

Le département montagneux du Cantal doit son nom au massif volcanique du même nom, qui culmine au plomb du Cantal à 1 855 m. Au pied du puy Mary, est perché le plus haut col routier du Massif central : le pas de Peyrol. Son chef-lieu est aujourd'hui Aurillac, mais de 1790 à 1795 ce rôle a été tenu par Saint-Flour, qui a néanmoins conservé le siège de l'évêché. Le plateau volcanique sur lequel se situe cette sous-préfecture est la « Planèze de Saint-Flour », nom propre à partir duquel les géologues ont tiré le nom commun « planèze » pour désigner un type de plateau basaltique. Avec les monts du Cantal, la chaîne de la Margeride et les monts du Cézallier, l'est du département présente des altitudes nettement plus élevées que l'ouest où les vallées du Lot et de la Dordogne font momentanément office de limites départementales.

VACHE DE SALERS

◇ GERBERT D'AURILLAC, LE « PAPE DES CHIFFRES » ◇

Le département a très probablement vu naître le pape ayant officié de 999 à 1003 sous le nom de Sylvestre II. Ce dernier était auparavant, sous le nom de Gerbert d'Aurillac, connu pour son érudition, notamment dans le domaine des mathématiques où il contribua à l'introduction des chiffres arabes, et par là même à celle du zéro que les Arabes ont emprunté à la numérotation hindoue.

LE FRANCHISSEMENT DES GORGES DE LA TRUYÈRE

GÉNÉRALEMENT CONSIDÉRÉ COMME UNE ŒUVRE DE GUSTAVE EIFFEL, LE VIADUC FERROVIAIRE DE GARABIT A BEL ET BIEN ÉTÉ CONSTRUIT PAR LA SOCIÉTÉ EIFFEL, MAIS SA PATERNITÉ REVIENT AU JEUNE INGÉNIEUR LÉON BOYER, DÉCÉDÉ À 35 ANS EN 1886 AU PANAMÁ, DEUX ANS APRÈS L'ACHÈVEMENT DE CET OUVRAGE, DONT L'OSSATURE MÉTALLIQUE ROUGE DOMINAIT AU DÉPART LA TRUYÈRE DE 123 M, AVANT QUE LE BARRAGE DE GRANDVAL N'EN REHAUSSE LE NIVEAU.

LE CHEMIN DE FER DE MAURIAC À NEUSSARGUES : LE VIADUC DE GARABIT (CANTAL)

CHAUDES EAUX

Le village de Chaudes-Aigues doit son nom et le développement de son activité thermale à ses sources d'eau chaude, dont la température atteint 82 °C à la source du Par, où l'on « parait » les cochons. C'est ainsi que dès le XIVe siècle, un réseau d'eau chaude alimentait plusieurs maisons et que Chaudes-Aigues a bénéficié du premier réseau de chauffage urbain. Cette richesse naturelle est toujours utilisée aujourd'hui, notamment pour le chauffage de certains bâtiments communaux.

A boire et à manger à Salers

Le nom de Salers, dont la prononciation doit ignorer le « s » final, est célèbre à plus d'un titre. C'est au départ un charmant village médiéval dominant la vallée de la Maronne. Celui-ci a donné son nom à la race bovine rustique, à robe rouge et longues cornes, caractéristique de la région, à un fromage proche du cantal, et depuis 1885 à une liqueur amère à base de racines de gentiane.

HAUTE-LOIRE 43

RÉGION : AUVERGNE - PRÉFECTURE : LE PUY-EN-VELAY
SUPERFICIE : 4 977 KM² - POPULATION : 221 834 HAB.

PLUS DE 800 KM À CONTRE-COURANT

L'Allier qui traverse le département au fond de somptueuses gorges a longtemps
été la destination de saumons
de l'Atlantique revenus se
reproduire dans cette haute
vallée. Mais, à cause des
nombreux aménagements
qui jalonnent le cours de la Loire, les saumons
ont bien failli ne plus jamais pouvoir regagner les
frayères du haut Allier. Aujourd'hui la commune
de Chanteuges abrite la plus grande salmonicul-
ture de repeuplement d'Europe dont le but est de
sauver la souche des saumons de l'Allier.

◈ LE DÉPART DE LA VIA PODENSIS ◈

Le Puy-en-Velay est le point de départ d'un des quatre
principaux chemins français du pèlerinage vers Saint-
Jacques-de-Compostelle, la « via Podensis » (chemin du
Puy). Le premier pèlerin non hispanique à avoir effectué
le pèlerinage n'est autre qu'un évêque du Puy-en-Velay
du Xe siècle, nommé Godescalc, connu également pour
avoir fait ériger la chapelle Saint-Michel d'Aiguilhe au
sommet d'un promontoire d'origine volcanique qui n'est
pas sans rappeler son voisin le rocher Corneille, coiffée
depuis 1860 par la statue Notre-Dame-de-France, réalisée à partir de la fonte de plus de 200 canons provenant
de la prise de Sébastopol en Crimée.

LE PUY - ÉGL. St MICHEL

Le territoire du département de Haute-Loire correspond globalement à celui du Velay, ancienne dépendance du Languedoc devant son nom au peuple des Vellaves. Entre le mont Mouchet à l'ouest et le mont Mézenc à l'est, cette région du Massif central est entrecoupée par les gorges de l'Allier du côté de Brioude, et par celles de la Loire qui n'a encore que les traits d'une petite rivière en amont du Puy-en-Velay. Le nord-est du département connaît quant à lui un singulier dynamisme économique et démographique grâce à une reconversion réussie dans des secteurs comme la plasturgie qui ont su supplanter les activités traditionnelles, comme la passementerie à Sainte-Sigolène, dans un bassin autrefois considéré comme une montagne-atelier.

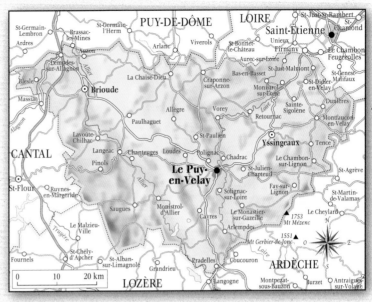

◇ UNE TERRE DE JUSTES ◇

DURANT LA SECONDE GUERRE MONDIALE, AU CHAMBON-SUR-LIGNON, LE PASTEUR ANDRÉ TROCMÉ ET SA FEMME SONT VENUS EN AIDE À DE NOMBREUX JUIFS, CE QUI LEUR VALUT DE RECEVOIR LE TITRE DE « JUSTES PARMI LES NATIONS ». MAIS CETTE DISTINCTION S'EST ÉTENDUE À L'ENSEMBLE DE LA COMMUNE, EN MÉMOIRE DE L'ACTION DE SES HABITANTS EN FAVEUR DE PLUS DE 5 000 JUIFS. LE CHAMBON-SUR-LIGNON EST UNE DES DEUX SEULES COLLECTIVITÉS AINSI RECONNUES, AVEC LE VILLAGE DE NIEUWLANDE AUX PAYS-BAS.

Près de 200 km en douze jours

Robert Louis Stevenson a entamé son célèbre *Voyage avec un âne dans les Cévennes* au Monastier-sur-Gazeille, là où l'écrivain écossais alors âgé de 28 ans fit l'acquisition de l'ânesse Modestine. Une déception amoureuse l'aurait poussé à effectuer ce périple solitaire, ou presque, sur un itinéraire aujourd'hui repris par de nombreux randonneurs, de plus en plus souvent accompagnés par ces frêles équidés. ■

LOIRE

42

RÉGION : RHÔNE-ALPES - PRÉFECTURE : SAINT-ETIENNE
SUPERFICIE : 4 781 KM² - POPULATION : 742 076 HAB.

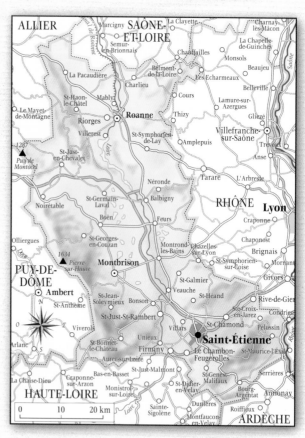

Le département de la Loire a été créé en 1793 par scission du département de l'éphémère département de Rhône-et-Loire, qui correspondait à l'ancienne province du Lyonnais. Saint-Etienne en est devenu le chef-lieu en 1855, en remplacement de Montbrison, mais le premier chef-lieu a été la ville de Feurs. C'est du nom de cette ancienne ville romaine que provient le terme Forez, désignant un comté mais aussi un massif montagneux culminant à Pierre-sur-Haute à 1 634 m. Dans la plaine de Roanne, au nord du département, ces monts du Forez sont appelés « monts du soir » par opposition aux monts du Lyonnais appelés « monts du matin ». Au sud, le massif du Pilat qui domine Saint-Etienne est un prolongement des monts du Vivarais.

DE L'EAU POUR LA CAPITALE DES GAULES

Au pied du massif du Pilat, Saint-Chamond était le point de départ de l'aqueduc du Gier, le plus long des aqueducs qui alimentaient dans l'Antiquité Lugdunum (Lyon). Les eaux du Gier étaient acheminées sur plus de 80 km vers la capitale des Gaules. De nombreux vestiges de cet ouvrage romain sont encore visibles aujourd'hui et, sur une pierre de grès retrouvée à Chagnon en 1887, une inscription latine précise que « par ordre de l'empereur César Trajan Hadrien Auguste, personne n'a le droit de labourer, de semer ou de planter dans cet espace de terrain qui est destiné à la protection de l'aqueduc ».

◇ Saint-Etienne, ville du ballon rond et de la petite reine ◇

Saint-Etienne est réputé pour son stade Geoffroy-Guichard qui connut ses plus belles heures dans les années 1970. Geoffroy Guichard était un épicier stéphanois qui fonda en 1901 le plus ancien groupe français de la grande distribution, à partir d'une petite épicerie, située à l'emplacement d'un ancien casino… Le nom de la ville est également associé au cyclisme avec sa manufacture d'armes et de cycles. Ce sport y est également à l'honneur depuis 1922 avec la montée Vélocio, course de côte pour les cyclotouristes qui se déroule au mois de juin et qui s'achève au col de Grand-Bois qui domine la ville. Ce col est également appelé col de la République en référence à la « République de Jésus-Christ », une éphémère secte fondée en 1794 dans un hameau voisin.

LE TISSU À CARREAUX DE ROANNE

Le tissu vichy aurait très bien pu s'appeler « tissu Roanne ». C'est autour de cette ville spécialisée dans la bonneterie, et jusque dans les monts du Lyonnais, qu'était fabriqué ce tissu à carreaux mis au point par l'ingénieux tisseur roannais Lucien Langénieux. Il lui a été préféré le nom de la station thermale voisine de l'Allier.

LA PREMIÈRE LIGNE DE CHEMIN DE FER FRANÇAISE

En 1824, à une époque où certains savants de renom estimaient que la vitesse trop excessive des trains serait dangereuse voire fatale pour leurs passagers, la Compagnie du chemin de fer de Saint-Etienne à la Loire a commencé à exploiter la première ligne ferroviaire française. Longue d'une vingtaine de kilomètres, elle reliait le bassin houiller de Saint-Etienne à la Loire au niveau d'Andrézieux, et n'était consacrée qu'au transport de marchandises. En 1893, c'est également à Saint-Etienne que fut électrifiée la première ligne, toujours dans le cadre de l'exploitation houillère. ■

RHÔNE 69

RÉGION : RHÔNE-ALPES - PRÉFECTURE : LYON
SUPERFICIE : 3 249 KM² - POPULATION : 1 690 498 HAB.

INVENTIONS ILLUSTRES
Carnot visitant les ateliers de Jacquard

LES TRAVAILLEURS DE LA SOIE

C'est encore à un enfant du pays, Joseph Marie Jacquard, que l'on doit l'invention du métier à tisser largement utilisé au XIXᵉ siècle par les canuts. Ces ouvriers tisserands lyonnais de la soie préféraient donner le nom de « bistanclaque » au métier Jacquard. Au début des années 1830, ils ont engendré d'importantes révoltes, qui ont fait d'eux les symboles de la lutte ouvrière et de la pensée sociale du XIXᵉ siècle. Après la Sanglante semaine d'avril 1834 qui a fait plusieurs centaines de victimes et un gigantesque procès pour condamner les nombreux insurgés faits prisonniers, les activités liées à la soie eurent tendance à s'étendre dans les campagnes alentour, là où la dissémination des ateliers amenuisait le risque de rébellion. C'était déjà dans ces régions rurales, au XVIᵉ siècle, qu'Olivier de Serres avait été chargé par Henri IV de développer l'élevage du ver à soie.

UN GENDRE SURVEILLÉ DE HAUT

AU MILIEU DES VIGNES DE CHARENTAY, SE DRESSE UNE ÉTONNANTE TOUR DE 35 M DE HAUT. ELLE EST APPELÉE « TOUR DE LA BELLE-MÈRE ». ELLE AURAIT EN EFFET ÉTÉ CONSTRUITE AU XIXᵉ SIÈCLE POUR QU'UNE BELLE-MÈRE PUISSE SURVEILLER DANS LES VIGNES LES ACTIVITÉS D'UN GENDRE UN PEU TROP VOLAGE.

◈ GUIGNOL, FILS DE CANUT ◈

C'est au début du XIXᵉ siècle à Lyon que le personnage de Guignol est créé par le marionnettiste Laurent Mourguet. Fils de canuts, c'est tout naturellement qu'il fit ressortir de ses personnages les comportements de ces ouvriers avec le contestataire Guignol et le gouailleur Gnafron.

Le Rhône est un petit département né de la scission du département de Rhône-et-Loire en 1793. Il est néanmoins très peuplé puisqu'il abrite l'agglomération lyonnaise, qui s'est développée au pied des collines de Fourvière et de la Croix-Rousse. Son site, à la confluence du Rhône et de la Saône, en a fait un lieu traditionnel de passage et d'échange. L'ouest du département est occupé par les monts du Lyonnais au pied desquels s'étendent les vignes du Beaujolais. Au cœur de ces monts, l'essor de l'activité textile dans la région lyonnaise a permis, à partir du XVIIIe siècle, à de petites cités industrielles de se développer, comme Thizy, Amplepuis, ou Tarare, ancienne capitale du rideau et de la mousseline. C'est tout naturellement que la machine à coudre fut inventée par un enfant du pays : Barthélemy Thimonnier.

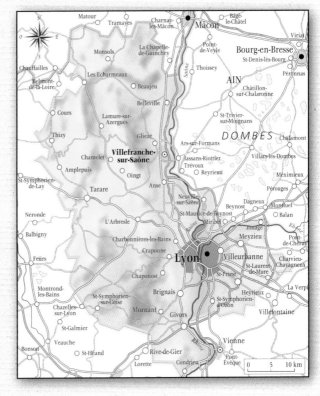

☞ Les canuts sont également associés à une spécialité lyonnaise à base de fromage blanc : la cervelle de canut.

◇ UN EMPEREUR ROMAIN LYONNAIS ◇

En 1528, des plaques de bronze romaines ont miraculeusement été retrouvées dans le quartier de la Croix-Rousse. Appelées tables claudiennes, elles retranscrivent le discours de l'empereur Claude, natif de Lyon, qui s'explique devant le Sénat romain sur sa volonté d'accorder la citoyenneté romaine aux notables de toute la Gaule. Malgré l'opposition des sénateurs romains, les Gaulois obtinrent satisfaction et purent alors à leur tour siéger à Rome.

AIN

01

RÉGION : RHÔNE-ALPES - PRÉFECTURE : BOURG-EN-BRESSE
SUPERFICIE : 5 762 KM² - POPULATION : 581 355 HAB.

Le premier de la liste alphabétique des départements français, par ailleurs homonyme de son numéro, doit son nom à un affluent du Rhône né dans le massif du Jura. Les régions naturelles s'y différencient aisément. Les plaines de l'ouest, avec la Bresse au nord et la Dombes et ses nombreux étangs au sud, s'opposent au Bugey qui, à l'est du département, constitue la partie méridionale du massif du Jura dont le point culminant est le crêt de la Neige à 1 720 m d'altitude. Entre la frontière suisse et le Jura se trouve le pays de Gex ayant du temps de Napoléon appartenu à l'éphémère département du Léman. Ces différents territoires dépendaient de la Bourgogne avant la création du département en 1790.

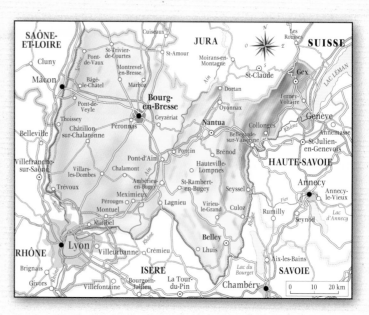

L'industrie du peigne à Oyonnax.

OYONNAX, CŒUR DE LA PLASTICS VALLÉE

De nombreux savoir-faire artisanaux et industriels particuliers ont longtemps fait vivre les habitants du massif jurassien, parfois en complément de modestes revenus agricoles. Oyonnax est ainsi devenue « la capitale du peigne ». Mais toutes ces « capitales » ont dû s'adapter à l'économie moderne, et la ville d'Oyonnax est un très bon exemple d'une diversification réussie. Aujourd'hui le musée du Peigne est aussi celui de la Plasturgie, et le dynamisme économique de la région est tel que celle-ci a été rebaptisée « Plastics Vallée », en référence à la Silicon Valley californienne.

NON Monsieur, ce n'est pas un POULET DE BRESSE !

Le Poulet de BRESSE est un produit Fermier **sain et naturel** qui doit ses qualités à sa race, à son terroir, à son alimentation composée uniquement de maïs et de lait, ainsi qu'aux soins particuliers de la Fermière Bressane.

Sa production est soigneusement et sévèrement réglementée par la loi du 1er Août 1957.

LE VÉRITABLE **POULET DE BRESSE** PORTE UN SCELLÉ TRICOLORE ET UNE BAGUE QUI GARANTISSENT SON ORIGINE

La faute à Voltaire

LA COMMUNE DE FERNEY, SITUÉE DANS LA ZONE FRANCHE DE GEX, A PRIS LE NOM DE FERNEY-VOLTAIRE EN 1878, POUR RENDRE HOMMAGE À SON CÉLÈBRE BIENFAITEUR QUI A CONTRIBUÉ À SON ESSOR UN SIÈCLE PLUS TÔT, EN Y DÉVELOPPANT AUSSI BIEN L'AGRICULTURE QUE L'INDUSTRIE. VOLTAIRE A LUI-MÊME DIT DE SON ENTREPRISE QU'« UN REPAIRE DE 40 SAUVAGES EST DEVENU UNE PETITE VILLE OPULENTE HABITÉE PAR 1 200 PERSONNES UTILES ». BÉNÉFICIANT DE LA PROXIMITÉ DE GENÈVE, LA PETITE VILLE COMPTE AUJOURD'HUI PRÈS DE 8 000 HABITANTS.

◇ LES VENTRES JAUNES ◇

Les Bressans ont été appelés par leurs voisins les « ventres jaunes », en raison de leur habitude à garder sur eux, dans une poche cousue à leur ceinture, des pièces d'or, éventuellement tirées des profits de la vente de leurs célèbres volailles ; à moins que ce ne soit lié au fait qu'ils aient été les premiers dans la région à cultiver le maïs et à se nourrir de gaude, préparation à base de farine de maïs grillé.

LA ZONE FRANCHE DE GEX

Le pays de Gex est seulement séparé de la Suisse par une barrière douanière tandis qu'il est séparé du reste de la France par une autre barrière plus naturelle : celle du massif jurassien. En raison de cette situation géographique particulière, le pays de Gex a été défini comme zone franche dès 1775, tout comme un peu plus tard l'arrondissement de Saint-Julien-en-Genevois en Haute-Savoie. Certains produits du pays de Gex ont dès lors pu être vendus à Genève sans l'entrave des droits de douane. Comme cela concerne surtout les produits agricoles, le pays de Gex a gagné le surnom de « grenier de Genève ».

Chemins de fer de Paris-Lyon-Méditerranée

NANTUA (Ain)

Col de la Faucille

Gares d'Excursions dans l'AIN et le JURA CURE d'AIR Altitude de 500 à 1500 mètres BILLETS À PRIX RÉDUITS

Syndicat d'Initiative de l'AIN

REPRODUCTION INTERDITE

HAUTE-SAVOIE 74

RÉGION : RHÔNE-ALPES - PRÉFECTURE : ANNECY
SUPERFICIE : 4 388 KM² - POPULATION : 725 206 HAB.

UNE MER DE GLACE

La mer de Glace est le plus grand glacier français (sauf si on tient compte de l'immense calotte Cook des îles Kerguelen) et le troisième plus important des Alpes. Il peut être approché par le train à crémaillère du Montenvers, inauguré en 1909. A l'époque, il fallait compter près d'une heure pour la montée depuis Chamonix, contre une vingtaine de minutes à présent. Dominé par les Grandes Jorasses, et par les glaciers de Leschaux, du Tacul et du Géant, le glacier s'étendait autrefois dans sa partie basse jusqu'aux abords du hameau des Bois, où le torrent l'Arveyron jaillissait d'une grotte, aujourd'hui disparue.

SPORTS D'HIVER à CHAMONIX

CACHAT'S MAJESTIC

Un litige de la plus haute importance...

Le 8 août 1786 est une grande date dans l'histoire de l'alpinisme. Les deux Chamoniards Jacques Balmat et Michel-Gabriel Paccard ont été ce jour-là les premiers à gravir le mont Blanc, plus haut sommet d'Europe de l'Ouest, situé à la frontière franco-italienne. Ou presque. En effet les cartes des deux pays diffèrent. Sur les cartes italiennes le *monte Bianco* marque bien la frontière entre les deux pays, mais, sur les cartes françaises, le sommet est totalement en territoire français, la frontière avec l'Italie étant située quelque peu en contrebas, faisant du sommet nommé « mont Blanc de Courmayeur » le point culminant de l'Italie à seulement 4 748 m d'altitude, contre 4 810 m pour le toit des Alpes.

La Haute-Savoie est un département quasi exclusivement montagneux avec les massifs préalpins du Nord (Chablais et Bornes) et la partie des massifs centraux alpins qui abrite le point culminant de la chaîne : le mont Blanc. Ce sommet a donné son nom en 1792 à un département regroupant les territoires actuels de Savoie et Haute-Savoie. En 1798 le nord du département fut rattaché au département du Léman dont le chef-lieu était Genève. Après les dernières modifications territoriales en 1814 et le retour de Genève en terre helvétique dès 1813, les départements du Mont-Blanc et du Léman furent supprimés en 1815, le royaume de Sardaigne récupérant la Savoie qui ne redeviendra française qu'en 1860.

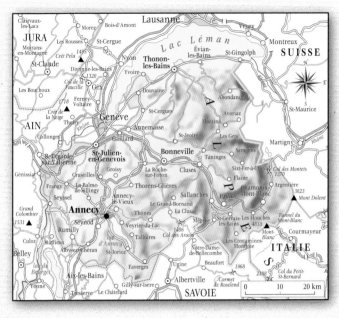

◈ LA DÉCLARATION DES DEUX DÉLÉGATIONS DU 18 MARS 1962... ◈

... tel est le titre officiel des accords d'Evian, signés pour mettre un terme aux affrontements de la guerre d'Algérie, dans la station thermale qui domine le lac Léman et dont les eaux sont commercialisées depuis le début du XIXe siècle. L'utilisation du terme « accords » est juridiquement incorrecte dans le sens où l'Algérie ne constituait pas encore un Etat, son indépendance n'ayant été proclamée qu'en juillet 1962. Pour avoir accueilli des délégués du FLN dans sa ville, le maire d'Evian-les-Bains, Camille Blanc, fut assassiné par l'OAS dès mars 1961.

UN FROMAGE CLANDESTIN

LE REBLOCHON EST UN FROMAGE DE LAIT DE VACHE PRODUIT ESSENTIELLEMENT EN HAUTE-SAVOIE. IL TIRE SON NOM DU VERBE « REBLOCHER » QUI SIGNIFIE « TRAIRE À NOUVEAU ». AUTREFOIS, LES PAYSANS RÉTRIBUAIENT LEURS PROPRIÉTAIRES SUR LA BASE DE LA QUANTITÉ DE LAIT PRODUITE EN UNE JOURNÉE. LORS DES CONTRÔLES, ILS PRATIQUAIENT JUDICIEUSEMENT UNE TRAITE INCOMPLÈTE. APRÈS LE DÉPART DU CONTRÔLEUR, UNE SECONDE TRAITE DONNAIT UN LAIT PLUS CRÉMEUX, IDÉAL POUR EN FAIRE DU FROMAGE.

SAVOIE 73

RÉGION : RHÔNE-ALPES - PRÉFECTURE : CHAMBÉRY
SUPERFICIE : 6 028 KM² - POPULATION : 408 842 HAB.

Issue de la Sapaudie, le comté puis duché de Savoie a eu pour capitale Chambéry. Après avoir fait partie de l'éphémère département du Mont-Blanc sous Napoléon, la Savoie est à nouveau et définitivement devenue française en 1860, à l'issue du traité de Turin, initié lors de l'entrevue secrète de Plombières-les-Bains (Vosges) entre le Piémontais Cavour et Napoléon III. Ce dernier obtint alors la Savoie et le comté de Nice en échange d'un soutien militaire contre l'Autriche. Au sud de la Haute-Savoie, le département de la Savoie s'étend dès lors en majeure partie sur le massif alpin, traversé par la Tarentaise, haute vallée de l'Isère, et par la Maurienne où s'écoule l'Arc. Mais, à l'ouest, le mont du Chat constitue l'extrémité méridionale du massif du Jura.

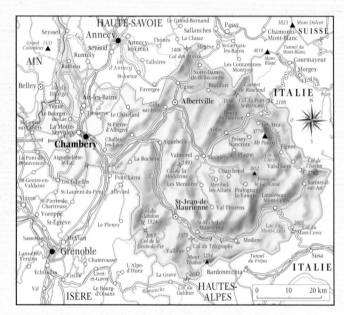

LE PREMIER PARC NATIONAL FRANÇAIS

Délimitée par l'Isère au nord et par l'Arc au sud, la Vanoise est un des plus hauts massifs alpins, culminant à la Grande Casse (3 855 m). On y créa en 1963 le premier parc naturel national français, pour préserver la faune, la flore et le milieu minéral, et plus particulièrement le bouquetin. Comme les autres parcs nationaux qui lui succédèrent, il est formé de deux zones : la « zone de protection » (ou zone centrale) est un secteur où la réglementation est la plus stricte pour assurer la protection du patrimoine naturel ; dans la « zone périphérique, » les communes sont encouragées à protéger leur environnement, tout en assurant leur développement économique. ■

Edelweiss Danicaut.
Fleurs de France

FAUNA ALPINA
La marmotte · Marmota alpina · Das Alpenmurmelthier

◇ LE LAC DE LAMARTINE ◇

Le lac du Bourget est le plus grand lac naturel français après le lac Léman. Il inspira Lamartine pour son célèbre poème *Le Lac*. Venu en cure à Aix-les-Bains en 1816, il tomba amoureux du lac et surtout de Julie Charles, sa voisine de chambre. Le lac est aussi associé à un événement insolite de la Seconde Guerre mondiale. Il était dit qu'en mars 1943, un avion allemand y aurait sombré. Alors que des doutes persistaient sur la véracité de l'histoire, il fut localisé en 1988, et en 2004 une équipe de plongeurs est descendue à plus de 110 m de fond pour l'observer.

L'opposition adret/ubac

L'ubac désigne le versant sud d'une vallée, exposé au nord et donc moins ensoleillé que l'adret exposé au sud. Quand ils n'occupent pas le fond des vallées, les villages montagnards se sont ainsi plus naturellement étendus sur les adrets. Mais, avec le développement des sports d'hiver au xxe siècle, la situation s'est inversée. L'ubac est désormais privilégié pour l'aménagement de ces stations, notamment dans la Tarentaise, une moindre exposition au soleil favorisant la tenue de la neige.

L'EBOULEMENT DU MONT GRANIER

Les imposantes falaises du mont Granier, qui dominent Chambéry, n'ont pas toujours eu leur silhouette actuelle. En novembre 1248, un énorme éboulement a fait disparaître une partie de la montagne. En contrebas, les colossaux éboulis ont formé les abîmes de Myans, terrains réservés depuis la fin du Moyen Age à la culture de la vigne, constituant le terroir de l'apremont.

LAC D'ANNECY
Château de Taillon

AIX LES BAINS
LAC DU BOURGET

ISÈRE 38

RÉGION : RHÔNE-ALPES - PRÉFECTURE : GRENOBLE
SUPERFICIE : 7 431 KM² - POPULATION : 1 198 421 HAB.

SYNDICAT D'INITIATIVE DE LA MURE ET SES ENVIRONS

LE CHEMIN DE FER

LES LACS

O RAIM

LA MURE D'ISÈRE

LUCIEN SERRE & C?? - IMP.?? Rue du Terrage PARIS.

◈ LA RÉVOLUTION DE 1788 ◈

L'ÉMEUTE CONTRE LES TROUPES ROYALES À GRENOBLE LE 7 JUIN 1788, SURNOMMÉE LA « JOURNÉE DES TUILES », MARQUE POUR CERTAINS LE DÉBUT DE LA RÉVOLUTION FRANÇAISE. LE 21 JUILLET À VIZILLE, LORS DE LA RÉUNION DES ÉTATS GÉNÉRAUX DU DAUPHINÉ, IL FUT RÉCLAMÉ – COMME À VERSAILLES QUELQUES MOIS PLUS TARD – NON PLUS LE VOTE PAR ORDRE (UNE VOIX POUR LA NOBLESSE, UNE POUR LE CLERGÉ ET UNE POUR LE TIERS ÉTAT), MAIS LE VOTE PAR TÊTE. PLUS TARD, GRENOBLE FUT REBAPTISÉE « GRELIBRE », À CAUSE DE LA CONSONANCE FÂCHEUSE DE LA TERMINAISON DE SON NOM.

SCÉNARIO CATASTROPHE EN VALLÉE DE ROMANCHE

Dans la vallée de la Romanche, les Ruines de Séchilienne ne sont pas les vestiges de monuments antiques, mais le pan d'un versant, objet de toutes les attentions : le fond de la vallée y est menacé par des glissements de terrain. Une route a déjà été détournée, et des habitants déplacés, mais le pire scénario ne s'arrête pas là. D'importants éboulis pourraient former temporairement un barrage naturel et retenir les eaux de la Romanche, jusqu'à ce qu'il cède sous la pression. Les villes en aval, comme Vizille et même le sud de Grenoble, risqueraient alors de subir de préjudiciables inondations.

L'Isère, qui donne son nom au département, prend sa source près de la station de Val-d'Isère (Savoie), avant de s'écouler dans la Tarentaise puis d'atteindre le département de l'Isère dans le Grésivaudan, une large vallée creusée par les glaciers entre les massifs de Belledonne et de Chartreuse. A Grenoble, elle reçoit les eaux du Drac gonflées par celles de la Romanche, et réoriente un temps son cours vers le nord pour contourner le Vercors et ses spectaculaires falaises de calcaire. Dans le département de la Drôme, l'Isère se jette dans le Rhône, qui marque la limite occidentale du département au niveau de Vienne, et plus en amont la limite avec l'Ain dans une petite région de collines connue sous le nom de Terres froides.

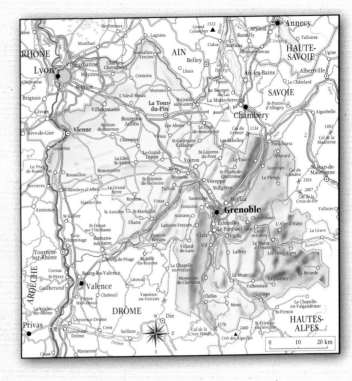

◇ LES VASES DE VIENNE… ◇

Vienne, dont le site fut occupé dès le néolithique, était une des plus fastueuses colonies romaines, peuplée principalement par le peuple gaulois des Allobroges. Vienna était réputée pour ses vases ornés de médaillons aux scènes mythologiques et érotiques. En l'an VI, elle a accueilli la première colonie de juifs en Gaule. Dix-neuf siècles plus tard, ce fut le tour de la communauté arménienne. A cause du génocide perpétré par les Turcs en 1915 et 1916, de nombreux Arméniens ont migré vers la France. Débarquant à Marseille, ils se sont établis dans la cité phocéenne et dans la vallée du Rhône, à Valence, Lyon et donc Vienne.

ARISTIDE BERGÈS, PÈRE DE LA HOUILLE BLANCHE

La « houille blanche » a été mise à l'honneur lors de l'Exposition universelle de 1889. Cette formule désigne l'énergie produite par les chutes d'eau. Une affiche présentait notamment les premiers pas de l'hydroélectricité sur le ruisseau de Lancey, dans le Grésivaudan. Son auteur, l'ingénieur ariégeois Aristide Bergès, y a aménagé vingt ans plus tôt une conduite forcée dont l'énergie a d'abord été utilisée pour l'activité papetière de Lancey, puis pour l'éclairage des rues de Grenoble. ■

Père de la Houille Blanche

ARDÈCHE 07

RÉGION : RHÔNE-ALPES - PRÉFECTURE : PRIVAS (PLUS GRANDE VILLE ANNONAY)
SUPERFICIE : 5 529 KM² - POPULATION : 311 452 HAB.

Le territoire de l'Ardèche est pour ainsi dire le même que celui de l'ancienne province du Vivarais, autrefois rattachée au Languedoc. Cette appellation, issue du nom de la petite ville de Viviers, désigne également un massif montagneux de la bordure orientale du Massif central qui couvre l'essentiel du département et où la Loire prend sa source. L'étroit couloir rhodanien occupe l'est du département, le Rhône marquant la limite avec le département voisin de la Drôme. Les périphéries des agglomérations de Valence et de Montélimar s'étendent ainsi en partie en Ardèche. Pour prendre le train, les Ardéchois sont d'ailleurs obligés de franchir le Rhône, le département étant en effet le seul à ne plus avoir la moindre gare de voyageurs.

Une recette inchangée depuis cent vingt-cinq ans

L'Ardèche est le pays du châtaignier et de la châtaigne. La célèbre crème de marrons de l'Ardèche a été inventée en 1885 à Privas par Clément Faugier qui eut l'idée de réutiliser des brisures de marrons glacés pour créer un produit inédit. A noter que les marrons sont de grosses châtaignes dont le fruit ne doit pas être cloisonné pour être appelés ainsi.

Privas est la préfecture française la moins peuplée, avec moins de 9000 habitants.

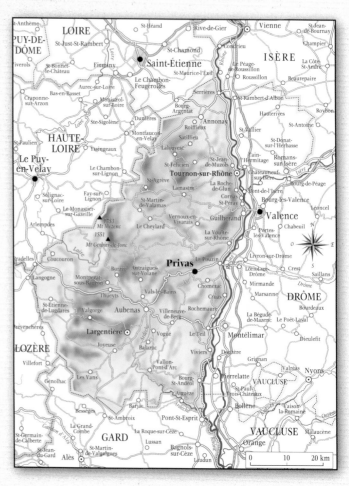

UN HAUT LIEU GÉOLOGIQUE ET PRÉHISTORIQUE

Au sud du département, les gorges de l'Ardèche forment un canyon d'une trentaine de kilomètres de long ponctués de grottes, de plages et de points de vue pittoresques. Le site du Pont-d'Arc est souvent considéré comme la porte d'entrée de ces gorges. Il s'agit d'un pont naturel creusé par la rivière, lié à l'abandon d'un ancien méandre. Sur les hauteurs de ce méandre délaissé par le cours de l'Ardèche, fut découverte en 1994 une des grottes les plus richement ornées de France : la grotte Chauvet.

◈ LE PREMIER VOL D'UNE MONTGOLFIÈRE ◈

Issus d'une famille ayant développé l'industrie papetière à Annonay, les frères Joseph et Etienne de Montgolfier y ont réalisé le 4 juin 1783 la première expérience de vol du ballon à air chaud auquel ils ont laissé leur nom. Le premier vol habité, par un coq, un mouton et un canard, a quant à lui été effectué quelques mois plus tard à Versailles, précédant le premier vol d'un humain au-dessus de Paris à la fin de la même année.

LES SOURCES DE LA LOIRE

Il est bien connu que la Loire prend sa source au pied du mont Gerbier-de-Jonc. Mais, sur le territoire de la commune de Sainte-Eulalie, il existe trois sources de la Loire, avec chacune sa dénomination propre :
- la « source géographique » qui coule dans un bac en pierre à l'intérieur d'une vieille grange ;
- la « source authentique » à l'endroit où le Touring Club de France a érigé un monument symbolisant – à tort – la source de la Loire en 1938 ;
- la « source véritable », source officielle qui sort de terre dans un pré, sous une lauze qui porte l'inscription : « Ici commence ma longue course vers l'Océan… »
Mais un autre site aurait pu être pris en compte plus au nord. Il se trouve en effet que la Loire reçoit au bout de 2,5 km sur sa rive droite son premier affluent, l'Aigue Nègre, alors que ce dernier a déjà parcouru 4 km. La source de ce ruisseau, dont le nom évoque la couleur noire des roches volcaniques, aurait donc tout à fait pu être retenue.

DRÔME

26

RÉGION : RHÔNE-ALPES - PRÉFECTURE : VALENCE
SUPERFICIE : 6 530 KM² - POPULATION : 478 069 HAB.

◇ LE MAQUIS DU VERCORS ◇

Du haut de ses hautes falaises, le Vercors apparaît naturellement comme un lieu favorable à la clandestinité. Après l'armistice de juin 1940, et plus encore après l'invasion de la zone libre en 1942, des résistants s'y retrouvent et structurent peu à peu un maquis. Alors que le but de ce maquis était l'accueil de troupes alliées aéroportées, c'est l'inverse qui se produit en juillet 1944 quand des troupes allemandes se posent. Le combat est inégal et les pertes nombreuses. Symbole de cette répression sévère, le village de Vassieux-en-Vercors a presque entièrement été détruit par les forces allemandes et les habitants qui n'avaient pu s'enfuir ont été cruellement massacrés. Il a été élevé au rang de Compagnon de la Libération en 1945.

LE NOUGAT DE MONTÉLIMAR

C'EST SOUS L'IMPULSION DE L'AGRONOME OLIVIER DE SERRES QUE DES AMANDIERS SONT PLANTÉS, AUX ENVIRONS DE 1600, PRÈS DE MONTÉLIMAR. LEURS FRUITS UTILISÉS À LA PLACE DES NOIX TRADITIONNEL-LEMENT INCORPORÉES AU NOUGAT CONTRIBUERONT AU SUCCÈS DU NOUGAT DE MONTÉLIMAR.

NYONS,
CAPITALE DE L'OLIVE

Au cœur de la Drôme provençale, les nombreuses oliveraies situées aux alentours de Nyons comportent essentiellement une variété d'olive spécifique : la tanche. La présence de cette variété, qui résiste bien au froid, résulte de la sélection naturelle, et la qualité des fruits produits, ainsi que les méthodes de production associées, ont valu à l'olive noire et à l'huile d'olive de Nyons d'obtenir des appellations d'origine contrôlée.

Cueillette des Olives en Provence

Correspondant à la partie sud-ouest de la province du Dauphiné, le département de la Drôme a initialement eu pour chef-lieu la petite ville de Chabeuil, située près de Valence qui l'a rapidement supplantée. Des modifications territoriales liées à l'annexion du Comtat Venaissin entraînèrent la création de la plus grande enclave française, le canton de Valréas étant un territoire vauclusien enclavé depuis 1800 dans la Drôme, entre le Tricastin et les Baronnies. Ce département doit son nom à une rivière qui s'écoule dans le Diois, le pays de Die célèbre pour sa clairette. C'est un affluent du Rhône, fleuve qui constitue la limite occidentale du département. Le relief est plus marqué à l'est du département dans le Royans et le Vercors.

Le Palais idéal du Facteur Cheval

Ferdinand Cheval arrive à Hauterives, dans le nord de la Drôme, en 1869. Facteur de son état, il arpente les chemins locaux au cours de sa tournée quand, un jour d'avril 1879, il trouve une pierre à la forme pittoresque. Si la nature produit ce genre de sculpture, pourquoi ne serait-il pas l'architecte qui les assemblera ? L'idée du Palais idéal est née. Durant les trente-trois années qui suivent, il amasse les pierres et élève son palais. Représentant une profusion de végétaux et d'animaux, évoquant la Genèse et les mythologies égyptienne et hindoue, le Palais idéal est considéré comme un chef-d'œuvre de l'architecture naïve. ■

HAUTERIVES (Drôme). - Palais idéal (Façade Sud)

HAUTES-ALPES 05

RÉGION : PROVENCE. ALPES. CÔTE D'AZUR - PRÉFECTURE : GAP
SUPERFICIE : 5 549 KM² - POPULATION : 134 205 HAB.

Le département des Hautes-Alpes a été formé à partir de la partie sud-est du Dauphiné, province cédée au roi de France en 1349 à condition qu'elle devienne l'apanage du fils aîné de la famille royale. A sa création, le département a eu temporairement pour chef-lieu la petite ville de Chorges, avant de laisser la place à Gap, qui est encore à ce jour la plus haute préfecture française. Briançon, la plus haute ville française de plus de 10 000 habitants, est traversée par la Durance qui, de sa source au sommet des Anges, près du col de Montgenèvre à la frontière italienne, débute son parcours vers le Rhône en traversant ce département montagneux qui culmine à 4 102 m à la barre des Ecrins et dont le point le plus bas, à 470 m sur le Buech, constitue le point le plus élevé de tous les points les plus bas de chacun des départements français.

Bouquetin.

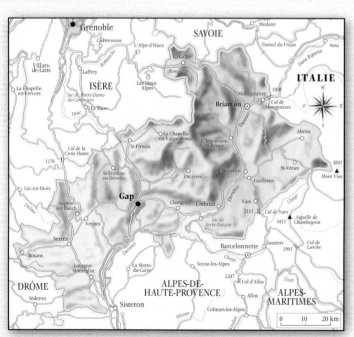

LA PLUS GRANDE RETENUE D'EAU DE FRANCE

La construction du barrage de Serre-Ponçon, édifié pour réguler les crues dévastatrices de la Durance, s'est achevée en 1961. Le lac de retenue alors créé a entraîné l'inondation de trois villages, nécessitant de déplacer plus de 1 500 personnes, ce que ne manque pas de rappeler la chapelle Saint-Michel trônant désormais sur un petit îlot. Le lac de Serre-Ponçon est la plus grande retenue d'eau en termes de capacité et le second pour la superficie (après le lac du Der).

◇ BRIANÇON, GARDIENNE DES FRONTIÈRES ◇

Briançon est entouré d'un nombre impressionnant de forts, redoutes et autres ouvrages défensifs, dont certains, édifiés à la fin XIXᵉ siècle ou plus récemment pour prolonger la ligne Maginot, ont été au cœur de la bataille des Alpes en juin 1940. Mais la physionomie de la ville est originellement due à Vauban. Après

une attaque du duc d'Italie en 1692, malgré les difficultés présentées par le relief, l'architecte militaire commence à doter la ville de plusieurs forts et entoure de remparts le cœur de la ville encore appelé « Cité Vauban ». Plus en aval sur la Durance, il ajoute à son système défensif la citadelle de Mont-Dauphin, créée *ex nihilo* et nommée en l'honneur du fils aîné de Louis XIV.

LE PLUS HAUT VILLAGE DE FRANCE

A PLUS DE 2 000 M D'ALTITUDE, SAINT-VÉRAN EST LE PLUS HAUT VILLAGE FRANÇAIS, ET EST PARFOIS CONSIDÉRÉ COMME LE PLUS HAUT VILLAGE D'EUROPE, MÊME S'IL Y A BIEN DES HAMEAUX PLUS ÉLEVÉS EN SUISSE OU EN ITALIE, MAIS CES DERNIERS NE CONSTITUENT PAS LE CENTRE D'UNE COMMUNE.

CE VILLAGE DU QUEYRAS EST ÉGALEMENT REMARQUABLE PAR SES NOMBREUX CADRANS SOLAIRES. L'UN D'ENTRE EUX QUI ORNE LES MURS DE L'ÉGLISE AFFIRME QUE SAINT-VÉRAN EST « LA PLUS HAUTE COMMUNE OÙ L'ON MANGE LE PAIN DE DIEU ».

BRIANÇON 1.326m
MONTGENÈVRE 1.860m
SERRE-CHEVALIER 2.480m
LE PELVOUX 3.948m
LA MEIJE 3.983m
LES ECRINS 4.102m

Route des grandes Alpes
LE BRIANÇONNAIS
TOURISME · ALPINISME · SPORTS D'HIVER
ÉDITÉ PAR LE S.I. DU BRIANÇONNAIS PELVOUX, BRIANÇON Hᵗᵉˢ ALPES

L'ÉTAGEMENT DE LA VÉGÉTATION

Avec l'altitude, la végétation doit s'adapter à des conditions particulières liées au froid, à la neige et à l'exposition. On peut ainsi observer dans les Alpes un étagement de la végétation qui respecte peu ou prou cette division en cinq étages :
- l'étage collinéen, jusqu'à 800 m (feuillus) ;
- l'étage montagnard, de 800 m à 1 500 m (hêtre, sapins) ;
- l'étage subalpin, de 1 500 m à 2 000 m (conifères) ;
- l'étage alpin, à partir de 2 000 m (étage de la pelouse alpine, alpages) ;
- l'étage nival, à partir de 3 000 m (absence de végétation, neiges persistantes).

HÊTRE
Fagus sylvatica (Cupilifère)

SAPIN
Abies pectinata (Conifère)

ALPES-DE-HAUTE-PROVENCE 04

RÉGION : PROVENCE. ALPES. CÔTE D'AZUR - PRÉFECTURE : DIGNE-LES-BAINS (PLUS GRANDE VILLE MANOSQUE) - SUPERFICIE : 6 925 KM² - POPULATION : 157 965 HAB.

LE TOIT DU TOUR

La voie menant à la cime de la Bonette, à la limite entre les départements des Alpes-de-Haute-Provence et des Alpes-Maritimes, constitue la route goudronnée la plus haute de France à 2 802 m d'altitude. On y accède par le col de la Bonette situé un peu plus bas à 2 715 m, à une altitude insuffisante pour en faire le plus haut col routier français, dépassé qu'il est par le col de l'Iseran en Savoie et ses 2 764 m. Mais la route de la cime de la Bonette (qui n'est pas un col) est tout de même le toit du Tour de France, qui l'emprunta pour la première fois en 1962.

Les Barcelonnettes du Mexique

Une cinquantaine de villas dites « mexicaines » jalonnent la vallée de l'Ubaye. Ce sont des maisons construites par des habitants des environs de Barcelonnette qui ont émigré vers le Nouveau Continent à partir du XIXe siècle, principalement au Mexique, mais aussi en Louisiane où les frères Arnaud, originaires de Jausiers, ont laissé leur nom à Arnaudville. Après le succès de leurs activités commerciales outre-Atlantique, certains Barcelonnettes (nom des habitants de la ville homonyme) sont revenus au pays pour y construire ces villas à l'architecture généralement originale.

LE SUBLIME CANYON DU VERDON

Entre Castellane et Sainte-Croix, entre Var et Alpes-de-Haute-Provence, le Verdon est célèbre pour ses somptueuses gorges, par endroits profondes de plus de 700 m. Le sentier Martel, aménagé par le Touring Club de France, rappelle que le « père de la spéléologie moderne » Edouard-Alfred Martel a été le premier, en 1905, à véritablement explorer ce canyon. Parmi les nombreux belvédères qui le dominent, le plus saisissant est le bien nommé « Point sublime », situé près de Rougon, à moins que vous ne préfériez, ceux situés un peu plus en aval, sur la « Corniche sublime ».

En 1970, le département des Basses-Alpes est renommé Alpes-de-Haute-Provence. Y figure désormais le nom de l'ancienne province de Provence qui tire justement son nom de *provincia* du temps où elle était province romaine. Hormis dans l'agglomération du chef-lieu Digne, la population se concentre à l'ouest du département le long de la vallée de la Durance. Ainsi les régions montagneuses de l'est du département ont la particularité d'abriter Castellane, la sous-préfecture de France la moins peuplée (1 600 habitants). Le département culmine à l'aiguille de Chambeyron (3 412 m) dans la haute vallée de l'Ubaye. Au sud du plateau de Valensole, les confins méridionaux du département sont entaillés par les impressionnantes gorges du Verdon.

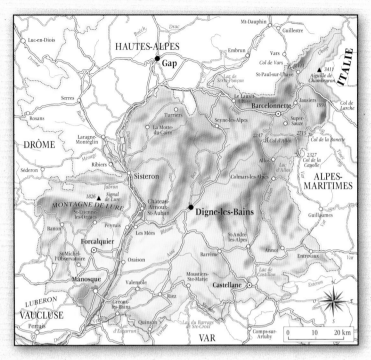

◇ LES VILLAGES « DÉPERCHÉS » ◇

Les romans de Jean Giono décrivent souvent la Provence, même si le natif de Manosque n'aimait pas forcément être qualifié d'« écrivain provençal ». Dans ses œuvres, Giono a notamment décrit les villages perchés de Haute-Provence vidés de leurs habitants au début du XXe siècle, à l'instar d'Aubignane, village imaginaire de son roman *Regain*, qui lui aurait été inspiré par le vieux village de Redortiers, dont les ruines sont encore visibles entre la montagne de Lure et le plateau d'Albion. Ces villages dépeuplés au profit de villages moins élevés sont ainsi parfois qualifiés de « déperchés ».

VAUCLUSE 84

RÉGION : PROVENCE. ALPES. CÔTE D'AZUR - PRÉFECTURE : AVIGNON
SUPERFICIE : 3 567 KM² - POPULATION : 538 902 HAB.

Le Vaucluse doit son nom à la « vallée close » où surgit la fontaine de Vaucluse. Ce petit département a été créé en 1793 suite au rattachement à la France de l'Etat pontifical d'Avignon et du Comtat Venaissin, auxquels ont été joints les districts bucco-rhodaniens d'Apt et d'Orange, ainsi que le canton de Sault sur le plateau d'Albion. En 1800, des modifications territoriales ont fait du canton de Valréas une enclave dans la Drôme. Limitée à l'ouest par le Rhône et au sud par la Durance, la plaine du Comtat, où sont notamment cultivés les melons de Cavaillon, est dominée par les villages perchés du Lubéron. Plus au nord, le mont Ventoux, surnommé « mont Chauve » en raison de l'absence de végétation autour de son sommet (1 912 m), surplombe les Dentelles de Montmirail et le Tricastin.

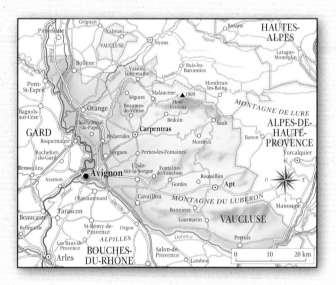

LE RHÔNE À AVIGNON

SOUS LE PONT D'AVIGNON...

LE PONT DE LA CÉLÈBRE CHANSON EST LE PONT SAINT-BÉNEZET, DU NOM D'UN JEUNE BERGER QUI, SELON LA LÉGENDE, L'AURAIT CONSTRUIT EN 1177 APRÈS Y AVOIR ÉTÉ POUSSÉ PAR UNE VOIX CÉLESTE. PREUVE DE LA PUISSANCE DES CRUES DU RHÔNE, LE PONT N'A AUJOURD'HUI PLUS QUE 4 DE SES 22 ARCHES INITIALES. MAIS QUOI QU'EN DISE LA CHANSON, LE PONT EST QUELQUE PEU ÉTROIT POUR Y DANSER TOUT EN ROND, ET CE N'ÉTAIT PAS SUR, MAIS PLUTÔT SOUS LE PONT QUE LES AVIGNONNAIS DANSAIENT, NOTAMMENT SUR L'ÎLE DE LA BARTHELASSE.

◇ La cité des papes ◇

En 1305, après de longues tractations, l'archevêque de Bordeaux Bertrand de Got fut élu pape par les cardinaux. Evitant pour des raisons de sécurité de s'installer à Rome, il s'établit finalement en 1309 à Avignon, sous le nom de Clément V. Jusqu'en 1418, neuf papes s'y sont succédé, les deux derniers ayant partagé leur règne sur la chrétienté avec un autre pape établi à Rome. Non loin de leur palais aux allures de forteresse, les papes ont fait planter des vignes, notamment à Châteauneuf, où ils disposaient d'une résidence secondaire. Le vin encore produit sur ces vignobles six siècles plus tard a pris le nom de châteauneuf-du-pape.

La lavande ou l'âme de la Provence

La lavande, « âme de la Provence » pour Jean Giono, possède son principal producteur français dans le pays de Sault, entre mont Ventoux et Lubéron. Parmi les autres cultivateurs de lavande du Vaucluse figurent les moines de l'abbaye de Sénanque, producteurs d'une essence de lavandin, au fond d'un vallon particulièrement pittoresque en été au milieu des champs de lavande en fleur.

Le Colorado provençal

Dans le Lubéron, les anciennes carrières d'ocre de Roussillon et de Rustrel offrent une palette flamboyante de paysages et de couleurs. Principalement utilisée comme colorant, l'ocre a vu son exploitation cesser à cause de la concurrence des produits synthétiques, mais elle continue malgré tout à faire vivre la région en attirant de nombreux touristes, fascinés par l'impressionnant « Colorado de Rustrel », où les falaises donnent à observer l'étagement de couches de couleurs différentes, tirant sur le rouge pour les terres chargées de fer. Les cheminées de fée, ces colonnes naturelles constituées de roches friables surmontées par un bloc de pierre plus résistante, constituent une autre curiosité du lieu.

LES PLANTES MÉDICINALES

LAVANDE
GENRE DES LABIÉES
LAVANDULA

Édition de la CHOCOLATERIE D'AIGUEBELLE (Drôme)

BOUCHES-DU-RHÔNE 13

RÉGION : PROVENCE. ALPES. CÔTE D'AZUR - PRÉFECTURE : MARSEILLE
SUPERFICIE : 5 087 KM² - POPULATION : 1 966 005 HAB.

Le bien nommé architecte de la « bonne mère »

S'étendant de la chaîne de l'Estaque qui a inspiré de nombreux peintres jusqu'à l'anse de Callelongue près des premières calanques, Marseille est dominée par la basilique Notre-Dame-de-la-Garde, dont le site accueille une chapelle depuis le XIIIᵉ siècle. La « bonne mère » a été achevée en 1853, répondant au projet d'un jeune architecte nîmois : Henri-Jacques Espérandieu ! Quant à la célèbre Canebière, elle doit son nom au commerce du chanvre qui y était jadis réalisé, le nom commun « canebière » désignant une plantation de chanvre.

LES GRANDS ESPACES CAMARGUAIS

La Camargue, formée par le delta du Rhône, abrite les deux plus grandes communes de France métropolitaine : tout d'abord la commune d'Arles, connue pour ses nombreux monuments romains et pour la découverte dans le Rhône du plus ancien buste de César, suivie par Les Saintes-Maries-de-la-Mer, célèbres pour le pèlerinage des Gitans qui depuis le XIXᵉ siècle viennent y honorer la Vierge noire, sainte Sara.

Les « bouches » du Rhône prennent la forme d'un delta juste en aval d'Arles, où le Grand Rhône et le Petit Rhône se séparent et se jettent dans la Méditerranée de part et d'autre de la côte camarguaise. Vers l'est, celle-ci laisse la place à la Côte Bleue de l'embouchure de l'étang de Berre jusqu'à Marseille, puis aux premiers escarpements de la Côte d'Azur notamment au cap Canaille où les falaises de Soubeyrannes, les plus hautes

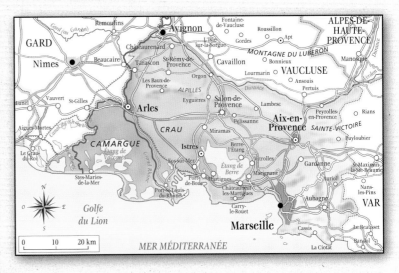

de France, dominent la mer de près de 400 m. Dans l'intérieur des terres, au-delà de la plaine de la Crau, s'étend le massif des Alpilles, et non loin d'Aix-en-Provence, qui fut le premier chef-lieu du département, le massif de Trévaresse fait face à celui de la Sainte-Victoire chère à Cézanne.

L'ALUMINE DES BAUX

LE VILLAGE DES BAUX-DE-PROVENCE DANS LES ALPILLES A LAISSÉ SON NOM À LA BAUXITE, PRINCIPAL MINERAI DONT ON TIRE L'ALUMINIUM. EN 1821, PRÈS DE CE SOMPTUEUX VILLAGE PROVENÇAL, LE GÉOLOGUE PIERRE BERTHIER DÉCOUVRIT LES PROPRIÉTÉS DE CE QU'IL APPELA D'ABORD LA TERRE D'ALUMINE DES BAUX.

◇ LA CIOTAT, UN DES BERCEAUX DU CINÉMA ET DE LA PÉTANQUE ◇

Si les frères Lumière étaient lyonnais, ils possédaient une villa à La Ciotat. C'est ainsi qu'ils ont tourné un des premiers films de l'histoire *L'arrivée du train en gare de la Ciotat*, probablement en 1895. La « Cité » – signification en provençal de *Ciutat* – abrite également L'Eden, le plus ancien cinéma au monde encore existant. La Ciotat revendique aussi la paternité de la pétanque. De tout temps, des jeux de boules plus ou moins proches de la pétanque ont existé, mais le terme « pétanque » aurait été officialisé en 1910 lors du premier concours officiel qui s'est tenu à La Ciotat. Le terme d'origine provençale « pétanque » dérive de « pieds tanqués » signifiant « pieds joints ». ∎

LA PLUS GRANDE CATASTROPHE SISMIQUE ◇

Le tremblement de terre de Provence de 1909, dont l'épicentre était situé près de Lambesc, est généralement considéré comme la plus grande catastrophe sismique du XXe siècle en France métropolitaine : 46 morts et 250 blessés furent à déplorer.

VAR

83

RÉGION : PROVENCE. ALPES. CÔTE D'AZUR - PRÉFECTURE : TOULON
SUPERFICIE : 5 973 KM² - POPULATION : 1 001 408 HAB.

La rade de Toulon

Le site de la rade de Toulon offre une position d'abri qui a été propice au développement du premier port militaire français. Protégée à l'est par la presqu'île de Giens et fermée au sud par celle de Saint-Mandrier, elle constituait déjà un mouillage pour les navires grecs et romains. La petite rade, aux abords immédiats du port, se distingue de la grande rade. Les nombreux caps qui la cernent, comme celui de Carqueiranne, et les monts qui la dominent, comme le mont Faron, abritent de nombreux ouvrages fortifiés.

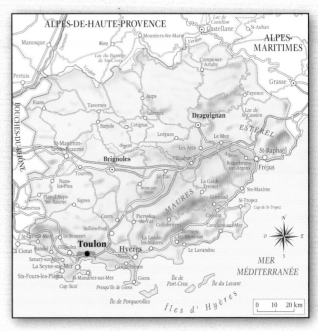

Avant le rattachement du comté de Nice à la France en 1860, le cours du Var marquait la limite orientale du département auquel il a laissé son nom. Mais il fut décidé de lui retirer l'arrondissement de Grasse, pour créer les Alpes-Maritimes, si bien que désormais le département du Var doit son nom à un fleuve qui ne le traverse plus. Les premiers chefs-lieux du Var furent Toulon, Grasse puis Brignoles, et Draguignan de 1797 à 1974. La côte varoise est surplombée par les massifs de la Sainte-Baume, des Maures et de l'Estérel. Dans l'arrière-pays, des plateaux calcaires, comme le plan de Canjuers, côtoient les gorges du Verdon et la montagne de Lachens, point culminant du département (1 714 m).

◇ LE VŒU D'ANNE D'AUTRICHE ET DE LOUIS XIII ◇

Roi de France de 1610 à 1643, Louis XIII a longtemps attendu un fils de son épouse Anne d'Autriche. Sur le conseil d'un moine qui aurait été témoin de deux apparitions de la Vierge, Anne d'Autriche est venue en l'église Notre-Dame-de-Grâce en décembre 1637 invoquer la Vierge de Cotignac, dont la réputation était de rendre les femmes fécondes. Neuf mois plus tard, elle accoucha d'un garçon prénommé Louis-Dieudonné et qui deviendra Louis XIV. Dès lors, Louis XIII fit de la fête de l'Assomption une fête nationale pour associer la France à la Vierge Marie. C'est également suite à cette naissance que fut construite l'église du Val-de-Grâce à Paris.

LE CHÊNE-LIÈGE (France Méridionale)

LES FORÊTS DU VAR

Le département du Var est le plus boisé de France métropolitaine. Avec un couvert forestier proche de 70 %, il devance de peu celui des Landes. Dans les massifs forestiers des Maures et de l'Estérel, on retrouve différentes espèces de pins, et de chênes, parmi lesquels figure le chêne-liège, qui a fait du Var le premier producteur français de liège. Cette production doit faire face aujourd'hui à la concurrence de pays plus méridionaux, mais aussi à celle des matières synthétiques.

LE DOUBLE TOMBOLO DE GIENS

La côte varoise présente une formation géologique rare au niveau de la presqu'île de Giens : un double tombolo. Un tombolo est un cordon sableux reliant une île au continent. Giens est ainsi rattaché, depuis quelques milliers d'années, au continent par deux cordons, séparés par l'étang des Pesquiers. Les îles d'Hyères un peu plus éloignées du rivage n'ont pas encore connu le même sort.

LA VALESCURE
LIQUEUR DE
St RAPHAËL

MARQUE DÉPOSÉE
LIQUEUR
HYGIÉNIQUE & DIGESTIVE
LA SEULE HONORÉE
D'UNE MÉDAILLE D'OR
DÉCERNÉE À L'UNANIMITÉ PAR
LE JURY D'HYGIÈNE ET DE MÉDECINE

L. ALBOUY Distillateur

ALPES-MARITIMES 06

RÉGION : PROVENCE. ALPES. CÔTE D'AZUR - PRÉFECTURE : NICE
SUPERFICIE : 4 299 KM² - POPULATION : 1 084 428 HAB.

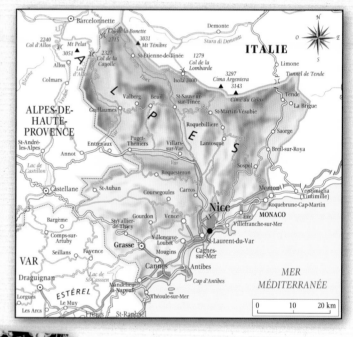

De 1793 à 1814, le comté de Nice a constitué, déjà sous le nom d'Alpes-Maritimes, un premier département, qui avait la particularité d'englober Monaco alors renommé Port-Hercule. Le comté a été définitivement rattaché à la France en 1860, cédé par le royaume de Piémont-Sardaigne en contrepartie du soutien militaire de la France face aux Autrichiens. On lui adjoignit alors l'arrondissement varois de Grasse et, jusqu'en 1926, Puget-Théniers était à la tête d'un arrondissement dans le nord du département. La commune de Tende, connue pour son tunnel, et celle de La Brigue ne sont devenues françaises par référendum qu'en 1947. La population se concentre sur les abords de la Côte d'Azur, l'immédiat arrière-pays niçois et ses villages pittoresques étant déjà essentiellement montagnards.

GRASSE, CAPITALE DU PARFUM

Au Moyen Age, le tannage du cuir était une des principales activités de la ville de Grasse. Compte tenu de l'odeur forte que peut avoir le cuir, Jean de Galimard élabora au XVIIIe siècle des gants parfumés. Dès lors, l'industrie du cuir déclina, mais ce fut au profit de la parfumerie. Les cultures de jasmins et de roses se développèrent dans la région, et plus précisément celle de la violette autour de la charmante petite ville perchée de Tourrettes-sur-Loup.

Un lieu mythique de l'hôtellerie de luxe

La promenade des Anglais de Nice doit son nom à des résidents britanniques qui auraient contribué à son aménagement au début du XIXe siècle. Elle est bordée depuis 1912 par le célèbre hôtel Negresco. Ce palace à la pointe de la modernité subit rapidement les dommages de la Première Guerre mondiale, devenant un hôpital militaire. Si son fondateur, le maître d'hôtel roumain Henri Negresco, sortit de la Grande Guerre ruiné, ses successeurs ont su en faire un haut lieu de l'hôtellerie de luxe.

◇ CITÉS PHOCÉENNES ◇

MARSEILLE EST CONNUE POUR ÊTRE « LA CITÉ PHOCÉENNE », DEPUIS L'ÉDIFICATION DE MASSALIA VERS 600 AVANT NOTRE ÈRE PAR DES COLONS GRECS ORIGINAIRES DE PHOCÉE, AUJOURD'HUI FOÇA EN TURQUIE. MAIS LES PHOCÉENS ONT AUSSI CRÉÉ NIKAIA (NICE), ET ANTIPOLIS (ANTIBES) DONT LE NOM A EN PARTIE ÉTÉ UTILISÉ POUR BAPTISER LE TECHNOPÔLE DE SOPHIA-ANTIPOLIS.

◇ LA ROUTE NAPOLÉON ◇

La N 85 est surnommée « route Napoléon » en référence au trajet emprunté par l'Empereur en 1815, lors de son retour sur le territoire français après l'exil sur l'île d'Elbe. Le 1er mars et le débarquement avec plusieurs centaines d'hommes à Golfe Juan, sur la commune de Vallauris, marquent le début des Cent-Jours. Après avoir regagné Cannes, début véritable de la N 85, il rejoignit Grenoble – via Grasse, le pas de la Faye, Digne et Gap – pour s'en aller le 19 mars chasser du pouvoir, pour quelques semaines, le roi Louis XVIII. ■

LA VALLÉE DES MERVEILLES

Le massif du Mercantour abrite la vallée des Merveilles qui constitue un véritable sanctuaire païen. Au XIXe siècle, sur des dalles rocheuses de colorations diverses, furent découvertes plus de 30 000 gravures datant de l'âge du bronze (IIe millénaire avant J.-C.). Elles témoignent de rites sacrés, proches des préoccupations agricoles, pastorales et religieuses.

HAUTE-CORSE 2B

RÉGION : CORSE - PRÉFECTURE : BASTIA
SUPERFICIE : 4 666 KM² - POPULATION : 162 013 HAB.

LE « FAUX DÉSERT » DES AGRIATES

A l'est de la Balagne, une petite région est appelée – à tort – « désert des Agriates ». Les habitations y sont certes aujourd'hui quasi inexistantes, mais la région n'est pas au sens propre un désert (à savoir une zone où les précipitations sont inférieures à 150 mm par an). Mais, surtout, le nom « Agriates » rappelle au contraire que l'activité agricole y était importante, avant qu'au début du XXᵉ siècle les incendies à répétition ne viennent à bout de cette terre plus fertile qu'il n'y paraît.

La tour Sénèque

Le philosophe et homme politique romain Sénèque fut exilé en Corse en 41 par l'empereur Claude. Il revint à Rome en 49 pour l'éducation du jeune Néron. Au col de Sainte-Lucie près du cap Corse, une « tour Sénèque » serait celle où il vécut une partie de cette retraite. Or, il ne s'agit que d'une des nombreuses tours génoises, vraisemblablement édifiée au XIIIᵉ siècle. Son séjour se serait plutôt déroulé du côté d'Aléria. S'il fut émerveillé par la nature de l'île, il a laissé un portrait moins flatteur de ses habitants : « Se venger est la première loi des Corses, la seconde, vivre de rapines, la troisième, mentir, la quatrième, nier les dieux. »

CAP CORSE

APÉRITIF AU VIEUX QUINQUINA
C.P.V.D.N. NÉGOCIANTS-ÉLEVEURS A MÈZE (HÉRAULT) ET PARIS   CRÉATION JEANBIN

La Haute-Corse est née de la division du département de Corse en 1975 et correspondait entre 1793 et 1811 au département du Golo. Du cap Corse au nord, aux îles Lavezzi au sud, l'« île de Beauté » est souvent considérée comme une montagne dans la mer. Les Grecs l'appelaient déjà Kallisté (« la plus belle »). Seule sa côte orientale baignée par la mer Tyrrhénienne présente une plaine littorale, la plaine d'Aléria, dominée par la Castagniccia, le « pays de la châtaigne ». La montagne corse qui culmine au monte Cinto à 2 706 m est largement couverte par les fourrés inextricables du maquis, la formation végétale basse typique des régions méditerranéennes.

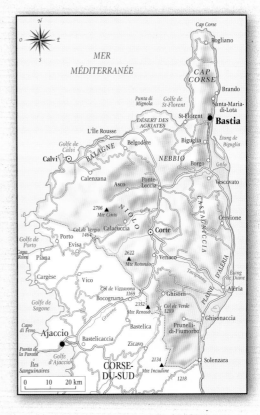

◇ Corte, capitale de la Corse de Paoli ◇

Au cœur de l'île, Corte est aujourd'hui la plus petite ville française siège d'une université. Il faut savoir que Corte était l'ancienne capitale de la Corse. Elle abritait le *Palazzu naziunale* et une université fondée en 1765 à l'époque où Pascal Paoli dirigeait une Corse indépendante. La Corse devenue française, Paoli connut un premier exil en Grande-Bretagne, durant lequel il fut amené à diriger des troupes britanniques lors de la guerre d'Indépendance des Etats-Unis. La Révolution permit au « père de la patrie » de revenir triomphalement en Corse, mais, après avoir obtenu le soutien des Britanniques pour contrôler l'île dans un royaume anglo-corse, il fut définitivement exilé à Londres, où il décéda en 1807.

Le retour de Pascal Paoli sur le sol corse.

◇ Un noble Allemand éphémère roi de Corse ◇

Débarquant à Aléria en mars 1736, Théodore de Neuhoff, noble d'origine westphalienne, est rapidement désigné roi de Corse. N'obtenant pas le soutien des grandes nations européennes, Théodore Ier laissa les clés de l'île six mois plus tard à quelques chefs corses, qui poursuivirent la révolte contre les Génois, avec dans leurs rangs le père de Pascal Paoli, Hippolyte Paoli.

CORSE-DU-SUD 2A

RÉGION : CORSE - PRÉFECTURE : AJACCIO
SUPERFICIE : 4 014 KM² - POPULATION : 140 953 HAB.

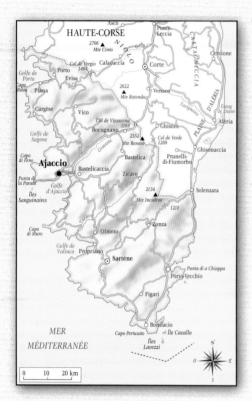

La Corse a été achetée par la France aux Génois en 1768, les troupes de Pascal Paoli cessant définitivement le combat à la bataille de Ponte Novu en mai 1769. La Corse constitua un département en 1790, mais elle subit rapidement une première bidépartementalisation. Le territoire de la Corse-du-Sud prit de 1793 à 1811 le nom d'un fleuve côtier : le Liamone. Après une réunification qui perdura pendant cent soixante-cinq ans, il fut à nouveau séparé de celui de la Haute-Corse en 1976. Sa façade occidentale est entrecoupée tour à tour par les golfes de Porto, de Sagone, d'Ajaccio et de Valinco. Au sud, les bouches de Bonifacio séparent l'« île de Beauté » de la Sardaigne, les deux îles étant distantes d'à peine plus d'une dizaine de kilomètres.

BONIFACIO

La commune de France métropolitaine la plus méridionale doit son nom au marquis de Toscane Boniface II. La vieille ville de Bonifacio a été construite sur une corniche de calcaire, dans laquelle un escalier dit « du roi d'Aragon » a été creusé pour descendre vers la mer. Composé de 187 marches, une légende affirme qu'il aurait été aménagé en une seule nuit par les troupes du roi Alphonse V d'Aragon, lors du siège de la cité en 1420.

La tête de Maure

Le drapeau à tête de Maure a été repris par Théodore de Neuhoff et Pascal Paoli. Son origine est aragonaise. Le Maure, dont le bandeau aurait au départ été placé sur les yeux, symbolise le guerrier sarrasin battu. Ce royaume ibérique s'est plus tard implanté en Sardaigne, et de cette île, dont le drapeau arbore quatre têtes de Maures, l'emblème s'est étendu à la Corse.

◇ LES GRECS DE CARGÈSE ◇

L'église orthodoxe de Cargèse rappelle que 600 Grecs du village de Vitylo ont fui l'occupation turque en 1676. Bien qu'orthodoxes, les Génois leur firent reconnaître l'autorité du pape. Le gouverneur français de l'île, Marbeuf, leur accorda les terres de Cargèse où ils se fixèrent en 1775. On y pratique toujours aujourd'hui un rite grec catholique. Les noms ou prénoms d'origine grecque ne sont pas rares dans ce village où un dialecte grec était encore usité au XXᵉ siècle.

◇ LA VILLE NATALE DES BONAPARTE ET DU CARDINAL FESCH ◇

Ajaccio a vu naître Napoléon Bonaparte le 15 août 1769, un peu plus d'un an après l'achat de l'île aux Génois. C'est aussi la cité natale de ses frères Jérôme et Louis, rois de Westphalie et de Hollande, et celle du cardinal Fesch, son oncle chargé de convaincre le pape Pie VII de le sacrer. Passionné d'art, ce dernier a légué plus de mille tableaux à la ville d'Ajaccio où le musée Fesch est aujourd'hui le deuxième musée français après le Louvre pour la peinture italienne.

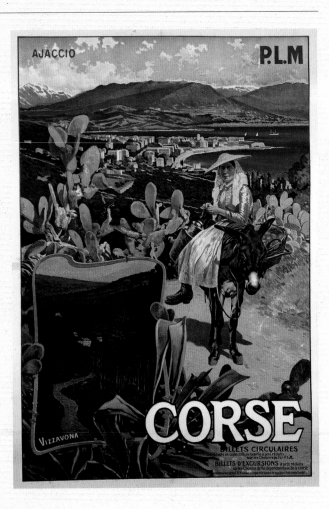

UN STATUT RÉGIONAL PARTICULIER

D'abord rattachée à la Provence-Alpes-Côte d'Azur, la Corse est depuis 1970 un des 22 échelons régionaux de France métropolitaine. La Collectivité territoriale de Corse a des pouvoirs étendus par rapport aux autres régions. Elle possède une sorte de gouvernement local avec son Conseil exécutif composé d'un président et de six conseillers (l'exécutif étant détenu par le président de Région dans les autres Régions). L'Assemblée de Corse, dont les membres élus au suffrage universel se réunissent à Ajaccio, peut remettre en cause la responsabilité de ce conseil. ∎

PYRÉNÉES-ORIENTALES **66**

RÉGION : Languedoc-Roussillon - Préfecture : Perpignan
Superficie : 4 116 km² - Population : 441 387 hab.

◇ Des vertus de l'eau dans la vallée du Tech ◇

En 1840, le roi Louis-Philippe rebaptisa le village des Bains-d'Arles, connu pour les bienfaits de ses eaux sulfurées, lui donnant pour nom Amélie-les-Bains, en l'honneur de son épouse, la reine des Français, Marie-Amélie de Bourbon-Siciles. Dans la commune voisine d'Arles-sur-Tech, ce sont les eaux de la « Sainte-Tombe » qui ont fait couler beaucoup d'encre. Ce sarcophage produit de l'eau potable par condensation et filtration de l'eau de pluie. Dans ce phénomène naturel, nombreux sont ceux qui ont cru, et croient toujours, y voir une eau miraculeuse.

Le train jaune

Arborant les couleurs catalanes, le train jaune mis en service en 1910 emprunte à faible allure la ligne qui relie la citadelle de Villefranche-de-Conflent à Latour-de-Carol. Près de la citadelle de Mont-Louis, cette ligne emprunte le pont Gisclard, seul pont suspendu ferroviaire du pays encore en service. La gare de Bolquère-Eyne, à 1 583 m d'altitude est la plus haute de France. Près de la frontière espagnole et non loin d'Andorre, la gare internationale de Latour-de-Carol est la seule en Europe à avoir trois types d'écartements des rails : un pour les trains français de la ligne qui emprunte le tunnel de Puymorens, un pour les trains espagnols, et un autre plus étroit spécifique au train jaune.

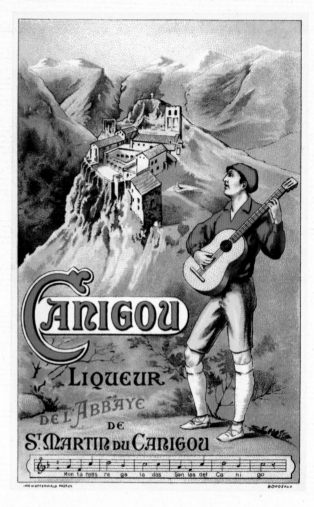

Le Castillet à Perpignan

Une des régions les plus ensoleillées de France

La Cerdagne, qui connaît plus de 300 jours ensoleillés par an, est devenue un lieu privilégié pour l'expérimentation de l'énergie solaire, grâce à Félix Trombe notamment. A Odeillo, près de Font-Romeu, se trouve de-puis 1970 le plus puissant four solaire du monde. Les rayons solaires y sont captés par une série de miroirs orientés vers un autre dispositif spéculaire en parabole pour permettre de concentrer l'énergie vers un même point. Un autre four solaire a été aménagé à Mont-Louis dès 1949, et une centrale solaire a vu le jour plus récemment à Targassonne.

Ce département a été formé, hormis pour la partie languedocienne des Fenouillèdes, à partir de l'ancienne province catalane du Roussillon, territoire rattaché à la France en 1659 par le traité des Pyrénées, également à l'origine de l'enclave espagnole de Llivia, en Cerdagne, région de l'ouest du département incluse dans le bassin versant de l'Ebre. Le reste du département est entaillé par trois vallées parallèles, celles de l'Agly, de la Têt et du Tech, trois fleuves côtiers qui rejoignent, après s'être écoulés dans la plaine du Roussillon, la Méditerranée dans le golfe du Lion. Entre le Conflent où s'écoule la Têt, et le Vallespir où s'écoule le Tech, se dresse l'imposant pic du Canigou. Au sud-est, le massif des Albères domine la Côte Vermeille, de Collioure à Cerbère.

La capitale des rois de Majorque

Le palais des rois de Majorque à Perpignan rappelle qu'avant le traité des Pyrénées en 1659, le Roussillon était une terre espagnole. Au moment de la construction de ce palais-forteresse de style gothique dans le dernier quart du XIIIe siècle, cette terre était plus précisément celle de Jacques II de Majorque, fils de Jacques Ier le Conquérant, roi d'Aragon, qui possédait également les îles Baléares.

AUDE 11

RÉGION : LANGUEDOC-ROUSSILLON - PRÉFECTURE : CARCASSONNE
SUPERFICIE : 6 139 KM² - POPULATION : 349 237 HAB.

L'ŒUVRE DE RIQUET

Le creusement du canal du Midi entrepris sous le règne de Louis XIV avait pour but de relier la Méditerranée et l'Atlantique sans obliger les bateaux à contourner la péninsule Ibérique. Une des difficultés rencontrées par l'ingénieur Pierre Paul de Riquet qui supervisait les travaux fut d'alimenter la portion la plus haute du canal, au niveau du seuil de Naurouze. Une rigole d'alimentation reliant ce bief au réservoir de Saint-Ferréol dans la Montagne Noire fut alors aménagée en 1667. Ces travaux furent également remarquables par les conditions de travail des ouvriers. Riquet institua la mensualisation de la paye et toute une série d'avantages pour fidéliser ses ouvriers, plutôt bien payés pour l'époque.

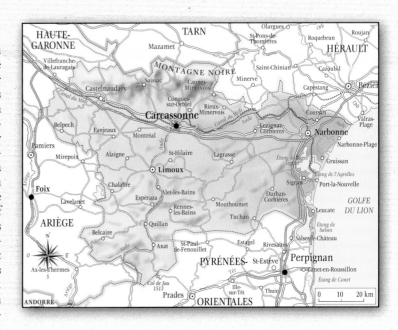

RIQUET

L'Aude, qui donne son nom au département, est un fleuve qui prend sa source dans le massif du Carlitte à plus de 2 150 m d'altitude, dans le lac d'Aude au pied du roc d'Aude. Après avoir traversé le Capcir, l'Aude s'enfonce dans des gorges pour gagner Quillan et Limoux. Elle passe ensuite au pied des remparts de Carcassonne et se jette dans la Méditerranée près de Narbonne, la plus grande cité de Gaule lorsqu'elle était capitale de la Narbonnaise. Le département s'étend de la Montagne Noire, dernier rempart méridional du Massif central, aux premiers contreforts pyrénéens que constituent les Corbières et le plateau de Sault. Le canal du Midi relie le bassin de la Garonne et plus largement l'Atlantique à la Méditerranée en empruntant le seuil de Naurouze (ou du Lauragais).

VUE DE LA CITÉ DE CARCASSONNE & DE LA DISTILLERIE DE
LA MICHELINE, REINE DES LIQUEURS

Le trésor de l'abbé Saunière

Le village perché de Rennes-le-Château est célèbre pour le mystère qui plane autour de l'origine de la fortune de Bérenger Saunière. Nommé curé du village en 1885, il y vit d'abord modestement, avant d'entreprendre la restauration de l'église où auraient été découverts de mystérieux parchemins. Dès lors, il multiplie les dépenses, poursuit la rénovation de l'église, construit une somptueuse villa et une tour néogothique, et aménage un jardin exotique. A sa mort en 1917, seule sa servante était en mesure de révéler le secret de la fortune de l'abbé Saunière, mais elle a emporté elle aussi le secret dans sa tombe.

◈ LA CITÉ DE VIOLLET-LE-DUC ◈

La spectaculaire cité médiévale de Carcassonne, ceinte de 52 tours, doit sa splendeur à la restauration entreprise à la fin du XIXᵉ siècle par Eugène Viollet-le-Duc. Comme il prit quelque distance par rapport à l'allure que devait avoir la cité au Moyen Age, il ne manqua pas d'essuyer quelques critiques. Cependant, quand de nos jours une partie de la cité doit être restaurée, ce sont les plans de Viollet-le-Duc qui servent de référence.

◈ DES CHÂTEAUX PAS SI CATHARES ◈

La méfiance est de mise lorsque l'on évoque les « châteaux cathares » de l'Aude, dont les plus impressionnants sont sans doute Peyrepertuse et Quéribus. Les cathares, jugés hérétiques et pourchassés parce qu'ils voulaient pratiquer un christianisme plus proche de celui des premiers chrétiens, n'ont pas été à vrai dire des bâtisseurs. La construction de ces forteresses est généralement antérieure à leur occupation par les cathares, lors de la croisade contre les albigeois, autre nom donné aux cathares qui rappelle que cette religion s'étendait bien au-delà de l'Aude. ■

HÉRAULT 34

RÉGION : LANGUEDOC-ROUSSILLON - PRÉFECTURE : MONTPELLIER
SUPERFICIE : 6 101 KM² - POPULATION : 1 019 798 HAB.

◈ BÉZIERS, ÉPICENTRE DE LA RÉVOLTE DES VIGNERONS ◈

A BÉZIERS — Les Mutins du 17ᵉ Régiment d'Infanterie, campés dans les Allées Paul-Riquet, sont acclamés par la Foule

En 1907, la viticulture languedocienne est au cœur d'une crise importante, liée à la surproduction qui a entraîné la ruine de petits propriétaires incapables de vendre leur vin, et le chômage pour de nombreux ouvriers agricoles. Le 12 mai à Béziers sont recensés plus de 100 000 manifestants, au cours d'une journée marquée par la fraternisation avec les soldats. Des mesures disciplinaires ont été infligées aux leaders de cette mutinerie et, après ces événements, les conscrits furent plus systématiquement envoyés loin de chez eux. Début juin, à l'apogée du mouvement, ils auraient été près d'un demi-million à Montpellier, dans ce qui peut être considéré comme la plus grande manifestation qu'ait connue la IIIᵉ République.

LES MAGNIFIQUES CIRQUES DE NAVACELLES ET DE MOURÈZE

Le département abrite deux cirques aux paysages étonnants et aussi très distincts. A cheval sur le département du Gard, le cirque de Navacelles se caractérise par le recoupement d'un méandre de la Vis au fond d'une vallée particulièrement encaissée, à l'est du causse du Larzac. Le cirque de Mourèze, situé près du lac de Salagou, est lui remarquable par les étonnantes formes façonnées par l'érosion dans le calcaire. De nombreux rochers portent ainsi des noms comme le Sphinx, l'Ours ou le Gardien.

La plus ancienne des facultés de médecine en activité

L'université Montpellier 1 est l'héritière de l'université médiévale créée en 1289 par une bulle du pape Nicolas IV. Elle réunit l'école de Droit et des Arts dont les premiers statuts furent octroyés en 1242, et l'école de Médecine fondée en 1220 par le légat du pape Honorius III, ce qui fait de la faculté de médecine de Montpellier la plus ancienne en activité au monde.

◇ Les reliques de l'abbaye de Saint-Guilhem-le-Désert… ◇

Dominant les gorges de l'Hérault à l'entrée du cirque de l'Infernet, le village de Saint-Guilhem-le-Désert est remarquable à plus d'un titre. Sur le chemin d'Arles à Saint-Jacques-de-Compostelle, l'abbaye attirait de nombreux pèlerins auprès des reliques de saint Guilhem, qui la fonda en 804, et d'un morceau de la croix du Christ. Il ne reste aujourd'hui qu'une petite partie du cloître de l'abbaye. Vendu comme bien national à la Révolution et ruiné par une crue du Verdus en 1817, les vestiges du cloître furent rachetés au début du XXᵉ siècle par des collectionneurs américains, à l'origine de son transfert au musée des Cloîtres de New York.

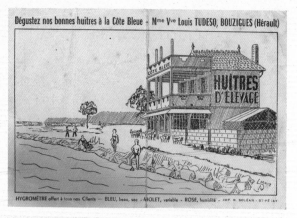

L e département de l'Hérault est issu d'une partie de l'ancienne province du Languedoc. Il s'étend entre la Méditerranée et les derniers contreforts méridionaux du Massif central, que constituent les monts de l'Espinouse (1 124 m), le plateau de l'Escandorgue et le causse du Larzac, et plus près de la mer le mont Saint-Baudille (848 m) et le pic Saint-Loup (658 m). Il est ainsi traversé par plusieurs petits fleuves côtiers dont les plus importants sont l'Orb qui passe à Béziers, et l'Hérault qui accède à la Méditerranée par le grau d'Agde. Le littoral héraultais est bordé par de vastes étangs, comme celui de Mauguio, ou celui de Thau où sont élevées les huîtres de Bouzigues, à l'ombre du mont Saint-Clair, près de Sète, autrefois orthographié Cette.

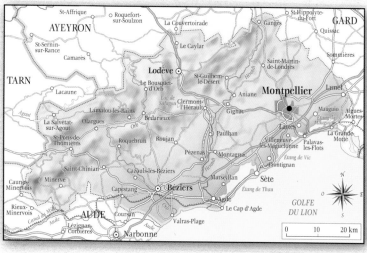

GARD

30

RÉGION : LANGUEDOC-ROUSSILLON - PRÉFECTURE : NÎMES
SUPERFICIE : 5 853 KM² - POPULATION : 694 323 HAB.

Le département du Gard s'étend des Cévennes à la mer Méditerranée, des pentes du mont Aigoual jusqu'à la Camargue et au golfe du Lion. Il est le théâtre des « épisodes cévenols », nom donné aux crues des différents cours d'eau nés dans le sud-est du Massif central, comme le Gard, couramment appelé Gardon, ou le Vidourle dont les crues sont connues sous le nom de « vidourlades ». Elles entraînent fréquemment des inondations à la fin de l'été ou au début de l'automne, après de forts orages, causés par la rencontre facilitée par les reliefs de l'air chaud méditerranéen et de l'air froid d'altitude.

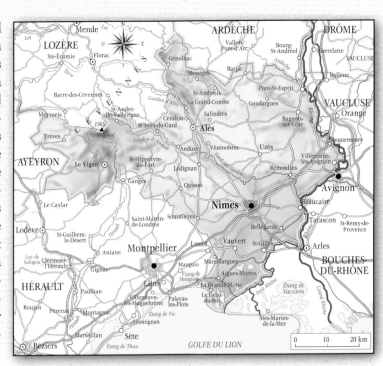

Le crocodile de Nemausus

La cité nîmoise est connue pour ses nombreux monuments romains comme les arènes, la tour Magne, ou le temple de la Maison Carrée qui est en réalité rectangulaire. De cette époque, elle tire également son emblème, le crocodile. Représenté sur le revers de l'antique as de Nîmes, cet animal exotique évoque les légionnaires romains venus d'Egypte pour fonder la cité de Nemausus. Avant que François Ier ne reconnaisse ce blason, c'était un taureau qui symbolisait la ville.

◈ LA RÉGLISSE D'UZÈS ◈

La cité d'Uzès s'est développée à quelques pas de la fontaine d'Eure qui alimentait Nîmes, grâce à un aqueduc romain long d'une cinquantaine de kilomètres, dont le pont du Gard constitue la portion la plus remarquable. Non loin de la tour Fenestrelle aux airs de campanile italien, Henri Laffont a ouvert à Uzès en 1862 une usine de réglisse, qui déposa la marque ZAN en 1884, d'après la phrase « donne moi z'en » qu'un enfant y aurait prononcée. Uzès abrite aujourd'hui le musée du bonbon associé à une célèbre marque allemande qui a racheté Zan et dont le nom est formé par les premières syllabes du prénom, du nom et de la ville de son fondateur : HAns RIegel, de BOnn.

À LA POURSUITE DU BONHEUR

Né au pied du mont Aigoual, au cœur des Cévennes, le Bonheur est un cours d'eau d'une douzaine de kilomètres, qui est, hormis pour son nom charmant, remarquable par sa résurgence. Ses eaux s'engouffrent dans des sols calcaires, au niveau de la « perte du Bonheur », avant de rejaillir par l'abîme de Bramabiau, une vertigineuse cavité haute de 70 m. Ce nom qui vient de l'occitan signifie « bœuf qui brame » en référence au fracas que fait la rivière en sortant de la faille.

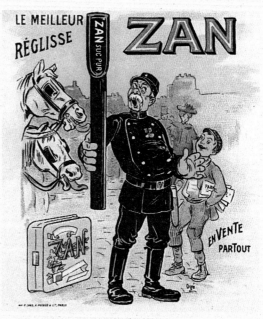

☞ La « toile Denim » doit son nom à la serge de Nîmes, même si ce tissu n'était pas tout à fait celui qui fit la renommée de Levi Strauss, l'inventeur des blue-jeans.

◈ D'AIGUES-MORTES AU « GRAU-DU-ROI » ◈

En bordure de la Camargue, Aigues-Mortes, dont le nom signifie littéralement « eaux mortes », a été un port d'embarquement pour les croisés, notamment pour Saint Louis qui décida de la fortification de cette cité qui n'était pas tout à fait située sur la côte. Pour atteindre le rivage, il faut emprunter un chenal puis un grau, c'est-à-dire une ouverture dans le cordon littoral dunaire. La géographie et l'histoire ont ainsi formé le nom de la commune du Grau-du-Roi. Elle abrite la station balnéaire de Port-Camargue aménagée par l'Etat dans les années 1960 avec La Grande-Motte et cinq autres stations de la côte languedocienne jusqu'alors peu urbanisée.

Le pont du Gard.

LOZÈRE

48

RÉGION : LANGUEDOC-ROUSSILLON - PRÉFECTURE : MENDE
SUPERFICIE : 5 167 KM² - POPULATION : 76 973 HAB.

A la mort de Du Guesclin, dont on fête le sixième centenaire, le gouverneur anglais de Châteauneuf-du-Randon vient déposer sur son corps les clés du château fort. [Dessin de Damblans.]

Les quatre tombeaux du Dogue de Brocéliande

Envoyé en 1380 dans le Gévaudan occupé par les Anglais, le connétable de France Bertrand Du Guesclin périt lors du siège de Châteauneuf-de-Randon. Ayant souhaité être enterré à Dinan dans sa Bretagne natale, sa dépouille fut l'objet d'un convoi mouvementé. Eviscéré au Puy, son corps a finalement dû, à cause de la chaleur, être bouilli à Montferrand pour séparer la chair de son squelette. Si son cœur parvint à Dinan, ses ossements prirent la direction de la basilique de Saint-Denis, sur ordre de Charles V. Châteauneuf et Le Puy abritent un mausolée à sa mémoire, et le gisant de Saint-Denis, contrairement à celui de Montferrand, a survécu à la Révolution.

◇ LA BÊTE DU GÉVAUDAN ◇

C'est sur le territoire de l'actuelle Ardèche que fut recensée la première victime de la bête du Gévaudan. Mais le nord de la Lozère a été le principal champ d'action de cette mystérieuse créature. Un premier animal semblable à un gros loup fut abattu en 1765, sans pour autant faire cesser les attaques. Deux ans plus tard, Jean Chastel, originaire du Velay, tua une bête « mi-chien mi-loup ». Comme plus la moindre victime ne fut dès lors à déplorer, il est considéré comme celui qui a tué la bête, qui aurait fait plus de 120 victimes. D'autres « bêtes » moins célèbres lui ont succédé, comme la « bête des Cévennes » mentionnée à partir de 1809, plutôt dans le Gard et l'Ardèche.

La bête du Gévaudan.

La Lozère est un département du Massif central constitué à partir de l'évêché du Gévaudan qui dépendait autrefois du Languedoc. Il tire son nom du mont Lozère, le point culminant des Cévennes (1 699 m au pic de Finiels) dans le sud-est du département. Les monts et les forêts de la Margeride occupent le nord du département et l'Aubrac déborde sur son territoire au nord-ouest. Au sud-ouest le causse Méjean, dans lequel le spectaculaire aven Armand a été creusé, et le causse de Sauveterre sont séparés par les impressionnantes gorges du Tarn. Le département de Lozère, le moins peuplé des départements français, a la particularité d'être à cheval sur les bassins versants du Rhône, de la Garonne et de la Loire.

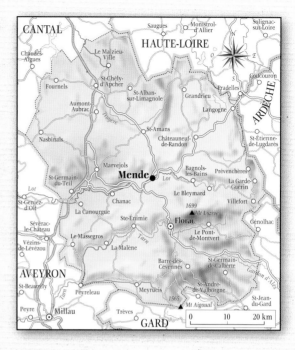

CHEMINS DE FER P.O.. MIDI..P.L.M.

L'AVEN ARMAND
LA MERVEILLE SOUTERRAINE
Circuits d'Auto-Cars P.O..Midi..P.L.M.
aux Gorges du Tarn et de la Jonte

UN DÉPARTEMENT PILOTE POUR LA PROTECTION DE LA FAUNE

Les grands espaces naturels de Lozère ont été propices à la réintroduction d'espèces animales sauvages. Le parc des loups de Saint-Léger-de-Peyre a ouvert la voie dans les années 1960. Des bisons et des aurochs sont aujourd'hui élevés en Margeride, alors que 250 vautours ont fondé une colonie dans les gorges de la Jonte. Un troupeau de chevaux de Prjevalski, une espèce sauvage menacée originaire de Mongolie, est au cœur d'une campagne de sauvetage sur le causse Méjean. A Saint-Laurent-de-Trèves, on trouve les traces d'une espèce animale très ancienne, qui elle ne risque pas d'être réintroduite : le sol présente des empreintes de pas de grallator, un petit dinosaure.

◇ LE PAYS DES CAMISARDS ◇

Les protestants sont aujourd'hui encore nombreux dans le sud du Massif central. Cette présence protestante s'est manifestée après la révocation par Louis XIV de l'édit de Nantes en 1685. Les Cévennes furent le théâtre de combats surtout de 1702 à 1704, entre les troupes royales et les camisards, nom donné aux insurgés protestants en raison de leurs blouses (*camisa*) ou alors de leur bonne connaissance des sentiers (*camus*). ∎

AVEYRON 12

RÉGION : MIDI-PYRÉNÉES - PRÉFECTURE : RODEZ
SUPERFICIE : 8 735 KM² - POPULATION : 275 889 HAB.

L'Aveyron est une rivière qui rejoint le Tarn, près de Montauban, juste avant la confluence entre ce dernier et la Garonne. Il prend sa source sur le causse de Séverac, avant de traverser Rodez et Villefranche-de-Rouergue. Tout comme le Lot, le Tarn ou la Truyère qui traversent aussi le département, l'Aveyron a creusé de somptueuses gorges, notamment dominées par le château de Najac. Le département auquel il donne son nom correspond à l'ancienne province du Rouergue, qui fut un temps rattachée à la Guyenne. Sa partie orientale se distingue par les reliefs plus marqués de l'Aubrac et des Grands Causses. A l'ouest, la région du Ségala a un nom qui évoque les terres du Massif central où l'on ne pouvait guère cultiver que le seigle.

◈ LA CITÉ DU DUC DECAZES ◈

En 1826, le duc Elie Decazes et l'industriel François Gracchus Cabrol fondent les Houillères et fonderies de l'Aveyron, alors que Decazeville n'est encore que le hameau de La Salle. C'est sous le second Empire que le nom de Decazeville fut attribué à cette cité ouvrière dont les mines souterraines de charbon ont été abandonnées en 1966, mais dont l'exploitation de la mine à ciel ouvert de la Découverte (3,7 km de long, 2,5 km de large, 250 m de profondeur) n'a cessé qu'en 2001.

UNE TERRE D'ÉMIGRATION

L'exode rural amorcé au XIXᵉ siècle s'est manifesté pour certains Aveyronnais par le départ pour l'Argentine, où quelques-uns d'entre eux ont fondé la cité de Pigüé. Mais c'est Paris qui attira la plupart de ceux qui ont quitté le « pays ». Ils y pratiquèrent d'abord de petits métiers, avant d'être de plus en plus nombreux à tenir des bistrots. La brasserie Lipp, le Flore, les Deux-Magots, et de très nombreuses autres adresses plus ou moins réputées, furent ainsi tenus par des Aveyronnais, qui ont facilité la « montée » vers la capitale aux nouveaux migrants. Les Aveyronnais de Paris seraient ainsi plus nombreux que ceux restés dans le département.

MONTPELLIER-LE-VIEUX

Ce curieux nom désigne un chaos de roches calcaires aux formes tout aussi curieuses qui rappelleraient celles d'une ville. Situé sur le causse Noir, à quelques kilomètres de Millau et de son célèbre viaduc, le chaos de Montpellier-le-Vieux et son arche naturelle dite « porte de Mycènes » ont servi de lieu de tournage pour *La Grande Vadrouille*. Un site analogue, un tantinet moins impressionnant, porte le nom de Nîmes-le-Vieux dans la Lozère voisine.

◈ CONQUES ET LE TRÉSOR DE L'ABBATIALE SAINTE-FOY ◈

Situé sur un des quatre grands chemins du pèlerinage de Saint-Jacques-de-Compostelle, le village de Conques en constitue une étape majeure. Depuis le Moyen Age, les pèlerins viennent y prier auprès des reliques de sainte Foy, depuis qu'un abbé les a volées à Agen, ville d'où est originaire cette martyre chrétienne. Le reliquaire comportant le crâne de sainte Foy, recouvert d'or, d'argent et de nombreux bijoux, constitue la pièce majeure du trésor de Sainte-Foy de Conques. L'abbatiale romane, au tympan richement décoré, possède des vitraux du célèbre artiste aveyronnais Pierre Soulages. ■

LOT

46

RÉGION : MIDI-PYRÉNÉES - PRÉFECTURE : CAHORS
SUPERFICIE : 5 217 KM² - POPULATION : 172 796 HAB.

Figeac et ses « obélisques »

Un obélisque à la mémoire de Jean-François Champollion, l'égyptologue qui a su déchiffrer la pierre de Rosette, orne la ville de Figeac où il est né en 1790. Mais sur les hauteurs de Figeac se dressent deux autres curieux obélisques qui conservent encore tout leur mystère : l'aiguille du Cingle, dressée au sud de la ville et haute de plus de 14 m, et l'aiguille de Lissac, dressée à l'ouest et d'une hauteur de 11,50 m. Elles auraient pu servir de repères pour les pèlerins en marche vers Saint-Jacques-de-Compostelle. Pour d'autres, elles marqueraient les limites de la juridiction de l'abbaye de Figeac.

◇ A LA RECHERCHE DE L'ANTIQUE UXELLODUNUM ◇

Combattant contre les chefs Lucter et Drappes, César mit fin à la guerre des Gaules lors de la bataille d'Uxellodunum. Moins connue qu'Alésia, cette bataille a aussi fait l'objet de débats quant à sa localisation. Le site du Puy-d'Issolud, dominant la Dordogne entre Vayrac et Martel, a été officiellement retenu au regard des dernières fouilles archéologiques. Mais, pour les frères Champollion, l'oppidum d'Uxellodunum surplombait plutôt le Lot, à Capdenac près de Figeac, alors que le site de Luzech a lui aussi eu ses partisans.

CHEMIN DE FER D'ORLÉANS

St CIRCQ LA POPIE - VALLÉE DU LOT
LIGNE DE CAHORS A CAPDENAC

LE GOUFFRE DE PADIRAC...

En juillet 1889, quand Edouard-Alfred Martel, le « père de la spéléologie », s'enfonce avec son équipe dans le gouffre de Padirac, il fait fi des légendes qui associent le lieu à l'antre du diable qui s'ouvrirait à la surface du causse de Gramat. Ce gouffre de 35 m de diamètre est le point d'entrée vers un riche réseau souterrain qui révèle à ses visiteurs, outre les eaux limpides de sa rivière souterraine, des curiosités géologiques telles que la Grande Pendeloque, une stalactite géante, ou la salle du Grand Dôme et sa voûte haute de près de 100 m.

... ET CEUX DE ROCAMADOUR

Le territoire de la très touristique commune de Rocamadour recèle des sites plus secrets que le cœur de son village où les édifices se superposent si superbement sur le versant abrupt et rocheux d'un canyon. Au fond de ce dernier s'écoule le modeste cours de l'Alzou, qui s'apprête à rejoindre l'Ouysse. Cette dernière est un bel exemple de rivière souterraine. Ses eaux se perdent dans le causse de Gramat aux alentours de Thémines, pour resurgir aux gouffres de Poumayssen et de Cabouy.

Une des Merveilles du monde
Le gouffre de Padirac et sa rivière souterraine

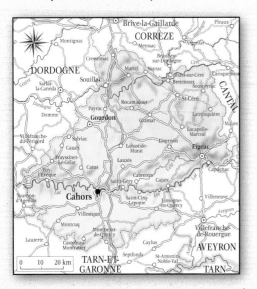

Le Lot a été formé à partir de l'ancienne province du Quercy. Il s'étendait au départ plus au sud, englobant Montauban jusqu'en 1808. L'est du département abrite les plus hautes altitudes dans le contrefort du Massif central que constitue la Limargue. Le causse de Martel est séparé du causse de Gramat par la Dordogne, ce dernier étant séparé du causse de Limogne au sud par le Lot. Le Lot est un affluent de la Garonne, né non loin du mont Lozère. Il traverse Mende, puis Espalion où il est appelé par son nom occitan Olt, avant d'entrer dans le département qui porte son nom et de passer au pied du village perché de Saint-Cirq-Lapopie et sous le célèbre pont Valentré de Cahors, non loin de Montcuq, le plus célèbre village du Quercy blanc.

Tarn-et-Garonne 82

Région : Midi-Pyrénées - Préfecture : Montauban
Superficie : 3 718 km² - Population : 235 915 hab.

Le Tarn-et-Garonne n'existait pas à la création des départements sous la Révolution, ce qui explique sa taille restreinte. Il a été formé en 1808 de la volonté de Napoléon Ier de faire de Montauban un chef-lieu. Son territoire est alors principalement formé d'anciennes communes du Lot, mais aussi de Haute-Garonne, du Lot-et-Garonne, du Gers, et de l'Aveyron. Comme son nom le suggère, ce département abrite le confluent entre le Tarn et la Garonne, dans la zone de plaine du centre du département. La Lomagne à l'ouest et le nord, notamment du côté de la bastide de Lauzerte, présentent des paysages de collines. A l'est, l'Aveyron a creusé le calcaire du causse de Caylus, offrant de jolis panoramas à Bruniquel ou à Saint-Antonin-Noble-Val.

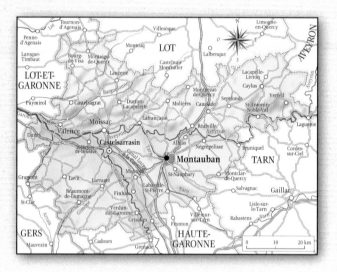

◈ Les quatre cents coups de Montauban ◈

Une hypothèse, assez peu probable, avancée pour expliquer l'origine de l'expression « faire les quatre cents coups » est liée au siège de la ville protestante de Montauban par l'armée de Louis XIII. Débuté en août 1621, il se conclut par un échec quatre mois plus tard. La légende veut que les Montalbanais fussent en train de faire la fête, au moment où les remparts essuyaient les tirs de quatre cents canons disposés autour de la ville. Toujours est-il que les Montalbanais se retrouvent chaque année à l'automne pour célébrer la fête des quatre cents coups.

◇ LE FONDATEUR DE DETROIT ◇

Né à Saint-Nicolas-de-la-Grave en 1658, l'aventurier Antoine Laumet prit le nom d'Antoine de Lamothe-Cadillac une fois débarqué en Amérique, plus précisément en Nouvelle-France. Il y a fondé en 1701 le fort Pontchartrain du Detroit, à l'emplacement de Detroit, la ville du Michigan qui allait devenir plus tard la capitale de l'automobile. En son honneur, la marque Cadillac est créée en 1902. Une ville du Michigan et une colline du Maine portent également son nom. Après avoir été gouverneur de la Louisiane, son retour en France est marqué par un séjour à la Bastille. Sa vie mouvementée s'achève à Castelsarrasin où il fut gouverneur.

Le passe-temps favori du peintre Jean Auguste Dominique Ingres

Le « violon d'Ingres » est une autre expression liée à la ville de Montauban. Ingres fut deuxième violon à l'orchestre du Capitole de Toulouse, mais il reste surtout connu pour ses toiles d'inspiration néoclassique. Le musée Ingres de Montauban abrite certaines de ses œuvres, mais aussi son violon. En 1940, de nombreux tableaux du Louvre ont trouvé refuge dans ce musée. Parmi eux figurait notamment *La Joconde*.

LE CHASSELAS

HISTOIRE ANECDOTIQUE DE L'ALIMENTATION

LE CHASSELAS DE MOISSAC

La vigne est présente dans la région de Moissac depuis le Moyen Age. Mais Moissac est moins célèbre pour son vin que pour son chasselas, un raisin de table qui tire son nom de la commune homonyme du Mâconnais. Outre ses qualités gustatives, le chasselas possède aussi des vertus thérapeutiques. En 1933 un *uvarium* fut inauguré à Moissac pour y faire des cures de chasselas et de jus de raisin. Le chasselas de Moissac a obtenu une AOC en 1971, une première pour un fruit.

TARN 81

RÉGION : MIDI-PYRÉNÉES - PRÉFECTURE : ALBI
SUPERFICIE : 5 758 KM² - POPULATION : 371 738 HAB.

RÉVOLUTION INDUSTRIELLE À MAZAMET

Déjà connue pour ses activités textiles, notamment avec les draperies de l'armée lancées par le général Soult, la ville de Mazamet s'est spécialisée à la fin du XIXᵉ siècle dans le délainage et la mégisserie. Dévalant le versant nord de la Montagne Noire, les eaux douces de l'Arnette étaient propices pour séparer la laine du cuir. Les peaux de mouton traitées pouvaient provenir d'Argentine, d'Afrique du Sud, d'Australie ou de Nouvelle-Zélande. Le délainage est naturellement associé à la mégisserie. Cette industrie du cuir s'est quant à elle développée dans la vallée du Thoré, mais surtout à Graulhet dans l'ouest du département.

Les pigeonniers du Tarn

On trouve des pigeonniers dans toute la France, mais particulièrement dans le Midi toulousain, et précisément dans le Tarn. La fiente de pigeon était utilisée comme engrais pour les cultures de pastel dans le sud du département surnommé « pays de cocagne », et pour les vignes dans le Gaillacois. Chaque petite région associe une architecture particulière à ces pigeonniers : le pigeonnier gaillacois a un toit pyramidal plus pentu que le pigeonnier albigeois, tandis que le castrais est coiffé d'une flèche.

Le Tarn est un affluent de la Garonne qui prend sa source au mont Lozère. Célèbre pour ses gorges situées dans les départements de Lozère et d'Aveyron, il traverse Albi, chef-lieu du Tarn momentanément supplanté par Castres de 1797 à 1800. L'Agout qui passe à Castres et à Lavaur, ville qui fut sous-préfecture jusqu'en 1926 au même titre que Gaillac, est le deuxième cours d'eau important du département du Tarn, qui s'étend de la forêt de Grésigne au nord-ouest aux reliefs plus marqués du sud-est, où la région du Sidobre et ses étonnantes formations granitiques sont dominées au sud par la Montagne Noire et, à l'est, par les monts de Lacaune, où le puech de Montgrand constitue le point culminant du département à 1 267 m d'altitude.

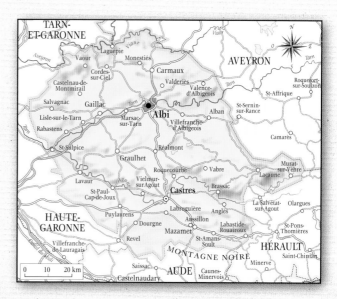

Carmaux : la sortie de l'usine sous la protection de la troupe.

◊ SAINTE-CÉCILE, AFFIRMATION DU POUVOIR DE L'EGLISE ◊

La cathédrale Sainte-Cécile d'Albi, construite à partir de 1282 en brique rose, illustre avec ses allures de forteresse la volonté de l'Eglise d'affirmer sa puissance dans cette région qui a été au cœur de la croisade contre les albigeois, ces cathares qui ne respectaient pas le dogme de l'Eglise catholique romaine, et contre qui se sont unis tous les seigneurs catholiques du royaume à partir de 1208. Sainte-Cécile est aujourd'hui la plus grande cathédrale de brique au monde.

◊ JEAN JAURÈS, DÉFENSEUR DES MINEURS DE CARMAUX ◊

Carmaux est au cœur d'un bassin houiller dans lequel Jean Jaurès a su parfaire sa conscience socialiste, notamment lors de la grève des mineurs de 1892. Les mineurs s'étaient montrés solidaires de leur collègue leader syndical, Jean-Baptiste Calvignac, licencié en raison des absences entraînées par sa toute récente fonction de maire de Carmaux. Ces mineurs n'ont pas tardé à trouver le soutien de Jaurès, originaire de Castres. Devenu député de Carmaux en 1893, il se fit un nom sur le plan national en défendant le sort des ouvriers à la Chambre des députés. ■

HAUTE-GARONNE 31

RÉGION : MIDI-PYRÉNÉES - PRÉFECTURE : TOULOUSE
SUPERFICIE : 6 309 KM² - POPULATION : 1 217 344 HAB.

◇ UN HAUT LIEU DE L'AÉRONAUTIQUE ◇

Bien avant l'installation du siège d'Airbus à Blagnac, et du site du Centre National d'Etudes Spatiales dans le quartier toulousain de Rangueil, la Haute-Garonne a tissé une relation étroite avec l'aéronautique. En 1841, naissait à Muret Clément Ader, un pionnier de cette industrie, qui va prendre son envol avec l'arrivée à Toulouse en 1917 du constructeur Latécoère, à l'origine de la mise en place de lignes aériennes entre Toulouse et l'Afrique *via* une organisation qui comptait dans ses rangs Mermoz ou Saint-Exupéry, et qui a pris plus tard un nom devenu célèbre : l'Aéropostale.

◇ LES LOIS DU CAPITOLE ◇

Après l'expulsion au vie siècle des Wisigoths qui avaient fait de Tolosa leur capitale, la « Ville rose » a été aux mains des comtes de Toulouse. Au xiie siècle, le pouvoir des capitouls, élus par les différents quartiers pour former le Conseil de la ville, fut progressivement élargi. Largement affranchi du pouvoir seigneurial des comtes, ce pouvoir communal aboutit à la construction du Capitole en 1190, mais ce sont aux capitouls des xviie et xviiie siècles que nous devons le monument qui constitue toujours aujourd'hui le siège du pouvoir municipal.

Née de la réunion de deux torrents du Val d'Aran, la Garonne prend sa source dans les Pyrénées espagnoles, avant de traverser longuement le département de Haute-Garonne, du Pont-du-Roi en Comminges, près du village de Saint-Béat réputé pour son marbre, jusqu'à la bastide de Grenade, en passant par sa confluence avec l'Ariège juste en amont de Toulouse, la « Ville rose » qui doit son surnom à la couleur de ses briques et de ses tuiles. Dans l'est du département le seuil du Lauragais (ou de Naurouze), point de passage entre le Bassin aquitain et la Méditerranée, est un axe de communication privilégié entre Massif central (plus précisément la Montagne Noire) au nord et Pyrénées au sud. Il est franchi notamment par le canal du Midi.

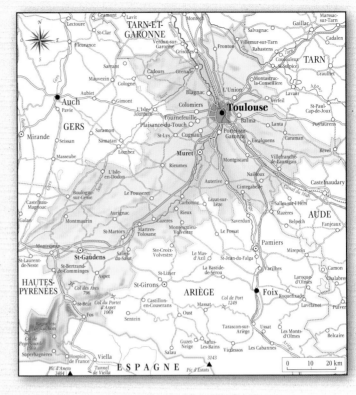

LE PAYS DE COCAGNE

Cultivé dans un territoire compris entre Albi, Toulouse et Carcassonne, le pastel des teinturiers (ou guède) a longtemps été la seule plante source de teinture bleue. Ses fleurs sont jaunes, mais ce sont les feuilles qui produisent la teinture après séchage, sous forme de boulettes appelées « cocagnes » et finalement broyées. C'est ainsi que la région qui s'est enrichie grâce à la culture du pastel est encore parfois appelée « pays de cocagne ». Le déclin de la culture du pastel s'est amorcé à la fin du XVIe siècle avec l'arrivée de l'indigo en provenance d'Extrême-Orient.

◈ L'AFFAIRE CALAS ◈

Le 13 octobre 1761, Marc-Antoine Calas est retrouvé mort dans sa maison familiale de Toulouse. Son père, le protestant Jean Calas, fut accusé de l'avoir tué, sous prétexte qu'il souhaitait devenir catholique. Condamné à la peine capitale après avoir été torturé, il fut roué place Saint-Georges puis brûlé. Si l'histoire de Jean Calas est restée célèbre, c'est grâce à l'intervention de Voltaire, qui trois années durant a mené une campagne pour sa réhabilitation, notamment en écrivant le *Traité sur la tolérance*. Le 9 mars 1765, il est réhabilité par un tribunal parisien.

LES ADIEUX DE CALAS A SA FAMILLE

ARIÈGE 09

RÉGION : MIDI-PYRÉNÉES - PRÉFECTURE : FOIX (PLUS GRANDE VILLE PAMIERS)
SUPERFICIE : 4 890 KM² - POPULATION : 150 201 HAB.

L'Ariège Pittoresque — Montreur d'Ours des Pyrénées

◇ LE BÛCHER DE MONTSÉGUR ◇

Le 16 mars 1244, les troupes royales assiègent depuis plusieurs mois la forteresse de Montségur perchée sur son piton rocheux quand, après une remarquable défense, les 200 cathares qui s'y étaient réfugiés sont défaits. Ne souhaitant pas renier leur foi cathare, ces hérétiques ont alors été brûlés. Cet événement marque la fin de la croisade contre les Albigeois.

◇ LES MONTREURS D'OURS ◇

Les ours bruns, dont les effectifs pyrénéens se sont réduits comme peau de chagrin au cours des siècles derniers, sont associés à une activité qui s'est principalement développée dans l'Ariège : les montreurs d'ours. Apparue dans la vallée d'Ustou à la fin du XVIIIᵉ siècle, la présentation de ces plantigrades dressés est devenue pour ainsi dire une spécialité de la vallée voisine du Garbet, dans le Couserans. Cantonnés d'abord à la France et l'Espagne, ces Ariégeois s'en allèrent jusqu'en Amérique. Affublés du surnom d'« Américains », les habitants de la vallée ont, même après la disparition des montreurs d'ours au XXᵉ siècle, fait perdurer la tradition en migrant vers les Etats-Unis, généralement pour travailler dans le secteur de la restauration.

L'Ariège est un département formé à partir du comté de Foix, auquel fut ajouté le Couserans, terre de Gascogne qui correspond à sa partie occidentale. Le nord du département est constitué par la plaine d'Ariège et le centre par le piémont pyrénéen avec notamment les monts du Plantaurel. Le sud est le domaine des Pyrénées où le pic d'Estats à 3 143 m est le point culminant du département. Le cours d'eau qui lui donne son nom est un affluent de la Garonne qu'il rejoint juste en amont de Toulouse. L'Ariège marque un temps la frontière avec l'Andorre près de sa source, avant de passer au pied de l'imposant château des Comtes de Foix au sortir des Pyrénées.

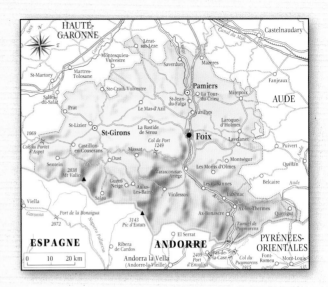

Le village aux deux cathédrales

Siège de l'ancien évêché du Couserans, Saint-Lizier était jusqu'au XVIIe siècle divisé en deux territoires. Le village actuel présente en conséquence la particularité d'abriter deux anciennes cathédrales : Notre-Dame-de-la-Sède, intégrée dans le palais épiscopal qui domine aujourd'hui la ville, et la cathédrale Saint-Lizier qui conserve au cœur du village les reliques du saint.

LA GROTTE DU MAS D'AZIL

CREUSÉE PAR L'ARIZE, LA GROTTE DU MAS D'AZIL A LA PARTICULARITÉ D'ÊTRE TRAVERSÉE PAR UNE ROUTE DÉPARTEMENTALE. CETTE GROTTE, QUI A SERVI DE REFUGE POUR LES PROTESTANTS AU XVIIIe SIÈCLE, EST REMARQUABLE PAR LA RICHESSE DE SES GALERIES ORNÉES (CERVIDÉS, CHEVAUX, BISONS, POISSONS…) ET PAR SES NOMBREUX VESTIGES DU MAGDALÉNIEN, ET DE LA CULTURE DITE « AZILIENNE ».

LE TALC DE LUZENAC

Dans les montagnes qui dominent la commune de Luzenac, dans la haute vallée de l'Ariège, se trouve la carrière de Trimouns, la plus grande carrière de talc au monde. Acheminée par un téléphérique pour être transformée dans l'usine de Luzenac, cette roche friable est utilisée partout dans le monde dans divers secteurs industriels, pour le papier de certains magazines, les peintures de voitures, ou encore pour des usages cosmétiques.

HAUTES-PYRÉNÉES 65

RÉGION : MIDI-PYRÉNÉES - PRÉFECTURE : TARBES
SUPERFICIE : 4 464 KM² - POPULATION : 229 079 HAB.

Le premier lieu de pèlerinage en France

PÈLERINS OU SIMPLES TOURISTES, LA VILLE DE LOURDES ACCUEILLE PLUS DE 5 MILLIONS DE PERSONNES PAR AN. LA VILLE EST AINSI DOTÉE DU DEUXIÈME PARC HÔTELIER FRANÇAIS DERRIÈRE PARIS, AVEC PRÈS DE 30 000 LITS, SOIT LE DOUBLE DE LA POPULATION DE CETTE CITÉ ASSOCIÉE À LA VIERGE MARIE DEPUIS 1858, ANNÉE AU COURS DE LAQUELLE BERNADETTE SOUBIROUS DÉCLARA AVOIR VU, DANS LA GROTTE DE MASSABIELLE, L'IMMACULÉE CONCEPTION.

HISTOIRE ÉPISODIQUE DU VIEUX LOURDES

LES PARIAS DES PYRÉNÉES. — Une Procession de cagots arrive sur les bords du Lapaca

◇ LES CAGOTS ◇

De nombreuses communes du Sud-Ouest gardent encore les traces des cagots. Au Moyen Age ces cagots vivaient à l'écart des communautés villageoises, frappés de multiples interdits. L'origine de cette exclusion a fait l'objet de nombreuses interprétations. La plus courante les identifie à des malades de la lèpre, une maladie héréditaire selon les croyances de l'époque. Le bois ne transmettant soi-disant pas la maladie, les cagots furent souvent charpentiers. Non loin du « pont des Cagots », l'église de Campan, comme plusieurs autres du département, leur réservait une entrée et un bénitier particuliers. En raison de mariages consanguins, les cagots ont parfois été associés à une dégénérescence physique (nanisme, goitre…), mais ces tares étaient vraisemblablement à peine plus importantes chez les cagots que dans le reste de la population.

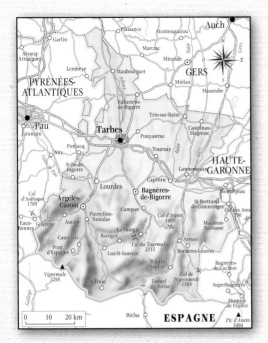

Le département des Hautes-Pyrénées a été formé à partir du territoire gascon de Bigorre et des « Quatre-Vallées » d'Aure, de Basse-Neste, de Barousse et de Magnoac. Il a la particularité d'avoir deux enclaves dans le département des Pyrénées-Atlantiques. La moitié sud du département est occupée par les Pyrénées. On y trouve le point culminant des Pyrénées françaises dans le massif de Vignemale à la Pique Longue (3 298 m), le point culminant de la chaîne étant le pic espagnol d'Aneto (3 404 m). Le nord-est du département est constitué par le plateau de Lannemezan où naissent de nombreuses rivières, parmi lesquelles le Gers et la Baïse. L'ouest est traversé par l'Adour, qui passe à Bagnères-de-Bigorre et Tarbes, après être né de la réunion de trois torrents dont l'un prend sa source au col du Tourmalet.

LE CIRQUE DE GAVARNIE

D'origine glaciaire, le cirque de Gavarnie déploie ses vertigineuses falaises sur plus de 6 km. En haut de celles-ci se trouve une étonnante entaille de 40 m de large pour 100 m de haut : la brèche de Roland, dont la légende attribue l'origine à l'épée Durandal du neveu de Charlemagne. Avec ses 423 m de hauteur, la cascade de Gavarnie est la plus haute chute d'eau de France.

UN MAUVAIS DÉTOUR

Le plus haut col routier des Pyrénées a un nom qui signifierait « mauvais détour ». Le Tourmalet a déjà été emprunté en 1675 par Mme de Maintenon, désireuse de rejoindre, en chaise à porteurs, la station thermale de Barèges. Il est le col le plus souvent franchi par le Tour de France. En 1910, lors d'une étape dantesque de 325 km où les cols de haute montagne furent empruntés pour la première fois, Lapize, le vainqueur de l'édition, le franchit en tête, après avoir dû mettre pied à terre dans les derniers kilomètres de la montée. En 1913, Eugène Christophe est entré dans la légende en réparant lui-même sa fourche au pied du Tourmalet dans une forge de Sainte-Marie-de-Campan. ■

GERS

32

Région : Midi-Pyrénées - Préfecture : Auch
Superficie : 6 257 km² - Population : 185 266 hab.

◆ Le château de d'Artagnan ◆

Charles de Batz, mieux connu sous le nom de d'Artagnan, est né au début du XVIIᵉ siècle au château de Castelmore, dans l'ouest du département, près de Lupiac. Cet officier de la première compagnie des mousquetaires est notamment connu pour l'arrestation en 1661, à la demande du jeune Louis XIV conseillé par Colbert, de Nicolas Fouquet, accusé de malversations. Le nom de ce gentilhomme gascon fut par la suite popularisé par Alexandre Dumas et son célèbre roman *Les Trois Mousquetaires*.

La Cape et l'Epée — LES TROIS MOUSQUETAIRES — Par Alex. Dumas

Les Trois Mousquetaires. — *D'Artagnan y voyait assez pour distinguer la forme des vêtements et pas assez pour distinguer les traits. Au même instant, la femme de l'appartement tira un second mouchoir de sa poche, et l'échangea avec celui qu'on venait de lui montrer. Puis, quelques mots furent prononcés entre les deux femmes.* (Page 151.)

Condom et la Baïse

Condom abrite deux musées : le musée de l'Armagnac tout d'abord, la Baïse qui traverse la ville servant autrefois à acheminer l'eau-de-vie vers Bordeaux, mais également un musée du Préservatif, clin d'œil lié à l'homographie avec le terme anglais *condom*.

Le département du Gers a été formé à partir des terres gasconnes de Fezensac au nord, d'Astarac au sud, et d'Armagnac à l'ouest. Le Gers est un des nombreux cours d'eau nés dans le piémont pyrénéen avant de s'écouler vers le nord en direction de la Garonne, mais aussi de l'Adour qui draine le sud-est du département du Gers, qui est ainsi entaillé de nombreuses vallées plus ou moins parallèles. D'ouest en est se succèdent une dizaine de cours d'eau tous longs de plus d'une centaine de kilomètres : l'Adour et son affluent l'Arros, le Midou et la Douze (qui s'unissent à Mont-de-Marsan pour former la Midouze), l'Osse, la Baïse qui traverse les deux sous-préfectures Mirande et Condom, le Gers qui passe à Auch, l'Arrats, la Gimone et enfin la Save.

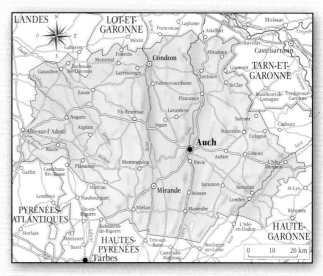

LA PLUS ANCIENNE EAU-DE-VIE DE FRANCE

Le département du Gers est indissociable de deux de ses spécialités gastronomiques : le foie gras et l'armagnac. C'est au monastère d'Eauze qu'il est coutume de situer les origines de cette eau-de-vie, dont le théologien franciscain Vital Dufour aurait vanté les vertus dès 1310 dans un traité de médecine. Eauze est ainsi la « capitale de l'armagnac », titre renforcé qui plus est par un décret préfectoral de 1802. L'armagnac dont l'élaboration a été rendue possible grâce à la diffusion au Moyen Age de l'alambic inventé par les Arabes, est à la base de l'apéritif à l'orange appelé pousse-rapière, en référence aux Gascons qui « poussaient » leur épée – la rapière – vers l'ennemi.

Le village des pèlerins et des chats

Le village de La Romieu tire son nom du pèlerinage de Rome, même si l'imposante collégiale Saint-Pierre, dont le cloître et les tours constituent un fleuron du patrimoine gersois, demeure une étape sur les chemins de Saint-Jacques-de-Compostelle. La place à arcades du village est ornée de nombreuses statues de chats qui rappellent la légende d'Angéline. Au XIVe siècle, alors que la famine avait obligé les habitants à manger les chats de la cité, La Romieu se retrouva infestée de rats, et en aurait été débarrassée par les chats sauvegardés par la jeune fille.

PYRÉNÉES-ATLANTIQUES 64

RÉGION : AQUITAINE - PRÉFECTURE : PAU
SUPERFICIE : 7 645 KM² - POPULATION : 647 420 HAB.

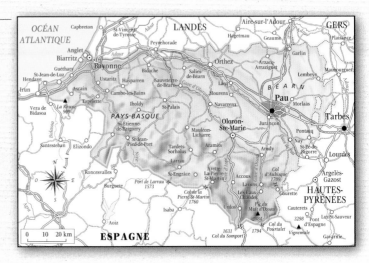

Des espadrilles pour l'Amérique du Sud

LE BERCEAU DE L'ESPADRILLE SE TROUVE DANS LES PYRÉNÉES, OÙ MAULÉON-LICHARRE, DANS LA SOULE, PRODUIT ENCORE LA MAJORITÉ DES ESPADRILLES FRANÇAISES. LA PRODUCTION, D'ABORD LOCALE, S'EST ACCRUE À LA FIN DU XIXᵉ SIÈCLE AVEC L'APPARITION DE NOUVEAUX MARCHÉS, NOTAMMENT POUR LES BASQUES ÉMIGRÉS EN AMÉRIQUE DU SUD, OÙ UN DES LEURS, HIPOLITO YRIGOYEN, DEVINT PRÉSIDENT ARGENTIN.

SCÈNES ET TYPES DES PYRÉNÉES. La Fabrication des Espadrilles. — LL.

Le département des Pyrénées-Atlantiques, initialement nommé Basses-Pyrénées, a été formé à partir du Béarn et de trois provinces basques, la Basse-Navarre, la Soule et le Labourd (du nom romain de Bayonne, Lapurdum). Avant de se fixer définitivement à Pau, la préfecture fut affectée dans les villes plus centrales de Saint-Palais et de Navarrenx. En 1836, Bayonne a demandé la création d'un département de l'Adour, du nom du fleuve né dans les Pyrénées et qui traverse la ville juste avant de rejoindre le golfe de Gascogne. Si le projet avait abouti l'Adour porterait aujourd'hui le numéro 01. Hormis la Nive qui rejoint Bayonne, les cours d'eau principaux du département portent le nom de « gave », le Gave de Pau s'unissant au Gave d'Oloron pour confluer avec l'Adour sous le nom de Gaves réunis.

LES FLEUVES DE FRANCE

AU BON MARCHÉ

L'ADOUR A SA SOURCE — CASCADE DE GRIPP-TOURMALET

L'ADOUR

L'ADOUR A BAYONNE

EMBOUCHURE DE L'ADOUR

BAYONNE

Le chocolat est devenu une des spécialités de Bayonne depuis qu'en 1496 des juifs chassés d'Espagne s'installèrent dans la ville pour travailler la fève de cacao. Le nom de la ville est également associé au célèbre jambon cru et séché, déjà évoqué par Rabelais dans *Gargantua*. Il est en réalité produit bien au-delà de Bayonne puisque vingt-deux départements du Sud-Ouest sont concernés par l'Indication géographique protégée « jambon de Bayonne ». Un autre jambon de Bayonne est produit aux Etats-Unis. Ce *Bayonne ham* a su tirer profit de l'homonymie entre la ville française et la ville de Bayonne dans le New Jersey.

◊ LA COUR DES ROIS DE NAVARRE ◊

Henri d'Albret et Marguerite d'Angoulême installèrent la cour de Navarre au château de Pau en 1512. De la naissance de leur petit-fils, le futur Henri IV, en 1553, le château a conservé la coquille de tortue qui lui servit de berceau. Après quelques batailles et une conversion au catholicisme, le « Vert Galant » devint roi de France et de Navarre. Son fils Louis XIII revint au château de Pau pour signer le rattachement de la Navarre – plus précisément la Basse-Navarre – et du Béarn au royaume de France en 1620, ce qui n'empêcha pas les rois de France de conserver jusqu'à la Révolution le titre de roi de Navarre.

◊ UN TRAITÉ DE PAIX SIGNÉ EN TERRAIN NEUTRE ◊

Marquant la frontière entre la France et l'Espagne sur ses dix derniers kilomètres, la Bidassoa abrite l'île des Faisans, une copropriété franco-espagnole, parfois appelée île de la Conférence, en référence à la négociation qu'y tinrent Mazarin et Luis de Haro pour le mariage de Louis XIV et de la fille du roi d'Espagne Philippe V. Elle aboutit à la signature du traité des Pyrénées en 1659. La rencontre entre les deux souverains entérina le traité l'année suivante, au cours de laquelle l'union avec Marie-Thérèse d'Autriche, infante d'Espagne, fut célébrée à Saint-Jean-de-Luz. Une stèle commémorative a été érigée sur cette île des Faisans dont l'accès est désormais interdit. ■

Henri IV - 1553-1610

Château de Pau. (Basses-Pyrénées) Rebâti au XIVe S. agrandi au XVe et embelli au XVIe par Margte de Valois.

LANDES 40

RÉGION : AQUITAINE - PRÉFECTURE : MONT-DE-MARSAN
SUPERFICIE : 9 243 KM² - POPULATION : 373 142 HAB.

◈ SOLFÉRINO VILLAGE IMPÉRIAL ◈

LA CÔTE D'ARGENT
HOSSEGOR

Napoléon III a largement contribué à réaménager les Landes. Il s'est investi plus particulièrement à Solférino. En 1857, il acquiert lui-même de nouvelles terres de la Grande Lande sur lesquelles il crée une commune nouvelle, pour accueillir quatorze fermes modèles de part et d'autre de la ligne de chemin de fer Bordeaux-Bayonne. Il souhaite y développer la polyculture, mais l'exploitation forestière demeure l'activité principale, avec la pratique du gemmage qui consiste à blesser le pin pour en récolter la résine. Il a baptisé le site Solférino en l'honneur d'une bataille menée en Italie, pensant y faire venir des vétérans des campagnes militaires de Crimée et d'Italie. Le projet a en réalité surtout concerné la population locale, et s'est quelque peu essoufflé après la chute du second Empire.

LES VILLES D'EAU DES LANDES

Dax se targue d'être la première ville thermale de France. Fréquentée pour ses eaux chaudes dès l'Antiquité sous le nom d'Aquae Tarbellicae, ses arènes ne sont pas romaines pour autant, mais ont été construites au début du XXᵉ siècle pour être consacrées à la corrida. Plusieurs communes environnantes abritent – ou abritaient – des établissements thermaux : Saint-Paul-lès-Dax, Saubusse, Préchacq-les-Bains, Tercis-les-Bains et enfin, plus à l'est, Eugénie-les-Bains baptisée en l'honneur de l'impératrice Eugénie de Montijo, qui venait y prendre les eaux lors de ses nombreux déplacements à Biarritz.

LE SPOT D'HOSSEGOR

Durant l'entre-deux-guerres, Hossegor était « la station des sports élégants ». Aujourd'hui, avec sa voisine Capbreton – dont il ne faut pas voir dans le nom un lien avec la Bretagne – les deux stations du sud des Landes font le bonheur des surfeurs. La hauteur des vagues est due à la configuration topographique du golfe de Gascogne, et à la présence du Gouf de Capbreton, une profonde fosse marine qui s'étend perpendiculairement à la côte landaise au large de Capbreton.

Le département des Landes doit son nom au fait qu'à la fin du XVIIIᵉ siècle son territoire était surtout recouvert de landes. Ces landes marécageuses, inhospitalières et incultes, étaient vouées à l'élevage de brebis, dont les troupeaux étaient surveillés par les emblématiques bergers landais juchés sur leurs échasses. Après plusieurs tentatives de mises en valeur, les grands travaux menés par Napoléon III ont transformé le paysage landais. Les drainages et les plantations systématiques de pins maritimes font que la forêt couvre les deux tiers d'un département qui porte désormais bien mal son nom. La Chalosse, au sud de l'Adour, se différencie du reste du département par un couvert forestier moins dense et une vocation plus agricole.

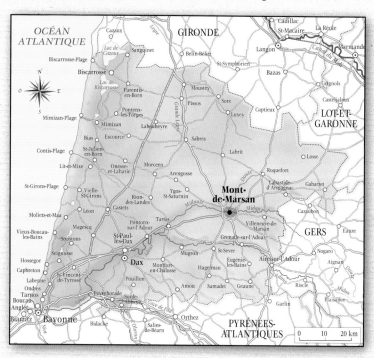

La Dame de Brassempouy

LA DAME DE BRASSEMPOUY, ENCORE APPELÉE VÉNUS DE BRASSEMPOUY OU DAME À LA CAPUCHE, EST UN FRAGMENT DE STATUETTE EN IVOIRE DE MAMMOUTH, DÉCOUVERT DANS LE VILLAGE DE BRASSEMPOUY, EN CHALOSSE. HAUTE DE 3,65 CM, LONGUE DE 2,2 CM ET LARGE DE 1,9 CM, ELLE DATE DU PALÉOLITHIQUE SUPÉRIEUR (PHASE DU GRAVETTIEN ENTRE -29 000 ET -22 000) ET CONSTITUE L'UNE DES PLUS ANCIENNES REPRÉSENTATIONS RÉALISTES DU VISAGE HUMAIN.

VÉRITABLE EXTRAIT DE VIANDE LIEBIG.

COSTUMES D'ANCIENNES PROVINCES

Nº 3

LOT-ET-GARONNE

47

RÉGION : AQUITAINE - PRÉFECTURE : AGEN
SUPERFICIE : 5 361 KM² - POPULATION : 326 399 HAB.

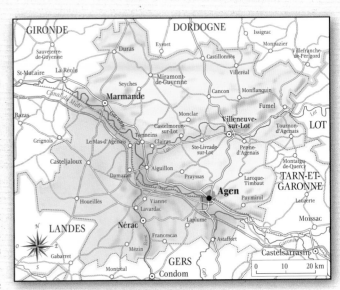

L e nom de ce département évoque la confluence entre la Garonne et son affluent le Lot, située au pied du Pech de Berre sur la commune d'Aiguillon. Cette dernière a revendiqué le statut de chef-lieu à la création des départements, arguant d'une position plus centrale qu'Agen. Cette terre de Guyenne fait partie du Bassin aquitain, le deuxième plus grand bassin sédimentaire de France après le Bassin parisien, qui s'étend entre l'océan Atlantique, le Massif central et les Pyrénées. Hormis le pays d'Albret en partie couvert par les pinèdes des Landes de Gascogne au sud-ouest du département, le Lot-et-Garonne se compose, de part et d'autre de la vallée de la Garonne, de bas plateaux dont les collines ne dépassent pas 300 m.

◈ LES BASTIDES DU SUD-OUEST ◈

Le Lot-et-Garonne comporte plus de quarante bastides. Au cours d'une période de croissance démographique où les défrichements mettent en valeur de nouvelles terres, ces villes nouvelles fondées aux XIIIᵉ et XIVᵉ siècles, pour des raisons économiques, administratives, politiques ou militaires avaient pour but de regrouper des populations que les seigneurs attiraient en leur octroyant des privilèges. De forme généralement carrée ou rectangulaire, elles adoptent un plan en damier, avec une place publique en leur centre. Les bastides incontournables du Lot-et-Garonne sont entre autres Monflanquin, Tournon-d'Agenais, Villeréal, Villeneuve-sur-Lot, ou encore Vianne dont l'acte fondateur fut signé par Edouard Iᵉʳ d'Angleterre, preuve que les dissensions franco-anglaises ont accéléré leur développement.

LES PRUNEAUX D'AGEN

Le prunier d'Ente qui donne les prunes séchées à l'origine des pruneaux d'Agen est issu du croisement réalisé au XIIIe siècle par les moines de Clairac entre un prunier local et le prunier de Damas, qui aurait été rapporté de Syrie lors de la troisième croisade. Certains y voient là l'origine de l'expression « y aller pour des prunes ». Ces moines conservèrent les fruits de cette nouvelle variété par séchage, obtenant ainsi les premiers pruneaux d'Agen. Le cœur de la production se situe au nord d'Agen, mais comme ce fruit séché était exporté grâce aux gabarres du port d'Agen, il prit le nom de la ville.

Récolte des Tomates dans le midi de la France.

LES TOMATES DE MARMANDE

EN RAISON DE L'ÉPIDÉMIE DE PHYLLOXÉRA DE 1863, DE NOMBREUX VITICULTEURS DU MARMANDAIS SE RECONVERTIRENT DANS LA TOMATE. LA TOMATE EST RAPIDEMENT DEVENUE UNE SPÉCIALITÉ QUI FAIT ENCORE AUJOURD'HUI LA RENOMMÉE DE MARMANDE. LA VITICULTURE N'Y A PAS ÉTÉ ABANDONNÉE POUR AUTANT. LE CÔTES-DU-MARMANDAIS CONSTITUE UNE AOC DEPUIS 1990.

Pour la bonne foi d'Henri IV

Après avoir abjuré le protestantisme et s'être converti au catholicisme, Henri IV a fait don de l'abbaye de Clairac à Saint-Jean-de-Latran (l'une des quatre basiliques majeures de Rome, siège de l'évêché de Rome, dont l'évêque n'est autre que le pape) en gage de sa bonne foi. En retour, les chanoines accordèrent au roi le titre de premier chanoine de la basilique Saint-Jean-de-Latran. Ce titre a été maintenu pour tous les chefs d'Etat français, faisant de Nicolas Sarkozy le premier chanoine divorcé de l'histoire de l'Eglise catholique.

GIRONDE 33

RÉGION : AQUITAINE - PRÉFECTURE : BORDEAUX
SUPERFICIE : 10 000 KM² - POPULATION : 1 421 276 HAB.

A L'OMBRE DE LA PLUS GRANDE DUNE D'EUROPE

Au sud du bassin d'Arcachon, la dune du Pilat (ou Pyla) est la plus haute dune d'Europe. Son altitude oscille entre 100 et 120 m compte tenu de sa mobilité, qui l'entraîne insensiblement vers l'intérieur des terres. Elle présente une pente douce côté océan, et une autre plus abrupte côté forêt. Dans cette forêt, à quelques hectomètres de là, le cimetière militaire du Courneau rappelle un triste épisode de la Première Guerre mondiale. Le camp du Courneau accueillit en 1916 et 1917 plus de 16 000 tirailleurs sénégalais. Pourtant postés ici pour passer l'hiver, en attendant d'être envoyés au front au printemps 1917, ils s'acclimatèrent difficilement à la région, et les conditions sanitaires déplorables entraînèrent plus de 900 décès.

LE MASCARET

Si le verrou mis en place par Vauban avec la citadelle de Blaye et le fort Pâté protégeait Bordeaux d'une éventuelle remontée de l'estuaire de la Gironde par les Anglais, il est par contre impuissant face au mascaret. Lors des grandes marées, l'onde de la marée montante y crée une série de vagues, encore plus prononcées sur le cours de la Dordogne. Ce phénomène appelé mascaret fait le bonheur des surfeurs, notamment à Saint-Pardon, près de Libourne.

SAINT-EMILION SOUTERRAIN

Saint-Emilion est mondialement célèbre pour son vin, mais cette petite cité est aussi remarquable pour son patrimoine architectural. Au pied de son donjon, tout près d'étonnantes catacombes médiévales et de l'ermitage où aurait vécu saint Emilion au VIIIe siècle, l'église monolithe est remarquable par ses dimensions insoupçonnables. Entièrement taillée dans la roche, près de 15 000 m³ de roches ont dû être extraits entre le VIIIe et le XIIIe siècle pour aménager ce lieu de culte hors du commun.

La Gironde constitue le plus vaste département métropolitain. Elle tire son nom de l'estuaire qui s'étend de la pointe de Grave, à l'extrémité septentrionale du Médoc, au bec d'Ambès où confluent la Garonne et la Dordogne, dont les cours délimitent la région de l'Entre-deux-Mers. Le département prit temporairement le nom de Bec-d'Ambès en 1793, dans une période de la Révolution peu favorable au groupe des Girondins. Au nord-est, le Blayais et le Libournais sont, comme une grande partie des terroirs du département, réputés pour leurs vignobles. L'ouest et le sud du département sont couverts par les forêts des Landes de Gascogne, massivement plantées de pins maritimes au XIXᵉ siècle. La côte atlantique, surnommée la Côte d'Argent, est rectiligne hormis au niveau du bassin d'Arcachon.

Bordeaux.

☞ **Castelmoron-d'Albret**
est la plus petite commune de France (3,54 ha).

◇ LE CANNELÉ BORDELAIS NÉ DES ÉCHANGES TRANSATLANTIQUES ◇

Bordeaux s'est développé dans un site portuaire typique de fond d'estuaire. Le nom de son port de la Lune fait référence au croissant que forme le cours de la Garonne. Le commerce du vin a spécialement contribué à son essor, mais le port de Bordeaux était aussi largement tourné vers les Antilles, comme l'atteste le cannelé, spécialité pâtissière bordelaise à base de rhum, de vanille et de sucre de canne.

DORDOGNE 24

RÉGION : AQUITAINE - PRÉFECTURE : PÉRIGUEUX
SUPERFICIE : 9 060 KM² - POPULATION : 409 388 HAB.

Le territoire de la Dordogne est pour ainsi dire celui du Périgord, couramment divisé en quatre régions. Au nord, les forêts et les prairies du Périgord vert sont arrosées par le Bandiat ou par la Dronne. Au centre, le Périgord blanc au sol calcaire est traversé par l'Isle. Dans le sud-est, le Périgord noir avec ses sombres forêts de chênes verts correspond au Sarladais. La Dordogne et ses méandres appelés « cingles » y marquaient pendant la guerre de Cent Ans la frontière entre possessions françaises et anglaises, symbolisée par le face-à-face des forteresses de Castelnaud et de Beynac. Au sud-ouest, l'appellation récente de « Périgord pourpre » fait référence à la viticulture dans les environs de Bergerac et de Monbazillac.

D'INNOMBRABLES GROTTES

De la grotte de Teyjat au nord du département à celle de Domme dans le sud-est, la Dordogne regorge de grottes, et d'abris creusés dans la roche autrefois habités par les hommes préhistoriques. Ces grottes se concentrent dans la vallée de la Vézère. A Montignac se trouve la célèbre grotte de Lascaux, cette « chapelle Sixtine de l'art pariétal » découverte en 1940 par quatre adolescents à la recherche d'un chien égaré. Plus en aval, le site de la Madeleine a laissé son nom à la culture préhistorique du magdalénien (de -17 000 à 10 000). Parmi les nombreux sites des Eyzies, l'abri de Cro-Magnon est à l'origine de « l'homme de Cro-Magnon » qui n'est autre qu'un *Homo sapiens*.

La « Venise du Périgord »

Brantôme doit son surnom aux eaux de la Dronne qui cernent le cœur de cette cité blottie au pied d'une falaise. Un étonnant pont coudé permet de rejoindre l'ancienne abbaye bénédictine et l'église abbatiale dont le clocher qui semble la surmonter a la particularité d'être en réalité bâtie sur la roche. Mais son attrait le plus secret est son parcours troglodytique qui mène à la mystérieuse grotte dite du Jugement dernier, dont les énigmatiques bas-reliefs évoqueraient le thème de la mort vaincue par Dieu.

◇ UNE TERRE TRUFFÉE D'ÉCRIVAINS... ◇

Entre Bergerac et Libourne, le château de Montaigne est homonyme du célèbre auteur des *Essais* qui y est né en 1533. « Parce que c'était lui ; parce que c'était moi », c'est ainsi que Montaigne résuma la fulgurante amitié qui le liait à Etienne de La Boétie, né en 1530 à Sarlat, où sa maison à l'architecture luxuriante fait la fierté de la ville. Enfin c'est au château de Hautefort que vit le jour en 1836 Eugène Le Roy, écrivain anticlérical et républicain, connu pour son personnage de jeune paysan révolté contre les injustices de son temps, héros de *Jacquou le croquant*.

FRANKREICH (PÉRIGORD) TRÜFFEL (Tuber cibarium).

◇ L'EXCEPTIONNEL PATRIMOINE DE PÉRIGUEUX ◇

La ville médiévale de Périgueux s'est construite près du site de l'antique Vesunna, dont la tour est un des nombreux vestiges. Périgueux, et plus précisément sa cathédrale Saint-Front à l'étonnante architecture qui mêle influences romane et byzantine, constitue une étape majeure sur les chemins de Saint-Jacques-de-Compostelle. Le dédale de ses ruelles médiévales aux maisons à pans de bois laisse peu à peu la place au quartier Renaissance, remarquable par l'architecture de ses hôtels, et par ses somptueuses cours intérieures.

CORRÈZE 19

RÉGION : LIMOUSIN - PRÉFECTURE : TULLE (PLUS GRANDE VILLE BRIVE-LA-GAILLARDE) - SUPERFICIE : 5 857 KM² - POPULATION : 242 896 HAB.

◈ MEYMAC PRÈS BORDEAUX ◈

Située au cœur du plateau de Millevaches, bien loin des vignes bordelaises, la ville de Meymac s'est malgré tout fait connaître grâce au négoce du vin. A la fin du XIXe siècle, dans le sillage de Jean Gaye-Bordas, de nombreux négociants des environs de Meymac n'ont pas hésité à faire figurer la mention « Meymac près Bordeaux » sur les étiquettes des bouteilles qu'ils vendaient, principalement dans le nord de la France et en Belgique, où un vaste réseau s'est développé. Une fois l'utilisation de cette mention interdite, certains prestigieux vignobles bordelais furent alors rachetés par des Corréziens au début du siècle dernier.

Quelques hauts lieux de la Corrèze.

LES ACCORDÉONS DE TULLE

Jean Maugein, ancien employé de la manufacture d'accordéons Dedenis de Brive, s'est installé en 1919 à Tulle. Avec ses frères, il va rapidement faire connaître le nom de Maugein dans le monde entier, notamment grâce au succès de l'accordéon chromatique. Après une période de déclin au lendemain de la Seconde Guerre mondiale, au cours de laquelle plusieurs employés furent victimes des représailles allemandes du « massacre de Tulle » en juin 1944, la nouvelle usine édifiée en 1984 affirme le renouveau de la société. Le nom de Tulle est également associé à un tissu léger, dont l'origine n'est cependant pas directement liée à la cité corrézienne. Si la dentelle de Tulle était jadis réputée, le tissu appelé « tulle » tire son nom de la méthode manuelle du « point de Tulle », et c'est en Angleterre, loin des bords de la Corrèze, qu'il a été mis au point pour être produit industriellement.

À l'ouest du Massif central, la Corrèze est un département limousin, qui culmine au mont Bessou (976 m), sur le plateau de Millevaches dont il est coutume de dire que le nom signifie « mille sources ». La Vienne, la Vézère et son affluent la Corrèze y naissent, ainsi que plusieurs affluents de la Dordogne qui s'écoulent ensuite vers le sud du département, où les gorges de cette même Dordogne entaillent le plateau corrézien. Au sud-ouest, le bassin de Brive présente des altitudes nettement moins élevées et annonce le Bassin aquitain. On y trouve le village perché de Turenne, et les villages de Meyssac et de Collonges-la-Rouge remarquables par leurs édifices en grès rouge.

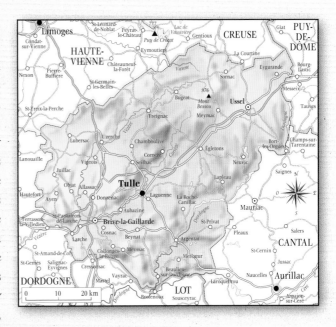

◈ LE CHÂTEAU DE LA MARQUISE ◈

La commune d'Arnac-Pompadour, plus couramment désignée sous le nom de Pompadour, est connue pour son château, son haras national dont les origines remontent au milieu du XVIIIe siècle, et enfin pour sa marquise, bien que cette dernière n'y ait peut-être jamais mis les pieds. C'est en recevant de Louis XV le domaine de Pompadour que sa favorite, Jeanne Poisson, put acquérir le titre de marquise en 1745, et devenir « la Pompadour ».

LES ORGUES DE BORT

BORT-LES-ORGUES DOIT LA TERMINAISON DE SON NOM À LA FORME DES ÉTONNANTES FALAISES QUI DOMINENT LA VILLE. CES FORMATIONS BASALTIQUES SONT DES COULÉES DE LAVE REFROIDIE IL Y A QUINZE MILLIONS D'ANNÉES, DONT LA VERTICALITÉ ÉVOQUE DES TUYAUX D'ORGUE.

CREUSE

23

Région : Limousin - Préfecture : Guéret
Superficie : 5 565 km² - Population : 123 907 hab.

LES TAPISSERIES D'AUBUSSON ET DE FELLETIN

Les plus anciennes mentions de tapisseries dans la Marche remontent au xve siècle. Deux siècles plus tard, alors qu'Henri IV avait déjà interdit l'entrée en France des tapisseries étrangères, Colbert accorda aux ateliers d'Aubusson, puis à ceux de Felletin, le statut de manufacture royale. Toutefois, la révocation de l'édit de Nantes en 1685 poussa les lissiers (les ouvriers qui tissent la tapisserie) protestants à émigrer outre-Rhin. La tapisserie d'Aubusson, reconnue patrimoine culturel immatériel de l'humanité, a attiré de nombreux artistes renommés au xxe siècle sur les bords de la Creuse où une centaine de lissiers exercent toujours leur métier.

Le département de la Creuse regroupe essentiellement d'anciennes communes de la province de la Marche, et plus précisément de la Haute-Marche. Cette dernière tirait son nom de sa situation de province-tampon. Avec seulement 14 000 Guérétois dans son chef-lieu, et moins de 5 000 Aubussonnais dans sa seule sous-préfecture, c'est un département essentiellement rural. La Creuse, rivière née sur le plateau de Millevaches tout comme la Vienne dans laquelle elle se jette après un cours de plus de 250 km, traverse Aubusson, « évite » Guéret et reçoit, juste avant de quitter le département, les eaux de la Petite Creuse peintes par Monet à Fresselines, et celles de la Sédelle au pied du village perché de Crozant.

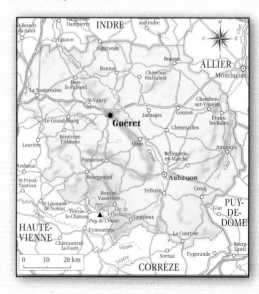

CHEMIN DE FER D'ORLÉANS

LA CREUSE
LA SEDELLE CROZANT

◇ LES RÉUNIONNAIS DE LA CREUSE ◇

Dans les années 1960 et 1970, les autorités françaises ont envoyé en métropole des enfants réunionnais afin de repeupler certains départements touchés par l'exode rural. Ainsi plus de 1 600 jeunes Réunionnais ont passé une partie de leur enfance dans la Creuse. L'arrachement à leur île natale et la rudesse du climat du Massif central furent généralement mal vécus, à tel point qu'une action en justice contre l'Etat a été menée en 2005 afin de faire reconnaître que ces enfants déplacés ont été victimes d'une déportation.

Un lauréat du Goncourt visionnaire ?

Dans son roman *La carte et le territoire*, récompensé par le prix Goncourt en 2010, Michel Houellebecq fait vivre les dernières années de la vie de son héros à Châtelus-le-Marcheix, village dont le nom et la configuration des routes sur une carte Michelin auraient plu à l'auteur. Il imagine dans un avenir assez proche un village à l'économie florissante grâce au renouveau des activités traditionnelles et à la venue de touristes russes ou chinois.

✒ La tour Zizim de Bourganeuf doit son nom au fils du sultan ottoman Mehmet II, qui y passa une partie de son exil au XVᵉ siècle.

LES HOMMES D'AUJOURD'HUI
DESSINS DE GILL
MARTIN NADAUD

◇ LES MAÇONS DE LA CREUSE ◇

Ce n'est pas un hasard si Felletin abrite aujourd'hui une école nationale des métiers du bâtiment. Dès le Moyen Age, les Creusois avaient pour habitude de se faire embaucher sur les chantiers des grandes villes du pays comme maçons. Ces « bâtisseurs de cathédrales » partaient chaque année pour plusieurs mois mais, à partir du XIXᵉ siècle et au début du XXᵉ, ces migrations devinrent souvent définitives, notamment vers la capitale au moment de sa métamorphose haussmannienne. Le plus célèbre d'entre eux, le député Martin Nadaud, décrit son exode dans son livre *Mémoires de Léonard, ancien garçon maçon.* ∎

HAUTE-VIENNE 87

RÉGION : LIMOUSIN - PRÉFECTURE : LIMOGES
SUPERFICIE : 5 520 KM² - POPULATION : 373 940 HAB.

LA PORCELAINE DE LIMOGES

Limoges est parfois surnommée la « capitale des arts du feu » en raison de son arti-
sanat des émaux et des vitraux, et surtout pour son activité porcelainière. La production de la célèbre porcelaine de Limoges est liée à la découverte en 1768 près de
Saint-Yrieix-la-Perche dans le sud du
département d'un gisement de kaolin.
Cette terre blanche qui donne à la porcelaine blancheur, dureté et transluci-
dité, était broyée dans les moulins des
bords de Vienne, avant d'être chauffée
dans les manufactures de la ville.

CHOCOLAT GUÉRIN-BOUTRON
LES DIFFÉRENTES INDUSTRIES   72 Sujets

FABRICATION DE LA PORCELAINE.
CARRIÈRE DE KAOLIN.

◇ CHÂLUS, DERNIER SOUPIR DE RICHARD CŒUR DE LION ◇

Limoges était une des principales villes de la dot de
l'épouse d'Henri II d'Angleterre, Aliénor d'Aquitaine. Leur célèbre fils, Richard Cœur de Lion, a été
couronné duc d'Aquitaine à l'âge de 12 ans, lors de

deux cérémonies dont
l'une se tint à Limoges
en 1172. C'est égale-
ment dans la région que
la gangrène eut raison de
lui en 1199, après avoir
été touché au cou par un
carreau d'arbalète, alors
qu'il venait régler un dif-
férend avec son vicomte
Adémar V au château de
Châlus-Chabrol.

Le département de la Haute-Vienne a été formé d'une partie du nord du Limousin et de l'ouest de la Marche. Il culmine près du lac de Vassivière au mont Crozat (777 m) au cœur des monts du Limousin qui forment un glacis à l'ouest du Massif central. La Vienne traverse Limoges et Saint-Junien, deuxième ville du département connue dès le Moyen Age pour sa ganterie et près de laquelle Corot aimait venir peindre les berges de la Glane, rivière qui borde le tristement célèbre village d'Oradour. L'autre cours d'eau notoire du département est la Gartempe, affluent de la Creuse qui passe au pied des monts d'Ambazac et non loin des monts de Blond.

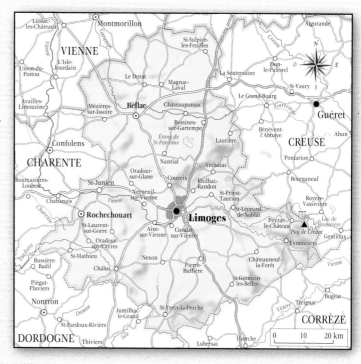

LA MÉTÉORITE DE ROCHECHOUART

Celle qui est couramment appelée « météorite de Rochechouart » est à l'origine de l'astroblème dit de Rochechouart-Chassenon, un cratère formé il y a 200 millions d'années. Si ce cratère n'est désormais plus perceptible à cause de l'érosion, la preuve de cet impact est la formation de roches singulières qui ont constitué une énigme pour les géologues jusqu'à la fin des années 1960. Le château de Rochechouart a été édifié sur un piton rocheux de « brèches », nom donné à ces roches spécifiques qui se retrouvent dans le bâti local, notamment dans les thermes romains du village charentais voisin de Chassenon.

◈ LA VILLE ROUGE ◈

CONFÉDÉRATION GÉNÉRALE DU TRAVAIL

Avant l'application du Plan de la C.G.T.   *Après l'application du Plan de la C.G.T.*

Les nombreux mouvements ouvriers initiés à Limoges – notamment dans les usines de porcelaine Haviland – dès le XIXᵉ siècle ont fait d'elle la « ville rouge » et même la « Rome du socialisme ». La ville a laissé son nom au verbe limoger, mais les limogeages en question n'ont pas été défendus par la CGT, bien que ce syndicat ait été fondé à Limoges en 1895. L'origine du verbe est militaire : suite aux mauvaises performances de l'armée française au début de la Grande Guerre, des hauts gradés furent démis de leur commandement et certains furent nommés à Limoges ou dans sa région, bien loin du front.

CHARENTE 16

RÉGION : POITOU-CHARENTES - PRÉFECTURE : ANGOULÊME
SUPERFICIE : 5 956 KM² - POPULATION : 351 581 HAB.

Le département de Charente est issu de la province de l'Angoumois à laquelle furent ajoutées quelques communes du Poitou au nord, et une petite partie de la Saintonge autour de Barbezieux, ville sous-préfecture jusqu'en 1926, au même titre que Ruffec où passe la Charente. Ce fleuve long de plus de 380 km, traverse Angoulême et Cognac, avant de se jeter dans l'Atlantique près de Rochefort. A Angoulême, il reçoit les eaux de la Touvre qui est une résurgence des eaux souterraines du Bandiat et de la Tardoire dans le karst de La Rochefoucauld, région calcaire ponctuée de grottes, de gouffres, et de dolines comme les fosses de la forêt de la Braconne. C'est également dans le calcaire que fut creusée au sud du département la remarquable église monolithe d'Aubeterre-sur-Dronne.

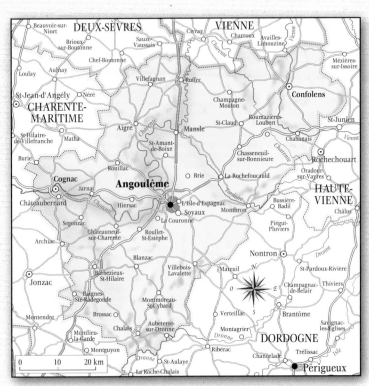

LES CHARENTAISES

La fabrication des célèbres pantoufles charentaises est directement liée au développement de la papeterie sur les bords de la Charente et de ses affluents depuis le XVIIᵉ siècle. C'est à partir des rebuts de feutre, étoffe utilisée en papeterie pour l'égouttage, que furent produites les premières charentaises, dont la production connut un essor qui commença véritablement au début du XXᵉ siècle.

❖ L'HERBE ANGOUMOISINE D'ANDRÉ THEVET ❖

De retour d'Amérique en 1556, le moine angoumoisin André Thevet a ramené pour la première fois des graines de tabac en France. Il en confia à un paysan de Bourran près de Clairac dans le Lot-et-Garonne où fut d'abord cultivé le tabac. Celui qui est devenu l'aumônier de la reine Catherine de Médicis puis le cosmographe du roi Henri II, a fait cultiver dans l'Angoumois cette plante qu'il baptisa « herbe angoumoisine ». Mais ce nom tomba dans l'oubli, à cause de l'ambassadeur du Portugal Jean Nicot qui a contribué à populariser le tabac, alors appelé « pétun », après en avoir envoyé dès 1560 à Catherine de Médicis qui en lança la mode. Si le nom de Nicot est passé à la postérité avec la nicotine, Thévet doit se contenter du thévetia, plante baptisée par Linné en son honneur un siècle plus tard.

❖ L'EXPORTATION DU COGNAC ❖

Le vin de la région se vendit dès le Moyen Age dans les pays d'Europe du Nord, où il était généralement acheminé par des navires venus également sur la côte atlantique pour y acheter du sel. Pour que ces vins peu alcoolisés voyagent mieux, il fut décidé de les distiller, puis plus tard d'opérer à une double distillation. Ainsi est né le cognac, qui avait l'avantage d'être moins

onéreux à transporter, vu qu'il est plus concentré en alcool. Aux XVIIIe et XIXe siècles, la vente du cognac s'est étendue à l'Amérique du Nord et à l'Extrême-Orient, où il est encore largement exporté de nos jours.

Le Versailles charentais

Non loin du château médiéval de Villebois-Lavalette, le château de la Mercerie n'était encore qu'un petit manoir au XIXe siècle. Racheté par les frères Réthoré, dont l'un fut député du département et l'autre industriel, son agrandissement débuta juste avant la Seconde Guerre mondiale, et se poursuivit jusque dans les années 1970, dans le but de bâtir un pastiche de Versailles. De ce projet trop ambitieux, il n'existe à vrai dire qu'une façade, tout de même longue de 220 m, les travaux ayant été stoppés faute de moyens. ∎

CHARENTE-MARITIME 17

RÉGION : POITOU-CHARENTES - PRÉFECTURE : LA ROCHELLE
SUPERFICIE : 6 864 KM² - POPULATION : 611 714 HAB.

◇ ROCHEFORT, VILLE NOUVELLE DU XVIIᵉ SIÈCLE ◇

Rochefort et son arsenal, d'où sortit notamment l'*Hermione* qui emmena La Fayette en Amérique, sont nés en 1666 de la volonté de Colbert d'y créer le plus grand port du royaume. La Corderie royale, dont la construction s'est achevée en 1669, est un long bâtiment de plus de 370 m, dimension nécessaire pour réaliser des cordages de chanvre de la longueur d'une encablure (environ 200 m).

BROUAGE, PORT FANTÔME

Un bras de mer aujourd'hui disparu léchait autrefois les remparts de Brouage, important lieu de garnison au xviiᵉ siècle et haut lieu du commerce du sel. Formant un carré parfait de 400 m de côté, avec des rues tracées au cordeau, Brouage fut fortifié sur ordre de Richelieu puis par Vauban. Cité natale du navigateur Samuel de Champlain, Brouage fut le lieu d'« exil » de Marie Mancini, le premier amour de Louis XIV qui n'était autre que la nièce de Mazarin, le cardinal lui préférant une alliance avec l'infante d'Espagne.

◇ FORT BOYARD ◇

« Sire, il serait plus facile de saisir la Lune avec les dents que de tenter en cet endroit pareille besogne. » C'est en ces mots qu'auprès de Louis XIV Vauban exprima la difficulté de fortifier l'actuel site du fort Boyard. Sa laborieuse construction a été réalisée de 1804 à 1857. Ce monstre de pierre de 68 m de long, 31 m de large, et 20 m de hauteur, doté de 66 casemates réparties sur trois niveaux, est rapidement devenu obsolète en raison des progrès de l'artillerie. Il servit alors de prison jusqu'en 1913, avant d'acquérir une notoriété internationale dans les années 1990 grâce sa reconversion télévisuelle.

La Rochelle. — Vieux Port.

La Charente-Inférieure est issue des terres de Saintonge et d'Aunis. Le chef-lieu a été déplacé en 1810 de Saintes à La Rochelle, malgré la position excentrée de cet historique bastion protestant. Renommée Charente-Maritime en 1941, son littoral s'étend de l'anse de l'Aiguillon à l'estuaire de la Gironde. Les îles de Ré et d'Oléron sont séparées par le pertuis d'Antioche, détroit dont les nombreux forts protègent l'estuaire de la Charente et Rochefort, à l'image du fort Lupin, du fort Boyard, et des forts de l'île d'Aix sur la dernière terre française foulée par Napoléon. Plus au sud, la Seudre, dont l'estuaire a été aménagé pour l'activité ostréicole de Marennes, rejoint l'Atlantique par le pertuis de Maumusson, tandis qu'au nord la Sèvre Niortaise en fait de même au niveau du pertuis Breton.

L'atelier de l'obstiné Bernard Palissy

Bernard Palissy, né en 1490, trouve les Émaux en 1546, meurt en 1589.

Né près d'Agen en 1510, Bernard Palissy est un savant atypique de la Renaissance. Autodidacte, ce fils de paysans a construit sa connaissance scientifique sur l'expérience et la pratique. Animé par la passion de l'émail, il s'établit à Saintes en 1539 après avoir beaucoup voyagé. Avec une persévérance peu commune, il perça le secret des émaux, la légende voulant que, ruiné, il ait brûlé ses meubles et ses vêtements pour alimenter son fourneau.

DEUX-SÈVRES 79

RÉGION : POITOU-CHARENTES - PRÉFECTURE : NIORT
SUPERFICIE : 5 999 KM² - POPULATION : 365 059 HAB.

Issu de terres poitevines, le département des Deux-Sèvres tire son nom de deux cours d'eau qui y prennent leur source. Le premier, la Sèvre Niortaise, est un fleuve côtier qui traverse le chef-lieu du département et le Marais poitevin avant de rejoindre l'océan Atlantique dans l'anse de l'Aiguillon, entre Vendée et Charente-Maritime. Le second, la Sèvre Nantaise, est ainsi nommé car il rejoint la Loire à Nantes. A l'extrémité méridionale du Massif armoricain, les paysages des Deux-Sèvres n'offrent que de modestes collines, dans les hauteurs de la Gâtine à l'ouest et près de Parthenay au Terrier de Saint-Martin, le point culminant du département (272 m).

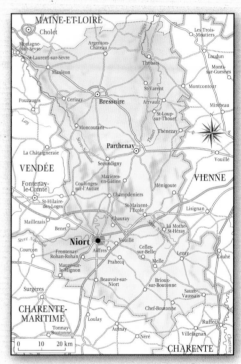

LA RÉSERVE GÉOLOGIQUE DU TOARCIEN

La ville de Thouars, dont l'imposant château domine la vallée du Thouet, a laissé son nom à l'étage géologique du jurassique inférieur appelé toarcien (de -183 à -175,6 millions d'années). Les caractéristiques de cet étage, dont les roches affleurent en de nombreux points du globe, ont été définies à partir du XIXe siècle, dans deux anciennes carrières à ciel ouvert, situées sur la commune voisine de Sainte-Verge, où ont été notamment mis au jour de nombreux fossiles d'ammonites.

LE BAUDET DU POITOU

LE BAUDET DU POITOU EST UN ÂNE RECONNAISSABLE À SA ROBE BAI FONCÉ ET SES LONGS POILS EN GUENILLES. LE BERCEAU DE CETTE RACE EST LA RÉGION DE MELLE. IL A DEPUIS LONGTEMPS ÉTÉ ÉLEVÉ DANS LA RÉGION, NOTAMMENT DANS LE MARAIS POITEVIN, MAIS RAREMENT POUR SES QUALITÉS DE TRAVAILLEUR. C'EST UNE RACE DITE MULASSIÈRE : LE BAUDET DU POITOU ÉTAIT DESTINÉ AVANT TOUT À LA REPRODUCTION, POUR LA PRODUCTION DE MULETS. LES EFFECTIFS DE CES CHARMANTS ÉQUIDÉS ONT FORTEMENT CHUTÉ (44 ANIMAUX RECENSÉS EN 1977) AVANT QU'UNE CAMPAGNE DE SAUVEGARDE NE SOIT LANCÉE DANS LES ANNÉES 1980.

Baudets du Poitou

LA « VENISE VERTE »

Parsemé de nombreux canaux, le Marais poitevin est couramment surnommé la « Venise verte ». Cette dernière appellation doit être associée plus précisément aux « marais mouillés » – par opposition aux « marais desséchés ». Il s'étend des abords de Niort jusqu'à l'océan au niveau de l'anse de l'Aiguillon, reliquat d'un golfe autrefois bien plus vaste nommé golfe des Pictons, en référence au peuple qui a aussi laissé son nom au Poitou et à Poitiers.

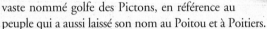

◇ NIORT, SON ANGÉLIQUE, SES CHAMOIS ET SES ASSURANCES ◇

L'angélique est une herbe réputée pour ses vertus médicinales, que des religieuses niortaises auraient décidé de confire, pour faire naître, au XVIIIe siècle, la friandise spécialité de la ville de Niort. Cette plante, également à la base d'une liqueur, a été cultivée par plusieurs générations de maraîchers sur les bords de la Sèvre Niortaise. Les eaux de ce cours d'eau furent utilisées dès le Moyen Age pour la chamoiserie. Le travail de peaux de chamois importées généralement du Canada fit la renommée de Niort, dont les footballeurs sont encore surnommés les chamois. Plus récemment, cette ville moyenne s'est distinguée en accueillant les sièges sociaux de plusieurs grandes entreprises françaises du secteur des mutuelles d'assurances. ∎

Spécialités de Pays

En France, la question unique
Sur laquelle on tombe d'accord,
C'est que la meilleure angélique
Est celle qui nous vient de Niort.
A. G.

ANGÉLIQUE DE NIORT

VIENNE

86

RÉGION : POITOU-CHARENTES - PRÉFECTURE : POITIERS
SUPERFICIE : 6 990 KM² - POPULATION : 424 354 HAB.

Majoritairement constitué de terres du Poitou, auxquelles furent rattachée une petite partie de l'Anjou correspondant à la sénéchaussée de Loudun au sud du Saumurois, ce département tire son nom de la Vienne, affluent de la Loire qu'elle rejoint en aval de Chinon après être passée au pied des châteaux de Chauvigny et de l'ancienne manufacture d'armes de Châtellerault. La Creuse reçoit les eaux de son principal affluent, la Gartempe, dans la station thermale de La Roche-Posay, avant de marquer la limite orientale du département. La Charente traverse le sud du département et notamment l'ancienne sous-préfecture Civray.

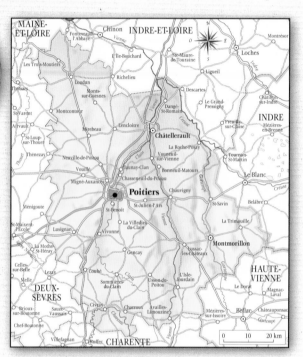

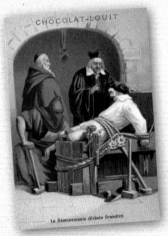

◇ LES RUMEURS DE LOUDUN ◇

Loudun a été au cœur de deux célèbres histoires qui ont défrayé la chronique, à trois siècles d'intervalle. Au XVIIe siècle, Urbain Grandier, curé réputé séducteur, aurait envoûté et rendu hystériques plusieurs religieuses de la ville. A partir de 1949, la petite ville fait parler d'elle avec les accusations portées à la « sorcière » Marie Besnard, qui aurait empoisonné à l'arsenic onze personnes. Le point commun entre ces deux affaires est la part belle faite à la rumeur, menant à l'arrestation de ces deux Loudunais. Si Marie fut acquittée à l'issue d'un médiatique procès, l'« affaire des démons » mena Urbain au bûcher.

◇ La puissante abbaye Saint-Sauveur de Charroux ◇

L'étonnante tour-lanterne octogonale de Charroux, dite « tour Charlemagne », est tout ce qu'il reste de l'abbaye Saint-Sauveur fondée au VIIIe siècle et gravement affectée par les guerres de Religion et la Révolution. Cette abbaye

CHARROUX (Vienne) – Ruines de la Tour centrale du Chœur de l'Ancienne Eglise Abbatiale

se vantait d'abriter plusieurs fragments de la croix du Christ offerts par Charlemagne, ainsi que le Saint Prépuce – qu'un grand nombre d'autres villes prétendaient posséder… Près de ces reliques, un concile se tint en 989, à une époque où de violents conflits opposaient les seigneurs du royaume. Les hautes personnalités du clergé se réunirent à Charroux pour instaurer la « Paix de Dieu ». L'Eglise, alors plus puissante que le roi, fixait ainsi des règles à suivre pour les chevaliers, pour protéger les clercs et les populations civiles, sous peine de sanctions judiciaires et spirituelles.

Le plus ancien monument chrétien de France

Poitiers abrite non loin de sa cathédrale le plus ancien monument chrétien de France existant encore : le baptistère Saint-Jean. Construit au IVe siècle, il a gardé ses fresques murales des XIIe et XIIIe siècles. Vendu comme bien national à la Révolution, il servit alors de hangar, avant d'être sauvegardé et restauré.

Le Seuil du Poitou

Entre Massif armoricain et Massif central, à la rencontre des Bassins parisien et aquitain, le seuil du Poitou est un lieu de passage stratégique, naturellement traversé par d'importants axes de circulation (autoroute A 10, ligne Paris-Bordeaux). Au regard des nombreuses batailles qui s'y sont déroulées, l'histoire montre que c'est une très ancienne terre de passage. Citons la bataille de Vouillé entre Francs et Wisigoths en 507, et la bataille de Poitiers, qui se serait précisément tenue à Moussais près de Châtellerault, au cours de laquelle Charles Martel repoussa les Sarrasins en 732.

N° 7. CLOVIS TUANT ALARIC A LA BATAILLE DE VOUILLÉ.

Edité par la CHOCOLATERIE d'AIGUEBELLE (Monastère de la Trappe-Drôme).

INDRE

36

RÉGION : CENTRE - PRÉFECTURE : CHÂTEAUROUX
SUPERFICIE : 6 791 KM² - POPULATION : 232 004 HAB.

Le département de l'Indre est issu de l'ancienne province du Berry et plus précisément du bas Berry. Long de 271 km, l'Indre est un affluent de la Loire qu'elle rejoint en aval d'Azay-le-Rideau, après avoir traversé le département et son chef-lieu Châteauroux. Elle traverse la région bocagère du Boischaut, couramment divisée en Boischaut Nord (du côté de Valençay) et Boischaut Sud (dans les environs de La Châtre). Au sud-ouest du département, la Creuse traverse la Brenne, région d'étangs et de forêts qui contrastent avec les paysages d'openfield de la Champagne berrichonne autour de la ville d'Issoudun, où Balzac situa une grande partie de son roman *La Rabouilleuse*.

◈ LA DAME DE NOHANT ◈

C'est à l'âge de 4 ans que George Sand, alors Amantine Aurore Lucile Dupin, est arrivée à Nohant dans le sud-est de l'Indre. D'illustres hôtes comme Chopin, Balzac ou Delacroix sont venus dans le manoir qui a vu grandir la « dame de Nohant ». Le charmant village de Gargilesse abrite une plus modeste demeure dans laquelle elle passa de nombreuses années. Baptisée « Villa Algira », du nom d'un papillon rare rencontré lors d'une promenade, cette maison lui fut offerte par le graveur Alexandre Manceau, un de ses nombreux amants. La région est très présente dans ses œuvres. La célèbre *Mare au diable*, d'où émerge une mystérieuse croix, peut ainsi être vue dans le bois de Chanteloube, près de Mers-sur-Indre.

30 MAI – 7 JUIN
CHATEAUROUX
1925

IIᴱ GRANDE
SEMAINE BERRICHONNE DE L'INDRE

◈ VALENÇAY, TALLEYRAND ET SON FROMAGE ◈

Le plus célèbre maire de Valençay est sans aucun doute Talleyrand. Le célèbre diplomate est arrivé à Valençay en faisant l'acquisition de son château, en 1803, et il a administré la commune de 1826 à 1831. Il aurait aussi imprimé sa marque au fromage de Valençay. La forme pyramidale de ce fromage de chèvre aurait pu déplaire à Napoléon en lui rappelant les difficultés rencontrées en Egypte. Afin que l'empereur ne soit pas irrité, Talleyrand aurait exigé que la pointe de la pyramide soit tranchée. ∎

Saint-Valentin, village des amoureux

Au cœur de la Champagne berrichonne se trouve un village de moins de 300 habitants mais à la réputation internationale : Saint-Valentin. La commune, notamment jumelée avec ses homonymes autrichiens et canadiens, possède un bureau de poste disposant d'une oblitération spéciale, à l'effigie des amoureux de Peynet, et un jardin des amoureux accueillant les arbres offerts par des couples du monde entier.

LE VILLAGE DES AMOUREUX
14 11 2004
· 36 SAINT-VALENTIN ·

LA MER ROUGE ET LES NOMBREUX ÉTANGS DE LA BRENNE

Dans le sud-ouest du département, de nombreux étangs ont été aménagés dès le Moyen Age dans la région très humide que constitue la Brenne. Avec ses 160 ha, le plus vaste d'entre eux est l'étang de la Mer rouge, qui aurait été baptisé par un seigneur de retour de la septième croisade. La région est propice aux légendes. L'une d'elles raconte que ces étangs correspondraient aux pas de Gargantua durant sa traversée de la région, et les « buttons », ces petites buttes de grès qui jalonnent le paysage de la Brenne, à la terre qui se décollait de ses bottes.

CHOCOLAT GUÉRIN-BOUTRON

Nº 14   CHATEAU DE VALENÇAY (Indre)   Voir au dos

CHER

18

RÉGION : CENTRE - PRÉFECTURE : BOURGES
SUPERFICIE : 7 235 KM² - POPULATION : 313 251 HAB.

◈ HENRICI MONS, LA CAPITALE DE LA PRINCIPAUTÉ DE SULLY ◈

Henrichemont est une cité du Berry fondée en 1609 par Sully, baptisée en l'honneur d'Henri IV dont il était le ministre. Le plan de la cité dû à l'ingénieur du roi Claude Chastillon et à Salomon de Brosse est établi en forme de rose des vents, les huit rues principales rayonnant à partir d'une place centrale carrée, quatre autres places plus petites occupant symétriquement le reste de l'espace. La première pierre fut posée le 13 avril 1609 par Henri IV, dont la mort tragique un an plus tard entraîna la disgrâce de Sully et mit fin au chantier en cours.

◈ BOURGES, CITÉ DE JACQUES CŒUR ET DE L'ARMEMENT ◈

Eloignés de toutes frontières, Bourges et ses environs ont accueilli de nombreux établissements à vocation militaro-industrielle, avec notamment l'école nationale de pyrotechnie dont le transfert de Metz fut décidé en 1860, année où la ville accueillit une fonderie impériale de canons qui allait massivement pourvoir l'artillerie française. Quatre siècles plus tôt, le riche négociant Jacques Cœur, grand argentier de Charles VII et proche d'Agnès Sorel, a fait construire dans sa ville natale le palais gothique qui porte son nom.

Le département du Cher a été formé à partir du haut Berry, auquel furent ajoutées quelques terres bourbonnaises – autour de Saint-Amand-Montrond – et nivernaises. Au cœur du département, les paysages de la fertile Champagne berrichonne et du Pays-Fort au nord-est contrastent avec les forêts de Sologne du nord-ouest. Les collines du Sancerrois bordées par la Loire sont le domaine réservé de la vigne à l'est du département. Le Cher qui lui donne son nom est un affluent de la Loire qu'il rejoint juste après avoir traversé Tours, après un périple long de plus de 360 km depuis sa source en Combrailles dans le nord du Massif central. La vallée du Cher et celles de l'Yèvre et de l'Auron sont reliées à la Loire par le canal de Berry aménagé au XIXᵉ siècle et utilisé jusqu'en 1945.

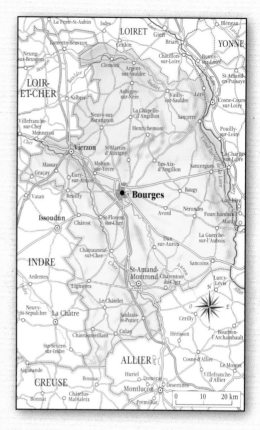

LE CENTRE DE LA FRANCE

Bruères-Allichamps s'enorgueillit d'être au centre de la France, comme l'atteste, dressée au centre du village, l'ancienne borne milliaire romaine, que l'on peut voir dans les premières scènes du film de François Truffaut *L'Argent de poche*. À vrai dire, plusieurs autres communes de la région revendiquent ce « titre ». Au sud de département, Saulzais-le-Potier possède aussi sa borne marquant le centre de la France, mais les travaux d'ingénieurs de l'IGN ont placé dans les années 1980 le centre de gravité du territoire métropolitain (îles comprises) sur la commune voisine de Vesdun, qui s'est naturellement empressé d'ériger son monument.

◈ LE VILLAGE DU GRAND MEAULNES ◈

C'est tout près de ce(s) centre(s) de la France, qu'Alain-Fournier passa plusieurs années de son enfance à Epineuil-le-Fleuriel, où ses parents furent instituteurs. Il s'inspira de ce village rebaptisé Sainte-Agathe dans son célèbre roman *Le Grand Meaulnes*. Il y évoque aussi « la bourgade mystérieuse » de Nançay et La Ferté-d'Angillon qui n'est pas sans rappeler son village natal, La Chapelle-d'Angillon.

LOIRET

45

RÉGION : CENTRE - PRÉFECTURE : ORLÉANS
SUPERFICIE : 6 775 KM² - POPULATION : 650 769 HAB.

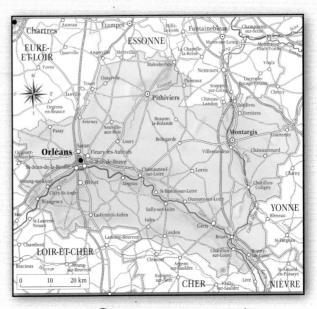

A la rencontre de plusieurs régions naturelles, que sont la Beauce au nord-ouest, le Gâtinais au nord-est, et la Sologne au sud, le Loiret est un département de plaine issu de l'ancienne province de l'Orléanais. Il tire son nom d'un très court affluent de la Loire, dont une partie des eaux infiltrées sous terre rejaillit à la source du Loiret, résurgence située dans le quartier de la Source à Orléans. La Loire traverse le département d'est en ouest passant successivement au pied des châteaux de Gien, de Sully, de Châteauneuf et de Beaugency. Son bassin est relié à celui de la Seine grâce au canal du Loing, qui porte le nom de la rivière traversant Montargis.

◆ LA PRALINE DE MONTARGIS ◆

BAPTISÉE D'APRÈS LE NOM DU COMTE DE PLESSIS-PRASLIN, LA « PRASLINE » AURAIT ÉTÉ INVENTÉE PAR LE CHEF CUISINIER DE CE MARÉCHAL DE FRANCE DU XVIIᵉ SIÈCLE. CONFISERIE DE COULEUR BRUNE À BASE D'AMANDE ET DE SUCRE, LA PRALINE FUT ENSUITE PRODUITE DANS L'ÉTABLISSEMENT FONDÉ PAR CE MÊME CHEF À MONTARGIS : LA MAISON DE LA PRASLINE. DEPUIS LORS, LA RECETTE S'EST TRANSMISE ENTRE LES TENANCIERS SUCCESSIFS, ET LA TRADITION PERPÉTUÉE.

LE DESTIN BRISÉ DE L'AÉROTRAIN

Au nord d'Orléans, le long de la route de Paris, il est difficile de ne pas remarquer le rail de béton long de 18 km qui a servi de voie d'essai à l'Aérotrain dans les années 1970. Ce train sur coussin d'air futuriste, invention du Français Jean Bertin, aurait pu permettre de relier Orléans à la capitale en à peine plus de vingt minutes. Mais les choix politiques favorisèrent le TGV, dont les rails sont sans doute moins inesthétiques. Jean Bertin décéda en 1975, meurtri par l'abandon de l'Aérotrain, dont le dernier modèle a mystérieusement été incendié en 1992.

Environs de Gien — BRIARE (Loiret) — Le Pont-Canal sur la Loire

LE PONT-CANAL DE BRIARE

Construit à la fin du XIXe siècle entre Briare et Saint-Firmin-sur-Loire, dans le sud-est du Loiret, le pont-canal de Briare est un pont qui enjambe la Loire tout en assurant la fonction de canal. Orné de colonnes et de lampadaires, cet élégant ouvrage métallique long de 662 m – jusqu'en 2003 il était encore le plus long d'Europe – a été franchi pour la première fois en 1896. La population locale vit au départ cette construction d'un mauvais œil, soupçonnant son remplissage d'être à l'origine d'inondations, si bien que personne n'osa venir l'inaugurer officiellement.

La chute du train de Paul Deschanel

Dans la nuit du 23 mai 1920, un cheminot travaillant non loin de Mignerette, dans le nord du Loiret, voit un individu s'approcher de lui. Ensanglanté bien que ne souffrant pas de blessures sévères, vêtu d'un pyjama, celui-ci se présente de manière surprenante : il prétend être le président de la République. Bien qu'il y ait de quoi être dubitatif, il s'agit bien du président Paul Deschanel. Semble-t-il mal réveillé et sous l'effet de médicaments, celui-ci a chuté après s'être penché par la fenêtre. Grâce aux cheminots qui le soignent et avertissent les autorités, la France n'aura égaré son président que le temps d'une nuit. ■

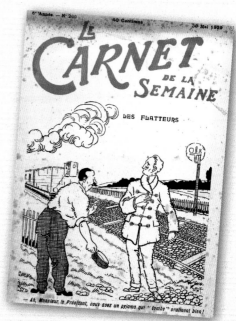

EURE-ET-LOIR 28

RÉGION : CENTRE - PRÉFECTURE : CHARTRES
SUPERFICIE : 5 880 KM² - POPULATION : 423 559 HAB.

◈ LE CHÂTEAU D'ANET ◈

Diane de Poitiers était une favorite très influente auprès du roi Henri II, dont elle était l'aînée de vingt ans. Elle est décédée en 1566 dans son château d'Anet, merveille d'architecture Renaissance, vandalisé pendant la Révolution. Son tombeau fut alors visité, mais, en mai 2010, ses ossements ont été replacés à leur place initiale.

Du côté de chez Proust

DANS SON CYCLE ROMANESQUE *A LA RECHERCHE DU TEMPS PERDU*, MARCEL PROUST DÉCRIT LA PETITE VILLE D'ILLIERS SOUS LE NOM DE COMBRAY. LA VILLE OÙ L'AUTEUR PASSA UNE PARTIE DE SA JEUNESSE PRIT EN 1971 LE NOM D'ILLIERS-COMBRAY. LA BEAUCE A AUSSI ÉTÉ LE CADRE D'UN CÉLÈBRE ROMAN D'EMILE ZOLA : *LA TERRE*.

LE « CANAL LOUIS XIV »

Pour alimenter les jets d'eau du parc du château de Versailles, et plus largement la ville qui est alors en pleine expansion, Louis XIV fit appel à Louvois et Vauban pour réaliser le canal de l'Eure. Long de 80 km, il s'ajoute à d'autres réalisations insuffisantes comme la machine de Marly. Ce ruineux projet visant à détourner les eaux de l'Eure à partir de l'écluse de Boizard à Pontgouin fut finalement abandonné en 1690. Parmi ses nombreux vestiges, l'aqueduc inachevé de Maintenon, long de près de 1 km, est sans nul doute le plus impressionnant avec ses 47 arcades (les deuxième et troisième niveaux jamais construits devaient en compter bien plus) qui dominent encore aujourd'hui les jardins du château de Maintenon.

EN VENTE CHEZ TOUS LES LIBRAIRES

La Terre

PAR E. ZOLA

Edition illustrée

La Livraison 10ᶜ

C. MARPON & E FLAMMARION EDITEURS 26 Rue Racine

Le département d'Eure-et-Loir a été créé en 1790 à partir de territoires de l'Orléanais, d'Ile-de-France et du Maine. Il tire son nom de deux rivières appartenant à deux grands bassins versants différents : le bassin versant de la Seine pour l'Eure, et celui de la Loire pour le long affluent de la Sarthe qu'est le Loir. Au cœur de la vaste plaine de la Beauce, souvent présentée comme le grenier à blé de la France, la cathédrale de Chartres est observable à plusieurs dizaines de kilomètres à la ronde. Seul l'ouest se différencie des paysages d'openfield (« champs ouverts ») beaucerons avec les forêts du Thymerais et du Perche.

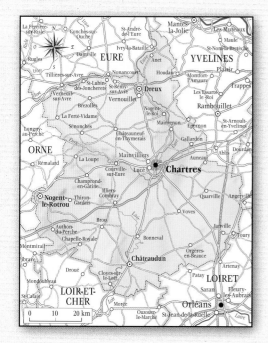

◈ LA CATHÉDRALE DE CHARTRES ET LE SACRE D'HENRI IV ◈

La cathédrale de Chartres est notamment remarquable par ses vitraux, qui ne représentent pas uniquement des scènes religieuses. Quarante-deux verrières ont été offertes par les marchands et les artisans de la ville. Elles forment un tableau des différents métiers au XIIIe siècle et montrent l'attachement des habitants à cette cathédrale. Elle possède également la particularité d'avoir accueilli le sacre d'Henri IV. A la mort d'Henri III, son cousin protestant Henri de Navarre est devenu le prétendant au trône, mais la région de Reims, lieu traditionnel du sacre des rois de France, est tenue par la famille de Guise, ses ennemis catholiques.

LA MYTHIQUE FORÊT DES CARNUTES

LES CARNUTES ÉTAIENT UN PEUPLE GAULOIS QUI VIVAIT DANS LA BEAUCE, D'AUTRICUM (CHARTRES) À CENABUM (ORLÉANS). ILS SONT CONNUS, À TORT OU À RAISON, POUR AVOIR RÉUNI CHAQUE ANNÉE LES DRUIDES DE L'ENSEMBLE DES PEUPLES GAULOIS DANS LA FORÊT DES CARNUTES.

LOIR-ET-CHER 41

RÉGION : CENTRE - PRÉFECTURE : BLOIS
SUPERFICIE : 6 343 KM² - POPULATION : 326 599 HAB.

Comme son nom ne l'indique pas, le Loir-et-Cher est traversé par la Loire, qui constitue une nette frontière entre les plaines céréalières de la Beauce au nordest (là où coule le Loir), et les étendues boisées et humides de la Sologne à l'est (bordée au sud par la vallée du Cher). Longtemps l'image des riches agriculteurs beaucerons a tranché avec celle des modestes Solognots devant se contenter de terres souvent marécageuses. Néanmoins les forêts giboyeuses de Sologne ont su attirer aristocrates et bourgeois pour leur intérêt cynégétique, en commençant par François Ier dans son parc de Chambord. Le château de Blois fut quant à lui la demeure du roi Louis XII.

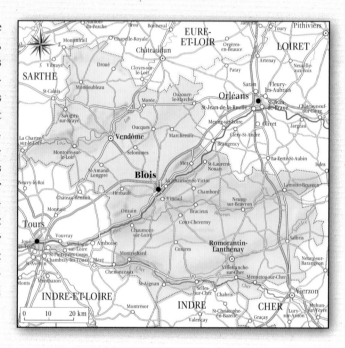

STATUE DE LOUIS XII

LE PLUS GRAND PROJET DE LÉONARD DE VINCI À ROMORANTIN

Au cœur d'un ambitieux projet, un autre canal de la Sauldre fut imaginé dès le XVIe siècle par le spécialiste des aménagements hydrauliques de l'époque : Léonard de Vinci. Egalement urbaniste, il s'est vu confier par François Ier en 1516 le projet d'une résidence royale au cœur d'une ville nouvelle. Une cité idéale fut alors dessinée par le génie de la Renaissance qui mourut en 1519 alors que les travaux de terrassement débutaient à peine sur les bords de la Sauldre à Romorantin. Faute de successeurs compétents pour mener à bien ce chantier pharaonique, François Ier dut se contenter de Chambord…

◇ Napoléon III, bienfaiteur de Lamotte-Beuvron ◇

Avant d'être empereur, Louis-Napoléon Bonaparte était déjà venu en Sologne, où la foule l'avait acclamé sous les cris de « Vive l'empereur » en mémoire de son oncle. A Lamotte-Beuvron, il a fait construire plusieurs bâtiments, notamment la mairie qui arbore toujours aujourd'hui un « N » à la place des traditionnels « RF ». Il a souhaité y développer l'agriculture en créant des fermes modèles, qui n'ont pas eu le succès escompté. De la terre marneuse a même été apportée depuis Blancafort dans le Cher pour rendre les sols plus fertiles, grâce à l'édification du surprenant canal de la Sauldre qui a singularité de n'être relié à aucune autre voie navigable. Lamotte-Beuvron était aussi connu pour attirer les chasseurs de la capitale qui ne manquaient pas de venir apprécier la célèbre tarte des sœurs Tatin.

◇ L'entrevue de Montoire ◇

LA VILLE DE MONTOIRE-SUR-LE-LOIR SE SERAIT SÛREMENT PASSÉE D'ÊTRE CONNUE POUR L'ENTREVUE D'OCTOBRE 1940 ENTRE PÉTAIN ET HITLER. LE CHOIX DE MONTOIRE S'EXPLIQUE PAR SA SITUATION SUR LA LIGNE FERROVIAIRE PARIS-BORDEAUX ET PAR LA PRÉSENCE À PROXIMITÉ DU TUNNEL DE SAINT-RIMAY QUI OFFRAIT UNE POSSIBILITÉ D'ABRI EN CAS D'ATTAQUE AÉRIENNE.

CHAMBORD, UNE COMMUNE ENTIÈRE PROPRIÉTÉ DE L'ETAT

Tout comme le château qui porte son nom, la commune de Chambord, ceinte par un mur long de 32 km, appartient à l'Etat. Le château, le village et les forêts étaient avant la Première Guerre mondiale la propriété de la famille de Bourbon-Parme, qui eut la mauvaise idée de combattre dans les rangs autrichiens, entraînant le transfert de son domaine à l'Etat français. Désormais le conseil municipal de cette commune de 150 habitants doit discuter avec les différents ministères avant de prendre la moindre décision !

LE CHÂTEAU DE CHAMBOR

INDRE-ET-LOIRE 37

RÉGION : CENTRE - PRÉFECTURE : TOURS
SUPERFICIE : 6 127 KM² - POPULATION : 585 406 HAB.

VEUE GENERALE DU CHATEAU DE RICHELIEU.

A Paris chez le S.ʳ de Fer dans l'Isle du Palais sur le Quay de l'Orloge a la Sphere Royale, avec Privilege du Roy præsentent ces dames rue l'Evesque en 1680

Les châteaux disparus de Richelieu et de Choiseul

Nº 74 PAGODE DE CHANTELOUP, près AMBOISE (I-et-L

L'architecture de Richelieu peut surprendre. Né de la volonté du cardinal de Richelieu de laisser une cité à son nom, le village s'organise avec un plan en damier autour de deux places carrées, rejointes par une rue où les partisans du cardinal se devaient d'y construire leur hôtel. Bien que fondée au XVIIᵉ siècle, quatre portes d'allures médiévales et des murailles entourent la cité. Au sud de celle-ci, un grand parc rappelle difficilement le faste du château de Richelieu, dont les descendants ne se sont guère préoccupés. Il fut définitivement détruit au XIXᵉ siècle, tout comme le château de Chanteloup près d'Amboise. Du vaste parc de ce château largement transformé au XVIIIᵉ siècle par le duc de Choiseul qui s'y est retiré après avoir servi Louis XV, subsiste une étonnante pagode bordant un miroir d'eau en demi-lune.

Le territoire d'Indre-et-Loire correspond à celui de la Touraine. La Loire, dont le cours est maîtrisé grâce à des digues appelées « levées », reçoit successivement en rive gauche le Cher, l'Indre et la Vienne. Les deux premiers de ces affluents ont la particularité de longer la Loire en serpentant avant de s'y jeter. Au cœur du Val de Loire et des nombreux châteaux, la Touraine est le « jardin des rois », avec Charles VII à Chinon et Loches, son fils Louis XI à Plessis-lès-Tours, puis Charles VIII et François Iᵉʳ à Amboise, amorçant le rapprochement progressif des résidences royales vers la capitale. Terre natale de grands hommes de lettres (Descartes, Rabelais, Balzac…), la Touraine abrite également le Clos-Lucé où s'éteignit Léonard de Vinci.

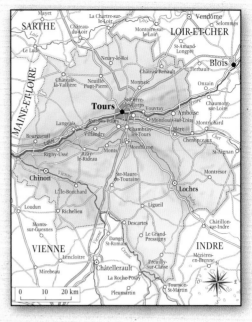

◇ LES RELIQUES ÉGYPTIENNES DE JEANNE D'ARC ◇

Le musée Jeanne-d'Arc de Chinon rappelle le passage en Touraine de la Pucelle d'Orléans. Il abrite notamment ce que l'Eglise a reconnu il y a cent quarante ans comme étant des reliques de Jeanne d'Arc. Trouvées en 1867 dans une pharmacie parisienne, elles se composent d'une côte humaine noircie, d'un os de patte de chat, d'un fragment de lin et de plusieurs morceaux de tissu noirs. Une étude récente a conclu qu'elles ne pouvaient appartenir à une personne brûlée au xvᵉ siècle, et qu'il s'agirait plutôt des restes d'une momie égyptienne.

◇ LA DAME DE LOCHES ◇

A quelques pas de l'imposant donjon, le somptueux logis royal de Loches accueillit Agnès Sorel, la première favorite officielle d'un roi de France, en l'occurrence Charles VII. Il lui offrit son domaine de Loches, mais aussi celui de Beauté-sur-Marne à l'origine de son surnom de « Dame de Beauté ». Surmontée de deux curieuses pyramides à base octogonale appelée « dubes », la collégiale Saint-Ours abrite son tombeau.

UN PONT SUR LE CHER

Le château de Chenonceau a la particularité d'enjamber le Cher. Servant d'hôpital durant le premier conflit mondial, les soldats blessés, mis au repos dans les galeries du château, purent s'adonner à la pêche depuis leurs fenêtres. Sous l'Occupation, la situation du château sur la ligne de démarcation, entre la « zone occupée » rive droite et la « zone libre » rive gauche, en fit un point de passage particulièrement surveillé par les Allemands. ■

SARTHE 72

Région : Pays de la Loire - Préfecture : Le Mans
Superficie : 6 206 km² - Population : 559 587 hab.

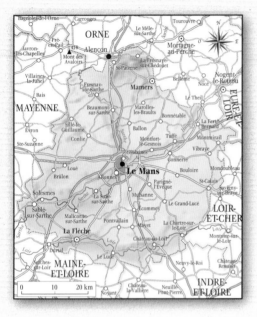

Le territoire de la Sarthe a été majoritairement formé par le Haut-Maine, hormis le sud du département issu de terres du Haut-Anjou. La rivière qui donne son nom au département prend sa source dans le département de l'Orne, dans les collines du Perche. Après avoir arrosé Alençon, elle traverse le département du nord au sud avant de rejoindre, grossie par les eaux du Loir, la Mayenne en aval d'Angers pour former la Maine. La couverture forestière du département est conséquente avec notamment la forêt de Bercé réputée pour la qualité de ses chênes, la forêt de Sillé connue pour son lac, ou bien encore la forêt de Perseigne qui abrite le point culminant du département au Signal de Perseigne (340 m).

◇ Léon Bollée ou les débuts de la mécanique ◇

Si Le Mans est aujourd'hui connu pour ses Vingt-Quatre Heures, la ville n'a cependant pas attendu la création de la célèbre course en 1923 pour être une cité de la mécanique, notamment grâce à Léon Bollée. Après s'être intéressé aux machines à calculer, le jeune inventeur a conçu des voitures, son premier modèle étant commercialisé en 1896. Léon Bollée a également collaboré avec les frères Wright, qui ont fait voler leur avion à

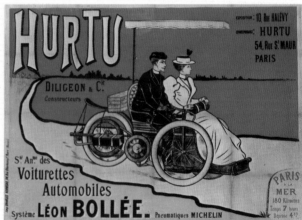

l'hippodrome des Hunaudières, non loin de ce qui deviendra la plus célèbre ligne droite du circuit manceau. Léon Bollée est décédé en 1913, et sa marque ne lui a survécu que dix-huit ans.

◈ LE TÉLÉGRAPHE DE CLAUDE CHAPPE ◈

A une époque où le cheval demeure le moyen le plus rapide pour transmettre des informations, Claude Chappe mit au point son télégraphe. Testé pour la première fois en mars 1791 entre Brûlon et Parcé-sur-Sarthe, il consiste en l'utilisation de sémaphores, des bras articulés actionnés afin de leur donner des formes particulières pour coder les messages à transmettre. Le télégraphe Chappe, qui permit d'informer les Parisiens de la victoire de Condé-sur-l'Escaut en 1794 moins d'une heure après l'événement, a constitué un réseau de 5 000 km au milieu du XIXe siècle, au moment où le télégraphe électrique de Samuel Morse s'apprêtait à le supplanter.

LES ALPES MANCELLES

Aux confins de la Mayenne et de l'Orne, les reliefs accidentés de la vallée de la Sarthe sont désignés sous le nom d'Alpes mancelles. Ne culminant qu'à 217 m au Haut-Fourché, cette petite région offre néanmoins des paysages et des sites pittoresques notamment autour de Saint-Léonard-des-Bois. Selon la légende, à l'origine de cette singulière appellation, il y aurait saint Céneri, ermite du VIIe siècle évoqué dans le nom du charmant village ornais de Saint-Céneri-le-Gérei.

INVENTIONS ILLUSTRES
Le Télégraphe

Les premières cartes postales pour les soldats bretons

Sillé-le-Guillaume est le berceau de la production française de cartes postales. L'imprimeur Léon Besnardeau remplaça l'habituel papier à lettres par de petites feuilles cartonnées dont les illustrations étaient d'inspiration militaire et patriotique. Ces cartes étaient destinées aux soldats bretons de la guerre de 1870, regroupés au camp de Conlie. Ces malheureux soldats y manquaient de tout. L'intendance déplorable et les conditions de vie insalubres de ce camp aménagé à la hâte entraînèrent au moins une centaine de décès. Touché par le dénuement de ces conscrits bretons, le poète Tristan Corbière a composé *La Pastorale de Conlie*.

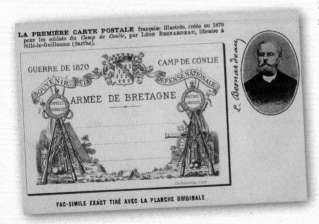

LA PREMIÈRE CARTE POSTALE française illustrée, créée en 1870 pour les soldats du *Camp de Conlie*, par LÉON BESNARDEAU, libraire à Sillé-le-Guillaume (Sarthe).

GUERRE DE 1870 — CAMP DE CONLIE
SOUVENIR DE LA — DÉFENSE NATIONALE
ARMÉE DE BRETAGNE
FAMILLE — HONNEUR — PATRIE — LIBERTÉ

FAC-SIMILE EXACT TIRÉ AVEC LA PLANCHE ORIGINALE

MAYENNE **53**

RÉGION : PAYS DE LA LOIRE - PRÉFECTURE : LAVAL
SUPERFICIE : 5 175 KM² - POPULATION : 302 983 HAB.

Le mur vitrifié de Sainte-Suzanne

La cité fortifiée de Sainte-Suzanne est connue pour être la seule à avoir résisté aux assauts de Guillaume le Conquérant à la fin du XIᵉ siècle. Au pied du château de Guillaume Fouquet de La Varenne, proche d'Henri IV qui créa la poste publique, gît un énigmatique mur vitrifié d'origine celte, recouvert en quasi-totalité par les remparts médiévaux. Prosper Mérimée au XIXᵉ siècle et d'autres chercheurs plus contemporains ne sont toujours pas parvenus à percer véritablement les secrets du procédé ayant permis, à l'époque, d'obtenir la très haute température nécessaire à la vitrification du grès de Sainte-Suzanne.

◇ UNE SAINTE RÉPUBLICAINE ◇

Originaire du village de Thorigné-en-Charnie et issue d'une famille républicaine, la jeune Perrine Dugué fut arrêtée par trois chouans le 22 mars 1796. Soupçonnée d'être en chemin pour transmettre des informations aux gardes républicains postés à Sainte-Suzanne, elle fut retrouvée agonisante trois jours plus tard. Rapidement la rumeur de ses pouvoirs de guérison déclencha un véritable culte populaire et sa tombe attira de nombreux pèlerins venus prier auprès de celle que l'on appela alors, dans un curieux mélange de valeurs républicaines et religieuses, « Sainte Tricolore ».

CHEMINS DE FER DE L'ÉTAT

LA MAYENNE PITTORESQUE

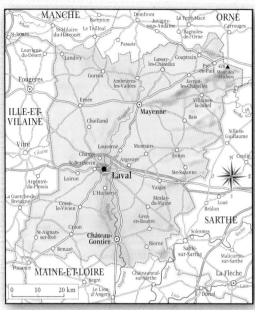

◈ ROUSSEAU ET L'ART NAÏF ◈

Le peintre Henri Rousseau est né le 21 mai 1844 dans une maison située juste derrière l'imposante porte Beucheresse de Laval. Il est connu sous le nom de Douanier Rousseau car il travaillait à l'octroi de Paris, ville dans laquelle il a hébergé un temps un autre artiste lavallois, Alfred Jarry, le père du roi Ubu. Ses détracteurs ont qualifié de naïf l'art de cet autodidacte, Rousseau étant en décalage avec les courants artistiques de l'époque. Le musée du Vieux-Château de Laval abrite aujourd'hui une importante collection d'art naïf.

Le département de la Mayenne, formé du Bas-Maine et d'une partie du Haut-Anjou, tire son nom de la rivière Mayenne, colonne vertébrale du département qui traverse ses trois plus grandes villes : Mayenne, Laval et Château-Gontier. Cette rivière prend sa source au pied du mont des Avaloirs (416 m), qui est le point culminant du département, et plus largement du Massif armoricain et de l'ouest de la France. En aval d'Angers, à l'issue d'un cours de 200 km, elle s'unit à la Sarthe tout juste grossie par les eaux du Loir, pour former la Maine, dont le nom est une déformation de « Mayenne ». L'Erve, un affluent de la Sarthe, a creusé un canyon bordé de grottes près de Saulges, dans l'est du département.

GABELOUS ET FAUX SAUNIERS

JEAN COTTEREAU.

Sous l'Ancien Régime, la frontière entre le Maine et la Bretagne était un haut lieu de contrebande du sel. La province bretonne était exempte de la gabelle, alors que le sel était payé au prix fort dans le Maine. Les contrebandiers, appelés faux sauniers, n'hésitaient pas à se faire passer pour des pèlerins de retour du Mont-Saint-Michel, pour se défaire de la traque des gabelous. Parmi ces faux sauniers, le jeune Jean Cottereau surnommé Jean Chouan (du chat-huant dont ils imitaient le cri), a laissé son nom à la chouannerie, insurrection contre-révolutionnaire apparue en Mayenne en 1793. ■

MAINE-ET-LOIRE 49

RÉGION : PAYS DE LA LOIRE - PRÉFECTURE : ANGERS
SUPERFICIE : 7 166 KM² - POPULATION : 774 823 HAB.

Formé de la majeure partie de l'Anjou, le Maine-et-Loire portait initialement le nom de Mayenne-et-Loire. Au beau milieu du département, la Maine qui traverse Angers est un court mais important affluent de la Loire, qui naît, au sud de l'île Saint-Aubin, de la confluence de la Mayenne et de la Sarthe, tout juste grossie par le Loir. Au nord du département, le Segréen et le Baugeois – du nom de l'ancienne sous-préfecture Baugé – sont issus du haut Anjou. Au sud de la Loire, la région au tissu industriel dense des Mauges, autour de Cholet, laisse la place plus à l'est à la région viticole du Saumurois.

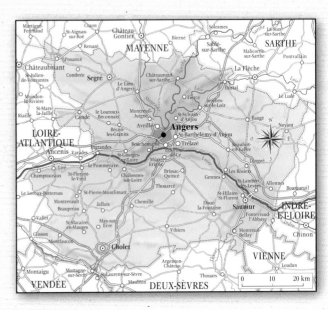

L'HABITAT TROGLODYTIQUE

La région de Saumur possède de nombreuses habitations troglodytiques. On estime qu'au xᵉ siècle déjà, des souterrains avaient été creusés dans le tuffeau pour se protéger des Normands. Propice à une défense efficace, l'habitat troglodytique est ainsi exploité au château de Brézé, qui comporte un vaste réseau souterrain et de profondes douves. Les caves et galeries creusées réservent parfois des surprises : à Dénezé-sous-Doué, une vaste cave comporte des centaines de personnages étranges sculptés dont l'origine demeure mystérieuse. De nos jours, ces galeries sont notamment utilisées comme champignonnières pour cultiver les champignons de Paris.

◈ Le château du bon roi René ◈

C'est au XIIIᵉ siècle et sous l'impulsion de Louis IX que le château d'Angers est devenu une véritable forteresse, avec ses dix-sept tours et une enceinte longue de 800 m. Aujourd'hui, le château abrite la tapisserie de l'Apocalypse. Réalisée à la fin du XIVᵉ siècle, longue originellement de 140 m, cette tapisserie illustrant le texte de l'Apocalypse de saint Jean avait été léguée en 1480 à la cathédrale d'Angers par René d'Anjou, qui contribua largement à la prospérité de la ville, comme l'atteste son surnom de « bon roi René ».

Le mouchoir de Cholet

Des mouchoirs sont produits à Cholet depuis plusieurs siècles, mais c'est seulement à partir de 1900 que le mouchoir est perçu comme une spécialité de la ville. A l'origine de cette renommée, il y a une chanson de Théodore Botrel dans laquelle un chouan, durant la guerre de Vendée, s'en va combattre avec des mouchoirs blancs de Cholet. Le blanc évoque le camp des royalistes, par opposition au bleu des républicains, mais il se transforme en rouge quand le soldat est mortellement blessé. Face au succès de la chanson, un industriel choletais a créé alors un mouchoir rouge et blanc, aujourd'hui symbole de la ville.

Les ardoisières de l'Anjou

Premier gisement ardoisier de France, l'Anjou compte de nombreuses carrières d'ardoise, et notamment celle de Trélazé, à l'est d'Angers, exploitée dès le VIIIᵉ siècle. Sa production, d'une grande qualité, a été utilisée pour couvrir de nombreux bâtiments de prestige, dont les châteaux de Chambord et de Versailles. Près de Segré, plusieurs sites ardoisiers furent exploités, comme l'attestent les vestiges du carreau de Nyoiseau, les cités ouvrières Bois I et Bois II, et la cité-jardin de Noyant-la-Gravoyère.

VENDÉE

85

RÉGION : PAYS DE LA LOIRE - PRÉFECTURE : LA ROCHE-SUR-YON
SUPERFICIE : 6 720 KM² - POPULATION : 616 906 HAB.

◇ DEUX GRANDS HOMMES POUR LE MÊME VILLAGE ◇

LE VILLAGE DE MOUILLERON-EN-PAREDS A LA PARTICULARITÉ D'AVOIR VU NAÎTRE DEUX IMPORTANTES PERSONNALITÉS DE LA PREMIÈRE MOITIÉ DU XXᵉ SIÈCLE : GEORGES CLEMENCEAU, LE « PÈRE LA VICTOIRE » DE LA PREMIÈRE GUERRE MONDIALE, ET LE GÉNÉRAL JEAN-MARIE DE LATTRE DE TASSIGNY, QUI SIGNA POUR LA FRANCE L'ARMISTICE DU 8 MAI 1945.

LE GRANIT VOTE À DROITE ET LE CALCAIRE VOTE À GAUCHE !

Cette vision quelque peu simpliste fut mise en avant en 1913 par le géographe André Siegfried dans son *Tableau politique de la France de l'Ouest sous la troisième République*. Il y établit une corrélation entre la nature du sol et les tendances politiques. Il étudia particulièrement la Vendée, où il oppose le nord granitique votant à droite, et le sud calcaire plutôt à gauche dans les premières décennies de troisième République. Dans les régions calcaires, l'habitat groupé prime, en raison des sources généralement plus rares. En découleraient une organisation sociale égalitaire et une déchristianisation plus avancée. Le sol granitique favorise quant à lui la dispersion de l'habitat, la ruralité et la grande propriété, et encouragerait ainsi le vote à droite.

◇ LE DÉPARTEMENT VENGÉ ◇

A peine né, le département de Vendée était déjà au cœur du mouvement contre-révolutionnaire auquel son nom est associé – et qu'il ne faut pas confondre avec celui des chouans. Il fut rebaptisé Vengé de 1793 à 1795 pendant les guerres de Vendée, dont un haut lieu a été le mont des Alouettes, coiffé de plusieurs moulins dont la position des ailes permettait d'émettre des signaux vers les collines voisines, à l'instar du télégraphe de Chappe mis au point à la même période.

*Né dans le Poitou,
La Rochejacquelein fut
l'un des chefs de l'armée vendéenne.*

LA ROCHEJACQUELEIN

Napoléon-sur-Yon

La Roche-sur-Yon n'est encore qu'un village quand Napoléon en fait le chef-lieu de la Vendée en 1804. Pour pacifier et moderniser la Vendée, il souhaite créer une ville nouvelle qui prendra la forme d'un pentagone avec un plan en damier et le nom de Napoléon. Devenue Bourbon-Vendée sous la Restauration ou Napoléon-Vendée sous le second Empire, la ville a changé huit fois de nom au gré des changements politiques du XIXe siècle.

Ce département formé de la partie occidentale du Poitou a pris le nom de la Vendée, modeste affluent de la Sèvre Niortaise qui traverse Fontenay-le-Comte, premier chef-lieu de la Vendée. Cette dénomination a été préférée à celle des Deux-Lays – en référence au Grand Lay et au Petit Lay – dont la fâcheuse homonymie aurait vexé les deux députés du département qui étaient paraît-il plutôt laids. Le littoral vendéen est celui de la Côte de Lumière qui s'étend du Marais breton, non loin de Noirmoutier et de son passage du Gois, jusqu'à l'anse de l'Aiguillon et ses nombreux polders. Le Bocage vendéen culmine au mont Mercure (285 m) qui constitue avec le puy Crapaud, les derniers sursauts du Massif armoricain, la plaine calcaire du sud du département annonçant déjà le Bassin aquitain.

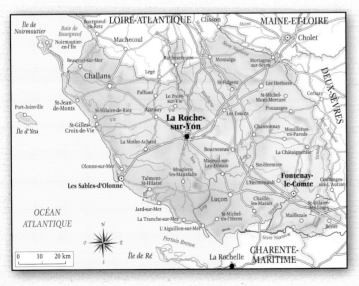

LOIRE-ATLANTIQUE 44

RÉGION : PAYS DE LA LOIRE - PRÉFECTURE : NANTES
SUPERFICIE : 6 815 KM² - POPULATION : 1 255 871 HAB.

La Loire-Atlantique, ex-Loire-Inférieure, est le département dont le point culminant est le plus bas de tous ceux des départements français (116 m). L'embouchure de la Loire y prend la forme d'un vaste estuaire qui s'ouvre juste après Nantes, s'achevant près de son avant-port : Saint-Nazaire. Il sépare la Côte d'Amour, les marais salants de Guérande et le marais de Brière au nord, de la Côte de Jade et du pays de Retz au sud. Rattachée à la région Pays de la Loire, la Loire-Atlantique est historiquement bretonne, avec le château nantais des ducs de Bretagne, qui fut leur résidence principale du XIIIᵉ au XVIᵉ siècle.

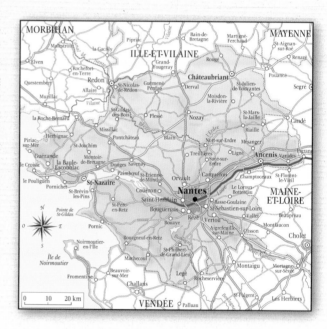

Clisson l'italienne

Autour de son château médiéval, Clisson regorge d'édifices de style italien. Les frères Cacault, tout juste revenus d'Italie, ont participé à la reconstruction de la ville, ravagée par les guerres de Vendée. Leur ami François-Frédéric Lemot est à l'origine d'un vaste parc, appelé Garenne-Lemot, dans lequel une villa néopalladienne domine la Sèvre Nantaise au cœur d'un étonnant jardin paysager ponctué de statues. Le clocher de l'église Notre-Dame, édifié à la fin du XIXᵉ siècle, a quant à lui des allures de campanile romain.

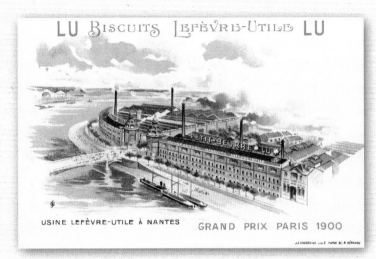

LU BISCUITS LEFÈVRE-UTILE LU

PETIT-BEURRE LU

USINE LEFÈVRE-UTILE À NANTES   GRAND PRIX PARIS 1900

◇ LES PAQUEBOTS DE PENHOËT ◇

Les chantiers navals de Saint-Nazaire ont progressivement supplanté ceux de Nantes, où la grue Titan rappelle cette activité révolue. A la fin des années 1920, la Compagnie générale transatlantique a lancé la construction du plus grand paquebot au monde : le *Normandie*. Sorti des chantiers de Penhoët en 1932, il fut réquisitionné pendant la Seconde Guerre mondiale sous le nom d'*USS Lafayette* et connut un incendie fatal en 1942. Près des énormes bunkers de la base sous-marine allemande aménagée en 1940, les chantiers de Saint-Nazaire donnèrent naissance au *France* en 1960, et au *Queen Mary 2* en 2004.

◇ L'INSPIRATEUR DE JULES VERNE ◇

Peu connu en France, Brutus de Villeroi l'est davantage outre-Atlantique où son *Alligator* fut le premier sous-marin utilisé par la marine américaine. Auparavant inventeur d'un « bateau-poisson », premier sous-marin français expérimenté en 1832 dans la baie de Bourgneuf, ce dernier a certainement inspiré Jules Verne pour son *Nautilus* de *Vingt Mille Lieues sous les mers*. Il est probable que Villeroi ait été le professeur de mathématiques du jeune Nantais, et le fait qu'il ait publié *Les Aventures du capitaine Hatteras* en 1866, trois ans après la disparition de l'*Alligator* au large du cap Hatteras (Caroline du Nord), n'est sûrement pas dû au hasard. ■

RÉPUBLIQUE FRANÇAISE POSTES
30F   JULES VERNE

LA VENISE DE L'OUEST

La sucrerie Say, mais aussi la Biscuiterie nantaise et la maison Lefèvre-Utile, toutes deux plus connues par leurs initiales, sont les héritages des échanges avec les Antilles à l'époque où Nantes était au cœur du commerce triangulaire. Au XVIIIe siècle, elle était encore la « Venise de l'Ouest », surnom qui peut surprendre aujourd'hui. Plusieurs bras de la Loire traversaient la ville autour de l'ancienne île Feydeau dont l'inclinaison de ses gracieux immeubles rappelle l'instabilité du sol. Sur les eaux de l'Erdre fut aménagé le cours des 50-Otages, dont le nom évoque les représailles allemandes, qui firent 48 victimes, dont Guy Môquet fusillé à Châteaubriant, après l'assassinat d'un officier en 1940.

IIIe ANNÉE
N° 140
5 NOVEMBRE
1932

LE MIROIR DU MONDE

L'IMPRESSIONNANT LANCEMENT, À SAINT-NAZAIRE, DU « NORMANDIE » LE PLUS GRAND PAQUEBOT DU MONDE

MORBIHAN 56

RÉGION : BRETAGNE - PRÉFECTURE : VANNES (PLUS GRANDE VILLE LORIENT)
SUPERFICIE : 6 823 KM² - POPULATION : 710 034 HAB.

LE CANAL DE NANTES À BREST

Les cours de l'Oust et du Blavet en partie canalisés font partie intégrante du canal de Nantes à Brest. L'idée de construire un canal pour désenclaver la Bretagne intérieure est apparue avant le XIXᵉ siècle, mais c'est à cette période, suite au blocus exercé par les Anglais, que Napoléon Iᵉʳ comprit l'importance de cet aménagement, pour ravitailler les ports militaires de Brest et de Lorient par l'intérieur. Long de 364 km, de nombreux bagnards ont participé à sa construction achevée en 1842, peu de temps avant l'avènement du chemin de fer.

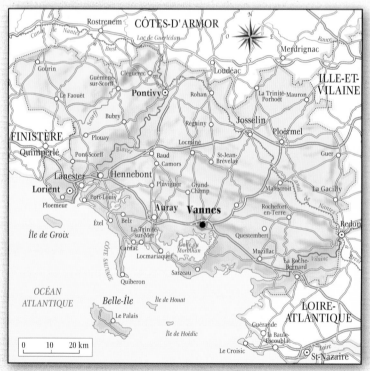

Le département tire son nom du golfe du Morbihan dont le nom breton peut être traduit par « petite mer ». Outre les îles qui parsèment ce golfe, le Morbihan rassemble Groix, Houat, Hœdic, et Belle-Ile, la plus grande des îles du Ponant au large de la presqu'île de Quiberon. Une portion du littoral morbihannais est parfois appelée « Côte des Mégalithes » en référence aux nombreux dolmens et menhirs de Carnac ou de Locmariaquer. Dans les terres, les landes de Lanvaux constituent une longue crête granitique qui s'étend de la cluse de l'Oust près de La Gacilly jusqu'au Blavet, dont l'estuaire forme la rade de Lorient avec le Scorff. Au sud-est, c'est la Vilaine qui rejoint elle aussi l'océan par un estuaire.

◈ LA CAPITALE DES BRETONS D'AMÉRIQUE ◈

Au pied des Montagnes Noires, la ville de Gourin a été au cœur de l'immigration bretonne vers l'Amérique du Nord au XIXᵉ et au début du XXᵉ siècle. La relative misère des campagnes aux terres souvent peu fertiles a poussé de nombreux habitants des environs de Gourin à tenter leur chance outre-Atlantique, où des réseaux d'anciens Bretons se sont rapidement tissés. Certains d'entre eux ont fondé la ville de Gourin City dans l'Alberta. Pour organiser ces importants flux migratoires, la Compagnie générale transatlantique a ouvert un bureau à Gourin en 1905, avant d'être supplantée par une agence locale d'Air France après guerre.

LE PORT DE L'ORIENT.

L'ORIENT

LA COMPAGNIE DES INDES ORIENTALES CRÉÉE EN 1664 À L'INITIATIVE DE COLBERT AVAIT LE MONOPOLE POUR FAIRE DU COMMERCE ENTRE LE CAP DE BONNE-ESPÉRANCE ET LA CHINE. ELLE FUT D'ABORD RATTACHÉE À PORT-LOUIS, MAIS L'EXIGUÏTÉ DU SITE ENTRAÎNA LA RECHERCHE D'UN AUTRE PORT POUR LA COMPAGNIE MARCHANDE. LE SITE VOISIN DE CE QUI ALLAIT DEVENIR LORIENT FUT CHOISI EN 1666. SI LE NOM DE LORIENT ÉVOQUE LE COMMERCE VERS L'ASIE, C'EST PLUS PRÉCISÉMENT LE SOLEIL D'ORIENT, PREMIER BATEAU SORTI DE SES CHANTIERS NAVALS, QUI SERAIT À L'ORIGINE DE SON NOM.

PLAGE DE PENTHIÈVRE
EN Sᵗ PIERRE EN QUIBERON (MORBIHAN)

PLAGE DE SABLE FIN
ENTRE DEUX MERS
BOIS DE PINS
LOTISSEMENT - GRANDES FACILITÉS DE PAIEMENTS

Napoléonville

Soucieux de doter le centre-Bretagne d'une grande ville, Napoléon jeta son dévolu sur la petite ville de Pontivy. Près de la vieille ville et de son château des ducs de Rohan, il fit construire une ville neuve dont le nom des rues fait référence à ses plus hauts faits d'armes. La cité accueillit un lycée impérial, ce qui était généralement le privilège des villes préfectures, et prit même le nom de Napoléonville. La population de Pontivy a ainsi triplé au cours du XIXᵉ siècle, et la ville est aujourd'hui la plus grande du centre-Bretagne, mais sans dépasser la quinzaine de milliers d'habitants. ■

FINISTÈRE 29

RÉGION : BRETAGNE - PRÉFECTURE : QUIMPER (PLUS GRANDE VILLE BREST)
SUPERFICIE : 6 733 KM² - POPULATION : 890 509 HAB.

◆ DO YOU WANT ONIONS ? ◆

De nombreux ouvriers agricoles des environs de Roscoff prirent à partir du XIXᵉ siècle l'habitude d'aller vendre des oignons en Grande-Bretagne. Après avoir travaillé tout l'été dans les fermes du Léon, ceux qu'on surnomma les Johnnies (« petits Jean ») embarquaient à Roscoff pour aller vendre en porte-à-porte les tresses d'oignons qui paraient leurs bicyclettes. Si ces traversées ont cessé après guerre, la région du Léon demeure réputée pour ses cultures maraîchères.

Le Finistère tire son nom de sa position de « finisterre » à l'extrémité occidentale de la France, l'île d'Ouessant étant la commune la plus à l'ouest du territoire métropolitain. La distinction Finistère-Nord/Finistère-Sud est souvent utilisée, et rappelle les divisions historiques entre Léon et Trégor au nord et Cornouaille au sud. Entre Manche et océan Atlantique, le littoral de la mer d'Iroise est très échancré, avec les nombreux caps et pointes de la presqu'île de Crozon et les anciennes vallées ennoyées appelées « abers ». Dans les monts d'Arrée, le Roc'h Ruz culmine à 385 m, devançant de peu le Signal de Toussaines, le pittoresque Roc'h Trévézel, et la montagne Saint-Michel coiffée de sa chapelle.

LES MERVEILLES DE HUELGOAT

Au pied des monts d'Arrée, la forêt de Huelgoat regorge de sites propices aux légendes, où l'eau et la roche se marient à merveille. Un amoncellement de blocs rocheux aux formes singulières y forme un chaos granitique. La rivière d'Argent, dont le nom évoque les mines de plomb argentifère exploitées dès l'âge du bronze, traverse ces amas de pierre qui donnent naissance tour à tour à la grotte du Diable, au Ménage de la Vierge et à la charmante cascade du Gouffre, non loin de la Roche tremblante, énorme bloc de granit de 140 tonnes qu'il est possible de faire osciller en s'y adossant à un endroit précis. La grotte d'Artus, la mare aux Sangliers et l'oppidum du camp d'Artus complètent la visite de cette forêt merveilleuse.

« L'île de Sein, c'est le quart de la France »

C'est en ces termes que le général de Gaulle a constaté que le quart des premiers résistants venus le rejoindre en Angleterre étaient des pêcheurs de l'île de Sein. Cette île séparée de la pointe du Raz par le raz de Sein offrant peu de ressources, elle se distingue également par des privilèges fiscaux, qui auraient été initialement accordés par Louis XIV. Soumis à l'impôt sur le revenu que depuis 1949, ses habitants sont toujours exonérés d'impositions foncières. Il en est de même pour leurs voisins de l'île Molène, qui ont aussi la particularité de vivre à l'heure solaire.

LA TEMPÊTE SUR LES COTES BRETONNES
Les femmes de l'île de Sein attendent le bateau chargé de les ravitailler

CALVAIRE
St THEGONNEC

◈ LA RADE DE BREST ◈

Le site de Brest a accueilli au XVIIe siècle un arsenal dont le coup de canon annonçant son ouverture et sa fermeture serait à l'origine de l'expression « Tonnerre de Brest ». L'entrée de sa rade est protégée par de nombreux forts de part et d'autre du goulet de Brest, entre la pointe du Petit Minou et celle des Espagnols. Faisant face à Brest, l'île Longue est désormais une presqu'île, siège de la base des sous-marins nucléaires lanceurs d'engins de la Marine nationale. Ce site a la particularité d'être une zone « blanche » sur les cartes de l'IGN, aucun bâtiment n'y étant figuré.

LES PORTS DE FRANCE
LE PONT TOURNANT
BREST
INFANTERIE COLONIALE
LE FORT DU CHÂTEAU ET LE PARC AU DUC
VÉRITABLE EXTRAIT DE VIANDE LIEBIG

CÔTES-D'ARMOR 22

RÉGION : BRETAGNE - PRÉFECTURE : SAINT-BRIEUC
SUPERFICIE : 6 878 KM² - POPULATION : 581 570 HAB.

◇ COLOMBAGES ET ENCORBELLEMENTS À DINAN ◇

Dinan est la ville bretonne qui a su conserver la plus importante longueur de remparts. De l'époque médiévale, elle conserve, outre le cœur de Bertrand Du Guesclin, de nombreuses maisons à colombages (ou à pans de bois), notamment sur la place des Merciers ou dans la redoutable montée du Jerzual. Ces maisons constituées de poutres de bois et d'un remplissage fait de briques, de plâtre ou de torchis, se caractérisent souvent par l'avancée des étages sur la rue. Ces constructions en encorbellement permettaient de gagner de l'espace et de protéger la façade de la pluie, tout en payant moins de taxes. Assombries par ces encorbellements successifs, les rues médiévales, comme celle de la Cordonnerie, avaient le désavantage de propager plus facilement les incendies.

Le berceau français des télécommunications

Près de Lannion et de son Centre national d'études des télécommunications, dans une région au sol granitique où les perturbations électromagnétiques sont faibles, le Centre de télécommunication par satellite de Pleumeur-Bodou abrite depuis 1961 son emblématique radôme. D'un diamètre de 64 m, ce radôme – mot né de la contraction de « radar » et de « dôme » – fut bâti pour protéger l'antenne qui permit, en 1962, d'effectuer la première transmission vidéo en direct entre l'Europe et les États-Unis, pays à l'origine du projet. Devenu obsolète à la fin des années 1990, le site propose désormais aux touristes d'y découvrir l'histoire des télécommunications.

Les Côtes-du-Nord ont pris le nom – quelque peu pléonastique – de Côtes-d'Armor en 1990. En Bretagne, l'Armor est le « pays de la mer ». La baie de Saint-Brieuc sépare localement les côtes de Goëlo et de Penthièvre, et plus largement le Trégor avec sa célèbre Côte de Granit rose et la Côte d'Emeraude dont les falaises du cap Fréhel constituent l'avant-garde. L'Armor s'oppose à l'Arcoat, ou Argoat, « pays de la forêt », correspondant à

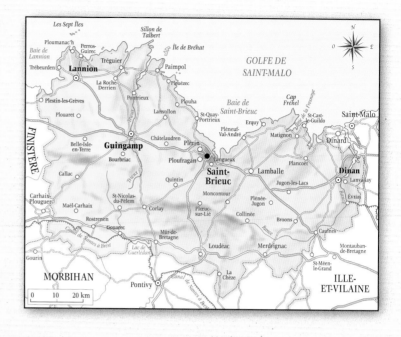

l'intérieur des terres. Les paysages y sont vallonnés, dans les landes du Mené qui abritent le point culminant du département (colline de Bel-Air, 339 m), aux abords du lac de Guerlédan, ou bien encore à Trémargat, où le Blavet n'est encore qu'un ruisseau qui dévale les gorges de Toul-Goulic au cœur d'un étonnant chaos granitique.

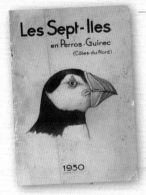

LE MACAREUX MOINE DES SEPT-ILES

Ce fantasque palmipède appelé macareux moine, calculot, oiseau-clown, ou bien encore perroquet de mer, est un des symboles de la Bretagne – et aussi le logo d'une célèbre maison d'éditions bretonne. Il se fait cependant très rare dans la région, qui constitue la limite méridionale de son habitat en Europe. Jadis observé à Ouessant et dans la baie de Morlaix, il n'y a plus guère qu'aux Sept-Iles, au large de Perros-Guirec, que le macareux continue de venir se reproduire.

Le grand pardon d'Islande à Paimpol

ILLE-ET-VILAINE 35

RÉGION : BRETAGNE - PRÉFECTURE : RENNES
SUPERFICIE : 6 775 KM² - POPULATION : 967 588 HAB.

Le territoire de l'Ille-et-Vilaine occupe la partie orientale de la Haute-Bretagne, où l'on parlait le gallo et non pas le breton. Son chef-lieu Rennes est situé à la confluence de l'Ille et de la Vilaine et était ainsi appelé Condate (« confluent ») à l'époque romaine. Née en Mayenne, la Vilaine se jette dans l'Atlantique en aval de Redon. Depuis le XIXᵉ siècle et le percement du canal d'Ille-et-Rance, l'Ille est reliée à la Rance, connue pour son usine marémotrice entre Saint-Malo et Dinard, sur la Côte d'Emeraude qui, à l'est de Cancale, s'ouvre sur la baie du Mont-Saint-Michel. Le point culminant de ce département peu accidenté se trouve sur les hauteurs de la forêt de Paimpont, reliquat de la mythique forêt de Brocéliande. Les marches de Bretagne, région frontalière avec la Normandie, le Maine et l'Anjou, abritent encore d'importantes forteresses à Fougères et à Vitré.

◈ CHATEAUBRIAND ET LES PRÉMICES DE LA RÉVOLUTION ◈

La place du Parlement à Rennes fut le théâtre de la « journée des Bricoles », en réalité deux journées prérévolutionnaires de janvier 1789, qui opposèrent les étudiants bourgeois aux nobles. Parmi ces derniers se trouvait le jeune Fran-çois René de Chateaubriand, futur auteur des *Mémoires d'outre-tombe,* connu pour avoir habité le château familial de Combourg ou bien encore chez ses sœurs à Fougères, et pour son tombeau qui fait face à la mer sur l'îlot du Grand-Bé à Saint-Malo. Pour certains, il faut situer le début de la Révolution française à Rennes, dans une ville qui demeure à l'avant-garde de la grogne estudiantine de nos jours.

La Vilaine au pied du château de Vitré.

Neurdein frères.

◈ LA CITÉ DES CORSAIRES
ET DES TERRE-NEUVAS ◈

La « cité corsaire » de Saint-Malo a vu naître, outre l'explorateur Jacques Cartier, deux des plus grands corsaires français : Duguay-Trouin, célèbre pour la prise de Rio de Janeiro en 1711, et le « roi des corsaires » Surcouf à la fin du XVIIIᵉ siècle. Ils sont ainsi nommés car ils pratiquent la « guerre de course », qui les a menés à attaquer les vaisseaux britanniques ou hollandais au nom de l'État français. Les butins étaient alors partagés entre l'État et les armateurs. Saint-Malo a aussi été un important port de terre-neuvas, nom donné aux pêcheurs de morue qui partaient au large de Terre-Neuve.

Sur le front de l'Est...

L'ÉGLISE DE LA COMMUNE DE CORPS-NUDS PRÉSENTE UNE ARCHITECTURE D'INFLUENCE BYZANTINE, BIEN RARE DANS LA RÉGION. CETTE SINGULARITÉ FUT UTILISÉE SOUS L'OCCUPATION PAR LES ALLEMANDS QUI Y ONT TOURNÉ UN FILM DE PROPAGANDE, CENSÉ SE DÉROULER EN URSS ! IL EN FUT DE MÊME À SAINT-JACQUES-DE-LA-LANDE, PRÈS DE L'AÉROPORT DE RENNES, OÙ UNE RUE EST ENCORE SURNOMMÉE « CHEMIN DE MOSCOU ».

LE TOUR DU MONDE DE PIERRE-OLIVIER MALHERBE

Issu d'une famille de marchands vitréenne, Pierre-Olivier Malherbe est considéré comme le premier homme à avoir réalisé un tour du monde en privilégiant la voie terrestre. Ne laissant aucun écrit, la vie de cet aventurier nous est peu connue. Parti en 1592 d'Espagne où il a longtemps fait du négoce, il a parcouru l'Amérique sous le nom de Pedro Lopez Malahierva, et aurait par la suite rencontré tour à tour l'empereur de Chine, le grand moghol Abkar en Inde et le shah de Perse, avant de regagner la France en 1609.

SAINT-MALO - LES REMPARTS (DU XIIᵉ SIÈCLE)

Manche 50

Région : Basse-Normandie - Préfecture : Saint-Lô (plus grande ville Cherbourg-Octeville) - Superficie : 5 938 km² - Population : 496 937 hab.

Les plus beaux paysages du Cotentin…

Les dunes de Biville, la mare de Vauville, les falaises du Nez de Jobourg, les champs clos de murets de pierres sèches de Goury ou encore le port Racine constituent les pittoresques paysages de la Hague… surtout si vous tournez le dos à son imposante usine de retraitement de déchets nucléaires. Malgré la qualité exceptionnelle des paysages, ce site fut choisi, tout comme celui de Flamanville un peu plus au sud, outre pour dynamiser l'économie locale et pour son caractère excentré associé à une faible densité de population, pour son socle géologique ancien et stable, peu propice aux tremblements de terre, ainsi que pour ses forts courants marins, mieux à même de disperser les effluents.

Les poêles de Villedieu

Villedieu-les-Poêles s'est spécialisée dès la fin du Moyen Age dans la dinanderie, le travail du cuivre et du laiton. Ses habitants sont d'ailleurs appelés « Sourdins », en référence au bruit du martelage des poêles qui aurait fini par les rendre sourds. Cette ville aux très nombreuses maisons anciennes possède une des quatre fonderies de cloches de France.

◈ La rade de Cherbourg ◈

Dominé par le fort du Roule, le port de Cherbourg dispose de la plus grande rade artificielle au monde, avec une superficie d'environ 1 500 ha. Construite entre 1753 et 1823, elle est fermée par la digue de l'Est, la digue du Large avec ses trois forts, et la digue de Querqueville à l'ouest. Au fond de la rade, l'arsenal du port de Cherbourg s'est spécialisé dans la construction de sous-marins. *Le Redoutable*, premier sous-marin nucléaire français, y fut lancé en 1967, et plus récemment *Le Triomphant* est sorti des chantiers cherbourgeois en 1994.

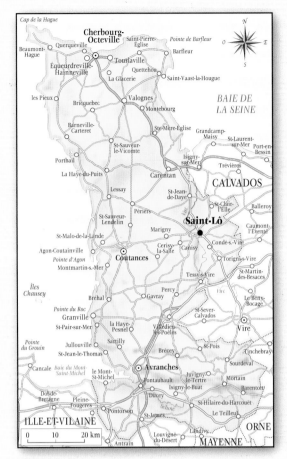

LA BAIE DU MONT-SAINT-MICHEL

L'ensablement de la baie du Mont-Saint-Michel est naturel, mais accéléré par la construction de digues et barrages. Face aux herbus qui s'étendent au-delà des polders, divers aménagements visent actuellement à redonner le caractère insulaire au mont. La baie est balayée par d'importantes marées, dont l'amplitude record (à l'origine de l'édification de l'usine marémotrice de la Rance en Ille-et-Vilaine) est due à sa configuration topographique et surtout à sa faible déclivité. Même si la marée remonte moins vite qu'un cheval au galop, contrairement à ce qu'il est coutume de dire, la prudence est de mise pour les marcheurs de la baie, de surcroît proies potentielles des sables mouvants. ■

Le département de la Manche est né de la réunion de l'Avranchin (le pays d'Avranches) et du Cotentin (le pays de Coutances) dont le nom renvoie surtout à la presqu'île du nord du département. Sur la côte occidentale, le cap de la Hague est séparé des îles Anglo-Normandes par le raz Blanchard. Au nord de la baie du Mont-Saint-Michel, les îles Chausey dépendent de la commune de Granville. Près de la pointe Barfleur, sur la côte est, Vauban a fortifié la presqu'île de la Hougue et l'île de Tatihou et, plus au large, le petit archipel des îles Saint-Marcouf, ancien repaire de corsaires anglais, fut aménagé militairement sous Napoléon Ier. Au sud-est, les collines de la région de Mortain rappellent que le territoire de la Manche s'inclut dans le Massif armoricain.

Course entre cycliste, cheval et automobile.

CALVADOS 14

RÉGION : BASSE-NORMANDIE - PRÉFECTURE : CAEN
SUPERFICIE : 5 548 KM² - POPULATION : 678 303 HAB.

Le département du Calvados tire son nom d'un banc de rochers situé au large d'Arromanches-les-Bains et de la Côte de Nacre. Le Massif armoricain s'y étend jusqu'au Bocage virois et à la région vallonnée du sud du département, appelée « Suisse normande ». La plaine de Caen propice à la céréaliculture et le pays bocager d'Auge à l'est font partie du Bassin parisien. A l'ouest du plateau du Bessin (le pays de Bayeux) dont les falaises abruptes dominent la Manche, la Vire et son affluent l'Elle marquent la limite occidentale du département près de la cité d'Isigny-sur-Mer, réputée pour son beurre. De l'autre côté de l'embouchure de l'Orne, la côte touristique se nomme Côte fleurie et prend le nom de Côte de Grâce près de Honfleur.

◈ LE PORT DE HONFLEUR ◈

C'est du port de Honfleur, en avril 1608, que Samuel de Champlain partit pour le Nouveau Continent, trois mois avant de fonder Québec. A la fin du XIXᵉ siècle, les hautes et étroites maisons de son vieux bassin n'ont pas manqué d'inspirer les plus grands peintres impressionnistes. Autour du natif de la ville Eugène Boudin, l'école de Honfleur a réuni des peintres comme Courbet ou Monet. Cependant, à cette période, le port pâtissait déjà de la concurrence du Havre, mais la proximité de Paris fit de la côte qui s'étend de Honfleur à Cabourg un haut lieu de villégiature.

◇ LES PLAGES
DU DÉBARQUEMENT ◇

Le Calvados abrite quatre des cinq plages du débarquement de Normandie toujours appelées par leur nom de code de juin 1944. Les falaises d'Omaha Beach ne constituaient pas forcément le lieu idéal pour débarquer, mais le choix de ces plages visait à surprendre l'armée allemande concentrée dans le nord du pays. L'opération *Fortitude* cherchait à faire croire à la préparation d'un débarquement ailleurs, et aussi à faire penser, après le 6 juin, que les événements de Normandie n'étaient qu'une diversion en marge d'un autre débarquement, afin de ralentir les renforts allemands.

L'EXPORTATION
DE LA PIERRE DE CAEN

La pierre de Caen est une roche calcaire extraite dans la région de Caen. Elle a été transportée vers l'Angleterre où elle fut utilisée pour la construction de la Tour de Londres, de Tower Bridge, de la cathédrale Saint-Paul et de celle de Cantorbéry, et de Buckingham Palace. Cette pierre servit également pour la cathédrale Saint-Patrick de New York, mais aussi à Caen pour les abbayes aux Hommes et aux Dames. Ces deux monuments emblématiques de la cité sont nés d'une condition du pape Nicolas II à la reconnaissance du mariage de Guillaume de Normandie et de Mathilde de Flandre. En juin 1944, les carrières servirent d'abris à la population lors des bombardements alliés.

La broderie de Bayeux

LA TAPISSERIE DE LA REINE MATHILDE, PLUS CONNUE SOUS LE NOM DE TAPISSERIE DE BAYEUX, EST À VRAI DIRE UNE BRODERIE. ELABORÉE APRÈS LA BATAILLE D'HASTINGS DE 1066, ELLE CÉLÈBRE LES EXPLOITS DES NORMANDS – CES « HOMMES DU NORD » VENUS DE SCANDINAVIE – ET PLUS PARTICULIÈREMENT LA CONQUÊTE DE L'ANGLETERRE PAR GUILLAUME LE CONQUÉRANT. LONGUE DE 70 M, ELLE CONSTITUE UNE VÉRITABLE BANDE DESSINÉE DE LA VIE DE L'ÉPOQUE.

ORNE
61

RÉGION : BASSE-NORMANDIE - PRÉFECTURE : ALENÇON
SUPERFICIE : 6 103 KM² - POPULATION : 292 282 HAB.

◇ MARIE HAREL ET LE CAMEMBERT ◇

Bien que Thomas Corneille, frère de l'illustre dramaturge, mentionne « les excellents fromages de Livarot et Camembert » en 1708 dans son dictionnaire géographique, la maternité du camembert est généralement attribuée à Marie Harel, pourtant née en 1761 à Crouttes, près du village de Camembert, où en 1791 un prêtre l'aurait conseillée pour concevoir le célèbre fromage normand. Grâce à elle et à ses enfants, le camembert a connu un bel essor, arrivant jusqu'à la table de l'empereur Napoléon III.

RUSTICA

LE CHEVAL PERCHERON

Ce beau cheval de trait mérite d'être placé en tête des chevaux de trait de toute la France. Notre dessin représente un étalon percheron appartenant à un particulier du Perche, monté par son "étalonnier".

En médaillon : Daste, 4 ans, et Équerre, 3 ans, 2ᵉ prix à Nogent-le-Rotrou, appartenant à M. Hamelin.

Le Gérant : JEAN LUGARD.   Imprimerie de Montsouris, 7, rue Lemaignan, PARIS (XIVᵉ). — R. C. Seine 53879.

Le Haras du Pin

Le Haras du Pin, parfois surnommé le « Versailles du cheval », est le plus ancien des haras nationaux. Son domaine comprend un château construit de 1719 à 1724 et s'étend sur plus de 1 000 ha. Dans ses écuries, on trouve aujourd'hui environ trente étalons représentant une dizaine de races. Parmi celles-ci, un cheval régional, le percheron, obtenu au XIXᵉ siècle par croisements avec des étalons arabes. Puissant et tranquille, ce cheval de trait peut aussi bien être attelé qu'œuvrer aux travaux agricoles.

A l'exception du sud-est du département, appartenant au Perche, l'Orne se compose principalement de terres normandes. Le fleuve dont l'Orne tire son nom naît dans le centre du département, près de Sées, puis prend la direction du Calvados, où il se jette dans la Manche après avoir traversé Caen. Sur son parcours se trouvent Argentan, sous-préfecture et ville natale du peintre Fernand Léger, mais aussi la Suisse normande, région ainsi nommée en raison de ses paysages accidentés, parmi lesquels figure le somptueux panorama offert par la roche d'Oëtre. Comportant de nombreuses zones boisées, telle la giboyeuse forêt d'Andaine à l'ouest, le département culmine au Signal d'Ecouves (413 m), dans la forêt du même nom.

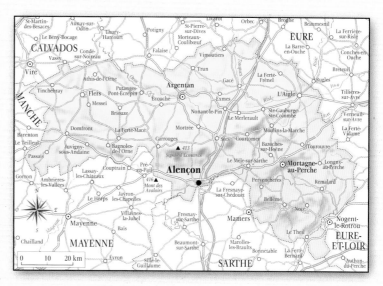

BAGNOLES-DE-L'ORNE

Au XIXe siècle, Bagnoles-de-l'Orne est une destination de choix pour les adeptes du thermalisme. La nature se manifeste dans l'architecture des opulentes villas du quartier Belle Epoque, édifié à partir de 1886, avec le recours à des matériaux locaux et des couleurs se rapportant aux éléments naturels. D'ordinaire calme, Bagnoles-de-l'Orne a néanmoins été en 1937 le théâtre de l'assassinat du socialiste italien Carlo Rosselli et de son frère Nello par des membres du groupe terroriste fasciste de la Cagoule.

◇ LA DENTELLE D'ALENÇON ◇

La région d'Alençon possédait déjà un riche savoir-faire dentelier quand Colbert décida, en 1665, d'y installer une manufacture royale de dentelles. Réalisée à l'aiguille et avec un fil de lin, la dentelle d'Alençon a pris peu à peu un style propre baptisé « point d'Alençon ». Qualifiée de « dentelle des reines et reine des dentelles » à l'Exposition universelle de Londres en 1851, la dentelle d'Alençon continue aujourd'hui d'être produite par une dizaine de dentellières expertes à l'Atelier national du point d'Alençon.

EURE

27

RÉGION : HAUTE-NORMANDIE - PRÉFECTURE : EVREUX
SUPERFICIE : 6 040 KM² - POPULATION : 577 087 HAB.

Le département de l'Eure tire son nom d'une rivière née dans l'Orne, qui traverse, avant de rejoindre la Seine, Chartres, Maintenon, Louviers et la ville nouvelle de Val-de-Reuil. Le département n'est pas véritablement côtier, mais il borde tout de même une partie de l'estuaire de la Seine, près du marais Vernier. Le Vexin normand occupe l'est du département où le village de Giverny est devenu célèbre grâce à Monet. Sur l'autre rive de la Seine, une série de petites régions naturelles se succèdent, de la plaine de Saint-André au plateau du Neubourg au centre, et du pays d'Ouche, au Lieuvin et au Roumois à l'ouest du département.

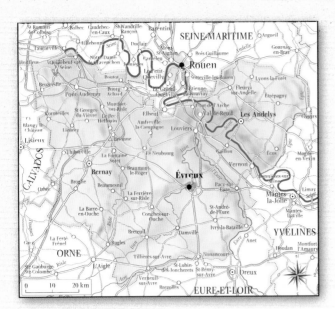

Marché aux oignons.

LA FORÊT DE LYONS

La forêt de Lyons est souvent considérée comme une des plus belles hêtraies d'Europe. Elle abrite dans une clairière le charmant village de Lyons-la-Forêt avec ses maisons à colombages et ses halles. À sa lisière, l'abbaye de Mortemer est associée aux légendes de Mathilde l'Empresse, impératrice du Saint-Empire et duchesse de Normandie au XIIe siècle qui hanterait les murs de la première abbaye cistercienne normande.

Une étonnante usine-cathédrale

Sur les bords de l'Andelle, l'abbaye de Fontaine-Guérard n'a pas résisté aux soubresauts de la Révolution. Les matériaux de l'abbaye et de ses dépendances ont alors servi à la construction d'une filature de coton, dont les quatre tours placés aux angles, et les grandes fenêtres aux arcs brisés donnent au bâtiment des allures de cathédrale industrielle. Proie des flammes à plusieurs reprises, cette usine-cathédrale de style néogothique anglais continue, même en ruine, à surprendre les promeneurs de passage.

PONT-St-PIERRE (Eure). - Usine de Fontaine-Guérard, incendiée le 25 Août 1874

LES CHAUMIÈRES DU MARAIS VERNIER

La chaumière est un habitat traditionnel en Normandie, et tout particulièrement dans le marais Vernier, petite région du nord-ouest du département occupant un ancien méandre de la Seine. Initialement, la chaumière était une maison de paysan, construite à partir de matériaux locaux : bois pour les colombages et la charpente, argile et paille pour le torchis des murs, et chaume pour la toiture (paille de blé ou tiges de roseaux). Marais-Vernier est également le nom d'une commune de l'Eure, qui aurait pu être aussi célèbre que la commune de Tancarville en Seine-Maritime. Mais c'est du nom de cette dernière que fut baptisé le célèbre pont qui enjambe la Seine, entre ces deux communes.

◇ UNE FORTERESSE PRESQUE IMPRENABLE ◇

Près des Andelys, au sommet d'une falaise calcaire surplombant un méandre de la Seine, se dressent les ruines d'une imposante forteresse construite à l'initiative de Richard Cœur de Lion : Château-Gaillard. Le roi d'Angleterre régnait sur la Normandie mais, alors qu'il participe à la troisième croisade, le roi de France Philippe Auguste reconquiert une partie des terres normandes. A son retour, Richard Cœur de Lion décide de bâtir un château pour se défendre d'une attaque française. Malgré la configuration du site, les troupes françaises ont pris Château-Gaillard d'assaut après un siège de sept mois, en mars 1204, entraînant le rattachement de la Normandie au royaume de France. ■

SEINE-MARITIME 76

RÉGION : HAUTE-NORMANDIE - PRÉFECTURE : ROUEN
SUPERFICIE : 6 278 KM² - POPULATION : 1 248 580 HAB.

DES VALLÉES QUI N'ATTEIGNENT PAS LA MER

Les valleuses sont les vallées qui entaillent les falaises de la Côte d'Albâtre. Quand elles permettent un accès aisé à la mer, elles sont qualifiées de « vives », comme à Etretat. Elles sont dites « mortes » ou « perchées » quand elles ne constituent qu'une dépression abaissant la hauteur des falaises sans atteindre le niveau de la mer. Certains aménagements peuvent alors permettre d'accéder à la mer, comme dans la valleuse du Curé, où le creusement de 283 marches (dont l'accès est désormais interdit) serait consécutif à la demande de pénitence du curé de Bénouville. L'abaissement du niveau de la Manche et l'absence de cours d'eau pour « creuser » ces vallées expliquent l'apparition de ces valleuses perchées.

Les trois phares d'Ailly

Sur la portion littorale allant du cap d'Antifer au Tréport, le recul du haut des falaises (causé par l'érosion marine qui fragilise leurs bases) a été évalué pour la période 1966-1995 à plus de 5 m en moyenne, soit 20 cm par an. Certains secteurs comme le cap d'Ailly sont plus concernés, et l'actuel phare d'Ailly a ainsi eu deux prédécesseurs. Le premier fut mis en service en 1775. Bien qu'à l'origine construit à 150 m du bord de la falaise, il s'est vite retrouvé menacé par l'érosion. La construction

d'une nouvelle tour débute en 1897. Avec le recul de la falaise, son remplacement est envisagé dès 1938, mais les Allemands détruisent ce second phare en 1944. Le phare de 1775 reprend alors du service, en attendant l'édification d'un troisième phare d'Ailly, opérationnel en 1958, et avant son inéluctable effondrement dans les années 1960.

Le département de Seine-Maritime, dé-nommé Seine-Inférieure jusqu'en 1955, est baigné par la Manche du Havre sur l'estuaire de la Seine jusqu'au Tréport à l'embouchure de la Bresle. Une grande partie de son territoire est occupée par le pays de Caux, plateau calcaire inséré entre la Seine au sud, le pays de Bray à l'est et la Côte d'Albâtre au nord et à l'ouest. Cette Côte d'Albâtre, dont le nom fait référence à la couleur blanche de ses hautes falaises de craie, est traversée par le plus petit fleuve français, la Veules (1,3 km), qui contraste avec la Seine et les amples méandres qu'elle forme notamment au pied de la vieille ville de Rouen.

◇ LE CLUB DOYEN DE FRANCISCOPOLIS ◇

François Ier a signé en 1517 l'acte de fondation du port du Havre, qui fut alors appelé « Franciscopolis » et parfois « Ville Françoise », avant qu'on ne leur préfère « Le Havre de grâce » puis « Le Havre ». Grâce à sa position de port et à sa proximité avec l'Angleterre, le Havre Athletic Club est le doyen des clubs français de football (et de rugby !). Le HAC a été fondé dès 1872, mais la section football de ce club omnisports ne remonte qu'à 1894, date qui fait tout de même du Havre le berceau du football français.

◇ LE BÛCHER DE JEANNE D'ARC ◇

N° 12. Mort de Jeanne d'Arc. — 30 Mai 1431.

LE 30 MAI 1431, JEANNE D'ARC EST BRÛLÉE VIVE PLACE DU VIEUX-MARCHÉ À ROUEN. POUR ÉVITER TOUT CULTE POSTHUME, ELLE SUBIT TROIS CRÉMATIONS, DONT IL NE RESTA QUE DES CENDRES ET DES DÉBRIS OSSEUX QUI ONT ENSUITE ÉTÉ DISPERSÉS DANS LA SEINE, NON LOIN DE L'ENDROIT OÙ A ÉTÉ CONSTRUIT BIEN PLUS TARD LE PONT JEANNE-D'ARC.

OISE

60

RÉGION : PICARDIE - PRÉFECTURE : BEAUVAIS
SUPERFICIE : 5 860 KM² - POPULATION : 799 725 HAB.

Sous l'Ancien Régime, le territoire du département de l'Oise dépendait de l'Ile-de-France, en dehors de sa partie septentrionale picarde. Il tire son nom de l'Oise, seul affluent de la Seine à prendre sa source en Belgique. Elle entre dans le département par le nord-est près de Noyon, passe à Compiègne après avoir reçu les eaux de son principal affluent l'Aisne, et le quitte après la traversée de Creil à la lisière de la forêt de Chantilly. A l'ouest du Beauvaisis, le pays de Thelle s'inclut entre le Vexin français au sud et le pays de Bray au nord-ouest. Le nord de l'Oise est déjà le domaine des grandes plaines céréalières picardes. Au sud-est, la petite ville de Crépy-en-Valois est au cœur du Valois, dont elle est l'ancienne capitale.

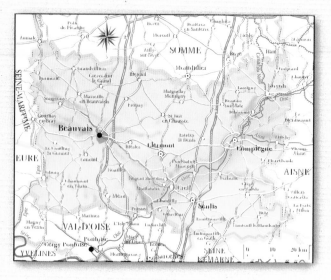

LA FORÊT DE COMPIÈGNE ET LA CLAIRIÈRE DE L'ARMISTICE

Le château de Compiègne servit de lieu de villégiature, et sa forêt de lieu de chasse, aux rois de France Louis XIV, Louis XV et Louis XVI ainsi qu'aux deux empereurs Napoléon Iᵉʳ et Napoléon III. Aménagées pour la chasse à courre, les allées de la forêt sont jalonnées de plus de 300 poteaux indicateurs blancs, sur lesquels une marque rouge, précieuse pour l'impératrice Eugénie, indique la direction du château. L'armistice de la Première Guerre mondiale et celui de juin 1940 ont été signés près de Rethondes, mais sur le territoire de la commune de Compiègne.

Capt. Vanselow   Gén. Winterfeldt   Herr Erzberger   Adm. Sir Rosslyn Wemyss, G.C.B.
Count A. Oberndorff   Capt. J.P.R. Marriott   Rear Adm. Sir G Hope, K.C.M.G   Maréchal Foch   Gén. Weygand
SIGNATURE DE L'ARMISTICE, 11 NOVEMBRE, 1918.

Le petit-suisse : petit normand ou petit picard ?

Malgré son nom, il est de coutume de considérer le petit-suisse comme un fromage normand. Des fromages semblables à ces cylindres enveloppés de papier étaient produits au début du XIXᵉ siècle aux confins de la Normandie et de la Picardie, dans le pays de Bray. Mais c'est dans l'Oise, à Villers-sur-Auchy, que le petit-suisse aurait été baptisé en l'honneur d'un employé helvétique de Mme Hérould. Cette petite productrice aurait livré sa recette à Charles Gervais, dont la société mère s'est implantée à Ferrières-en-Bray, commune limitrophe de Villers, mais située en Seine-Maritime.

◈ LA CATHÉDRALE DE BEAUVAIS ◈

LA CATHÉDRALE SAINT-PIERRE DE BEAUVAIS DEVAIT ÊTRE LA PLUS GRANDE CATHÉDRALE GOTHIQUE. SUITE À DEUX EFFONDREMENTS, EN 1284 ET EN 1573, ELLE N'A JAMAIS ÉTÉ TERMINÉE ET RESTE SOUS SURVEILLANCE. SA HAUTEUR DE VOÛTE DE 48 M CONSTITUE UN RECORD POUR UN ÉDIFICE GOTHIQUE. SON ÉPHÉMÈRE FLÈCHE ÉTAIT HAUTE DE 150 M.

Jeanne Hachette est connue pour avoir défendu Beauvais contre les Bourguignons au XVᵉ siècle.

◈ L'ÉPINEUSE ESCAPADE EN BALLON DE GAMBETTA ◈

Propulsé à la tête d'un gouvernement républicain de Défense nationale après l'abdication de Napoléon III, Gambetta émit le souhait en octobre 1870 de quitter la capitale assiégée par les Prussiens pour rejoindre, grâce au ballon Armand-Barbès, des renforts postés à Tours. L'aéronef qui s'envola de Montmartre prit cependant la direction du nord et, touché par les tirs prussiens près de Creil, il finit par atterrir dans une forêt de la commune d'Epineuse. Il fut alors conduit par le maire à Montdidier, d'où il parvint à Tours via Amiens et Rouen. Son assistant Eugène Spuller qui l'accompagnait fit ériger un monument commémoratif qui orne toujours la place du village. ■

AISNE 02

RÉGION : PICARDIE - PRÉFECTURE : LAON (PLUS GRANDE VILLE SAINT-QUENTIN)
SUPERFICIE : 7 369 KM² - POPULATION : 538 790 HAB.

LA MANUFACTURE DE SAINT-GOBAIN

L'implantation en 1693 de la Manufacture royale des glaces de miroirs a fait la notoriété de Saint-Gobain. Créée par Colbert, cette manufacture d'abord implantée à Paris visait à affranchir la France de sa dépendance vis-à-vis des fabricants vénitiens. Changeant plusieurs fois de statuts, étendant ses activités à la chimie, la manufacture est devenue, dans son domaine, une entreprise de premier plan. La pyramide du Louvre inaugurée en 1986 est l'une des dernières réalisations majeures réalisées avec du verre produit à Saint-Gobain, où l'activité verrière a cessé en 1995.

◇ L'ORDONNANCE DE VILLERS-COTTERÊTS ◇

Issu de la branche des Valois-Angoulême, François Ier contribua à développer le duché de Valois et plus particulièrement Villers-Cotterêts où il fit édifier un château, théâtre de la signature de la célèbre ordonnance de 1539. Ce texte consacre l'usage du français dans les actes officiels, et rend obligatoire la tenue de registres de baptêmes.

La création du département de l'Aisne, du nom du principal affluent de l'Oise, a réuni des terres appartenant à trois provinces différentes. Le nord, entre Thiérache et Vermandois, est une ancienne partie de la Picardie où s'écoule l'Oise. Le centre du département traversé par l'Aisne était une terre d'Ile-de-France, et l'extrémité méridionale, traversée par la Marne qui délimite le nord

Cathédrale de Laon.

du plateau de Brie, est quant à elle historiquement champenoise. Le nord offre de vastes espaces agricoles ouverts où l'on cultive notamment la betterave. Le sud et le centre sont marqués par un couvert forestier important avec entre autres la forêt de Saint-Gobain à l'ouest de Laon et de sa cathédrale, et celle de Retz autour de Villers-Cotterêts dans le Valois.

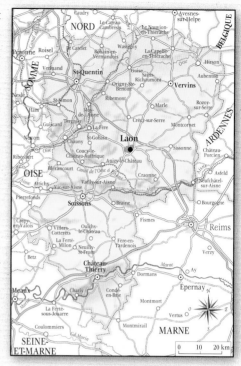

◈ Du Chemin des Dames à la Grosse Bertha ◈

Associé aux batailles meurtrières de la Première Guerre mondiale, le Chemin des Dames est une ligne de crête située entre les vallées de l'Aisne et de l'Ailette. Il tire son nom d'une voie qui aurait été rendue praticable pour que les filles de Louis XV se rendent au château de la Bove, près de Craonne, village théâtre d'une bataille napoléonienne en 1814, et d'une mutinerie de poilus en 1917. De nombreux tunnels y furent creusés, comme à la caverne du Dragon près de la butte du Buisson coquin et du plateau de Californie, qui tire son nom d'un établissement aux allures de saloon qui aurait servi de maison close à la Belle Epoque. Plus à l'ouest, c'est depuis les abords du château de Coucy que des canons allemands à longue portée, appelés à tort « Grosse Bertha », bombardaient Paris en 1918.

Le Familistère de Guise

En 1846, un industriel du nom de Godin s'installe à Guise, dans le nord de l'Aisne, et y fonde une entreprise commercialisant notamment des poêles à base de fonte et non de tôle, rompant avec l'usage d'alors. Le succès est au rendez-vous et, plutôt que de profiter seul de sa fortune, Godin, fils d'artisan, décide d'améliorer les conditions de vie de ses employés. Sur le modèle du phalanstère de Fourier, il construit le Familistère, destiné à les accueillir, mais aussi à leur fournir l'hygiène, la culture, l'éducation, en assurant de plus une protection sociale via notamment des caisses d'assurance-maladie et de pension pour les retraites.

SOMME

80

RÉGION : PICARDIE - PRÉFECTURE : AMIENS
SUPERFICIE : 6 170 KM² - POPULATION : 568 086 HAB.

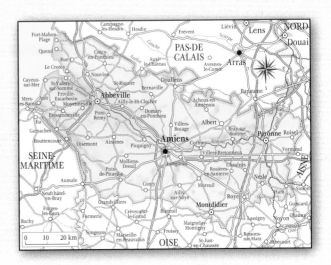

Ce département picard tire son nom d'un fleuve qui rejoint la Manche dans une large baie, et qui délimite, avec l'Authie au nord, le Marquenterre et le Ponthieu. Entre la Somme et la Bresle, non loin des falaises d'Ault, les petites villes du plateau calcaire du Vimeu ont su développer un étonnant tissu industriel, surtout dans la serrurerie. Dans les terres où les vallées sont légèrement encaissées, comme dans le Santerre au sud, il est difficile de différencier plaines et bas plateaux. L'est du département, déjà traversé par le canal de la Somme et par le canal du Nord, devrait bientôt être au cœur de la liaison à grand gabarit Seine-Nord Europe. Au centre, la ville d'Amiens est remarquable pour ses hortillonnages, d'anciens marais aménagés pour la culture maraîchère, au pied de la plus vaste cathédrale de France.

La culture de la betterave

Les grands espaces agricoles du département sont essentiellement dédiés à la culture du blé et de la betterave. La betterave n'était qu'une culture fourragère secondaire, avant que Napoléon n'éprouve le besoin de remplacer le sucre des Antilles. Elle connut son âge d'or au XIXe siècle, notamment en Picardie. En 1865, on comptait déjà 165 établissements sucriers, généralement établis à proximité des lignes de chemin de fer ou du canal de la Somme, comme l'importante sucrerie d'Eppeville, près de Ham – d'où le futur Napoléon III s'échappa du fort sous la fausse identité de Badinguet en 1846. Elle fonctionnait avec quatre râperies voisines, où les betteraves étaient préparées avant la fabrication du sucre. Elle appartient désormais au groupe Saint-Louis.

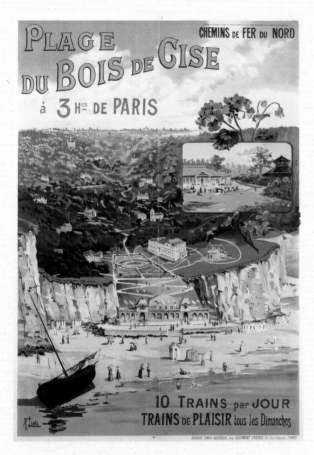

LES MUCHES

Les muches sont des abris souterrains aménagés principalement entre le XVe et le XVIIe siècle. Ces grottes refuges étaient occupées lors des différentes guerres entre la France et l'Espagne (qui possédait l'actuelle Belgique). Ces cachettes ont aussi pu servir à mettre les récoltes en sécurité ou encore à dissimuler le sel des faux sauniers (les contrebandiers du sel). La plus importante d'entre elles est la cité souterraine de Naours, dont le réseau de plus de 2 km n'a été redécouvert qu'à la fin du XIXe siècle. Plus récemment en 2005, un village souterrain a été découvert à Mesnil-Domqueur, près d'Abbeville.

Un cimetière chinois en Picardie

Le hameau de Nolette près d'Abbeville abrite un inattendu cimetière chinois. Plusieurs milliers de Chinois sont venus dans la Somme en 1917, pour travailler à l'arrière du front, dans des camps tenus par les Anglais. Affectés aux tâches les plus ingrates, ils ne devaient pas se mêler à la population locale, sous peine de sanction. Le choléra puis la grippe espagnole furent fatals à un grand nombre d'entre eux. A l'issue de la guerre, certains d'entre eux restèrent en France, constituant ainsi les racines de l'émigration chinoise en France. Au Hamel tout comme à Fouilloy, c'est aux Australiens venus combattre dans le nord de la France à partir de 1916 qu'un mémorial rend hommage.

Y ÊTES-VOUS ?

Y EST LA COMMUNE FRANÇAISE AYANT LE NOM LE PLUS COURT. ELLE EST TOUT NATURELLEMENT JUMELÉE AVEC LE VILLAGE GALLOIS DE « LLANFAIRPWLLGWYNGYLLGOGE RYCHWYRNDROBW-LLLLANTYSILIOGOGOGOCH ». CET ASPECT INSOLITE POUSSE CERTAINS « PLAISANTINS » À DÉROBER LES PANNEAUX D'ENTRÉE DU VILLAGE. DE LÀ À CE QUE LA MUNICIPALITÉ D'Y PORTE PLAINTE CONTRE X…

Hortillonnages à Amiens.

PAS-DE-CALAIS 62

RÉGION : NORD - PAS-DE-CALAIS - PRÉFECTURE : ARRAS (PLUS GRANDE AGGLOMÉRATION LENS-BÉTHUNE) - SUPERFICIE : 6671 KM² - POPULATION : 1459531 HAB.

LES PLAGES DE MONTREUIL...

Montreuil-sur-Mer est plus célèbre pour son maire de fiction Jean Valjean que pour ses plages. Les plages du Touquet ou de Stella-Plage sont en effet situées à une quinzaine de kilomètres des remparts de la ville, jusqu'où remontaient tout de même autrefois les bateaux sur le cours de la Canche. A la fin du XIXᵉ siècle, il ne fut pas pour autant ajouté « Montreuil-Plage » au nom du Touquet, mais « Paris-Plage », obligeant récemment la manifestation estivale homonyme de la capitale à s'intituler « Paris-Plages ».

LES PLUS HAUTS TERRILS D'EUROPE

AVEC LES CORONS, LES PETITES MAISONS DE MINEURS ALIGNÉES À L'IDENTIQUE, LES TERRILS SONT LES TRACES LES PLUS VISIBLES DU PASSÉ MINIER DU NORD DE LA FRANCE. A LOOS-EN-GOHELLE, DEUX DE CES ENTASSEMENTS DES DÉBLAIS DE L'EXTRACTION MINIÈRE CULMINENT À 187 ET 188 M. A NŒUX-LES-MINES, UNE PISTE DE SKI Y A ÉTÉ AMÉNAGÉE.

Ce département tire son nom du pas de Calais, qui sépare la côte anglaise et la Côte d'Opale, et que les Anglais appellent « détroit de Douvres ». Au nord de Boulogne-sur-Mer, le premier port de pêche français, le cap Blanc-Nez domine la mer de plus de 130 m, non loin du cap Gris-Nez qui est parfois considéré comme la limite littorale entre Manche et mer du Nord (le tunnel sous la Manche s'engouffre alors sous la mer du Nord…). Au sud, les espaces dunaires sont entrecoupés par les baies de la Canche et de l'Authie. L'Aa et la Lys prennent leur source au pied des collines du bocage boulonnais et de l'Artois qui dépassent parfois 200 m d'altitude. A l'est, le gisement houiller a été exploité jusqu'à la fin du siècle dernier.

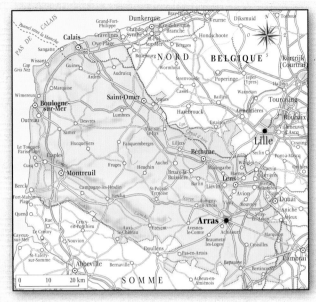

Les beffrois

Dans les riches cités drapières du nord de la France et de l'actuelle Belgique, les bourgeois ont, souvent plus tôt qu'ailleurs, négocié des chartes pour s'affranchir du pouvoir des seigneurs. Saint-Omer a obtenu la sienne du comte de Flandre dès 1127. Les nouvelles organisations communales ont alors souvent pris en exemple celle d'Arras avec ses échevins, sortes de conseillers municipaux élus par les bourgeois, qui gouvernaient la ville avec un mayeur (maire). Des hôtels de ville furent surmontés de hautes tours appelées « beffrois ». Dotés de cloches, ils permettaient aussi de s'affranchir du pouvoir religieux. Les beffrois d'Arras, Calais, Béthune, Boulogne-sur-Mer, Hesdin, et Aire-sur-la-Lys sont désormais classés par l'Unesco.

LA TRAVERSÉE DU PAS-DE-CALAIS EN AÉROPLANE
Blériot atterrit sur la falaise de Douvres

◇ Franchir le pas de Calais ◇

Le pas de Calais n'est large que de 33 km. C'est tout naturellement ici que Blériot a réalisé en 1909 sa traversée en avion, au départ de ce qui est désormais Blériot-Plage sur la commune de Sangatte… De nombreux projets ont préexisté avant l'achèvement du tunnel sous la Manche en 1993. Au XIXᵉ siècle, un projet de tunnel prévoyait la création d'une île artificielle, là ou d'autres comme Eiffel envisageaient de poser un tube métallique au fond de la mer. En 1876, le forage d'un tunnel avait même débuté, mais, pour des raisons militaires ou économiques, la Grande-Bretagne a dû attendre la fin du siècle dernier pour être reliée au continent. ■

NORD

59

RÉGION : NORD - PAS-DE-CALAIS - PRÉFECTURE : LILLE
SUPERFICIE : 5 743 KM² - POPULATION : 2 564 959 HAB.

Le département du Nord est le seul à avoir un nom uniquement constitué d'un point cardinal. C'est le département français le plus peuplé, l'industrie textile et l'extraction charbonnière ayant autrefois offert de nombreux emplois. Il s'étire de la mer du Nord, où près de Dunkerque la plaine des Moëres est située sous le niveau de la mer (jusqu'à 4 m), jusqu'au Cambrésis et à la Thiérache voisine des paysages bocagers de l'Avesnois, sur le territoire de l'ancien comté de Hainaut. Même si le département borde le « plat pays » sur plus de la moitié de la frontière franco-belge, quelques collines dominent la plaine de Flandre, comme le mont des Cats et son abbaye en brique ou le mont Cassel, théâtre de plusieurs batailles.

◈ LA CHICORÉE ◈

Le Blocus continental décrété par Napoléon eut pour conséquence d'entraîner une pénurie de café, à l'origine de l'essor de la chicorée en France. En 1858, Jean-Baptiste Alphonse Leroux fonda à Orchies la société qui porte toujours son nom, et dont la production de chicorée torréfiée réduite en grains est particulièrement consommée dans le nord de la France.

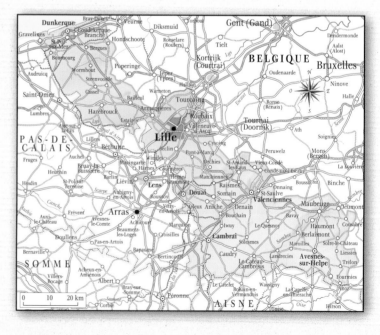

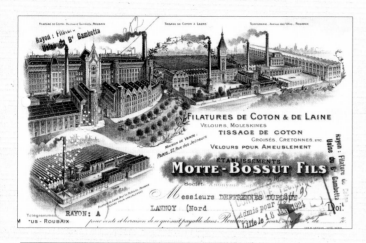

LA FOSSE ET LA TRANCHÉE D'ARENBERG

Près de Valenciennes, les chevalements de l'ancienne fosse d'Arenberg voient chaque année passer à leur pied les cyclistes de Paris-Roubaix, juste avant l'entrée de ces derniers dans la drève des Boules d'Hérin, le mythique secteur pavé plus connu sous le nom de « tranchée (ou trouée) d'Arenberg ».

◇ Le carnaval de Dunkerque ◇

Aux XVIIe et XVIIIe siècles, les armateurs dunkerquois offraient une fête (la « foye ») aux marins avant leur départ, avant de délaisser peu à peu ces festivités. Néanmoins, les pêcheurs regroupés en bande – la visschersbende – ont fait perdurer la tradition, même si leur départ n'a pas toujours correspondu avec le début du carême, période où les carnavaleux défilent encore aujourd'hui au son des fifres et des tambours. Le port de Dunkerque est désormais davantage tourné vers la « sidérurgie sur l'eau », même si dans l'hinterland (l'arrière-pays) de Dunkerque la dernière mine de charbon a été fermée le 21 décembre 1990 à Oignies (Pas-de-Calais). Autrefois pratiquée au plus près des gisements de fer ou de charbon, la production de l'acier privilégie, mondialisation oblige, les sites portuaires.

Les filatures du Nord

A quelques kilomètres du bassin minier, Lille et Roubaix ont été au cœur de la révolution industrielle, mais plutôt dans le secteur textile. De nombreuses filatures ont profité des machines à vapeur britanniques pour accélérer leur rendement. Dans le sud du département, Fourmies est un autre haut lieu de l'industrie textile. Le 1er mai 1891, une des toutes premières célébrations de la fête des Travailleurs a tourné au drame. Une fusillade entraînant neuf décès parmi les manifestants a valu à la ville le surnom de « Fourmies la rouge ». L'usine Motte-Bossut, ancienne filature de coton et de laine fermée dans les années 1980, abrite aujourd'hui les archives nationales du monde du travail à Roubaix, non loin des magasins d'usines et des sièges des grands noms de la vente par correspondance.

ARDENNES 08

RÉGION : CHAMPAGNE-ARDENNE - PRÉFECTURE : CHARLEVILLE-MÉZIÈRES
SUPERFICIE : 5 229 KM² - POPULATION : 284 197 HAB.

◇ LE PÈRE DE LA PLUS CÉLÈBRE UNIVERSITÉ FRANÇAISE ◇

L'UNIVERSITÉ DE LA SORBONNE, QUI N'ÉTAIT AU DÉPART QU'UN COLLÈGE DE THÉOLOGIE, A ÉTÉ FONDÉE EN 1253 À PARIS PAR ROBERT DE SORBON, QUI SOUHAITAIT QUE LES PAUVRES PUISSENT AUSSI ACCÉDER À L'ENSEIGNEMENT. CELUI QUI FUT LE CHAPELAIN ET LE CONFESSEUR DE SAINT LOUIS EST NÉ, COMME SON NOM L'INDIQUE, À SORBON, PETIT VILLAGE SITUÉ NON LOIN DE RETHEL.

Le sanglier des Ardennes

Présent sur le logo du conseil général ou sur le blason de Sedan, le sanglier est l'emblème des Ardennes, où il abonde dans les forêts. Le surnom de « sanglier des Ardennes » fut souvent donné à des Ardennais, notamment au footballeur Roger Marche qui connut les grandes heures du stade de Reims, sans jamais pour autant porter le maillot des « sangliers » du club de Sedan. Le 8 août 2008, une sculpture haute de 8,5 m du plus grand sanglier au monde, baptisé Woinic, a été installée à l'entrée du département sur le bord de l'autoroute A 34.

LA VILLE D'UN PRINCE FRANCO-ITALIEN

Le chef-lieu du département était Mézières jusqu'à la fusion en 1966 avec Charleville. Fondée en 1606 dans un méandre de la Meuse dominé par le mont Olympe, cette dernière doit son nom à Charles de Gonzague, duc de Nevers et de Rethel, et futur prince de Mantoue, qui en fit la capitale de sa nouvelle principauté d'Arches, du nom du hameau près duquel Charleville fut édifiée avec un plan en damier typique des villes nouvelles. En son centre, la place Ducale est la sœur jumelle de la place des Vosges à Paris, rien de surprenant quand on sait que les architectes de chacune de ces deux places étaient frères.

Ce département porte le nom du massif franco-belgo-luxembourgeois des Ardennes dont la partie française culmine à 505 m près de la Croix-Scaille. De Nouzonville à la pointe de Givet, un chapelet de petites villes industrielles, entourées de forêts et de nombreux belvédères, s'étend au fond des vallées encaissées de la Meuse et de son affluent la Semoy. Disposant de jolis sites escarpés comme celui des Dames de Meuse, les Ardennes françaises ont cependant une image moins touristique que les Ardennes belges, qui profitent d'un « effet sud » dans leur pays. La majorité du département reste occupée par le nord-est du Bassin parisien, constitué ici du nord de la Champagne crayeuse avec la région transitoire du Porcien, et par les forêts de l'Argonne au sud-est.

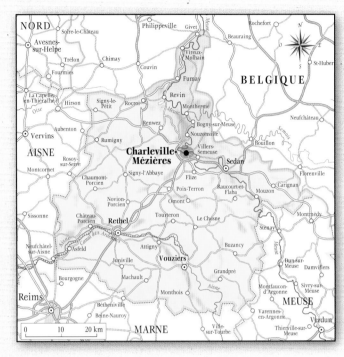

En passant par Sedan...

Développée au Moyen Age autour de son vaste château fort, la ville de Sedan a subi les premiers assauts des trois derniers conflits que la France métropolitaine ait connus. En 1870, les troupes de Napoléon III

Bataille de SEDAN (1er Septembre 1870)
Combat de Cavalerie à Illy

se firent encercler à Sedan, lors d'un épisode décisif de la guerre contre la Prusse. Lors de la Première Guerre mondiale, Sedan se retrouve au cœur des conflits dès le mois d'août 1914. En mai 1940, les troupes allemandes ont traversé le massif des Ardennes, jugé infranchissable par l'état-major français, et ont pénétré en territoire français en contournant la Lorraine et la ligne Maginot qui s'achève – *stricto sensu* – à l'est de Sedan par l'ouvrage de la Ferté. La percée de Sedan réalisée par la Wehrmacht a une fois encore été décisive.

MARNE
51

RÉGION : CHAMPAGNE-ARDENNE - PRÉFECTURE : CHÂLONS-EN-CHAMPAGNE
(PLUS GRANDE VILLE REIMS) - SUPERFICIE : 8 162 KM² - POPULATION : 566 010 HAB.

Le département de la Marne tire son nom du plus long affluent de la Seine. La côte de l'Ile-de-France, dont les pentes et l'orientation sont propices à la viticulture, est une cuesta typique de l'est du Bassin parisien, qui sépare la Champagne crayeuse et le plateau de Brie dont la Montagne de Reims constitue l'extrémité orientale. La région doit son appellation au nom commun « champagne » qui désigne un espace rural constitué de champs ouverts (openfield). Les forêts de l'Argonne débordent sur le nord-est du département. La Champagne humide en fait de même au sud-est, dans le Perthois, près du lac du Der, également appelé lac du Der-Chantecoq, avec l'ajout du nom d'un des trois villages qui furent engloutis lors de sa mise en eau au début des années 1970.

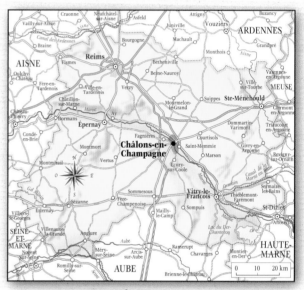

Les moulins de Valmy

Perché sur une colline de l'Argonne, le moulin de Valmy fut le témoin de la bataille homonyme, au cours de laquelle Kellermann ordonna qu'on brûle ce point de repère le 20 septembre 1792, la veille de la proclamation de la république. Les ennemis de la France n'avaient peut-être pas tout à gagner dans cette bataille qui ne fut qu'une simple canonnade. Le moulin devenu symbole de cette « victoire de la république » fut reconstruit pour à nouveau être démoli en 1831. Un nouveau moulin, inauguré en 1947, a été détruit par la tempête Lothar en 1999, avant qu'une nouvelle souscription nationale aboutisse à l'inauguration de l'actuel moulin en 2005.

LA BATAILLE DE VALMY (20 Septembre 1792)
Tableau d'Horace VERNET

« Saint-Remy-en-Bouzemont-Saint-Genest-et-Isson »
est le plus long nom pour une commune française.

DE LA CHAMPAGNE POUILLEUSE À LA CHAMPAGNE CRAYEUSE

Devant son nom à son sol calcaire, la Champagne crayeuse a connu un changement de nom, révélateur d'un changement d'image. Elle était autrefois la « Champagne pouilleuse » mais, grâce aux engrais, cette terre est devenue fertile et constitue aujourd'hui une des premières régions céréalières françaises. Outre le blé, on y cultive la betterave, notamment autour de Sézanne où la sucrerie de Connantre est généralement considérée comme la plus grande au monde.

Les curiosités de la Montagne de Reims

La Montagne de Reims est à vrai dire un plateau. Du haut des talus qui le bordent, à Verzenay, un phare surgit des vignes. Aujourd'hui reconverti en musée, il fut construit dans un but publicitaire en 1909 par Joseph Goulet, négociant en vins. La maison Heidsieck s'était déjà distinguée quelques décennies plus tôt par la construction d'un moulin à vent, qui servit d'observatoire en temps de guerre, tout comme le mont Sinaï, point culminant du département (286 m) situé sur la commune voisine de Verzy. Cette dernière abrite dans la forêt de la Montagne de Reims les singuliers « faux de Verzy », ces hêtres tortillards aux formes improbables, dont les branches capables de se souder entre elles retombent généralement au sol.

◇ CHAMPAGNE ! ◇

L'attribution de la paternité du champagne à dom Pérignon fait débat. Ce bénédictin du monastère d'Hautvillers près d'Epernay a néanmoins contribué au XVIIᵉ siècle à perfectionner la « méthode champenoise », en assortissant différentes variétés de raisins avant leur pressurage. Il aurait également introduit l'usage du bouchon en liège et modifié l'épaisseur des bouteilles pour mieux résister à l'effervescence de ce breuvage jadis appelé saute-bouchon.

AU PAYS DU CHAMPAGNE.

Labour des vignobles de Sillery.

Véritable Extrait de Viande Liebig.

HAUTE-MARNE 52

RÉGION : CHAMPAGNE-ARDENNE - PRÉFECTURE : CHAUMONT (PLUS GRANDE VILLE
SAINT-DIZIER) - SUPERFICIE : 6 211 KM² - POPULATION : 186 470 HAB.

Les conditions réunies pour développer la métallurgie

Le département a su tirer parti des trois principales ressources de son territoire pour développer la métallurgie : l'eau de ses nombreux cours d'eau capables de fournir la force motrice, le charbon de bois de ses vastes forêts, et enfin les minerais de ses terrains métallifères. C'est ainsi que les fonderies haut-marnaises ont, dans le passé, fabriqué les fameuses

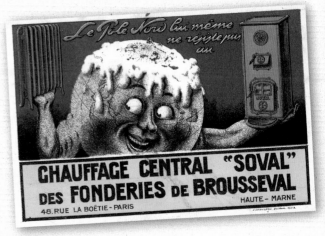

entrées Guimard du métro de Paris, les lampadaires des Champs-Elysées et les fontaines Wallace. Dans le Bassigny, Nogent s'est spécialisé dans la coutellerie et la production d'ustensiles métalliques.

LA CITÉ DISPARUE DE LA MOTHE

AUX CONFINS DE LA CHAMPAGNE ET DE LA LORRAINE, UNE COLLINE DÉSORMAIS BOISÉE ABRITE LES RARES VESTIGES DE L'ANCIENNE CITÉ FORTIFIÉE DE LA MOTHE. LE 1ER JUILLET 1645, APRÈS UN SIÈGE DE DEUX CENT CINQ JOURS, LA CITADELLE DES DUCS DE LORRAINE FUT PRISE PAR LES TROUPES FRANÇAISES. MAZARIN, EN PLUS D'AVOIR OBTENU LE RATTACHEMENT DE LA LORRAINE AU ROYAUME DE FRANCE, DÉCIDA DE FAIRE RASER LA VILLE. UNE GRANDE PARTIE DES MATÉRIAUX DE L'ÉGLISE VOISINE D'OUTREMÉCOURT PROVIENT AINSI DE LA MOTHE.

Le département de Haute-Marne se situe à la rencontre des bassins versants de la Seine, du Rhône et de la Meuse. Il tire son nom de la Marne qui prend sa source sur le plateau de Langres – tout comme l'Aube, et en dehors du département la Seine – avant de traverser le Bassigny en amont de Chaumont, et le Vallage en aval. Elle alimente le lac du Der, plus grand lac artificiel français, aménagé pour maîtriser son débit. A l'est du Bassin parisien, son territoire est composé de bas plateaux aux vallées assez encaissées, comme celle de l'Aube où la fontaine pétrifiante d'Etufs jaillit d'un de ses versants. La Meuse prend sa source dans le sud-est du département, non loin de la station thermale de Bourbonne-les-Bains, qui est par contre traversée par un affluent de la Saône.

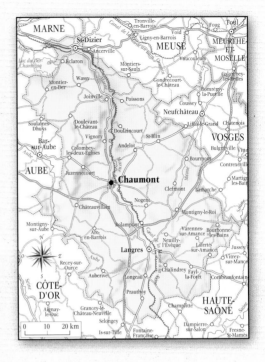

◇ LE MASSACRE DE WASSY DÉCLENCHEUR DE LA PREMIÈRE GUERRE DE RELIGION ◇

Le 1er mars 1562, le duc catholique François de Guise, de passage à Wassy, découvrit la tenue d'une cérémonie protestante dans une grange. Sous prétexte que ce type de réunion était interdit, il fit intervenir ses hommes, ce qui entraîna la mort de 23 protestants et une centaine de blessés qui furent les premières victimes des guerres de Religion, dont la huitième et dernière s'est achevée en 1598.

LANGRES — Le Chemin de Fer reliant la Gare à la Ville, située 140 m. plus haut

A. Voyautre, phot. édit.

◇ LA PLACE FORTE DE LANGRES ET SON TRAIN À CRÉMAILLÈRE ◇

Il y a deux mille ans, le site perché de Langres était déjà occupé par un oppidum gaulois. Au XIXe siècle, de nouvelles fortifications se sont adjointes aux remparts de la ville et la campagne environnante fut elle aussi dotée d'une série de forts. Le premier train à crémaillère français y fut inauguré en 1887. Le système de la crémaillère permet d'affronter les fortes déclivités, jusqu'à 17 % ici entre la ville basse et la ville haute. La traction fut à vapeur de 1887 à 1935, puis électrique jusqu'en 1971. L'automotrice surnommée la Zouille est à nouveau visible depuis 2010 près des remparts. ∎

AUBE

10

RÉGION : CHAMPAGNE-ARDENNE - PRÉFECTURE : TROYES
SUPERFICIE : 6 004 KM² - POPULATION : 301 327 HAB.

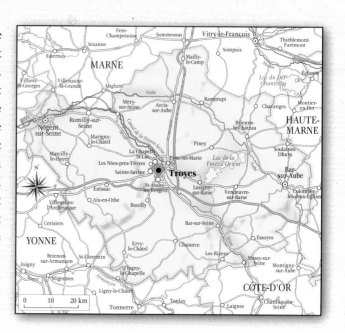

La Seine et son affluent l'Aube naissent sur le plateau de Langres et se rejoignent près de Romilly-sur-Seine. Les crues de ces deux cours d'eau sont régulées par des canaux alimentant de vastes lacs-réservoirs : les lacs d'Amance et du Temple pour l'Aube, et le lac d'Orient pour la Seine. Avec le lac du Der-Chantecoq pour la Marne, à cheval sur les départements voisins marnais et haut-marnais, ils permettent notamment de diminuer le risque d'inondation dans l'agglomération parisienne. Ces lacs artificiels de l'est du département sont au cœur de la « Champagne humide » qui s'oppose à la « Champagne crayeuse » au nord, moins humide en raison de la perméabilité du sol calcaire.

LES FOIRES DE CHAMPAGNE

Les foires de Champagne bénéficiaient d'un calendrier pensé par les comtes de Champagne de telle sorte que tout au long de l'année des échanges commerciaux aient lieu sur le territoire champenois. Les marchands de

Flandre ou du nord de l'Italie, les deux cœurs économiques de l'Europe médiévale, s'y retrouvaient pour vendre des épices ou des draps. Au XIIIᵉ siècle, les foires de Lagny ouvraient l'année, relayées le dernier mardi avant la mi-carême par celles de Bar-sur-Aube. Entre les foires de Provins de mai et de septembre, Troyes accueillait les « foires chaudes » de la Saint-Jean, puis en octobre les « foires froides » de la Saint-Remi. Si ces foires ont connu un déclin à la fin du Moyen Age, l'industrie textile a bénéficié d'un nouvel essor au XVIIIᵉ siècle à Troyes, où désormais les magasins d'usines font la renommée de la ville.

CHATEAU DE BRIENNE

Napoléon au combat de Brienne
le 29 janvier 1814.

Brienne-Napoléon

La commune de Brienne-le-Château fut appelée Brienne-Napoléon de 1849 à 1881. Elle était associée à l'Empereur à double titre. L'école militaire de Brienne l'accueillit pour une partie de ses études de 1779 à 1784, et lors de la campagne de France il y stoppa, pour un temps, l'invasion du pays par les Prussiens et les Russes en janvier 1814.

◇ LES MÉSAVENTURES DU JEUNE DANTON ◇

Né à Arcis-sur-Aube, Danton était remarquable par sa laideur qualifiée de « royale » par Michelet. A l'âge de 1 an, sa lèvre supérieure lui aurait été arrachée par le coup de corne d'un taureau, tandis qu'un autre, avec qui il a prétendu lutter, lui aurait plus tard écrasé le nez. Celui dont le visage conservait également les traces de la petite vérole (ou variole) recommanda tout naturellement « de l'audace, encore de l'audace, toujours de l'audace » pour sauver la France menacée d'invasion en août 1792.

Le « saint suaire » de Lirey

Le suaire de Turin est un linceul présentant les marques d'une personne crucifiée, connu – vraisemblablement à tort – pour avoir été celui du Christ. Il est conservé depuis 1578 à Turin, alors capitale des ducs de Savoie qui le gardaient auparavant à Chambéry où il a été sauvé des flammes *in extremis*. Cette relique avait précédemment changé maintes fois de propriétaires. La plus ancienne serait la seconde épouse du chevalier Geoffroy de Charny, conseiller des rois de France tué à la bataille de Poitiers en 1356 et seigneur de Lirey en Champagne. Une enseigne conservée au musée de Cluny, présentant les armes de Geoffroy de Charny, témoigne du pèlerinage dont le suaire faisait l'objet à Lirey à la fin du Moyen Age.

SAINTE VÉRONIQUE   Ouvriers en Lin

SEINE-ET-MARNE 77

RÉGION : ÎLE-DE-FRANCE - PRÉFECTURE : MELUN
SUPERFICIE : 5 915 KM² - POPULATION : 1 303 702 HAB.

◈ LA FORÊT DES PEINTRES ET DES RANDONNEURS ◈

Avec ses allées droites, ses carrefours en étoile et son « périphérique » appelé « route Ronde », la forêt de Fontainebleau a été aménagée pour le loisir favori des rois de France : la chasse. Au XIXᵉ siècle, le concierge de la caserne de Fontainebleau, Claude-François Denecourt, y a aménagé de nombreux sites et créé un important réseau de sentiers. Inaugurée sous le nom de Fort l'Empereur, la tour qu'il érigea au nord de Fontainebleau porte désormais son nom. A la même époque, les paysages de la forêt attirèrent les peintres de l'école de Barbizon. Le clocher du célèbre *Angélus* de Millet est celui de l'église de Chailly-en-Bière, commune dont Barbizon n'était à l'époque qu'un hameau.

Vue Générale de l'Usine de Noisiel (près Paris)

La plus grande fabrique du monde
Production : 55.000 Kilos par jour

Le moulin de Menier

En 1825, Jean-Antoine Brutus Menier fit l'acquisition du moulin de Noisiel et des terres où s'est développée la célèbre chocolaterie familiale. Le moulin qui enjambe encore de nos jours la Marne est l'œuvre de Jules Saulnier qui a su allier la fonctionnalité industrielle et l'architecture Art nouveau. Le complexe industriel fut complété dès 1874 par une cité ouvrière soucieuse du bien-être de ses habitants. La famille Menier n'est plus présente que dans le nom des rues de la ville de Noisiel qu'elle a quittée en 1960, et où Nestlé a installé son siège social en 1995.

CHOCOLAT LOUIT

LE MONDE DES FORÊTS

Pic-Vert

FRANCE (Fontainebleau)

Cerf

Editée spécialement pour la maison Louit Frères & Cⁱᵉ

La Seine-et-Marne est à l'origine un département rural, rattrapé au XXe siècle à l'ouest par l'étalement de l'agglomération parisienne, comme l'illustre la création du nouvel arrondissement de Torcy en 1993. Dans le nord du département, la Marne traverse le plateau de Brie, où Meaux et Coulommiers sont historiquement des villes champenoises, tout comme Provins qui garde les traces de sa grandeur médiévale. Dans le sud, la Seine reçoit les eaux de l'Yonne, puis celles du Loing en provenance du Gâtinais. En amont, la plaine de la Bassée pourrait bientôt accueillir un nouveau lac-réservoir pour renforcer le dispositif de lutte contre les crues centennales de la Seine.

Tour César de Provins.

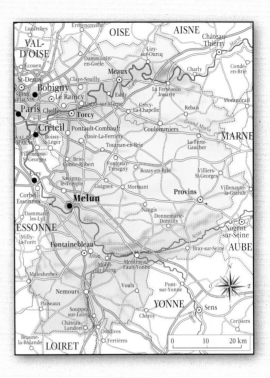

Provins souterrain

La Grange-aux-Dîmes est une somptueuse maison de marchands provinoise. Sa salle basse, aux allures gothiques, servait de stockage pendant les célèbres foires de Champagne. De nombreuses autres salles souterraines, aux entrées beaucoup plus discrètes, sont disséminées dans le sous-sol de Provins. Ce furent d'abord des carrières dont les roches étaient utilisées pour le dégraissage de la laine. Ces souterrains ont aussi pu servir d'entrepôt ou de refuge lors des guerres, et enfin de lieu de réunion de sociétés secrètes qui y ont laissé de mystérieuses inscriptions.

UN SOUS-SOL RICHE EN HYDROCARBURES

Avec la hausse des cours du baril, l'exploitation pétrolière de Seine-et-Marne connaît une deuxième jeunesse. Non rentables, la plupart des 3 000 puits que comptait le département dans les années 1950 avaient fermé. En 2007, la production s'est élevée à 205 000 tonnes, soit près d'un quart de la production nationale, mais pour moins de 1 % de la consommation du pays. Son sous-sol possède également des gisements de gaz de schiste, un hydrocarbure que l'on extrait par la délicate technique de fracturation hydraulique, à l'origine d'une récente levée de boucliers de la population locale et des écologistes.

LE LOING A MORET

ESSONNE 91

RÉGION : ÎLE-DE-FRANCE - PRÉFECTURE : EVRY
SUPERFICIE : 1 804 KM² - POPULATION : 1 205 850 HAB.

Issu du département de Seine-et-Oise, ce jeune département d'Ile-de-France tire son nom d'un affluent de la Seine, qui naît de l'union de deux cours d'eau prenant source dans la forêt d'Orléans : l'Œuf et la Rimarde. Il s'étend des anciennes terres beauce-ronnes et gâtinaises du nord de l'Orléanais au sud, à la vallée de la Seine au nord-est. A l'ouest, Dourdan est l'ancienne capitale de l'Hurepoix. Jusqu'en 1971 Corbeil-Essonnes abrita les services de la préfecture avant leur transfert à Evry, ville nouvelle créée à par-tir d'Evry-Petit-Bourg. Au nord-ouest, le plateau de Saclay dominant l'Yvette est devenu un pôle majeur de la recherche française.

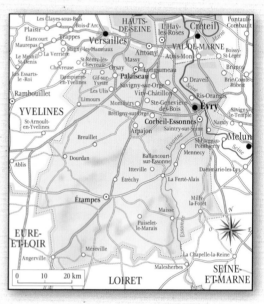

Les corbeillards

Au Moyen Age, des bateaux à fond plat appelés cor-beillards faisaient la navette entre Paris et Corbeil pour apporter des matériaux de construction et des denrées, notamment la farine produite au moulin du roi, ancêtre des grands moulins de Corbeil qui produisent toujours 1 800 tonnes de farine par jour pour les boulangers parisiens. Lors de la grande épidémie de peste du XIVᵉ siècle, ces bateaux ser-virent à évacuer les morts. Le terme resta attaché aux véhicules funéraires, le « e » en moins.

Une École d'Aviation à Étampes. — Les Élèves de Blériot

LES ELEVES DE L'ECOLE D'ETAMPES AU PORT D'ARMES LE LONG DU FUSELAGE D'UN AEROPLANE.

◇ LE BERCEAU DE L'AVIATION ◇

En 1909, Port-Aviation devient le premier aérodrome au monde sur la commune de Viry-Châtillon. L'année suivante, après y avoir préparé sa traversée de la Manche, Blériot installa, sur l'aérodrome d'Etampes-Mondésir, une école d'aviation. C'est aussi à Etampes que naquit la Patrouille de France, d'abord nommée Patrouille d'Etampes. En 1772 l'abbé Desforges, déjà connu pour avoir été embastillé pour avoir prôné le mariage des prêtres, s'était élancé du haut de la tour de Guinette à Etampes avec son char volant, mais le miracle n'avait pas eu lieu…

Une école pour préparer la Révolution russe

En mai 1911, Longjumeau vit débarquer Lénine, exilé en France après la révolution ratée de 1905. Lassé de la vie parisienne, il préfère s'installer à Longjumeau qui n'est encore qu'une toute petite ville. Durant l'été, il y accueillit de futurs cadres de la révolution d'Octobre 1917, pour les former aux questions de philosophie ou d'économie politique, par des professeurs venus de Paris ou par lui-même.

LA PYRAMIDE DE JUVISY-SUR-ORGE

Né en 1620, Jean Picard est un astronome connu pour la précision de son calcul du rayon de la Terre. Il utilisa la technique de triangulation en prenant pour référence la route de Paris à Fontainebleau, alors parfaitement rectiligne entre Villejuif et Juvisy et parallèle au méridien. Ses mesures lui ont fait définir un rayon terrestre de 6 372 km, le rayon équatorial actuellement mesuré étant de 6 378 km. Un monument pyramidal élevé en 1740 à Juvisy rappelle cet événement.

EVRY ET SES LIEUX DE CULTE

CONSTRUITE ENTRE 1992 ET 1995 EN BRIQUE ET SUR UN PLAN EN CERCLE PLUTÔT QU'EN CROIX LATINE, LA CATHÉDRALE DE LA RÉSURRECTION D'EVRY EST LA SEULE CATHÉDRALE BÂTIE EN FRANCE AU XXe SIÈCLE. LA MOSQUÉE D'EVRY OUVERTE QUELQUES MOIS PLUS TÔT EST, ELLE, LA PLUS GRANDE DE FRANCE, ET LES BOUDDHISTES PEUVENT QUANT À EUX SE RENDRE DANS LA PAGODE KHÁNH-ANH, LA PLUS GRANDE D'EUROPE.

YVELINES 78

RÉGION : ÎLE-DE-FRANCE - PRÉFECTURE : VERSAILLES
SUPERFICIE : 2 284 KM² POPULATION : 1 406 053 HAB.

La Bergerie nationale de Rambouillet

RÉPUTÉ POUR SA FORÊT QUI A LONGTEMPS ACCUEILLI DES CHASSES ROYALES PUIS PRÉSIDENTIELLES, RAMBOUILLET COMPTE AUSSI DES ANIMAUX MOINS SAUVAGES DANS SA BERGERIE NATIONALE. CRÉÉE PAR LOUIS XVI EN 1784, CETTE FERME EXPÉRIMENTALE REÇUT NOTAMMENT UN TROUPEAU DE MOUTONS MÉRINOS ACHETÉ AU ROI D'ESPAGNE POUR LA QUALITÉ DE LEUR LAINE. CE TROUPEAU, TOUJOURS PRÉSENT À LA BERGERIE NATIONALE, N'A PAS CONNU D'APPORT EXTÉRIEUR DEPUIS LORS.

OBERKAMPF, né en 1738, invente en France l'Impression des Tissus en 1756, meurt en 1815.

LA TOILE D'OBERKAMPF

Le nom d'Oberkampf qui évoque une rue et une station de métro parisiennes est celui d'un industriel prussien à l'origine de la célèbre toile de Jouy, appréciée encore aujourd'hui pour le côté joliment désuet de ses scènes pastorales et bucoliques. Cette étoffe le plus souvent rouge, bleue ou verte, sur fond écru, a été créée en 1760 dans la manufacture de textile de Jouy-en-Josas, fondée quelques mois plus tôt sur les bords de la Bièvre en raison de la qualité de ses eaux. Christophe Philippe Oberkampf devint maire de Jouy-en-Josas avant de recevoir la Légion d'honneur des mains de Napoléon qui aurait déclaré que « personne n'était plus digne que lui de la porter ».

Charles X à Rambouillet.

Correspondant à la partie occidentale de l'ancienne Seine-et-Oise, le département des Yvelines doit son nom à l'ancienne forêt d'Yveline, dont la forêt de Rambouillet est la principale relique. Sa population se concentre à proximité de Paris et dans la vallée de la Seine. Dans le Vexin français, la Seine reçoit les eaux de l'Epte. Plus en amont, Conflans-Sainte-Honorine, haut lieu de la batellerie au XIXe siècle, doit son nom à la confluence de la Seine et de l'Oise. Au sud de la ville nouvelle de Saint-Quentin-en-Yvelines et de l'ancienne abbaye de Port-Royal, la haute vallée de Chevreuse, où coule l'Yvette, constitue un parc régional depuis 1985. Les grandes plaines céréalières de la Beauce s'étendent quelque peu sur la pointe sud du département.

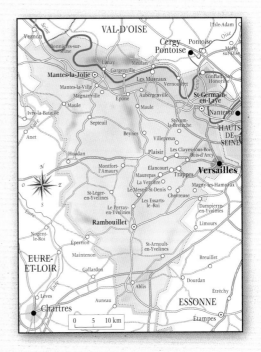

◇ LA MACHINE DE MARLY ◇

L'église de Bougival renferme la tombe d'un homme dont l'œuvre a marqué la commune : Rennequin Sualem. On doit à ce charpentier liégeois, et à Arnold de Ville, la machine de Marly, un dispositif mécanique installé à Bougival à la fin du XVIIe siècle, destiné à alimenter en eau les fontaines et bassins du parc du château de Versailles, situé 150 m plus haut que le cours de la Seine. Pour cela, quatorze roues à aubes de 12 m de diamètre furent placées sur le fleuve, leur mouvement permettant à un système de pompes d'élever l'eau jusqu'à des réservoirs situés à Marly. Le château de Marly, aujourd'hui disparu, était également alimenté grâce à cette machine, qui dut être remplacée à plusieurs reprises au cours des siècles suivants.

La Jamais Contente

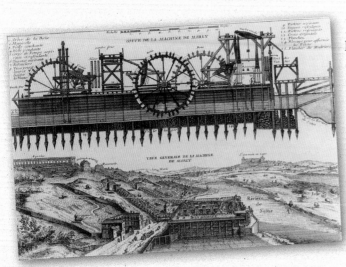

La Jamais contente

Le nom de la « place de la Jamais contente », à Achères, a de quoi étonner. Cette appellation fait pourtant référence à un fait important de l'histoire automobile : le franchissement de la barrière des 100 km/h. Accompli par le pilote et ingénieur belge Camille Jenatzy en 1899 sur le territoire de la commune, cet exploit a rendu célèbre la *Jamais contente*, une voiture à la silhouette d'obus posé sur des roues propulsée à plus de 105 km/h par deux moteurs électriques.

VAL-D'OISE 95

RÉGION : ÎLE-DE-FRANCE - CHEF-LIEU : PONTOISE (PRÉFECTURE CERGY)
SUPERFICIE : 1 246 KM² - POPULATION : 1 165 397 HAB.

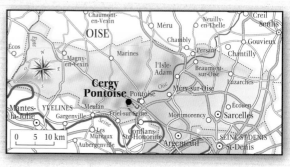

Correspondant au nord de l'ancien département de Seine-et-Oise, le Val-d'Oise est créé en 1968. Son chef-lieu est Pontoise bien que Cergy abrite la préfecture. Montmorency était chef-lieu d'arrondissement jusqu'en 2004, date à laquelle la sous-préfecture fut transférée à Sarcelles. L'Oise, qui traverse notamment Auvers, célèbre depuis le séjour de Van Gogh, délimite, avec la Seine au sud, le Vexin français, plateau calcaire de l'ouest du département séparé du Vexin normand par le cours de l'Epte. A l'est, dans la plaine de France, les terres limoneuses ont profité à une céréaliculture qui a vu son espace se réduire en raison de l'extension de la banlieue parisienne et de la construction de l'aéroport de Paris-Charles-de-Gaulle à Roissy-en-France dans les années 1970.

LES CERISES DE MONTMORENCY

Montmorency était autrefois une cité viticole. La ville et les communes voisines furent réputées dès le XVIIe siècle pour leurs productions fruitières. Le nom de montmorency est celui d'une fameuse cerise à queue courte de la famille des griottes, que les Parisiens venaient déguster au XIXe siècle, en louant des arbres à l'heure. Aujourd'hui, l'urbanisation a dévoré les vergers, mais la production de cette cerise aigrelette surnommée « gaudriole » se maintient tout de même à Saint-Prix et à Soisy-sous-Montmorency.

LA CERISE - Pendants d'Oreilles

UN CURIEUX NOM DE VILLAGE

AU CŒUR DU VEXIN FRANÇAIS, LE NOM DE LA COMMUNE DE WY-DIT-JOLI-VILLAGE PEUT SURPRENDRE. CE NOM CURIEUX ET ÉVOCATEUR EST LIÉ À HENRI IV QUI S'Y SERAIT ÉGARÉ LORS D'UNE PARTIE DE CHASSE, AVANT DE S'EXCLAMER : « MAIS QUEL EST CE JOLI VILLAGE ? »

L'UNIQUE STATION THERMALE D'ILE-DE-FRANCE

Forte de ses eaux sulfurées et surtout de sa proximité avec la capitale, la station thermale d'Enghien-les-Bains connut un essor au XIXe siècle, accédant au statut de commune en 1850. La ville est alors réputée pour ses fêtes fastueuses, prenant pour cadre le lac. Son casino – aujourd'hui le premier de France en termes de chiffre d'affaires – offrait à ses clients ruinés le billet retour en train vers Paris. De 1865 à 1878, dans l'actuel Seine-Saint-Denis, Livry-Gargan tenta de développer la station thermale de « Sévigné-les-Eaux », sans rencontrer le succès escompté, laissant Enghien-les-Bains être encore aujourd'hui la seule station thermale à moins de 100 km de Paris. ∎

LA ROCHE-GUYON, UNE SENTINELLE ENTRE NORMANDIE ET ILE-DE-FRANCE

En 911, le traité de Saint-Clair-sur-Epte, conclu entre le chef viking Rollon et le roi de France Charles III, rendit le site de la Roche-Guyon particulièrement stratégique. Cette place forte, véritable tour de guet orientée vers la Normandie, fut d'abord composée d'un premier château troglodytique creusé dans les imposantes falaises de craie qui surplombent la Seine. En 1190, il fut surmonté du donjon qui domine aujourd'hui le village et qui est encore relié au somptueux château du XVIIIe siècle par des souterrains. Le village abrite également de nombreuses cavités troglodytiques localement appelées « boves », autrefois habitées par les paysans et leurs animaux. Cette sentinelle fut encore le quartier général de Rommel pendant la Seconde Guerre mondiale.

911 LE MILLÉNAIRE NORMAND 1911

LE TRAITÉ DE SAINT-CLAIR-SUR-EPTE

SEINE-SAINT-DENIS 93

RÉGION : ÎLE-DE-FRANCE - PRÉFECTURE : BOBIGNY
SUPERFICIE : 236 KM² - POPULATION : 1 506 466 HAB.

LES MURS À PÊCHES DE MONTREUIL

Les pêches de Montreuil ne constituent pas une variété de pêche particulière, mais elles ont fait l'objet d'une technique de culture originale, sous le climat parisien moins favorable que les climats plus ensoleillés du sud de la France. La concurrence avec le Midi, accrue par le développement du chemin de fer, a rendu la culture des pêches confidentielle aux abords de la capitale. Au

939. MONTREUIL-sous-BOIS - Le Clos des Pêches E. M.

XIXᵉ siècle, la culture des pêchers en espaliers s'étendait sur 600 km de « murs à pêches » recouverts de plâtre, pour accumuler l'énergie solaire le jour et limiter le gel la nuit, tout en accélérant le mûrissement de ces pêches, qui apparaissent encore sur les blasons des villes de Montreuil et de Bagnolet.

DES CITÉS CLASSÉES MONUMENTS HISTORIQUES

Même si l'architecture de certaines cités peut être perçue comme génératrice de problèmes sociaux, les grands ensembles érigés au XXᵉ siècle peuvent aussi constituer un patrimoine à sauvegarder, à l'image de

HANGARS MÉTALLIQUES AGRICOLES
ATELIERS DE BONDY
75, Rue de la Liberté, BONDY (Seine)

Quel déluge !.. Quelle tempête !..
heureusement !.. MON hangar est SOLIDE

AGENT : Mr

la cité 212 du Blanc-Mesnil. Réalisé dans les années 1930, cet ensemble de logements bon marché, destiné notamment aux employés du terrain d'aviation voisin du Bourget, est remarquable par la variété des matériaux, des formes et des couleurs, et par le porche percé dans chaque barre d'immeubles. Egalement classée, la cité de la Muette à Drancy regroupe les premiers gratte-ciel de la région parisienne. En octobre 1939, elle est à peine terminée quand elle devient un camp d'internement qui présente le triste avantage d'avoir une forme en U. A partir de 1942, les déportés de France y étaient regroupés avant leur départ pour les camps allemands. En 1980, un tunnel creusé par les internés y a été découvert.

La Seine-Saint-Denis est le département de la petite couronne situé au nord-est de Paris, formé principalement à partir de communes de l'ancien département de la Seine. Son territoire est presque totalement urbanisé. Il n'y a guère qu'aux abords de l'aéroport de Paris-Charles-de-Gaulle, près du vieux village de Tremblay, que subsistent des terres à vocation agricole. Plusieurs toponymes comme Aulnay-sous-Bois ou Clichy-sous-Bois rappellent que l'agglomération parisienne s'est étendue sur la forêt de Bondy, dont il reste quelques hectares, bien éloignés de la ville qui lui a autrefois donné son nom. Le département est bordé à l'ouest par la Seine, qui fait de L'Ile-Saint-Denis une commune insulaire, et il est traversé par le canal de l'Ourcq édifié au début du XVIIIe siècle pour alimenter la capitale.

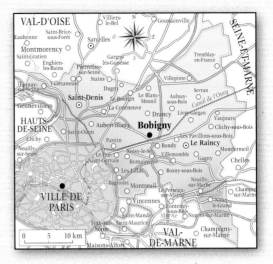

La nécropole royale de Saint-Denis

La basilique de Saint-Denis peut être considérée, avec la cathédrale de Sens construite à la même période, comme le premier édifice gothique. Durant douze siècles, pas moins de 46 rois et 32 reines y reposèrent jusqu'à la Révolution.

LE PLUS GRAND MARCHÉ D'ANTIQUITÉS AU MONDE

CHASSÉS DU CENTRE DE LA CAPITALE À LA FIN DU XIXe SIÈCLE, LES CHIFFONNIERS S'INSTALLÈRENT ALORS AUX PORTES DE PARIS. A PARTIR DE 1885, LES « PUCIERS » DURENT ACQUÉRIR UN DROIT DE STATIONNEMENT AUPRÈS DE LA MAIRIE DE SAINT-OUEN. DESSERVIES PAR LE MÉTRO EN 1908, LES PUCES DE SAINT-OUEN SONT DEVENUES UN LIEU DE PROMENADE APPRÉCIÉ DES PARISIENS, ET PLUS RÉCEMMENT DES TOURISTES ÉTRANGERS.

Edité par la CHOCOLATERIE d'AIGUEBELLE (Monastère de la Trappe-Drôme)

SAINT-DENIS. — Tombeau des Rois de France.

VAL-DE-MARNE 94

RÉGION : ÎLE-DE-FRANCE - PRÉFECTURE : CRÉTEIL
SUPERFICIE : 245 KM² - POPULATION : 1 310 876 HAB.

Formé en 1968 du sud-est du département de la Seine et d'une petite portion de celui de Seine-et-Oise, le Val-de-Marne est presque totalement urbanisé, hormis quelques terres de la Brie au sud-est. Avant de rejoindre la Seine, la Marne y forme plusieurs boucles dont la plus marquée entoure la commune de Saint-Maur-des-Fossés. Entre leur confluent à Alfortville et leur source respective sur le plateau de Langres, la Marne a la particularité d'être plus longue que la Seine. La Marne y a parcouru 525 km contre seulement 405 pour la Seine, dont le débit est toutefois supérieur. Le Kremlin-Bicêtre est la première commune après Paris sur la mythique N 7, localement déclassée en RD 7 il y a peu.

◇ LE CHÂTEAU DE VINCENNES ◇

Si le bois de Vincennes appartient à Paris, le château de Vincennes est bien situé sur la commune homonyme. Cette résidence royale fortifiée a été bâtie pour les rois de France qui ont tour à tour fait modifier les lieux, l'impressionnant donjon haut de 50 m datant du XIVᵉ siècle. Sous Louis XIV, le donjon devint ainsi une prison réservée aux détenus de haut rang. Fouquet, et plus tard Voltaire, y furent incarcérés. Le duc d'Enghien, et plus tard Mata Hari furent fusillés dans ses fossés. Plus récemment, Charles de Gaulle a un temps envisagé de quitter l'Elysée pour Vincennes. La présidence de la République pourrait encore s'installer au château, qui a été choisi comme lieu de repli si Paris venait à être inondé.

Fête à Vincennes vers 1830.

Les guinguettes des bords de Marne

LES CÉLÈBRES GUINGUETTES DES BORDS DE MARNE DEVRAIENT LEUR NOM AU GUINGUET, UN VIN BLANC BON MARCHÉ PUISQU'IL N'ÉTAIT PAS SOUMIS À L'OCTROI, CETTE TAXE QUI FRAPPAIT LES MARCHANDISES À LEUR ENTRÉE DANS PARIS. UNE AUTRE ÉTYMOLOGIE AVANCE QUE LE TERME VIENDRAIT DU VERBE GUIGUER, QUI ÉVOQUE LA GIGUE ET SIGNIFIE SAUTER. CES DEUX VERSIONS, EN TOUT CAS, SE DÉFENDENT, CAR SI ON BOIT DANS UNE GUINGUETTE, ON Y DANSE AUSSI.

LE MARCHÉ INTERNATIONAL DE RUNGIS

Dans les dernières heures de la nuit, alors que la capitale sommeille, une ruche bourdonne déjà. Le marché international de Rungis, successeur des Halles de Paris, est le plus grand du monde avec ses 232 ha. Destiné aux professionnels, il possède bien sûr de vastes étals et d'immenses entrepôts. Accessible par la route, desservi par une gare ferroviaire et proche de l'aéroport d'Orly, le marché de Rungis accueille, depuis 1969, non seulement des produits issus des terroirs français, mais aussi du monde entier.

Le pavillon Baltard

S'il est aujourd'hui connu en tant que salle de spectacle, le pavillon Baltard avait à l'origine une fonction tout autre, celle d'accueillir les halles de Paris. Construit par Victor Baltard, avec onze autres

pavillons similaires, au cœur de la capitale durant le troisième quart du XIXe siècle, ce pavillon de fer, de fonte et de verre était très novateur pour l'époque. Au XXe siècle, l'espace disponible dans les pavillons se révèle insuffisant et, après le déménagement des halles vers Rungis, les pavillons doivent être détruits. Deux cependant seront préservés : l'un, seulement pour sa partie haute, visible à Yokohama ; l'autre, entièrement déplacé, est le pavillon Baltard de Nogent-sur-Marne.

HAUTS-DE-SEINE 92

RÉGION : ÎLE-DE-FRANCE - PRÉFECTURE : NANTERRE
SUPERFICIE : 176 KM² - POPULATION : 1 549 619 HAB.

UNE ÎLE POUR RENAULT

Non loin de la manufacture de porcelaine transférée à Sèvres quelques décennies plus tôt, l'île Seguin était occupée à la fin du XVIIIe siècle par des blanchisseries et des tanneries, dont une eut pour propriétaire le chimiste Armand Seguin. Dominée par l'observatoire de Meudon depuis 1876, l'île a été en quasi-totalité vouée à la construction automobile de 1929 à 1992, pour répondre au dynamisme des usines Renault de Billancourt. Aujourd'hui rasés, les bâtiments industriels vont bientôt laisser la place à un projet culturel piloté par Jean Nouvel.

Le premier cimetière animalier au monde

Derrière un portail de style Art nouveau, le « cimetière des chiens » d'Asnières-sur-Seine a abrité depuis 1899 les sépultures souvent richement sculptées de dizaines de milliers d'animaux, principalement des chiens et des chats, parfois honorés par d'émouvantes épitaphes. Il a aussi accueilli la dépouille d'un lion, celui de la cofondatrice du lieu : la facétieuse journaliste féministe Marguerite Durand. Comme tout cimetière, il a également ses vedettes parmi lesquelles le premier berger allemand ayant incarné Rintintin, mais aussi des animaux de vedettes, de Saint-Saëns à Courteline, en passant par Guitry ou Cocteau.

L'AXE HISTORIQUE

LE QUARTIER D'AFFAIRES DE LA DÉFENSE DOIT SON NOM À LA DÉFENSE DE PARIS, UNE ŒUVRE STATUAIRE DU SCULPTEUR BARRIAS ÉRIGÉE EN 1883 À LA GLOIRE DES SOLDATS DE LA GUERRE DE 1870. LA GRANDE ARCHE DE LA DÉFENSE – OU GRANDE ARCHE DE LA FRATERNITÉ – A ÉTÉ INAUGURÉE EN 1989 EN TERRE PUTÉOLIENNE, DANS LE PROLONGEMENT DE L'AXE HISTORIQUE, S'ÉTIRANT DU LOUVRE À L'ARC DE TRIOMPHE DE L'ETOILE VIA LES CHAMPS-ELYSÉES. TOUTEFOIS LES CONTRAINTES DU SITE, DONT LE SOUS-SOL ÉTAIT DÉJÀ LARGEMENT AMÉNAGÉ, ONT EMPÊCHÉ LES ARCHITECTES DE PLACER PARFAITEMENT CE CUBE ÉVIDÉ HAUT DE 110 M DANS L'AXE DE LA « VOIE ROYALE ».

À l'ouest de la petite couronne parisienne, les Hauts-de-Seine sont associés à l'image des beaux quartiers, opposés aux quartiers plus populaires de l'Est parisien. Un des facteurs avancés pour expliquer cette dichotomie que l'on retrouve également à Londres, est le sens des vents dominants qui chasseraient les fumées des usines vers l'est. Dans le creux d'un méandre de la Seine dominé par le mont Valérien, le port de Gennevilliers est le premier port fluvial français et le second au rang européen. L'île de la Jatte immortalisée par les impressionnistes s'étend en partie sur le territoire de Levallois-Perret, la commune française la plus densément peuplée. Le sud de ce petit département abrite son point culminant dans la forêt de Meudon.

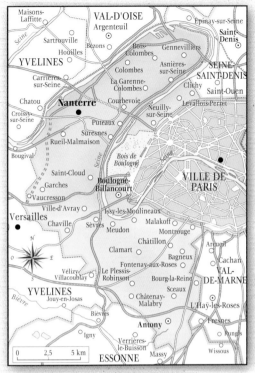

◇ L'ÉTINCELLE DE MAI 68 ◇

Avant que les usines Renault ne deviennent un bastion de la contestation ouvrière de Mai 68, ce sont les étudiants de la jeune université de Nanterre qui ont mis le feu aux poudres. Le 21 mars 1967, contestant leur manque de liberté, des étudiants sont expulsés après leur incursion dans une cité universitaire réservée aux filles. Cet épisode est le prélude du mouvement du 22 mars – de l'année suivante – dont le principal leader n'est autre que Daniel Cohn-Bendit. Le 3 mai, les étudiants quittaient Nanterre où leur université venait de fermer pour cheminer vers la Sorbonne, au commencement d'un mois historique. ∎

PARIS 75

SUPERFICIE : 105 KM² - POPULATION : 2 211 297 HAB.

Seule commune-département, Paris porte le numéro de l'ancien département de la Seine. D'après César, l'antique Lutèce se situait sur une île de la Seine longtemps identifiée comme étant celle de la Cité. Toutefois des fouilles récentes feraient plutôt de Nanterre la capitale des Parisii. C'est tout de même l'île de la Cité qui fut le cœur de la ville médiévale, ceinte de plusieurs murailles successives qui inclurent progressivement ses faubourgs. En 1860, alors que le préfet Haussmann dirige d'immenses travaux, vingt-quatre communes limitrophes (Montmartre, Belleville, Auteuil…) sont annexées en totalité ou partiellement. En attendant une éventuelle extension du Grand Paris, c'est le périphérique qui fait office de rempart, avec tout de même, au-delà de ce dernier, les bois de Boulogne et de Vincennes qui finissent de donner à la commune de Paris une forme d'escargot, accentuée par la numérotation en spirale de ses vingt arrondissements.

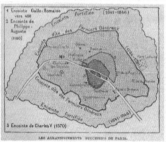

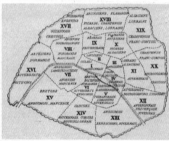

Les provinciaux à Paris.

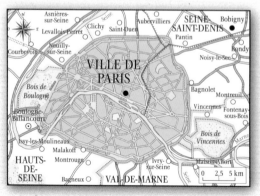

Geneviève est la patronne de Paris, car elle aurait aidé les Parisiens à se défaire des Huns lors du siège de 451.

Le témoin des crues de la Seine

A la pointe de l'île des Cygnes, la réplique de la statue de la Liberté ne risque pas de se retrouver les pieds dans l'eau. Par contre, ce n'est pas le cas du zouave du pont de l'Alma, un autre témoin des incessants va-et-vient des bateaux-mouches, qui ne doivent pas leur nom au fictif Jean-Sébastien Mouche, mais au quartier lyonnais de la Mouche. Cette statue, qui honore les zouaves venus d'Afrique du Nord s'étant illustrés lors de la guerre de Crimée, est surtout le témoin des crues de la Seine. En 2001, l'eau lui a chatouillé les chevilles, en 1955 elle atteignit le haut de ses cuisses et, lors des célèbres crues de 1910, il n'eut plus que les épaules et la tête hors de l'eau.

14 Octobre 1888   *14 Novembre 1888*

❧ Tour Bönickhausen ou tour Koechlin-Nouguier ? ❧

La célèbre tour Eiffel aurait pu porter un autre nom, si les ancêtres de son concepteur, originaires de l'Eifel en Rhénanie, n'avaient pas pris l'habitude de se faire appeler Eiffel plutôt que Bönickhausen, à leur arrivée en France. Les premiers plans de cette tour, dont l'idée ne séduisait guère Eiffel au départ, ont été réalisés en 1884 par Maurice Koechlin et Emile Nouguier, deux ingénieurs de sa société. Au rythme de 12 m par mois, la tour haute de plus de 300 m put être inaugurée pour l'Exposition universelle de 1889, demeurant jusqu'au début des années 1930 le plus haut monument au monde. Sa démolition avait cependant été envisagée, ce qui n'aurait pas déplu à ses nombreux détracteurs de l'époque, mais l'essor de la radiodiffusion contribua à sa sauvegarde. Avec ses différents émetteurs, elle est désormais haute de 327 m.

Se marier à la mairie du 13ᵉ arrondissement

A l'époque où Paris ne comptait que douze arrondissements, la coutume était de dire des couples en concubinage qu'ils s'étaient « mariés à la mairie du 13ᵉ arrondissement ». Avec l'extension de la commune en 1860, la logique aurait voulu que le 13ᵉ arrondissement englobe le 16ᵉ. Mais les influents habitants d'Auteuil et Passy ne voulant pas de cette dénomination malheureuse, toute la numérotation des arrondissements fut alors modifiée pour donner celle que l'on connaît aujourd'hui.

Le palais de l'Elysée a été la résidence officielle du Président de la République dès 1848.

UN NOM DE PLACE POUR LE DÉPARTEMENT LE PLUS CIVIQUE

Au pied des ballons des Vosges, la statue du *Volontaire de l'an II* de Remiremont rappelle que l'ancien arrondissement de la ville fut le premier à envoyer des volontaires pour défendre la patrie en danger en 1792. A la même époque, le département des Vosges s'est également fait remarquer en s'acquittant le premier de ses impôts. C'est alors tout naturellement qu'en 1800, Napoléon rebaptisa l'ancienne place Royale, déjà renommée place des Fédérés puis place de l'Indivisibilité sous la Révolution, du nom de place des Vosges. Le retour de la monarchie rendit temporairement son nom initial à cette place dont la construction fut initiée par Henri IV et achevée sous Louis XIII.

L'OUTRE-MER

Le statut de département a été accordé en 1946 à quatre territoires des anciennes colonies françaises : la **Guadeloupe** et la **Martinique** dans les Antilles, la **Guyane** sur le continent sud-américain, et la **Réunion** dans l'océan Indien. Depuis mars 2011, il faut leur ajouter **Mayotte**, mais contrairement aux quatre premiers départements d'Outre-mer Mayotte ne constitue pas (encore) une région monodépartementale, ou ce qui est encore appelé un DROM (département et région d'Outre-mer).

Outre les départements d'Outre-mer (DOM), la France possède encore des Collectivités d'Outre-mer (COM) qui regroupent des territoires autrefois nommés Territoires d'Outre-mer (TOM). Parmi ces territoires qui jouissent d'une certaine autonomie, **Saint-Pierre-et-Miquelon**, au large des côtes canadiennes, a

constitué un DOM de 1976 à 1985, bénéficiant du numéro 975. La **Polynésie française** regroupe plus d'une centaine d'îles du Pacifique. Toujours dans le même océan, **Wallis-et-Futuna** dispose d'une organisation particulière avec ses trois monarchies. Dans les Antilles, l'île de **Saint-Barthélemy** et la partie française de l'île de **Saint-Martin** – l'autre demeurant néerlandaise – constituent des COM depuis leur détachement en 2007 de la tutelle guadeloupéenne. Ces deux îles pourraient être imitées bientôt par les Saintes.

La **Nouvelle-Calédonie** est une collectivité spécifique disposant d'une large autonomie. Ses habitants décideront dans les années à venir d'une éventuelle indépendance, statut qu'ils avaient refusé en 1988.

Les autres territoires français ne disposent pas de population permanente, à l'instar de l'îlot de **Clipperton** au large des côtes mexicaines. Les **Terres australes et antarctiques françaises (TAAF)** regroupent les îles Kerguelen, Crozet, Amsterdam et Saint-Paul dans le sud de l'océan Indien, les îles Eparses que sont Tromelin, Juan de Nova, Bassas de India, Europa et les îles Glorieuses de part et d'autre de Madagascar, et enfin la Terre Adélie sur le continent antarctique.

LES COLONIES FRANÇAISES - St PIERRE ET MIQUELON
LA RADE DE SAINT-PIERRE

SAINT-PIERRE

SÉCHAGE DE LA MORUE

GUYANE

973

PRÉFECTURE : CAYENNE
SUPERFICIE : 83 534 KM² - POPULATION : 219 266 HAB.

TOUCAN VITELLIN

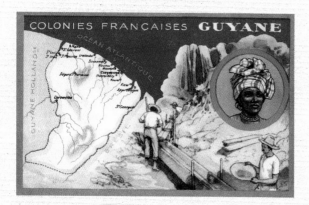

La Guyane est de loin le plus vaste département français. Couverte à 96 % par la forêt amazonienne, ses habitants se concentrent près du littoral. A l'ouest, la frontière avec le Suriname est marquée par le Maroni et son affluent le Lawa, sur les bords duquel se trouve Maripasoula, la plus vaste commune française (18 360 km²). A l'est, c'est le fleuve Oyapock qui marque la frontière avec le Brésil. Le pont de Saint-Georges relie depuis peu les réseaux routiers guyanais et brésilien. Son territoire fait partie du vaste plateau du bouclier guyanais, qui culmine à 851m pour sa partie française. Sa population, majoritairement créole, connaît depuis un demi-siècle une forte croissance, grâce à une fécondité élevée, et à l'immigration de populations voisines attirées par l'or, et parfois plus lointaines comme les Hmong originaires du Laos.

Le centre spatial de Kourou

Ce n'est pas un hasard si la Guyane fut choisie en 1964 pour accueillir le site de lancement des fusées européennes Ariane. C'est sa position proche de l'équateur qui s'est avérée stratégique. Il est en effet plus aisé de réaliser des mises en orbite de satellites géostationnaires aux basses latitudes, là où la vitesse de rotation de la terre est plus importante. Le site qui présentait aussi l'avantage d'être peu exposé aux séismes et aux cyclones fut mis en service en 1973, et depuis 2010 il accueille également un lanceur Soyouz.

◈ L'ÎLE DU DIABLE ◈

Certains adversaires de la Révolution française furent les premiers à connaître la « guillotine sèche », autrement dit la déportation en Guyane. Après l'abolition de l'esclavage de 1848, les opposants politiques constituèrent une main-d'œuvre servile dans les bagnes de Guyane. Parmi eux, celui de l'île du Diable est célèbre pour avoir accueilli Alfred Dreyfus, Guillaume Seznec, et Henri Charrière, l'auteur de *Papillon*. L'île doit son nom aux dangereux courants marins qui l'entourent, et son accès est d'ailleurs interdit. Elle fait partie des îles du Salut, archipel de trois îles ainsi nommé depuis que les rescapés d'une désastreuse tentative de colonisation de la Guyane y ont trouvé refuge au XVIIᵉ siècle.

A la Guyane
UNE ÉVASION DE FORÇATS

GUADELOUPE
971

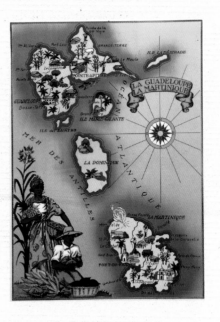

PRÉFECTURE : BASSE-TERRE
(PLUS GRANDE VILLE LES ABYMES
DANS L'AGGLOMÉRATION DE POINTE-À-PITRE)
SUPERFICIE : 1 628 KM² - POPULATION : 401 784 HAB.
LA SUPERFICIE INDIQUÉE POUR LA GUADELOUPE NE TIENT PAS COMPTE
DE CELLES DE SAINT-BARTHÉLEMY ET DE SAINT-MARTIN (74 KM²)

La Guadeloupe a été découverte en 1493 par Christophe Colomb, qui lui aurait donné son nom en l'honneur de la Vierge de Guadalupe en Espagne. Elle est formée de deux îles principales séparées par la rivière Salée, un étroit bras de mer long de 5 km, entouré de mangroves, faisant communiquer deux baies, le Grand Cul-de-sac marin au nord et le Petit Cul-de-sac marin au sud. Tandis que l'altitude de Grande-Terre ne dépasse pas 130 m, Basse-Terre porte mal son nom puisqu'elle culmine à 1 467 m à la Soufrière, volcan dont la dernière éruption date de 1976. Il faut leur adjoindre Marie-Galante, la Désirade et les Saintes. Depuis 2003, Saint-Martin et Saint-Barthélemy sont des collectivités d'outre-mer et ne sont plus rattachées à la Guadeloupe.

Au pied du volcan

Le soufre, élément courant dans les régions volcaniques, est à l'origine du nom du volcan de la Soufrière. Ses flancs sont parsemés de sources d'eau chaude sulfurée, notamment sur les hauteurs de Saint-Claude, où le site naturel des Bains jaunes offre à ses visiteurs, outre une pénétrante odeur de soufre, une baignade possible dans une eau à 26 °C. Des eaux encore plus chaudes expliquent le nom de la commune de Bouillante, sur la côte occidentale de Basse-Terre, où une centrale géothermique produit une part non négligeable de l'électricité de la Guadeloupe, en profitant d'eaux souterraines pouvant atteindre 250 °C.

LA PLACE DE LA VICTOIRE, POUMON DE LA « POINTE À PETER »

Il est souvent évoqué que Pointe-à-Pitre tirerait son nom d'un pêcheur hollandais répondant au nom de Peter, qui aurait fait du négoce au XVIIᵉ siècle à la pointe sud-ouest de Grande-Terre. Une autre piste penche plutôt sur la « pite », une corde que les Espagnols tiraient d'une plante ressemblant au chanvre. Au moment où Victor Hugues libéra les esclaves de l'île sur ordre de la Convention, la Grand-Place prit le nom de place de la Victoire. Momentanément rebaptisée place John-Skinner pendant une brève occupation anglaise puis place Sartine au début du XIXᵉ siècle, c'est encore sous son nom actuel que la population célébra l'abolition définitive de l'esclavage en 1848. Sous Vichy, elle devint temporairement place du Maréchal-Pétain.

MARTINIQUE

972

PRÉFECTURE : FORT-DE-FRANCE
SUPERFICIE : 1 128 KM² - POPULATION : 397 693 HAB.

La canne dont on fait le rhum

La surface agricole de cette île au climat tropical est surtout occupée par des plantations de bananiers (1/6 de la surface de l'île) et de canne à sucre. Les 3/5 de la production de canne sont destinés aux distilleries de rhum, boisson élaborée sur l'île depuis le XVIIe siècle, grâce notamment au père Jean-Baptiste Labat. Le reste est consacré à la production de sucre. Le jus obtenu en écrasant la canne est le vesou. Il est à la fois la base de la cassonade et du rhum agricole, qui se distingue du rhum industriel produit à partir de la mélasse, résidu des sucreries.

◇ 1902 ◇

Le 8 mai 1902, jour de l'Ascension, la ville de Saint-Pierre fut entièrement détruite par une nuée ardente échappée du sommet de la montagne Pelée. Il y aurait eu près de 30 000 morts, et au moins 2 survivants dans la ville, où l'on peut toujours voir le cachot dont les épais murs ont protégé le prisonnier Louis Auguste Cyparis. Gravement brûlé, il fut plus tard engagé au cirque Barnum avant de mourir en 1929, année où le volcan martiniquais s'est à nouveau réveillé. Cette catastrophe eut une importance majeure sur l'organisation de l'île. Saint-Pierre, qui ne compte à peine plus de 5 000 habitants aujourd'hui, perdit son statut de capitale économique au profit de Fort-de-France.

Au cœur des Petites Antilles, au sud de la Guadeloupe et plus précisément entre la Dominique et Sainte-Lucie, la Martinique a été découverte par Christophe Colomb en 1502, avant de devenir française en 1635. Son nom serait une déformation du nom Matinino que lui donnaient les autochtones. La partie nord de l'île est dominée par la montagne Pelée qui culmine à 1 397 m, depuis sa dernière éruption en 1929. Près de Fort-de-France, sa plus grande ville, qui s'appelait jadis Fort-Royal, la commune voisine de Case-Navire a pris le nom de Schœlcher en 1888, en l'honneur du combat de Victor Schœlcher contre l'esclavage qu'il fit abolir en France et dans les colonies en 1848. La population se concentre plutôt sur la côte Ouest, dite « sous le vent », par opposition à la côte Est « au vent », exposée aux alizés.

Vue de St-Pierre avant la catastrophe de 1902

COLONIES FRANÇAISES. Martinique.

LA RÉUNION
974

PRÉFECTURE : SAINT-DENIS
SUPERFICIE : 2 504 KM² - POPULATION : 808 250 HAB.

Réunion-Nord et Réunion-Sud

UN PROJET DE BIDÉPARTEMENTALISATION A ÉTÉ ENVISAGÉ À LA FIN DU SIÈCLE DERNIER, AVANT D'ÊTRE ABANDONNÉ EN 2000. POUR UN DÉPARTEMENT AINSI NOMMÉ, UNE SCISSION AURAIT ÉTÉ QUELQUE PEU INCONGRUE.

Une population très métissée

L'histoire a fait des Réunionnais une population très métissée. Les premiers habitants de l'île sont les Européens, qui ont eu recours à des esclaves malgaches et africains. Après l'abolition de l'esclavage, des Indiens se sont mêlés aux Africains parmi la main-d'œuvre des plantations. D'origine tamoule, leur culture est illustrée par l'imposant temple hindou du Colosse de Saint-André. Ils ont été suivis par des Chinois et des Indiens musulmans, et plus récemment par des Comoriens, faisant de l'île le lieu d'un étonnant métissage culturel. Le créole réunionnais, principalement issu du français, a naturellement subi les influences de toutes ces populations.

Auparavant nommée île Bourbon, l'île prit pour la première fois son nom actuel en 1793, en référence à la réunion des fédérés de Marseille (les mêmes qui ont laissé leur nom à *La Marseillaise*) et des gardes nationaux parisiens, juste avant la prise des Tuileries. Baignée par l'océan Indien, elle forme l'archipel des Mascareignes avec Maurice et Rodrigues. Sa population, la plus importante pour un département d'outre-mer, se concentre sur les côtes, hormis au sud-est là où l'exposition aux alizés est la plus marquée. La Réunion est une île volcanique, liée à la présence d'un point chaud fixe, qui a d'abord formé le piton des Neiges, point culminant de la Réunion (3 070 m) aujourd'hui endormi, et plus récemment le piton de la Fournaise, en raison du déplacement de la plaque africaine vers le nord-ouest.

LES VILLAGES ISOLÉS DU CIRQUE DE MAFATE

Sur les pentes du piton des Neiges, dont le sommet n'est pas recouvert de neiges éternelles, l'érosion a formé les trois impressionnants cirques de Cilaos, Salazie et Mafate. Bien que difficilement accessible, le cirque de Mafate est habité dans plusieurs hameaux ou îlets, reliés à la côte seulement par des sentiers escarpés, ou alors par les airs. Le facteur effectue encore ses distributions à pied, mais les ravitaillements se font par hélicoptère, chaque îlet possédant sa piste d'atterrissage. ∎

MAYOTTE
976

PRÉFECTURE : MAMOUDZOU
SUPERFICIE : 374 KM² - POPULATION : 186 452 HAB.

EXPOSITION UNIVERSELLE DE 1900
CARTE POSTALE ILLUSTRÉE DES COLONIES FRANÇAISES

MAYOTTE - DIORAMA, par Paul Merwart

ILE MAYOTTE

Principalement formée de deux îles, Grande-Terre sur laquelle se trouve le chef-lieu Mamoudzou, et Petite-Terre qui abrite l'ancien chef-lieu Dzaoudzi, Mayotte se situe dans l'océan Indien, plus précisément dans le canal de Mozambique, au nord-ouest de Madagascar. Mayotte fait partie de l'archipel d'origine volcanique des Comores, au cœur d'un des plus grands lagons fermés au monde. Les Comores étaient rattachées à la colonie française de Madagascar, dont elles se sont détachées en 1946, avant de profiter d'une autonomie croissante aboutissant à l'indépendance – sans Mayotte – en 1975. L'Etat des Comores revendique Mayotte, les Mahorais consultés par référendum ayant pourtant montré leur attachement à la métropole, en acceptant notamment de vivre dans le 101e département français, statut officialisé en mars 2011.

Les bangas

A Mayotte, les bangas constituent une véritable institution. Ce sont des petites cases destinées aux adolescents, généralement composées d'une seule pièce. Si au départ le but était de libérer de la place dans la case familiale pour les jeunes frères et sœurs, la construction du banga par eux-mêmes constitue pour les jeunes garçons un rite lié au passage à l'âge adulte, cette préoccupation du passage à l'âge adulte se manifestant également par la volonté d'y attirer les jeunes Mahoraises…

LES ARMOIRIES DE MAYOTTE

Les armoiries de Mayotte rappellent tout d'abord la forme de Grande-Terre avec les deux hippocampes. Le croissant évoque la religion musulmane majoritaire chez les Mahorais, qui peuvent se voir accorder des congés, au bon vouloir des employeurs, les jours des fêtes musulmanes. Les fleurs sont celles de l'ylang-ylang, notamment utilisée pour les parfums Guerlain. La devise *Ra hachiri* signifie « nous sommes vigilants » dans la langue swahilie. On y voit encore les couleurs du drapeau français, et la bordure engrêlée qui symbolise la barrière de corail et le lagon qui entourent Mayotte.

MAYOTTE 3,00
RÉPUBLIQUE FRANÇAISE
Armoiries de Mayotte
LA POSTE 1997

HISTOIRE

L'histoire de la France
à travers la formation
de son territoire

*La Gaule au temps
de César.*

Les limites de la Gaule romaine n'étaient pas si éloignées de celles de la France actuelle. Elle était cependant divisée en quatre provinces : la Gaule Narbonnaise qui fut la première à disposer du statut de province romaine, suivie en 27 avant J.-C. de la Gaule Lyonnaise appelée auparavant Gaule Celtique, de la Gaule Aquitaine qui s'est finalement étendue jusqu'à la Loire, et de la Gaule Belgique au nord. Avec les invasions des peuples germaniques le territoire s'est retrouvé morcelé. Si Clovis a redonné une certaine unité à la Gaule grâce à ses victoires sur les Alamans et sur les Wisigoths, le partage du royaume entre les fils de chacun des rois mérovingiens n'a fait qu'accentuer ce morcellement.

Avec les conquêtes de Charlemagne, l'Empire s'étend à l'est, de la Baltique à l'Adriatique, dépassant largement le cadre actuel du territoire français. S'il n'eut qu'un fils, Louis le Pieux, à qui léguer son royaume, l'opposition entre ses trois petits-fils a abouti au traité de Verdun de 843, souvent considéré comme l'acte de naissance de la France. La Francie orientale reçue par Louis le Germanique deviendra la Germanie. Au centre, la Lotharingie de Lothaire qui s'étend des Pays-Bas à la Méditerranée perdra sa partie septentrionale au profit de ses deux voisins, en laissant au passage son nom à la Lorraine. Enfin, la Francie occidentale de Charles le Chauve sera peu à peu désignée sous le nom de France.

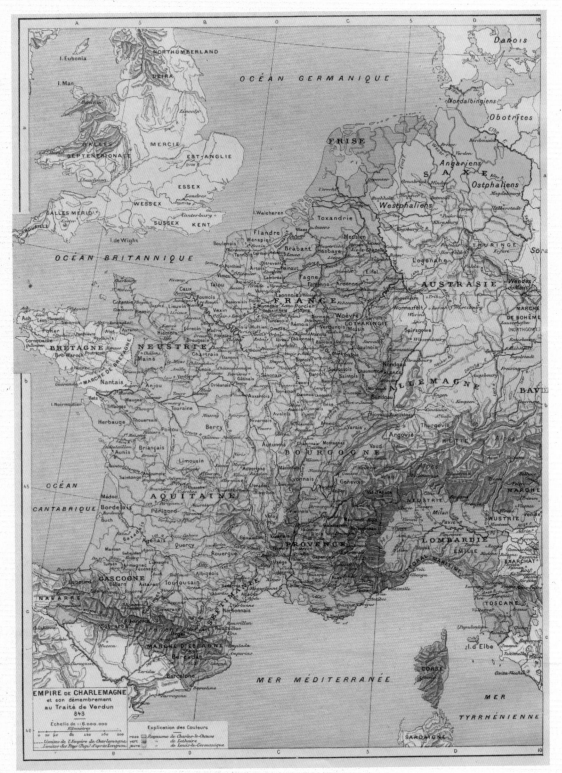

L'empire de Charlemagne et son démembrement au traité de Verdun (843).

Avec les dons de fiefs qui constituent la clef de voûte du système féodal, le royaume à l'avènement d'Hugues Capet en 987 regroupe de nombreuses provinces, indépendantes de fait, et dirigées par des ducs ou des comtes souvent plus puissants que le roi, bien qu'ils en demeurent les vassaux. Le roi règne en seigneur dans un domaine royal qui ne s'étend guère que de Soissons à Orléans. Les Capétiens lutteront dès lors pour récupérer un à un ces fiefs, par mariage comme Philippe le Bel avec l'héritière du comté de Champagne, et le plus souvent par des guerres qui permettront au roi de réaffirmer sa souveraineté, à l'image de Philippe Auguste dépossédant Jean sans Terre. Le domaine royal recouvre peu à peu les limites d'un royaume qui a intégré le Dauphiné en 1349 et la Provence en 1481 : sous François Iᵉʳ avec notamment le rattachement de la Bretagne et de l'Auvergne, sous Henri II avec celui des Trois-Evêchés (Toul, Metz et Verdun), et sous Henri IV avec de nombreux territoires du Sud-Ouest.

Hugues Capet, à l'origine d'une dynastie qui va consolider et agrandir le royaume.

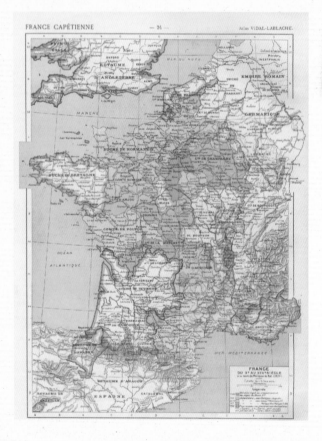

La France du Xᵉ au XIVᵉ siècle à la mort de Philippe le Bel (1314) : le royaume morcelé.

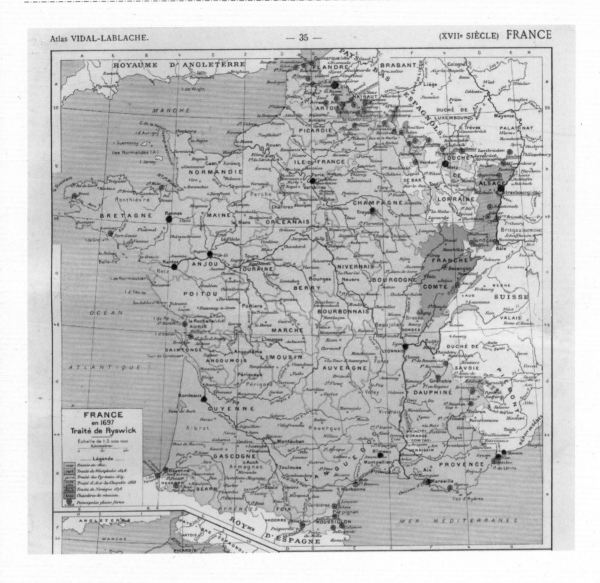

FRANCE
en 1697
Traité de Ryswick

Échelle de 1.5 000 000
Kilomètres

Légende

Au XVIIᵉ siècle, la France actuelle se dessine peu à peu avec le rattachement de l'Alsace lors de la signature du traité de Westphalie (1648), celui de l'Artois et du Roussillon après le traité des Pyrénées (1659). Suivront ceux de la Franche-Comté (1678) et de territoires frontaliers des Pays-Bas espagnols (l'actuelle Belgique). Après la réunion à la Couronne de la vallée de l'Ubaye et d'Orange (1713), des duchés de Lorraine et de Bar (1766), de la Corse (1768) et de quelques petits territoires dans le Nord-Est comme le comté de Salm, la France dispose de contours qui seront le cadre de la création en 1790 des départements au nombre de 83.

Vignette militaire vers 1915.

Bonaparte au pont d'Arcole en 1796.

Peu après la départementalisation, la France intègre les terres papales d'Avignon et du Comtat (1791), puis Montbéliard (1793) et Mulhouse (1798). Avec les guerres menées sous la Révolution et surtout sous l'Empire, la France aura jusqu'à 130 départements, jusqu'à ce que le traité de Vienne en 1815 ne lui redonne ses limites de 1792, avec quelques ajustements au nord-est, qui donneront le tracé de la frontière actuelle. L'année 1860 a vu l'annexion définitive du comté de Nice et de la Savoie. Depuis, les retours successifs des territoires d'Alsace-Lorraine en territoire français après leurs annexions à l'Allemagne – de 1871 à 1919, puis de 1940 à 1944 – n'ont pas eu de conséquences sur le tracé de la frontière franco-allemande. La France métropolitaine a connu ses dernières modifications territoriales en 1947 avec le gain de quelques territoires au détriment de l'Italie, notamment les communes de Tende et de La Brigue (Alpes-Maritimes).

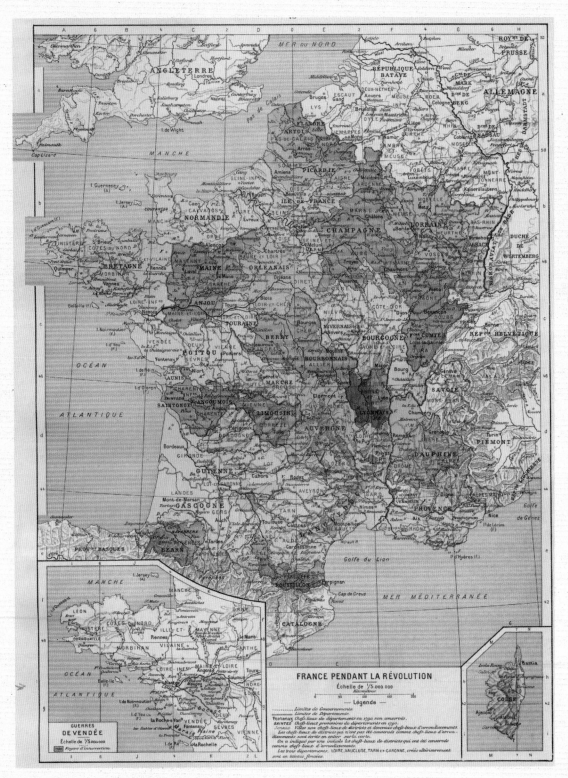

La France pendant la Révolution.

LA PRÉHISTOIRE

La préhistoire laisse conventionnellement la place à l'histoire avec la naissance de l'écriture. Cela ne constitue pas pour autant une discontinuité nette et on parle ainsi d'une période intermédiaire appelée protohistoire, qui s'achève au Ier millénaire avant J.-C., incluant les âges du bronze et du fer. Les premiers habitants de ce qui deviendra la France sont des *Homo erectus*, des « hommes dressés » ayant connu plusieurs glaciations et qui maîtriseront le feu. L'homme de Tautavel découvert dans les Pyrénées-Orientales est un de ses représentants qui aurait vécu il y a 400 000 ans environ. Cohabitant avec l'homme de Neandertal, son successeur *Homo sapiens* perfectionne l'outillage et son langage. L'agriculture et l'élevage entraînent peu à peu sa sédentarisation, et son goût pour l'art apparaît dans de nombreuses grottes comme la « chapelle Sixtine de la préhistoire » : la grotte de Lascaux. L'*Homo sapiens* européen a parfois été appelé « homme de Cro-Magnon » en référence à un autre des nombreux sites préhistoriques du Périgord.

24. LA PREMIÈRE ÉCRITURE.

- 1 000 000 d'années : les premiers « Français »

VÉRITABLE EXTRAIT DE VIANDE LIEBIG.

Repas familial à l'âge de pierre.

Voir au verso.

La grotte du Vallonnet près de Menton est un site préhistorique très ancien. Bien qu'aucun reste humain n'y ait été trouvé, la découverte d'outils en pierre tels que des galets taillés atteste du passage d'hommes dans cette grotte il y a plus d'un million d'années. Ces *Homo erectus* qui y rapportaient des dépouilles d'animaux n'étaient pas les seuls à utiliser la grotte ; des carnivores, tels l'hyène, l'ours et le tigre à dents de sabre, venaient aussi y dévorer leurs proies : bisons, cervidés, mammouths ou encore rhinocéros.

LA LÉGENDE
DES CHEVAUX DE SOLUTRÉ

La roche de Solutré qui se dresse dans le paysage vallonné du Mâconnais était un lieu de passage des troupeaux de chevaux et de rennes lors de leurs migrations saisonnières. Ses abords étaient très favorables aux chasseurs du paléolithique supérieur (35000 à 10000 avant J.-C.) puisqu'ils y dominaient leurs proies, ralenties par les encombrements de pierres. Au XIXe siècle, des fouilles ont ainsi permis de retrouver d'incroyables quantités d'ossements équins, donnant naissance à une légende selon laquelle les chasseurs tuaient les chevaux en les guidant jusqu'au sommet de ce promontoire rocheux, d'où ils les précipitaient dans le vide.

Chocolat d'Aiguebelle

Habitation lacustre.

Les mégalithes néolithiques

Si les menhirs sont souvent associés aux Gaulois, ces mégalithes leur sont en réalité bien antérieurs puisqu'ils datent du néolithique (5000 à 2000 avant J.-C.). Carnac constitue un site mégalithique exceptionnel avec ses milliers de menhirs alignés pour des raisons mystérieuses mais probablement rituelles. La Bretagne abrite encore des dolmens (dalles horizontales posées sur des pierres verticales) et des tumulus (amas de terre et de pierres constituant une sépulture), ainsi que des cromlechs (enceintes circulaires délimitées par des menhirs). Le cairn de Barnenez est un gigantesque amas de pierres recouvrant onze chambres funéraires, qui a été qualifié de « Parthénon mégalithique » par Malraux, tandis que celui de Gavrinis se distingue par ses gravures. Tous ces sites bretons ne doivent toutefois pas occulter la présence de mégalithes dans le reste du pays, nombreux dans le sud du Massif central notamment.

❧ DES CITÉS PAS SI LACUSTRES ❧

Au début du XXe siècle, lorsque le niveau des eaux du lac de Paladru (Isère) baisse, des pieux apparaissent au grand jour : le site néolithique des Baigneurs vient d'être découvert. Occupé vers 2600 avant J.-C., il ne correspond pas, contrairement à une idée ancienne, à un village véritablement construit sur l'eau, mais plutôt sur le rivage lacustre. Conservés grâce à l'immersion du village après son occupation, de nombreux objets ont pu être retrouvés : poignards et haches avec leurs manches, paniers en osier, cordes, mais aussi de l'ambre des rives de la mer Baltique, ou encore des vases du Languedoc. Sur les rivages de lacs jurassiens ou alpins, d'autres cités qualifiées de lacustres ont vu le jour dans ces régions de moyenne montagne tardivement occupées.

Jusqu'au Vᵉ siècle
L'ANTIQUITÉ

L'histoire des Gaulois nous est principalement connue grâce à leurs prestigieux voisins grecs et romains. Les Gaulois ne se transmettaient leur histoire que par la voix des druides dont il ne nous reste aucune trace écrite. L'archéologie est une autre source qui nous permet de retracer l'histoire de ces Celtes de Gaule méconnus, notamment en ce qui concerne la façon dont ils traitaient leurs morts, qui pouvaient être enterrés avec leurs bijoux et leurs armes, voire avec le crâne de leurs ennemis…

Le personnage de Vercingétorix n'a pas toujours été célèbre. Sorti de l'oubli sous Louis-Philippe et plus encore sous Napoléon III, la IIIᵉ République l'a ensuite instrumentalisé pour en faire un héros patriotique, en insistant sur sa résistance à l'envahisseur romain qui a transformé les Gaulois en Gallo-Romains. Plus tard les peuples germaniques dits « barbares » profiteront du déclin de l'Empire romain pour s'installer en Gaule au Vᵉ siècle, illustrant à leur tour le fait que nos ancêtres ne sont pas que les Gaulois !

| ANTIQUITÉ | MOYEN AGE | ÉPOQUE MODERNE | RÉVOLUTION ET EMPIRE | XIXᵉ SIÈCLE | 1914 À AUJOURD'HUI |

Vᵉ siècle   XVIᵉ siècle   1789   1815   1914

Brennus, chef gaulois, devant Rome en 390 av. J.-C.

LA GAULE CELTIQUE

À partir du milieu du IIᵉ millénaire avant J.-C., des Celtes venus d'Europe centrale envahissent le territoire de ce que les Romains appelleront plus tard la Gaule, apportant leur savoir-faire, notamment dans le travail des métaux, mais aussi la langue celtique et leurs croyances dont les druides sont les gardiens. Ils s'implantent sur des oppidums, des sites perchés comme Bibracte sur le mont

Beuvray pour les Eduens (ci-contre), ou Alésia pour le peuple des Mandubiens. Les Gaulois n'ont pas d'organisation politique centralisée. L'aristocratie essentiellement composée de guerriers élit parfois un magistrat suprême appelé vergobret. Si les Celtes privilégient les transports fluviaux et ne s'aventurent guère en haute mer, ce n'est pas le cas des colons grecs originaires de Phocée qui ont fondé en 600 avant J.-C. Massalia (Marseille). En 565, d'autres Phocéens fondent Alalia (Aléria, en Corse) alors que des Massaliotes ont quitté leur cité pour fonder Agathé Tyché (Agde), Antipolis (Antibes) ou bien encore Nikaia (Nice).

Les énigmatiques murs vitrifiés

Le territoire français comporte encore les traces de nombreux murs (ou forts) vitrifiés, des ouvrages dont l'élaboration par les Celtes pose encore question. Les Celtes disposaient d'une technique permettant de souder des blocs de pierre entre eux en les vitrifiant, ce qui ne peut être réalisé qu'à une température très élevée (plus de 1 000 °C). Le procédé pour obtenir une telle température à leur époque reste en partie mystérieux. Le mur vitrifié de Sainte-Suzanne (Mayenne) – recouvert depuis par la forteresse médiévale – a été particulièrement étudié, de Prosper Mérimée au XIXᵉ siècle en passant par des scientifiques de la NASA au siècle dernier.

LA VIE DU « GAULOIS MOYEN »

Arborant de longues moustaches et des braies colorées en guise de pantalon, les Gaulois lustrent leur longue chevelure avec du savon et portent des bijoux, notamment le torque. Lors des banquets, ils épanchent leur soif avec de l'hydromel et surtout de la cervoise, ancêtre de la bière qu'ils conservent dans des tonneaux cerclés de fer. Habiles artisans, ils savent réaliser toutes sortes de véhicules à deux ou quatre roues, Pline l'Ancien ayant même décrit une moissonneuse. L'agriculture est également développée, mais les Gaulois produisent avant tout pour eux-mêmes. Ils n'ont pas vocation à faire du commerce et, quand la production n'est pas satisfaisante, le troc ou l'acquisition de butin par la force sont « monnaie courante » — les pièces gauloises étant apparues tardivement.

Druides, bardes, vates

LES CROYANCES GAULOISES SONT ENCADRÉES PAR LES DRUIDES, LES BARDES ET LES VATES. LES DRUIDES N'ONT PAS SEULEMENT UN RÔLE RELIGIEUX ET NE SE CONTENTENT PAS DE COUPER LE GUI À LA SERPE ET DE SE RÉUNIR CHAQUE ANNÉE DANS LA FORÊT DES CARNUTES. CE SONT AUSSI DES JUGES ET SURTOUT DES SAVANTS, QUI TRANSMETTENT ORALEMENT LEURS CONNAISSANCES, EN COMPAGNIE DES BARDES. GRÂCE À LA MUSIQUE ET AU CHANT, CES DERNIERS SONT LES VÉRITABLES GARDIENS DE LA MÉMOIRE GAULOISE. MOINS CONNUS, LES VATES ÉTAIENT CHARGÉS DES SACRIFICES ET DE LA DIVINATION.

Le panthéon gaulois

Les divinités celtes vénérées par les Gaulois nous sont mal connues, et les domaines propres à chaque dieu semblent varier selon les régions. Outre le dieu de la Guerre Teutatès que les lecteurs d'Astérix connaissent mieux sous le nom de Toutatis, les Gaulois vénèrent le dieu du Tonnerre Taranis. Le pilier des Nautes, sculpture exposée à Paris aux thermes de Cluny, arbore certains dieux gaulois comme Esus, mais aussi les dieux romains qui tendront à les supplanter après la conquête romaine. Mercure peut ainsi être associé à Esus ou Teutatès. Les écrits de Jules César associent toutefois Mercure au dieu Lug, que l'on retrouve dans le nom de la capitale des Gaules, Lugdunum (Lyon).

Le sac de Rome
et les oies du Capitole

Vers 390 avant J.-C., des Gaulois attaquent Rome avec à leur tête Brennos (ou Brennus en latin) le chef des Sénons – peuple qui a laissé son nom à la ville de Sens en Bourgogne. La légende veut que les Romains qui résistaient aux Gaulois sur la colline du Capitole aient été réveillés et prévenus d'une attaque gauloise par le « cancan » des oies. Négociant leur départ contre le versement de plus de 300 kg d'or, les Gaulois placèrent de faux poids dans la balance pour alourdir le tribut, et c'est face à la fronde des Romains qui se rendirent compte de la tromperie, que Brennos s'écria « *Vae Victis* » (Malheur aux vaincus) !

HANNIBAL
FRANCHIT LES ALPES

Au début de la deuxième guerre punique, opposant Rome et Carthage entre 218 et 202 avant notre ère, l'armée du Carthaginois Hannibal a traversé le sud de la Gaule avec des éléphants au cœur de son cortège. Après avoir passé sans encombre les Pyrénées, probablement par le col peu élevé du Perthus, l'armée vise Rome et doit franchir le Rhône au nord d'Avignon. L'iconographie représente souvent les pachydermes traversant le fleuve sur des radeaux, même s'il demeure plus probable qu'ils aient nagé jusqu'à l'autre rive. Pour éviter de rencontrer des légions romaines et limiter les risques d'attaques des populations locales, le général carthaginois choisit, plutôt que de longer la côte méditerranéenne, de franchir les Alpes pour ensuite gagner la plaine du Pô. Les historiens sont encore divisés quant au trajet emprunté par les Carthaginois, le col de Montgenèvre et celui de Larche apparaissant plus accessibles que le Grand-Saint-Bernard.

Un jeu de mots à l'origine d'un emblème français

En latin, *gallus* signifie aussi bien « coq » que « Gaulois ». Le gallinacé est ainsi progressivement devenu un signe de reconnaissance nationale. Certaines monnaies gauloises sont frappées d'un coq, mais on ne peut affirmer qu'il constituait véritablement un emblème de la Gaule à l'époque. Les Valois et les Bourbons ont parfois utilisé ce symbole qui a connu son heure de gloire sous la Révolution, avant d'être repris par Louis-Philippe. Sous la IIIe République, une grille du palais de l'Elysée est ornée d'un coq, tandis que pendant la Première Guerre mondiale le volatile s'oppose fièrement à l'aigle allemand, tout cela avant de devenir le symbole des équipes sportives françaises.

Les peuples gaulois ont laissé leur nom à de nombreux toponymes (noms de lieux), et aux gentilés (noms d'habitants) qui les accompagnent, comme l'illustrent ces exemples pris dans le nord-ouest de la Gaule :

- **Les Vénètes :** Vannes
- **Les Coriosolites :** Corseul (Côtes-d'Armor)
- **Les Redones :** Rennes
- **Les Namnètes :** Nantes
- **Les Diablintes :** Jublains (Mayenne)
- **Les Cénomans :** Le Mans
- **Les Andes :** Angers
- **Les Turons :** Tours
- **Les Pictons :** le Poitou
- **Les Abrincates :** Avranches
- **Les Baiocasses :** Bayeux dont les habitants sont les Bajocasses
- **Les Viducasses :** Vieux (Calvados)
- **Les Lexovices :** Lisieux dont les habitants sont les Lexoviens
- **Les Calètes :** le pays de Caux
- **Les Eburovices :** Evreux dont les habitants sont les Ebroïciens
- **Les Carnutes :** Chartres
- **Les Parisii :** Paris

Des Gaulois en Asie Mineure

DES CELTES ONT QUITTÉ LA GAULE AU IIIe SIÈCLE AVANT J.-C. ET TRAVERSÉ LES BALKANS POUR ATTEINDRE LE CENTRE DE L'ASIE MINEURE. CE SONT LES GALATES QUI ONT LAISSÉ LEUR NOM À LA PROVINCE ROMAINE DE GALATIE. ILS SONT PROBABLEMENT À L'ORIGINE DU NOM DU QUARTIER D'ISTANBUL DE GALATA QUE L'ON RETROUVE DANS LE NOM DU CLUB DE FOOTBALL DE GALATASARAY.

La guerre des Gaules

La conquête de la Gaule par les Romains s'est achevée lors de la guerre des Gaules. Auparavant, notamment depuis la victoire d'un certain Fabius en -121 contre le roi des Arvernes Bituitos, les Romains avaient déjà conquis la Gaule Transalpine qui deviendra plus tard la province de Narbonnaise, une région s'étendant du Languedoc à la Savoie et à la Provence, cette dernière tirant d'ailleurs son nom de *provincia*. Cette guerre des Gaules s'est déroulée de -58 à -51, année où César fait couper les mains des derniers combattants d'Uxellodunum. Le général romain Jules César protagoniste majeur de cette opposition est, avec ses *Commentaires sur la guerre des Gaules*, l'auteur de la principale source historique relatant ces événements. Le terme « Gaules » employé au pluriel fait référence à la division du territoire gaulois qu'il a élaborée : outre la Narbonnaise déjà citée, une vaste Gaule Lyonnaise (ou Celtique) va séparer la Gaule Aquitaine au sud-ouest et la Gaule Belgique au nord, aux portes de Lutèce. Ces trois dernières régions constituent la « Gaule Chevelue » ou la « Gaule en braie ».

La migration des Helvètes

De retour du pays des Santons, autour de Mediolanum Santonum (Saintes), le chef des Helvètes Orgétorix a pu persuader son peuple de préparer une grande migration et de quitter le territoire actuel de la Suisse pour rejoindre cette région de la Gaule occidentale. Malgré le décès d'Orgétorix, les Helvètes se mettent en chemin en -58, brûlant tout derrière eux – la politique de la terre brûlée est d'ailleurs utilisée par les peuples gaulois tout au long de la guerre des Gaules pour éviter que les Romains ne se ravitaillent. Les Helvètes ne verront cependant jamais la Saintonge, barrés par les légions romaines du gouverneur de la Narbonnaise, un certain Jules César.

LE SURSAUT DE GERGOVIE

Après avoir soumis les peuples de Gaule Belgique, défait les Vénètes, assiégé Avaricum (Bourges) et être allée jusqu'en Bretagne (la Grande-Bretagne aujourd'hui), la Gaule semble aux mains des Romains au moment où se prépare la bataille de Gergovie, dans le pays des Arvernes (en Auvergne). Le chef des Arvernes, le célèbre Vercingétorix dont l'historiographie du XIXe siècle a contribué à en faire un héros national, est parvenu en -52 à y prendre à revers les Romains, après avoir pu fédérer d'autres peuples gaulois autour de lui. Certains peuples demeurent toutefois des alliés de Rome, comme les Lingons (du côté de Langres), les Eduens (en Bourgogne) ou les Rèmes (du côté de Reims).

Victoire de Vercingétorix à Gergovie.

Écoliers reconstituant la scène de Vercingétorix rendant ses armes à César.

Vercingétorix se rend à César à Alésia

AVANT LA BATAILLE D'UXELLODUNUM EN -51, LE SIÈGE D'ALÉSIA EN -52 CONSTITUE UN COMBAT DÉCISIF DANS L'ACHÈVEMENT DE LA CONQUÊTE ROMAINE. JUSTE APRÈS L'ÉCHEC DE GERGOVIE, LE RENFORT D'AUTRES LÉGIONS ROMAINES ET L'AMÉNAGEMENT DE FOSSÉS ET DE FORTIFICATIONS AUTOUR D'ALÉSIA PERMETTENT À CÉSAR DE VOIR LES ASSIÉGÉS, VERCINGÉTORIX À LEUR TÊTE, RENDRE LES ARMES. LE CHEF ARVERNE EST EMMENÉ À ROME OÙ IL MEURT EN -46 APRÈS AVOIR ÉTÉ PRÉSENTÉ COMME TROPHÉE LORS DU TRIOMPHE DE CÉSAR – UN TRIOMPHE ÉTANT UNE CÉRÉMONIE ROMAINE AU COURS DE LAQUELLE UN GÉNÉRAL VICTORIEUX DÉFILE DANS ROME.

OÙ SE SITUENT GERGOVIE ET ALÉSIA ?

La localisation précise du site de la bataille de Gergovie fait débat, mais il est en tout cas certain que c'est à proximité du plateau de Gergovie, qui domine aujourd'hui Clermont-Ferrand, que les Gaulois ont repoussé les légions romaines. En ce qui concerne Alésia, les débats ne sont pas encore tout à fait clos, et les sites potentiels sont beaucoup plus distants. Pour la très grande majorité des historiens et des archéologues, le site d'Alésia se situe en Côte-d'Or à Alise-Sainte-Reine, là où une imposante statue de Vercingétorix a été érigée au XIXᵉ siècle sur le mont Auxois. D'autres sites conservent néanmoins leurs défenseurs, en tête desquels figure le site de Chaux-des-Crotenay/Syam dans le Jura. Il en va enfin souvent de même quant à la localisation d'autres batailles moins connues de la guerre des Gaules.

LE TEMPS DES GALLO-ROMAINS

En -51, la Gaule est entièrement soumise. Les Romains mènent alors une politique d'acculturation et d'assimilation, transformant peu à peu les Gaulois en Gallo-Romains. Cette romanisation s'effectue dans un contexte de prospérité favorisée par une période de paix (la *pax romana*). Poursuivant la politique de César, les premiers empereurs s'appuient sur les notables locaux en leur accordant la citoyenneté romaine. L'empereur Claude, natif de Lyon, ouvre l'accès au Sénat romain à l'ensemble des élites gauloises en 48 après J.-C., ce qui était dans un premier temps réservé aux notables de la Narbonnaise. En 212, la citoyenneté romaine est étendue puisque Caracalla l'octroie à tous les hommes libres de l'Empire. Les noms gaulois (en -ix ou en -os) laissent la place à des noms romains, Sacroviros devenant par exemple Julius Sacrovir. Si le culte romain ne fait pas disparaître les croyances celtiques, certains dieux romains étant associés à leurs homologues gaulois, les autorités romaines ne veulent plus entendre parler des druides.

VOIES ROMAINES ET SIGNALISATION ROUTIÈRE

Les Romains développent le réseau routier en dotant le territoire de la Gaule de larges voies romaines solidement pavées qui relient les grandes cités en ligne droite. Ces voies vont faciliter les échanges commerciaux, mais elles vont surtout permettre aux Romains d'accroître leur emprise sur le territoire de la Gaule, en simplifiant le déplacement des troupes. Pour évaluer les distances, des bornes milliaires sont placées au bord de ces voies. Ces colonnes de pierre, espacées en théorie d'un mille romain (1 460 m), portent généralement le nom de celui qui a fait aménager ou rénové la voie, à l'instar du général Domitius pour la *via Domitia* qui traverse la Narbonnaise.

L'architecture romaine

LES MONUMENTS ROMAINS FONT LEUR APPARITION DANS LES VILLES. LES EMPEREURS ET LES NOTABLES LOCAUX DOTENT DES VILLES COMME ORANGE, LYON OU AUTUN DE THÉÂTRES, ET D'AUTRES COMME NÎMES OU ARLES D'ARÈNES. LES GALLO-ROMAINS DÉCOUVRENT LES COURSES DE CHARS ET LES COMBATS DE GLADIATEURS, VONT AUX THERMES ET BOIVENT DE PLUS EN PLUS DE VIN DONT LA PRODUCTION COMMENCE À S'ÉTENDRE AU-DELÀ DE LA NARBONNAISE. DANS LES CAMPAGNES, MOINS TOUCHÉES PAR LA ROMANISATION, DES VILLAS SOUVENT SOMPTUEUSES SONT ÉRIGÉES AU CENTRE DE DOMAINES AGRICOLES PAR L'ARISTOCRATIE GALLO-ROMAINE.

❧ AUTUN, THÉÂTRE DE LA DERNIÈRE RÉVOLTE GAULOISE… ❧

Appartenant au peuple des Eduens, Julius Sacrovir est connu pour avoir été le chef de la dernière révolte gauloise, en 21 de notre ère à Augustodunum (Autun en Bourgogne). Une réforme fiscale de Tibère a déjà entraîné la révolte de plusieurs peuples, comme celle du Trévire Julius Florus vaincu dans les Ardennes la même année. Les troupes du rebelle éduen sont écrasées par les légions romaines, et Sacrovir met finalement le feu à sa maison pour y brûler avec ses compagnons.

De l'eau pour Nemausus

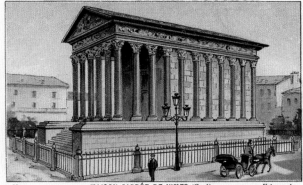

Le pont du Gard est le plus imposant vestige d'un aqueduc de 50 km qui alimentait Nemausus (Nîmes) depuis une source située près d'Uzès. Construit au cours du Iᵉʳ siècle après J.-C. sur le Gard, affluent du Rhône plus couramment appelé Gardon, ses 275 m de longueur et ses trois rangées d'arcades hautes de 49 m – ce qui en fait le plus haut pont-aqueduc romain connu – illustrent le savoir-faire romain. Son fonctionnement s'est probablement arrêté au VIᵉ siècle, soit assez peu de temps après la chute de l'Empire romain d'Occident.

UNE NOUVELLE RELIGION

Les Romains n'apprécient guère le développement d'une jeune religion, de surcroît monothéiste : le christianisme. Refusant naturellement le culte impérial, les chrétiens sont régulièrement persécutés. Préférant mourir que d'abjurer, les premiers martyrs vont devenir les premiers saints de l'Eglise. En Gaule, la première communauté chrétienne s'est installée au Ier siècle à Lyon, où eut lieu le premier massacre en 177. Un siècle plus tard, sainte Alberte et sainte Foy sont brûlées vives à Agen en 286. A Paris, la légende de Denis, le premier évêque de la ville, raconte qu'il aurait été décapité avec deux compagnons sur la colline de Montmartre, étymologiquement « mont des martyrs ». Les persécutions cessent sous Constantin, le premier empereur converti au christianisme en 312.

Les Grands Martyrs: St DENIS

Edité par la CHOCOLATERIE D'AIGUEBELLE, Monastère de la Trappe (Drôme)

Cent trente jours fériés par an

LES ROMAINS ONT INSTAURÉ PAS MOINS DE CENT TRENTE JOURS FÉRIÉS DANS L'ANNÉE, PERMETTANT DE PROFITER DU SPECTACLE DES ARÈNES, DES CIRQUES ET AUTRES AMPHITHÉÂTRES. LA CÉLÉBRATION DES ANNIVERSAIRES ET DES VICTOIRES DES EMPEREURS ROMAINS ET LES FÊTES EN L'HONNEUR DES DIVINITÉS ROMAINES SONT AUTANT D'OCCASIONS POUR FESTOYER. DONNEZ AU PEUPLE « DU PAIN ET DES JEUX » ET TOUT IRA BIEN... TEL EST CE QUE DÉNONCE L'AUTEUR JUVÉNAL PAR SA CÉLÈBRE FORMULE *PANEM ET CIRCENSES*.

177 : Sainte Blandine et les martyrs de Lyon dans l'arène

Blandine, sainte patronne de la ville, est la plus connue des 47 martyrs qui ont péri lors du massacre des chrétiens de Lyon. Après avoir survécu à l'emprisonnement dans la prison exiguë de Fourvière où certains de ses coreligionnaires ont péri asphyxiés, elle est jetée dans l'arène du théâtre des Trois Gaules. D'abord épargnée par les fauves, elle aurait été roulée dans le filet d'un gladiateur pour être malmenée par un taureau sauvage avant d'être achevée par le glaive, sous les vivats d'une foule nombreuse...

Sainte Blandine livrée aux bêtes.

L'Empire des Gaules

Dans la deuxième moitié du IIIe siècle, alors que le limes (les fortifications situées à la frontière de l'Empire) est attaqué au nord par les Germains, l'Empire romain connaît une importante crise politique. Entre la fin du règne d'Alexandre Sévère en 253 et le début du règne de Dioclétien en 285, de nombreux empereurs légitimes se succèdent, cohabitant souvent avec des usurpateurs. Certains de ces pseudo-empereurs sont devenus « empereur des Gaules », à commencer par Postume en 260. Ce lieutenant de l'empereur Gallien, occupé comme lui à repousser les Germains, n'a pas eu pour but de recréer une Gaule indépendante, mais a seulement profité du désordre qui régnait à Rome et dans l'Empire.

VÉRITABLE EXTRAIT DE VIANDE LIEBIG.

Romains, Gaulois et Germains dans une colonie romaine sur le Haut-Rhin, vers l'an 175 après J.-C.

L'HISTORIQUE DU COSTUME MASCULIN.

DOMAINE DE St MARTIN
FROMAGE SUPÉRIEUR

LE TERME « OLIBRIUS » QUI DÉSIGNE UN INDIVIDU EXCENTRIQUE OU RIDICULE PROVIENDRAIT D'UN GOUVERNEUR DES GAULES QUI AURAIT MARTYRISÉ SAINTE REINE AU IIIe SIÈCLE.

❧ SAINT MARTIN ET LA CHRISTIANISATION DE LA GAULE ❧

Saint Martin tient une place importante dans la chrétienté. C'est d'ailleurs Martin qui est le plus représenté dans les noms des communes françaises débutant par « Saint- ». Jeune soldat, il est connu pour avoir partagé à Amiens lors de l'hiver 336 son manteau avec un nécessiteux, avant de voir le Christ en songe la nuit suivante. Le reste de sa « cape » a ensuite été placé, pour être vénéré, dans une capella (chapelle). Devenu évêque de Tours, Martin a eu à cœur de créer des monastères et d'évangéliser les campagnes, moins christianisées que les villes. La religion chrétienne s'impose, sans pour autant faire disparaître les références aux dieux romains que l'on retrouve depuis le IVe siècle dans les jours de la semaine : mardi, jour de Mars, mercredi, jour de Mercure… Le dimanche, jour du Seigneur, est toutefois institué en 321 par l'empereur Constantin.

Les invasions barbares

Sous le terme *barbaros*, les Grecs regroupaient tous ceux qui ne parlaient pas leur langue. Les Romains en ont fait de même avec le terme *barbarus*. Les Barbares sont donc les peuples non romanisés parmi lesquels figurent en première ligne les peuples germaniques. Leurs incursions en Gaule sont de plus en plus difficilement repoussées, notamment après le franchissement du Rhin gelé en décembre de l'an 406. De nombreuses villes sont pillées et peu à peu ces peuples s'installent dans une Gaule qui se germanise. Les Alamans et les Burgondes – qui ont respectivement laissé leur nom à l'Allemagne et à la Bourgogne – s'installent dans l'est de la Gaule. Les Wisigoths fondent un royaume dans le Sud-Ouest, tandis que le Nord est peu à peu contrôlé par les Francs. Ces invasions s'étendent au-delà de la Gaule et entraînent en 476 la dislocation de l'Empire romain d'Occident.

3. GAULE BARBARE (IVᵉ SIÈCLE)

CHOCOLAT d'AIGUEBELLE.

Angles, Saxons et Bretons

LES ANGLES ET LES SAXONS SONT ENCORE AUJOURD'HUI RÉUNIS DANS L'APPELLATION ANGLO-SAXON EMPLOYÉE POUR DÉSIGNER LES ANGLAIS ET PLUS LARGEMENT LES ANGLOPHONES. CE SONT AU DÉPART DES PEUPLES GERMANIQUES QUI ONT TRAVERSÉ LA MER DU NORD À PARTIR DU VE SIÈCLE POUR S'INSTALLER DANS LA FUTURE ANGLETERRE (« TERRE DES ANGLES ») SUR L'ÎLE DE BRETAGNE – COMPRENEZ L'ACTUELLE GRANDE-BRETAGNE. CETTE INVASION A ALORS POUSSÉ DES BRETONS – TOUJOURS DE GRANDE-BRETAGNE – À QUITTER LEUR ÎLE POUR REJOINDRE L'ARMORIQUE, RÉGION DE L'OUEST DE LA GAULE QUI DEVIENDRA… LA BRETAGNE.

Vandales ! Ostrogoths !

Ces peuples barbares n'ont pas laissé leurs noms qu'à des régions, ou à des Etats si l'on pense à la future France, mais aussi à des noms communs. Les Vandales, qui ont traversé la Gaule avant de piller Rome et de migrer jusqu'en Afrique du Nord léguant au passage leur nom à l'Andalousie, sont désormais passés dans le langage courant. L'abbé Grégoire a contribué à développer ce stéréotype de destructeurs, en utilisant le terme de vandalisme en 1794 pour qualifier les exactions des révolutionnaires vis-à-vis des monuments religieux. Les Ostrogoths, qui ont fondé un empire s'étendant notamment sur le sud-est de la Gaule, sont quant à eux devenus des êtres ignorant la bienséance, ou des individus quelque peu excentriques.

CHOCOLAT LOMBART

MOTS HISTORIQUES

« Là où mon cheval a passé
l'herbe ne repousse plus. »

(Attila, chef des Huns, 515 ap. J. C.)

ATTILA, LE « FLÉAU DE DIEU »

L'avancée des Huns venus d'Asie centrale et d'Europe de l'Est n'est pas pour rien dans les invasions des Germains en territoire gaulois et plus généralement dans l'ouest et le sud de l'Europe. Leur chef est le célèbre et néanmoins mal connu Attila. L'historiographie médiévale en a fait l'archétype du chef barbare, envoyé par Dieu pour punir les péchés des hommes, et sous les pas de qui l'herbe ne repoussait pas… Après avoir pillé de nombreuses villes du nord-est de la Gaule, les Huns sont repoussés par les troupes d'Aetius en Champagne, après leur défaite aux champs Catalauniques le 20 juin 451.

SAINTE GENEVIÈVE, PATRONNE DE PARIS

Après avoir incendié plusieurs villes comme Metz et Strasbourg au début de l'année 451, les Huns se dirigent vers la cité des Parisii. Retranchés derrière les fortifications de l'île de la Cité, les Parisiens résistent aux assauts d'Attila grâce aux prières et aux exhortations de Geneviève, qui les aurait convaincus de ne pas quitter la ville et de poursuivre leur défense. En 465, elle en aurait fait de même contre le roi franc Childéric, le père de Clovis, lors du siège de la ville. Elle est également connue pour avoir fait bâtir une église à l'emplacement du tombeau de saint Denis, le premier évêque de Paris, sur ce qui allait devenir la montagne Sainte-Geneviève. Louis XV fera bâtir en son honneur l'église Sainte-Geneviève, devenue Panthéon quelques dizaines d'années plus tard.

Vᵉ - XVIᵉ siècle

LE MOYEN AGE

Le Moyen Age est une longue période qui s'étend du vᵉ au xvᵉ siècle. Son nom lui est naturellement postérieur, puisqu'il laisse entendre que c'est une époque entre deux autres : celle d'avant, l'Antiquité, et celle d'après, l'époque moderne vue comme un retour aux valeurs de l'Antiquité par les humanistes de la Renaissance. Ses bornes chronologiques sont les années 476 avec l'abdication du dernier empereur romain d'Occident Romulus Augustule, et 1492 avec la découverte de l'Amérique par Colomb et la fin de la Reconquista. La prise de Constantinople par les Turcs ottomans en 1453 peut aussi marquer la fin du Moyen Age, ce qui rappelle la part toute subjective des découpages historiques.

Ce Moyen Age réunit l'Europe autour de la religion chrétienne et la société médiévale est organisée selon un système féodal (de *feodum* qui veut dire fief) où chaque individu a sa place. Ce n'est pas la période sombre que certains historiens du xixᵉ siècle ont pu décrire, à l'image du développement des universités, de l'édification des cathédrales et de l'essor des villes. La monarchie se consolide au cours du « beau Moyen Age » – nom donné par Michelet aux trois siècles qui ont suivi l'an mil – auquel succèdent des temps plus difficiles frappés par les épidémies, les guerres, et les famines liées aux aléas climatiques. C'est enfin une période de curiosité préparant les découvertes qui marqueront le début de la Renaissance.

Vᵉ siècle	XVIᵉ siècle	1789	1815	1914
ANTIQUITÉ	MOYEN AGE	ÉPOQUE MODERNE	RÉVOLUTION ET EMPIRE	XIXᵉ SIÈCLE	1914 À AUJOURD'HUI

Charles le Téméraire à la bataille de Montlhéry (1465).

LE TEMPS DES MÉROVINGIENS

Brutes sanguinaires ou rois fainéants, Clovis (ci-contre) et ses descendants n'ont pas forcément bonne presse. Entre le glorieux règne du roi des Francs qui inaugure l'alliance avec l'Eglise et le couronnement de Charlemagne, qui marque la renaissance de l'Empire en Occident, les temps mérovingiens font partie de ces périodes mal connues qui ne méritent pas pour autant d'être reléguées dans les bas-fonds de notre mémoire. Le plus ancien roi mérovingien, Clodion le Chevelu, serait le père de Mérovée, un roi qui ne serait peut-être que légendaire. Si ce dernier a en tout cas laissé son nom à la dynastie, c'est sous l'emprise de son petit-fils Clovis, entre 481 et 511, que s'est fondé ce pouvoir dynastique sur une grande partie de la Gaule, grâce aux victoires contre Syagrius, ou bien encore à Vouillé en 507 contre les Wisigoths.

CLOVIS (Le vase de Soissons)

Souviens-toi du vase de Soissons

Après la victoire de l'armée franque sur les Gallo-Romains à Soissons, vient en 487 le moment de partager la part du butin entre tous les combattants, comme le veut la tradition. Clovis souhaite restituer à l'évêque une magnifique urne en dehors du partage, ce qui n'est pas accepté par un de ses soldats. Ce dernier se saisit du vase et le brise. Un an plus tard, lors d'une revue des troupes, Clovis s'arrête devant ce même soldat. Prétextant un mauvais entretien de ses armes, il les jette à terre et, lorsque celui-ci se penche pour les ramasser, Clovis lui fend le crâne de sa francisque en lui disant : « Souviens-toi du vase de Soissons. » Ce célèbre épisode, mentionné par Grégoire de Tours, pourrait toutefois n'appartenir qu'à la légende.

— " Dieu de Clotilde, sauve les Francs
et je croirai en toi ! "

Clovis à la bataille de Tolbiac.
An 485.

496 : LE « MIRACLE DE TOLBIAC »

La conversion de Clovis au catholicisme ne se fit pas sans mal. En effet, la mort de son premier enfant Ingomer, qui avait été baptisé tout comme sa mère la princesse chrétienne Clotilde, avait poussé Clovis à émettre des doutes sur l'adoption de la foi chrétienne. Il n'en aurait été convaincu qu'en 496, quand il triompha des Alamans à Tolbiac après avoir promis de se faire baptiser en cas de victoire, ce qui n'est pas sans rappeler le vœu de conversion de l'empereur romain Constantin, lors de la bataille de Milvius en 312. La conversion de ces Francs Saliens aura surtout permis de faciliter leur mainmise sur la Gaule chrétienne.

Dépose tes colliers, Sicambre

Le baptême de Clovis et de 3 000 de ses guerriers eut probablement lieu jour de Noël, en 496 ou 498. Remi, l'évêque de Reims, qui le baptisa aurait alors dit : « Depona colla Sigamber. » Cette phrase a longtemps été traduite par : « Courbe la tête, fier Sicambre » – les Sicambres étant un ancien peuple germanique –, alors qu'elle signifie : « Dépose tes colliers, Sicambre. » Autrement dit, il lui demande d'abandonner les amulettes et autres porte-bonheur païens et d'épouser la religion chrétienne.

La « sainte ampoule »

A la fin du IXe siècle, Hincmar de Reims laissa entendre que le baptême de Clovis avait été suivi d'un sacre. Dans *La Vie de saint Remi*, il explique que le clerc chargé d'apporter le saint chrême pour oindre Clovis ne put rejoindre l'autel tant la foule était dense. Il aurait alors levé les yeux au ciel dans une supplication émue et une colombe, tenant dans son bec une ampoule remplie du précieux onguent, serait descendue jusqu'à lui et l'aurait laissée tomber dans ses mains avant de disparaître. A la fin du Moyen Age, on embellit encore la légende, en affirmant que son niveau ne baissait jamais et que l'huile refusait d'être fluide pour les usurpateurs. La sainte ampoule fut détruite en 1793, mais fut cependant retrouvée opportunément, pour le sacre de Charles X en 1825…

BAPTÊME DE CLOVIS.

❧ PLUTÔT MORTS QUE TONDUS ! ☙

Après la mort de Clovis en 511, ses quatre fils, Thierry, Clotaire, Clodomir et Childebert régentent leurs domaines respectifs (Metz, Soissons, Orléans et Paris). A la mort de Clodomir en 524, Childebert s'entend avec Clotaire pour éliminer les fils de Clodomir et partager leur héritage. Les deux oncles mettent alors le sort de ces enfants entre les mains de leur grand-mère Clotilde, la veuve de Clovis : ils doivent avoir les cheveux coupés comme les gens du peuple ou être égorgés ! Indignée, la reine Clotilde s'écria imprudemment : « Si on ne les élève pas sur le trône, je préfère les voir morts que tondus. » Le seul qui en réchappera est Clodoald, connu pour avoir plus tard fondé un monastère dans une cité qui porte encore son nom : Saint-Cloud.

Édition de la CHOCOLATERIE d'AIGUEBELLE (Drôme)

MEURTRE des ENFANTS de CLODOMIR

CHOCOLAT GUÉRIN-BOUTRON

7. CLOTAIRE II (613-628). Supplice de Brunehaut attachée à la queue d'un cheval fougueux.

Les malheurs de Brunehaut

En 561, le partage du royaume de Clotaire Ier entre ses quatre fils va lui aussi entraîner de sanglantes rivalités, notamment entre Brunehaut et Frédégonde, épouses respectives des frères Sigebert Ier (roi d'Austrasie) et Chilpéric Ier (roi de Neustrie). Après l'assassinat de Sigebert en 575 par des émissaires de son frère, Brunehaut n'eut de cesse de vouloir le venger – Chilpéric sera assassiné en 584 sans que l'identité du commanditaire ait été avérée – et ce fut le début d'une guerre qui épuisa le royaume pendant près de quarante ans, jusqu'à l'exécution de Brunehaut en 613. Selon la légende, cette princesse wisigothe fut d'abord attachée sur le dos d'un chameau (châtiment réservé aux usurpateurs à Rome) et eut, ensuite, le corps brisé par un cheval au galop (châtiment usité par les Germains).

Audovère, Galswinthe et la terrible Frédégonde

La rareté des sources et le manque de rigueur de certains chroniqueurs font qu'il n'est pas toujours aisé de discerner ce qui relève de la légende de ce qui fait figure de vérité historique au sujet des Mérovingiens. Ainsi en va-t-il pour Audovère, la première épouse de Chilpéric Ier qui aurait été répudiée après avoir été victime d'un vilain tour de la part de Frédégonde : lors du baptême d'un de leurs fils, Frédégonde aurait incité Audovère à tenir elle-même son enfant au-dessus des fonts baptismaux, ce qui constituait un sacrilège. Chilpéric épousa en secondes noces Galswinthe, la sœur de Brunehaut, avant que, poussé par Frédégonde qui deviendra sa troisième épouse, il ne la fasse étrangler dans son sommeil…

✤ LE ROYAUME PACIFIÉ DU « BON ROI » DAGOBERT ✤

Le court règne de Dagobert Ier (629-639) semble marquer l'apogée des temps mérovingiens. Sa première grande décision est d'écarter son frère cadet de l'héritage paternel, évitant ainsi le partage du royaume. Sur les conseils de saint Eloi, il fait construire la basilique Saint-Denis, et fait de la région parisienne le centre de gravité de la future France. De même, il se soucie de l'administration et, pour la première fois, on écrit des lois. Si une célèbre comptine l'a rendu populaire, les paroles du *Bon roi Dagobert* ont été écrites peu avant la Révolution pour se moquer de façon détournée de Louis XVI.

METTRE SA MAIN AU FEU

MÊLANT INFLUENCES ROMAINES ET GERMANIQUES, LA JUSTICE MÉROVINGIENNE S'APPUIE SUR LE PRÉTENDU JUGEMENT DE DIEU EN RECOURANT À L'ORDALIE. DANS L'ORDALIE UNILATÉRALE, UN ACCUSÉ POUVAIT ÊTRE AMENÉ À TENIR UNE BARRE DE FER ROUGE, ET DE L'ÉVOLUTION DE SA BRÛLURE ON DÉDUISAIT L'OPINION DE DIEU. L'ORDALIE BILATÉRALE METTAIT AUX PRISES LE PLAIGNANT ET L'ACCUSÉ (OU LEURS REPRÉSENTANTS) DANS UNE ÉPREUVE TELLE QU'UN COMBAT À MORT, LE VAINQUEUR ÉTANT NÉCESSAIREMENT CELUI QUI AVAIT RAISON. SEUL L'INNOCENT, CONFIANT EN DIEU, POUVAIT OSER AFFRONTER L'ORDALIE, TANDIS QUE LE COUPABLE, CONSCIENT QUE DIEU NE L'AIDERAIT PAS, DEVAIT SE DÉNONCER.

Édité par la CHOCOLATERIE D'AIGUEBELLE Monastère de la TRAPPE (Drôme).

DAGOBERT pose la première pierre de la Basilique de SAINT-DENIS

Des rois fainéants aux Carolingiens

Fréquemment représentés au cours de leur déplacement dans des chariots traînés par des bœufs, les derniers rois mérovingiens ont été abusivement surnommés les « rois fainéants » par les historiens du XIXe siècle. Dans le but de donner davantage de légitimité à la nouvelle dynastie carolingienne, Eginhard, le biographe de Charlemagne, ne leur a pas non plus dressé de portraits flatteurs. La lente et irrémédiable décadence de ces princes faibles, malades ou corrompus, est tout de même une réalité, mais une réalité orchestrée par les maires du palais. Ceux-ci n'avaient au départ que la tâche de nourrir et d'entretenir la cour, mais ils ont été pendant plusieurs décennies les véritables gouverneurs du royaume, jusqu'à ce que l'un d'entre eux, Pépin le Bref, ne s'empare finalement de la Couronne en 751.

PÉPIN DE HERSTAL ANNONCIATEUR D'UNE NOUVELLE DYNASTIE ⚒

Longtemps, il y eut un maire du palais pour chaque royaume (Neustrie, Austrasie, Bourgogne), mais, après sa victoire à Tertry sur les Neustriens en 687, le maire du palais d'Austrasie, Pépin de Herstal, devint le maître réel des trois royaumes francs. N'osant pas détrôner le roi Thierry III en plaçant plutôt son fidèle Nordebert comme maire du palais de Neustrie, il a préparé, sur les ruines mérovingiennes, l'essor des Carolingiens. Petit-fils de Pépin de Landen, fondateur de la dynastie de Pippinides, il est surtout le père de Charles Martel – dont le surnom semble faire référence à sa violence et à celle du marteau d'armes – et le grand-père du premier souverain carolingien Pépin le Bref, ainsi qualifié en raison de sa petite taille.

732 : Charles Martel arrête les Arabes près de Poitiers

Venu renforcer les troupes du duc d'Aquitaine Eudes, le maire du palais Charles Martel est célèbre pour avoir repoussé les Arabes lors d'une bataille qui s'est vraisemblablement déroulée à une quarantaine de kilomètres au nord de Poitiers en 732. Si cette bataille n'a pas été le coup d'arrêt décisif porté à l'expansion des Sarrasins qui ont notamment été combattus par la suite à Narbonne, elle va permettre aux chroniqueurs carolingiens de mettre en valeur l'image de Charles Martel qui a toutefois repoussé ce qui était peut-être plus une razzia qu'une réelle tentative d'invasion. Avant de mourir en 741, Charles a réglé sa succession comme un roi, en partageant le royaume entre ses deux fils, Carloman et Pépin. Il pose ainsi, les fondements sur lesquels ses successeurs bâtiront la puissance carolingienne.

CHARLES MARTEL À POITIERS

PÉPIN EN GALÈRE À VENISE...

Carloman ayant abdiqué en 747 pour se retirer au mont Cassin, Pépin demeure seul maire du palais avant d'être élu « roi des Francs » en 751 et sacré l'année suivante par Boniface. Il se fait sacrer une seconde fois à Saint-Denis par le pape Etienne II en 754. La reine Bertrade de Laon, plus connue sous le nom de Berthe au grand pied, et leur fils Charles, futur Charlemagne, reçoivent également l'onction. Si le pape accorde son soutien spirituel à Pépin, ce dernier devra l'aider à repousser les Lombards et à lui conférer des terres qui deviendront avec la signature du traité de Quierzy – toujours en 754 – les Etats pontificaux. Intervenu en Italie du Nord, Pépin le Bref arma une flotte pour s'emparer de Venise, mais le doge avait fait retirer les repères marquant les chenaux de la lagune. Les galères de Pépin se retrouvèrent rapidement échouées lorsque la marée baissa et aussitôt harcelées par les bateaux à fond plat des Vénitiens !

UN NOUVEL EMPEREUR :
CHARLEMAGNE

À la mort de Pépin en 768, le royaume est partagé entre ses deux fils, l'aîné Carloman et le cadet, Charles, futur Charlemagne. La mort accidentelle de Carloman en 771 laisse rapidement la totalité du royaume au jeune Charles dont le règne en tant que roi des Francs durera quarante-six ans. Après avoir lutté dans le nord de l'Italie, avec moins de succès en Espagne, il rétablit l'empire en Occident en 800 en se faisant sacrer à Rome et poursuit sa lutte contre les peuples germaniques. En 813, il fait couronner Louis le Pieux, unique survivant de ses fils. Bien que Pépin le Bref en soit le fondateur, c'est Charlemagne qui a laissé son nom à la dynastie des Carolingiens, appelés jadis Carlovingiens.

La barbe fleurie
de Charles Ier le Grand

MESURANT PRÈS DE 1,90 M, CHARLEMAGNE EN TIRE SON NOM, *CAROLUS MAGNUS* SIGNIFIANT CHARLES LE GRAND. CHASSEUR ÉMÉRITE, NAGEUR HORS PAIR, PÈRE JALOUX ET AMOUREUX ARDENT, CELUI QUE L'ON A AUSSI SURNOMMÉ L'EMPEREUR À LA BARBE FLEURIE ÉTAIT EN RÉALITÉ PLUTÔT IMBERBE. LES PORTRAITS LE REPRÉSENTANT AFFUBLÉ D'UNE BARBE SONT INSPIRÉS PAR LES CHRONIQUEURS DU MOYEN AGE QUI Y VOYAIT UN SIGNE D'AUTORITÉ ET DE MAJESTÉ. QUANT AU TERME « FLEURI », IL PROVIENT EN RÉALITÉ D'UNE DÉFORMATION DU VIEUX FRANÇAIS *FLORI* QUI SIGNIFIAIT « BLANC ».

✍ ROLAND DE RONCEVAUX ET SA LÉGENDAIRE ÉPÉE ✍

L'existence de ce marquis de Bretagne est attestée par le chroniqueur Eginhard qui rapporte qu'à son retour d'Espagne en 778, l'arrière-garde de Charlemagne commandée par son neveu Roland fut brutalement attaquée au col pyrénéen de Roncevaux par les Vascons (autrement dit les Basques et non les Sarrasins). Cet incident donna naissance à une célèbre chanson de geste à la fin du XIe siècle. Se sentant vivre ses derniers instants, Roland souhaite prévenir Charlemagne : il saisit son olifant puis tente de casser son épée Durandal pour qu'elle ne tombe pas dans les mains de l'ennemi. En frappant la montagne, il ouvre la « brèche de Roland » qui domine le cirque de Gavarnie. Une autre légende affirme qu'il aurait alors lancé son épée jusqu'à Rocamadour où elle se serait plantée dans le rocher.

CHARLEMAGNE ET LES FEMMES

Charlemagne avait une véritable passion pour les femmes. Il eut quatre épouses (dont l'une mourut épuisée par neuf grossesses), mais l'Eglise appréciait peu le remariage des veufs et Charlemagne dut renoncer à un cinquième mariage, ce qui ne l'empêcha pas de poursuivre les femmes de ses assiduités. Ce sera le temps des concubines, au nombre de quatre, qui lui donneront… dix-huit enfants ! Il aura une tendresse particulière pour ses filles, refusant même de les marier, pour les emmener avec lui lors de ses déplacements.

Aix-la-Chapelle, capitale de l'Empire

Fondée selon la tradition vers 124 par Granus, la cité d'Aix-la-Chapelle – aujourd'hui dans l'ouest de l'Allemagne – a d'abord pris le nom d'Aquae Grani. Aix est une déformation d'*Aquae* faisant référence à la proximité de sources ferrugineuses et sulfureuses, tandis que la chapelle est celle qu'y a fait construire Charlemagne et où il repose encore aujourd'hui. Charlemagne y a installé sa cour parce qu'il appréciait les sources d'eaux chaudes – il y fit creuser une piscine où cent personnes pouvaient se baigner en même temps – et pour être près des Saxons, contre lesquels il se battait sans répit. Il y faisait baptiser les païens à tour de bras, le plus difficile étant de trouver assez de vêtements blancs qu'il donnait à chaque converti. On raconte que certains se faisaient baptiser plusieurs fois dans le but de garnir à bon compte leur garde-robe !

Charlemagne en guerre en Germanie.

Charlemagne visite une de ses villas.

800 : Charlemagne couronné empereur des Romains

La cérémonie eut lieu le jour de Noël 800 à Rome selon le rituel utilisé dans l'Empire byzantin où le couronnement comportait trois étapes (acclamation de la foule et de l'armée, couronnement puis adoration de l'empereur par le patriarche pour montrer que le pouvoir venait du peuple et les victoires de l'empereur). Le pape Léon III décida toutefois d'inverser l'ordre. Ainsi, pour avoir le premier rôle et signifier que tout pouvoir venait de Dieu, il imposa d'abord la couronne puis invita l'assemblée à l'acclamer trois fois. A en croire Eginhard, Charles n'apprécia guère cette initiative et affirma qu'il aurait renoncé à entrer dans l'église ce jour-là s'il avait pu connaître d'avance le dessein du pontife. Ainsi commencèrent les difficiles rapports entre l'Empire et la papauté.

Les yeux de l'empereur : les *missi dominici*

Reprenant une pratique de son père Pépin le Bref, Charlemagne, par un capitulaire (ordonnance impériale) de 802, régularise cette institution des *missi dominici* qui devient un des rouages essentiels de son administration. Ils vont deux à deux, un évêque et un comte, surveillent tous les fonctionnaires de l'Empire et veillent à l'application des capitulaires. Cette institution perdurera jusqu'à la fin du IXe siècle. Avec l'insécurité croissante à cause des Normands, les *missi dominici* ne seront plus choisis parmi les agents du palais, mais plutôt parmi les notables locaux.

Véritable Extrait de Viande LIEBIG.

CHARLEMAGNE. — Année 800

COURONNEMENT DE CHARLEMAGNE COMME EMPEREUR D'OCCIDENT, À ROME DANS L'ÉGLISE ST-PIERRE, LE JOUR DE NOËL, PAR LE PAPE LÉON III.

Exiger la signature LIEBIG en encre rouge sur l'étiquette et le papier qui enveloppe le pot.

VOIR AU VERSO.

L'éléphant blanc du calife de Bagdad

Le calife de Bagdad Haroun al-Rachid a accepté l'amitié de Charlemagne en ces temps de conflits avec Constantinople où nouer des liens avec l'adversaire le plus puissant de l'empire d'Orient pouvait servir l'empereur. En 802, en guise de reconnaissance, Charlemagne reçoit du calife un splendide éléphant blanc qui, à coup sûr, évitera toute tromperie ! Il l'emmènera régulièrement avec lui de palais en palais, et prendra soin de lui jusqu'à la mort en 810 d'Abul-Abbas – tel était le nom de ce pachyderme dont l'albinisme n'a fait qu'accroître sa valeur.

Horloge à eau offerte par le calife Haroun al-Rachid.

&? LA RENAISSANCE CAROLINGIENNE &

L'école exista bien avant l'empereur, dès l'Antiquité. Pour sa part, Charlemagne parlait le latin populaire et littéraire, il comprenait le grec, mais devait en revanche faire régulièrement des exercices d'écriture. Néanmoins, l'expression « renaissance carolingienne » est indissociable de l'histoire des Carolingiens et cette « école » n'a rien de scolaire dans la mesure où elle ne s'adresse pas aux enfants. Il s'agit en effet de l'académie palatine, c'est-à-dire un groupe de lettrés que Charlemagne aimait réunir en son palais composé de Pierre de Pise, de Paul Diacre venu d'Italie, de Théodulf venu d'Espagne, mais surtout du Britannique Alcuin. Leur mission était de forger un clergé instruit apte à lire, commenter et copier les écritures, les ouvrages des Pères de l'Eglise et un certain nombre d'œuvres de l'Antiquité païenne. A cette occasion naquit la lettre minuscule – dite caroline d'après le nom latin de l'empereur – qui permettait de retrouver la lisibilité des manuscrits. Cependant, Charlemagne voulut aussi que le peuple puisse s'instruire : il confia à l'Eglise le soin de fonder dans chaque paroisse une école gratuite tenue par un prêtre.

Charlemagne représenté comme « l'inventeur de l'école ».

LOUIS Iᵉʳ LE PIEUX ET SES FILS :
LE PARTAGE DE L'EMPIRE

A la mort de Charlemagne en 814, deux de ses trois fils ne lui ont pas survécu. Louis Iᵉʳ le Pieux hérite naturellement de l'empire de son père qui l'a fait empereur dès septembre 813, avant le sacre à Reims par le pape Étienne IV en 816. En établissant un premier partage entre ses fils dès 817, Louis prépare une succession qui s'annonce moins commode. Bernard, un neveu mécontent de son sort, tente alors de se soulever contre lui, en vain. D'abord condamné à mort, Bernard n'aura que les yeux crevés. L'opération lui est toutefois fatale et pousse Louis le Pieux, également surnommé « le Débonnaire » par les chroniqueurs du Moyen Âge, à faire pénitence publique à Attigny – dans l'actuel département des Ardennes.

EMPIRE DE CHARLEMAGNE

833 : LE « CHAMP DU MENSONGE »

L'arrivée d'un quatrième fils va compliquer une situation déjà complexe. Après la mort d'Ermengarde, sa seconde épouse Judith de Bavière met au monde en 823 le futur Charles II le Chauve. Alors qu'un premier partage avait été établi, les tractations visant à donner une part de l'héritage au petit dernier entraînent l'épisode du « champ du mensonge », un ancien champ de bataille des environs de Colmar rebaptisé pour l'occasion. Contrariés, les autres fils de Louis y convoquent leur père en juin 833 et le destituent. Envoyé en pénitence à Soissons, Louis le Pieux est finalement rétabli en 835 à cause d'incessantes querelles fraternelles…

842 : les serments de Strasbourg

LE TRAITÉ DE VERDUN (843)
Les trois fils de Louis-le-Pieux, Lothaire, Louis-le-Germanique
et Charles-le-Chauve, se partagent l'empire de leur Père.

A la mort de Louis, ses fils ne sont plus que trois et ne s'entendent toujours pas, comme l'illustre la bataille de Fontenoy en 841. Cette opposition en terre bourguignonne a gardé la réputation d'avoir été extrêmement meurtrière, et s'est soldée par la défaite de l'aîné Lothaire face à Louis le Germanique allié à son demi-frère Charles le Chauve. Les deux vainqueurs prêtèrent par la suite un serment d'assistance mutuelle à Strasbourg en 842. Le texte de ce que l'on appelle les « serments de Strasbourg » a la particularité de ne pas être en latin, et constitue même le plus ancien document en langue romane (ancêtre du français) et en langue tudesque (ancêtre de l'allemand).

843 : naissance de la France à Verdun

Les serments de Strasbourg aboutissent l'année suivante au partage de l'empire de Charlemagne entre ses trois petits-fils. Le traité de Verdun de 843 donne ainsi à Louis le Germanique la partie orientale de l'Empire, appelée Francie orientale. Cette région deviendra la Germanie, mais le nom des Francs subsiste de nos jours dans le nom de la région allemande de Franconie ou dans celui de la ville de Francfort. Parfois appelé Francie médiane, le territoire de Lothaire est plus central et constitue la Lotharingie. De ce nom découlera celui de la Lorraine, même si ses frontières s'étendaient de la mer du Nord à la Méditerranée. Le benjamin Charles II le Chauve a quant à lui régné sur la Francie occidentale, une France limitée à l'est par les cours de l'Escaut, de la Meuse, de la Saône et du Rhône. Egalement rédigé en 843, le capitulaire de Coulaines pose les bases de la société féodale, reconnaissant les devoirs mutuels entre Charles et les nobles du royaume.

Le serment de Nominoë.

❧ LA BRETAGNE INDÉPENDANTE ❧

En marge de ces querelles, Nominoë, qui a été fait duc de Bretagne par Louis le Pieux, bat les troupes de Charles le Chauve près de Redon en 845 au cours de la bataille de Ballon. Nominoë se proclame roi de Bretagne et assure l'indépendance d'une Bretagne unifiée en s'emparant des villes de Rennes et de Nantes. Après la mort de Nominoë en 851, Charles le Chauve est contraint de reconnaître officiellement son fils Erispoë comme roi de Bretagne. Cette indépendance aurait toutefois pu tourner court, car il fut question de marier le futur roi Louis II le Bègue, fils de Charles le Chauve, à la fille du roi Erispoë. Ce rapprochement avec les Carolingiens est probablement à l'origine de l'assassinat du fils de Nominoë.

De Louis II à Louis V :
les derniers Carolingiens

En près d'un siècle, onze rois se succèdent ; des rois carolingiens, mais aussi des Robertiens. Les rois sont en effet élus par les grands du royaume et l'hérédité ne suffit pas toujours pour assurer la succession dynastique. La famille de la noblesse franque des Robertiens a tout d'abord vu le comte de Paris, Eudes Ier (888-898), accéder au trône, fort de sa lutte héroïque contre les Normands en 885. Son frère Robert Ier, roi des Francs durant à peine un an en 922 et 923, n'est autre que le grand-père d'Hugues Capet. Son successeur Raoul Ier (923-936) est issu quant à lui de la famille des Bosonides. La faiblesse des derniers rois carolingiens n'est pas sans rappeler celle des derniers Mérovingiens surnommés les rois fainéants, adjectif associé également à Louis V (986-987).

Le siège de Paris par les Normands.

Les malheurs de Louis III et de Carloman II

Louis III qui fut roi des Francs conjointement avec son frère Carloman II à la mort de leur père Louis II est surtout connu pour l'épisode qui lui coûta la vie en 883, à l'âge de 18 ans. A cheval, il se serait fracassé le crâne sur le linteau d'une porte en poursuivant une jeune fille dont il était épris ! Son frère Carloman mourut deux ans plus tard, également à 18 ans, d'un accident de chasse, blessé par un sanglier ou alors par une flèche tirée par un de ses gardes visant le sanglier. Leur frère, Charles III, accédera plus tard au trône après la régence de Charles le Gros et le règne d'Eudes Ier.

A LA PAIX

LOUIS IV, DIT D'OUTRE-MER   Règne de 936 à 954

C. Roi de France

❧ UN ROI D'OUTREMER... ❧

Louis IV d'Outremer n'est pas né sur une île lointaine, mais il est appelé ainsi en raison de son enfance passée en Angleterre auprès du roi Athelstan. A la déchéance de son père Charles le Simple en 922, sa mère a préféré l'éloigner des rivalités franques. En 936, il est élu roi malgré la prédominance d'Hugues le Grand, fils de Robert Ier et père d'Hugues Capet, dont la position n'est pas sans rappeler celle des maires du palais à la fin de l'époque mérovingienne...

Les raids des « hommes du Nord »...

Dès la seconde moitié du IXe siècle, les Vikings également appelés Normands (« hommes du Nord ») mènent des raids dévastateurs dans le royaume et pillent de nombreuses villes, remontant les fleuves à bord de leurs célèbres drakkars. Le terme drakkar ne désignait alors pas l'embarcation de ces hommes venus de Scandinavie, mais plutôt les figures qui ornaient la proue de ces navires. En 911, le roi Charles III le Simple signe le traité de Saint-Clair-sur-Epte avec le chef normand Rollon, qui se fait baptiser pour l'occasion. En échange d'un territoire qui deviendra le duché de Normandie, les Vikings s'engagent à cesser leurs attaques.

... et de ceux du Sud

Bien implantés en Espagne, les Sarrasins s'établirent ponctuellement en France à la fin du IXe siècle, notamment à Fraxinet dans le golfe de Saint-Tropez. De ce site fortifié, ils ont mené des raids en Provence essentiellement, mais aussi jusqu'en Savoie où ils ont capturé l'influent abbé Mayeul de Cluny. Sous l'action du comte de Provence qui en tira son surnom de « Guillaume le Libérateur », ils furent finalement boutés hors de Provence après la bataille de Tourtour en 973. En outre, le royaume demeure de temps à autre attaqué par des Hongrois à l'est.

LE ROYAUME FRAGILE
DES PREMIERS CAPÉTIENS

Les successeurs de Charlemagne ont distribué de nombreuses terres à leurs vassaux, certains d'entre eux devenant alors plus puissants qu'eux. Profitant de la faiblesse des derniers Carolingiens, le « duc des Francs » Hugues Capet s'impose à la tête du royaume. Il est sacré en 987 – peut-être à Reims ou alors à Noyon – en y associant son fils, créant ainsi une nouvelle dynastie : les Capétiens. Celui qui se fait encore appeler « roi des Francs » ne règne véritablement que sur l'Ile-de-France, qui s'étend alors d'Orléans à Senlis. Les mariages des premiers Capétiens visent à consolider et à agrandir petit à petit un royaume fragile en s'unissant avec les familles des grands seigneurs du royaume. Des règnes longs (seulement cinq rois en près de deux siècles après Hugues Capet) et une descendance mâle toujours assurée ont en outre apporté une stabilité à la monarchie, qui retrouvera véritablement son prestige avec Philippe Auguste.

HISTOIRE GÉNÉRALE DES MONNAIES

Edité par la CHOCOLATERIE D'AIGUEBELLE (Monastère de la Trappe-Drôme)

NOYON. — Sacre de Hugues-Capet. 987.

Les *regalia* de la nouvelle dynastie capétienne

Les Capétiens renouent avec la pratique du sacre, pour tenter d'asseoir leur nouvelle dynastie. Le rituel de cette cérémonie associe un certain nombre de symboles qui ne sont apparus que progressivement et que l'on appelle les *regalia*. Souvent conservée d'un sacre à l'autre, la couronne est le premier des symboles royaux. Après la remise dans la main droite du sceptre royal, symbole de commandement terminé par une fleur de lys, le souverain reçoit la main de justice. Ce symbole du pouvoir judiciaire conféré au roi ne semble toutefois pas exister avant Louis IX. Avec les éperons d'or, l'épée Joyeuse présentée comme celle de Charlemagne illustre la fonction militaire. Lors du sacre qui se tient à Reims lorsque le contexte politique le permet, les rois de France reçoivent la sainte onction à partir de l'huile sacrée de la sainte ampoule qui aurait servi à baptiser Clovis.

AU DIABLE ROBERT LE PIEUX

En 995, le roi Robert II répudie sa première femme Rosala, une descendante de Charlemagne choisie par Hugues Capet pour son sang royal, et se remarie avec sa cousine Berthe. Quelques différends avec le pape vont pousser ce dernier à demander l'annulation de ce mariage jugé incestueux, bien que ces pratiques soient communes. En 998, Robert est menacé d'excommunication, mais pour des raisons plus politiques que religieuses il se sépare finalement de Berthe, pour se remarier avec Constance d'Arles. Sa défense de la « Paix de Dieu » instituée par l'Eglise lui a tout de même valu le surnom de Robert le Pieux. Pour sa cousine Berthe, il a fait construire le château de Vauvert au sud des murs de Paris. L'édifice a rapidement eu mauvaise réputation après sa mort, le lieu passant pour être un repaire de brigands et bientôt pour abriter le diable. La résidence a par la suite été reprise par les Chartreux qui avaient l'habitude de s'installer à l'écart des habitations, loin de tout : Au diable vauvert ! Si elle existait toujours, elle se trouverait dans le 14e arrondissement de Paris, non loin de la barrière d'Enfer…

Edition de la CHOCOLATERIE D'AIGUEBELLE (Drôme)

ROBERT II 996-1031

LE ROI DISTRIBUANT DES AUMÔNES.

Une régente russe

Les mariages consanguins, même entre cousins éloignés, n'étant plus en odeur de sainteté, Robert II dut aller jusqu'en Russie pour trouver une épouse à son fils, le futur Henri Ier. Celle-ci est la fille de Iaroslav le Sage, et se nomme Anne de Kiev, parfois Agnès ou encore Anne de Russie. Réputée pour sa grande beauté, elle a introduit le prénom Philippe à la cour en le donnant à son fils, Philippe Ier, dont elle sera la régente pendant sa minorité.

LES ROIS THAUMATURGES GUÉRISSENT LES ÉCROUELLES

Toujours pour donner davantage de prestige aux rois, on leur attribue le pouvoir de guérir, en les touchant, les écrouelles, des ganglions d'origine tuberculeuse. La guérison spontanée devait alors être considérée comme une intervention divine. Le premier de ces rois qualifiés de thaumaturges pourrait être Philippe Ier, ou Robert II, mais il faut attendre Saint Louis pour que ce pouvoir leur soit clairement attribué.

CHOCOLAT GUÉRIN-BOUTRON

17. PHILIPPE Ier (1060-1108). *Guillaume le Conquérant part pour l'Angleterre (1060).*

❧ GUILLAUME LE CONQUÉRANT, LE BÂTARD NORMAND DEVENU ROI D'ANGLETERRE ❧

Guillaume Ier de Normandie doit son surnom de « bâtard » au fait que sa mère était une simple fille de tanneur. Son père Robert le Diable parti en croisade, son tuteur n'est autre que le roi Henri Ier. Après l'avoir défendu, Henri Ier retrouve son vassal Guillaume en tant qu'adversaire, sans parvenir à freiner son irrésistible ascension. Parti à la conquête de l'Angleterre, Guillaume est victorieux à Hastings en 1066, et devient roi d'Angleterre le jour de Noël. Cette conquête est représentée sur une broderie longue de 70 m : la célèbre « tapisserie de Bayeux », également appelée « tapisserie de la reine Mathilde » du nom de l'épouse de Guillaume.

Aliénor épouse le fils du « roi de la France »...

Le plus ancien document évoquant le titre de « roi de France », est une lettre de Louis VI au pape Calixte II, datant de 1119. Louis VI se proclame « roi de la France, non plus des Francs, et fils particulier de l'Eglise romaine ». Aidé par l'abbé Suger, il pense avoir entrepris une étape majeure dans l'unification du royaume en 1137, peu avant sa mort, en mariant son fils cadet, le futur Louis VII, à Aliénor d'Aquitaine, seule héritière de l'immense duché d'Aquitaine...

... mais donne finalement l'Aquitaine aux puissants Plantagenêts

Plus attirée par la politique et la poésie que par la religion, Aliénor n'apprécie guère Louis et lui est infidèle. Le roi préfère la répudier en 1152, ce qu'il n'aurait peut-être pas fait si elle avait pu mettre au monde un garçon et ainsi assurer sa succession... Aliénor se jette alors dans les bras du jeune Henri Plantagenêt, déjà comte d'Anjou, du Maine et de Touraine et bientôt roi d'Angleterre. Elle lui donnera trois futurs rois d'Angleterre, dont Richard Cœur de Lion avec qui elle repose dans l'abbaye de Fontevraud en Anjou.

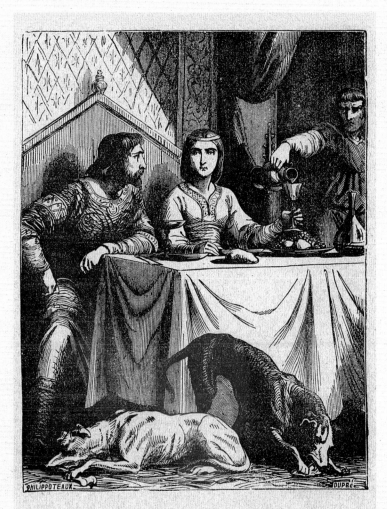

Philippe Ier et Bertrade.

LES PLANTAGENÊTS TIRENT LEUR NOM DE GEOFFROY V D'ANJOU QUI AVAIT L'HABITUDE DE PORTER UN BRIN DE GENÊT À SON CHAPEAU. EN ÉPOUSANT MATHILDE L'EMPERESSE, PETITE-FILLE DE GUILLAUME LE CONQUÉRANT, IL A PERMIS À SON FILS HENRI PLANTAGENÊT DE PRÉTENDRE AU TRÔNE D'ANGLETERRE SOUS LE NOM D'HENRI II.

PHILIPPE AUGUSTE
ET L'ÉMERGENCE
DE L'ETAT FRANÇAIS

Roi à 15 ans, Philippe Auguste est célèbre pour ses victoires militaires qui ont permis d'affirmer le pouvoir du roi vis-à-vis de ses vassaux, triplant ainsi l'étendue du domaine royal. Après avoir lutté contre les rois d'Angleterre Richard Cœur de Lion et Jean sans Terre, il veut déposséder ce dernier de ses fiefs français en s'appuyant sur le droit féodal. En 1204, il prend leur forteresse normande de Château-Gaillard (ci-dessus), réputée imprenable. En 1213, la bataille de Muret menée par des barons qui obéissent au roi vient juste de consolider l'implantation française dans le

sud, quand se prépare près de Lille la bataille de Bouvines. Le dimanche 27 juillet 1214, les troupes royales de Philippe Auguste aidées par les milices communales défont celles de Jean sans Terre, de l'empereur Otton IV, et du comte de Flandre. Cette bataille ne souligne pas seulement la puissance du roi de France, mais elle est aussi considérée comme la première victoire de la nation française. Pour contrôler son domaine royal, Philippe Auguste crée les baillis et les sénéchaux, chargés de fonctions administratives et judiciaires.

✍ 1189 : Philippe Auguste et Richard Cœur de Lion
ensemble pour la troisième croisade ✍

Saladin ayant reconquis Jérusalem, le pape Grégoire VIII demande au roi de France Philippe Auguste et à son puissant vassal Richard Cœur de Lion – qui n'est pas seulement roi d'Angleterre,

PHILIPPE AUGUSTE ET RICHARD CŒUR DE LION devant St JEAN d'ACRE

mais aussi duc de Normandie et d'Aquitaine, comte du Maine, d'Anjou et de Poitiers – de cesser leurs querelles pour mener la troisième croisade. Elle débute en 1189, avec à leurs côtés l'empereur germanique Frédéric Ier Barberousse qui meurt l'année suivante, noyé dans le fleuve Saleph en Anatolie. Si le siège de Saint-Jean-d'Acre est un succès, ils ne pourront reprendre Jérusalem, Philippe Auguste ayant prématurément quitté la Terre sainte.

Philippe Auguste à la bataille de Bouvines.

LES LUSIGNAN, ROIS DE CHYPRE

APRÈS LA PRISE DE LA VILLE SAINTE PAR SALADIN EN 1187, LE COMTE DE LA MARCHE GUY DE LUSIGNAN CONSERVE UN TEMPS LE TITRE DE ROI DE JÉRUSALEM, MAIS DOIT SE REPLIER SUR CHYPRE AVEC DE NOMBREUX FRANÇAIS DÉPOSSÉDÉS DE LEURS TERRES EN ORIENT. EN 1192, IL DEVIENT ROI DE CHYPRE ET FONDE UNE DYNASTIE QUI VA RÉGNER SUR L'ÎLE MÉDITERRANÉENNE JUSQU'À L'ARRIVÉE DES VÉNITIENS À LA FIN DU XVᵉ SIÈCLE.

1194 : Philippe Auguste perd ses archives à Fréteval

A Fréteval (près de Vendôme) en 1194, Philippe Auguste a non seulement perdu une bataille contre Richard Cœur de Lion, mais il a aussi perdu son sceau royal et ses livrets de comptes, autrement dit les archives qu'il emportait toujours avec lui lors de ses déplacements. La tradition veut que suite à cette mésaventure le roi ait créé des archives royales sédentaires, la plus ancienne trace d'un dépôt d'archives permanent dans son palais de la Cité à Paris ne remontant toutefois qu'à l'an 1231.

Paris capitale

De son palais royal de l'île de la Cité, Philippe Auguste dote Paris d'une nouvelle enceinte et fait notamment construire le Louvre, qui n'est alors qu'un gros donjon entouré de murailles. La cour jusqu'alors itinérante, se fixe à Paris qui devient véritablement la capitale. Sous son règne, Paris subit d'importantes crues de la Seine. En 1196, le roi doit quitter son palais pour rejoindre l'abbaye Sainte-Geneviève, et participer au milieu des Parisiens à des processions religieuses réalisées pour éviter un second déluge… qui intervient cependant en 1206. Cette année-là, on circule à Paris en bateau et les arches du Petit-Pont ne résistent pas. Pour sauver la ville, on fait venir les reliques de sainte Geneviève à Notre-Dame… En 1214, la capitale en liesse accueille enfin le roi victorieux, de retour de Bouvines.

LA SOCIÉTÉ FÉODALE

Charles le Chauve, petit-fils de Charlemagne ayant reçu la Francie occidentale lors du traité de Verdun, est à l'origine de la féodalité, terme tiré du mot « fief » qui désigne l'organisation politique et sociale du Moyen Age. En 843, il avait promis avec le capitulaire de Coulaines de ne pas démettre les nobles de leurs terres. En 877, un autre texte de loi, le capitulaire de Quierzy, accorde la transmission héréditaire de ces terres qui vont prendre le nom de fiefs. Devant la faiblesse du pouvoir royal confronté aux invasions des IXe et Xe siècles, les populations vont chercher la protection des puissants seigneurs. Ces derniers, en réunissant des guerriers autour d'eux, vont former un ordre dominant à partir du XIe siècle. A cette même époque, Adalbéron de Laon définit les trois ordres qui allaient durablement constituer la société française : ceux qui combattent (les nobles), ceux qui prient (les clercs) et ceux qui travaillent (les paysans).

❧ DES LIENS D'HOMME À HOMME ❧

Un chevalier qui se met au service d'un seigneur devient son vassal lors de la cérémonie de l'hommage, marquée par l'accolade et la remise officielle du fief. Mais un seigneur est lui-même le vassal d'un grand seigneur (duc, comte…), voire du roi qui domine la hiérarchie féodale bien que ses vassaux respectent peu leurs obligations. Parmi celles-ci figurent l'aide militaire (l'ost) et l'aide financière (pour payer une éventuelle rançon). Le vassal qui ne respecte pas ses engagements voit ses fiefs confisqués et devient un félon, dont Ganelon est l'archétype. Ce personnage littéraire de la *Chanson de Roland*, responsable du piège tendu au héros, semble s'inspirer d'un archevêque homonyme qui s'est fait connaître, sous le règne de Charles le Chauve, en choisissant le camp de Louis le Germanique.

LA CHEVALERIE

APRÈS UN APPRENTISSAGE QUI L'AMÈNE À ÊTRE PAGE PUIS ÉCUYER AUPRÈS D'UN PARRAIN, UN JEUNE NOBLE PEUT DEVENIR CHEVALIER LORS DE LA CÉRÉMONIE DE L'ADOUBEMENT. PRÊTANT SERMENT AGE-NOUILLÉ DEVANT UN SEIGNEUR QUI LUI DONNE LA COLÉE (UN COUP D'ÉPÉE PRÈS DU COU), LE FUTUR CHEVALIER REÇOIT SES ARMES. POUR INCARNER LES VALEURS CHEVALERESQUES, IL SE DEVRA D'ÊTRE SAGE, COURAGEUX, GÉNÉREUX ET FIDÈLE. GRÂCE AUX CHANSONS DES TROUBADOURS, LES CHEVALIERS APPRENNENT À FAIRE LA COUR AUX DAMES ET, QUAND ILS NE SONT PAS À LA GUERRE, ILS S'ENTRAÎNENT LORS DES TOURNOIS, DES JEUX GUERRIERS OÙ LES ENJEUX SONT PARFOIS COURTOIS.

Une justice visible

Les seigneurs peuvent disposer de la basse, de la moyenne ou de la haute justice. Dans le dernier cas, ils peuvent pro-noncer la peine capitale et envoyer quiconque au gibet. Les exécutions sont publiques et les corps des pendus peuvent rester en place de longs moments. Pour des peines moins graves, le pilori, qui pouvait revêtir différentes formes, expose aux regards de la foule les condamnés attachés, pour quelques heures ou pour quelques jours. Ces der-niers pouvaient alors être victimes de jets d'ordures ou d'œufs pourris.

Le château, symbole de la domination du seigneur

Les paysans qui effectuent déjà les corvées dans la réserve du seigneur doivent payer le cens en échange de la location de terres appelées tenures. Ils doivent obligatoire-ment utiliser le four, le moulin et le pressoir du seigneur, contre le paiement des banalités. Les seigneurs apportent la protection dans leur château en échange d'un autre impôt : la taille. Ce nom fait référence au bâton de taille, une baguette sur laquelle des entailles permettaient d'élaborer des comp-tages. D'abord construits en bois sur des mottes, ces châteaux vont accroître leur capacité défensive avec l'usage de la pierre. Au sein de la haute cour, le donjon est la résidence de la famille du seigneur qui peut inviter ses chevaliers pour des banquets. Dans la partie géné-ralement externe appelée basse cour, le château peut abriter des bâtiments à vocation agricole et des animaux domestiques.

L'essor des campagnes

Au lendemain des ravages causés par les dernières vagues d'invasions, on assiste à partir du Xe siècle à une résurrection des campagnes facilitée par les efforts visant à discipliner les violences féodales soutenus par l'Eglise et entrepris par les seigneurs. Au cours de cette période de croissance démographique, l'agriculture profite de progrès techniques importants alors qu'elle demeure l'activité de l'écrasante majorité d'une population qui commence véritablement à se regrouper en villages. Cet essor rural permettra ensuite celui des villes, nourries par des campagnes capables de produire des excédents.

❦ DE NOUVELLES TECHNIQUES POUR PRODUIRE PLUS ❧

La première révolution de l'énergie est la substitution de la force musculaire par celle de l'eau et du vent qui alimente les moulins. De plus, l'invention de l'attelage par collier d'épaule va multiplier par deux les possibilités de traction de l'animal et l'attelage en file va permettre de traîner des chargements de plus en plus lourds. Au même moment, la généralisation de la ferrure du cheval permet d'éviter une usure prématurée des sabots. L'outillage connaît également des perfectionnements : l'araire est remplacé par la grande charrue à roues et à versoir qui permet un labour plus profond. Ainsi, grâce à ces améliorations, les paysans produisent davantage et sont moins menacés par la famine.

Elevages et cultures

On récolte des céréales (seigle, froment, orge, avoine), des légumes comme les pois, les haricots, les choux, des courges ou des poireaux, ainsi que du chanvre et du lin pour fabriquer des tissus. On cultive aussi des vignes sur la quasi-totalité du territoire. S'agissant des animaux, on rencontre plus souvent des poules et des porcs (plus faciles à élever) que des chevaux, des bœufs ou des vaches, plus rares car plus chers. Moins courant, l'élevage des moutons est toutefois intéressant à plus d'un titre : avec leur laine, on fait des étoffes ; avec le lait, des fromages ; avec la peau, du cuir ; avec la chair, des gigots ; et les boyaux peuvent même servir à faire des cordes d'instruments de musique !

LE MOULIN - LA FARINE

LES TRACES DES DÉFRICHEMENTS DANS LA TOPONYMIE

De nombreux villages ou hameaux ont été créés et nommés au Moyen Age. Ils portent souvent le nom de leur fondateur, à l'image des toponymes en -ière/-ère/-erie (La Villardière, La Rogère, La Raimbauderie…) courants dans l'Ouest. Dans le Sud-Ouest, les lieux-dits précédés de « chez » sont légion et traduisent la volonté de marquer son territoire. Tous les noms comportant Lamotte, Castel (nau), Lagarde ou Laroque suivis d'un patronyme traduisent encore davantage cette volonté. D'autres noms de lieux font plus spécifiquement référence aux importants défrichements réalisés au cours de cette période. Les espaces gagnés sur la forêt, ou sur des friches désormais exploitables grâce à l'utilisation d'engrais naturels plus abondants, sont reconnaissables encore aujourd'hui à la lecture de noms de lieux comme Artigues ou Les Essarts qui font référence à des terres défrichées.

Villeneuves et bastides

Des villages neufs sont créés par la volonté de seigneurs laïcs ou ecclésiastiques qui doivent néanmoins attirer les nouveaux habitants en leur octroyant des avantages comme des exemptions de taxes. Ainsi apparaissent les toponymes Villeneuve, Neuville, Villefranche, Sauveterre ou Labastide. Le Sud-Ouest abrite plusieurs centaines de bastides créées à partir du XIIIe siècle et qui s'organisent autour d'une place centrale avec des rues à angle droit. Certaines d'entre elles prospéreront pour devenir des villes d'importance à l'image de Libourne en Gironde.

L'ESSOR DES VILLES

Après une période de développement liée à la romanisation, l'urbanisation connaît une phase de déclin au début du Moyen Age. Il faut attendre le Xᵉ siècle, et l'essor conjoint des campagnes, pour assister à un renouveau urbain. La ville médiévale se caractérise tout d'abord par l'enceinte fortifiée qui la protège. Les faubourgs (altération de *fors bourg*, fors étant une ancienne préposition signifiant en dehors) sont les quartiers qui s'étendent au-delà des remparts, et qui se retrouvent parfois intra-muros quand des enceintes plus vastes sont construites. A côté du pouvoir de l'Eglise, et de celui du seigneur qui ne possède pas forcément son château dans la ville, un nouveau pouvoir émerge à partir de la fin du XIᵉ siècle : celui des communes.

❧ CHARTES DE FRANCHISES ET TOURS COMMUNALES ❧

Les habitants de certaines villes prêtent serment et forment des communes pour réclamer plus de libertés à leur seigneur, ce mouvement communal menant parfois à des révoltes comme à Laon en 1112. Des textes, appelés chartes de franchises, ont reconnu ce qui était tout d'abord plutôt des exemptions de taxes, avant que les bourgeois – terme désignant au départ les habitants des bourgs avant de désigner les plus aisés d'entre eux – obtiennent le privilège de choisir leur(s) représentant(s) pour diriger la ville. Divers systèmes municipaux sont alors nés. Dans le Nord, des jurés et/ou des échevins forment un conseil municipal qui désigne parfois des bourgmestres ou des mayeurs, ancêtres de nos maires. Dans le Sud, ce sont plutôt des consuls qui administrent la ville, ou comme à Toulouse des capitouls qui siègent au célèbre Capitole dont la construction a été décidée en 1190. Les villes affirment également leur personnalité juridique en créant des sceaux. Celui de la ville de Saint-Omer (Pas-de-Calais) arbore les six échevins de la commune devant leur « mairie » surmontée d'un beffroi. Ces tours communales érigées surtout dans le nord du pays concurrencent dans le paysage urbain les cathédrales et les châteaux seigneuriaux.

À LA PAIX

40ᵉ Roi de France   LOUIS VI dit le Gros

Louis VI : le père des communes

LOUIS VI (1108-1137) DIT LE GROS EN RAISON DE SON EMBONPOINT, ÉTAIT AUSSI APPELÉ LE « PÈRE DES COMMUNES ». TOUT COMME SON FILS LOUIS VII (1137-1180), IL A RECONNU ET ENCOURAGÉ LE POUVOIR DE CES NOUVELLES COMMUNES. CETTE ATTITUDE N'EST PAS ÉTONNANTE QUAND ON SAIT QUE LES SEIGNEURS DU ROYAUME NE RESPECTAIENT GUÈRE L'AUTORITÉ DU ROI. DONNER PLUS DE POUVOIR AUX VILLES CONSTITUAIT UN MOYEN D'AFFAIBLIR LES GRANDS SEIGNEURS.

La banlieue

Le terme de banlieue trouve son origine dans l'époque médiévale. Le « ban » fait référence au pouvoir juridique du seigneur tandis que la « lieue » est une distance, variable selon les régions. La banlieue est donc étymologiquement l'espace où s'exerce la loi du seigneur. Avec le développement du pouvoir communal, le terme de banlieue a fini par désigner l'espace autour d'une ville où s'exerce le commandement de la municipalité, avant de désigner désormais plus simplement l'espace périphérique d'une ville.

Premiers chèques et premières banques

Le commerce n'est évidemment pas étranger au développement des villes. De grandes halles y sont construites pour vendre les produits de la proche campagne, mais aussi des produits beaucoup plus lointains. Les foires les plus importantes se tenaient à Beaucaire dans le Sud, à Saint-Denis près de Paris et en Champagne où les villes de Troyes, Provins, Bar-sur-Aube et Lagny se relayaient pour accueillir toute l'année des foires qui attiraient des marchands venus d'Italie ou d'Europe du Nord. Ces échanges qui pouvaient être réalisés grâce à la lettre de change, ancêtre du chèque, s'accompagnent d'un essor des activités bancaires, le terme banque faisant référence au banc où le change des monnaies était réalisé.

Corporations et métiers

Dans de nombreuses villes, des confréries ou des guildes regroupent les citadins selon leurs métiers. A la hiérarchie entre les maîtres et leurs valets, s'ajoute celle entre les métiers, l'activité des orfèvres n'équivalant pas celle des revendeurs appelés regrattiers. Nombreux sont les artisans et les « victuaillers » (métiers de bouche), dominés par les banquiers et les marchands qui gouvernent généralement la ville. Avec leur extension, il est devenu indispensable de nommer les rues des villes, en s'inspirant souvent des activités qu'on y trouvait, faisant se côtoyer la rue des Tanneurs et la rue des Foulons, ou bien la rue du Change et la place du Marché.

Un cordonnier dans son atelier.

❧ PAYER EN MONNAIE DE SINGE ❧

Le prévôt de Paris (fonction différente du prévôt des marchands) Etienne Boileau nous a laissé dans son *Livre des métiers* de 1268 le recueil des statuts de plus d'une centaine de métiers parisiens, parmi lesquels figurent notamment les crieurs de vin qui annonçaient le prix du vin dans les tavernes, les déciers qui fabriquaient des dés, et les fourbisseurs qui réparaient les armes blanches. On y trouve également l'origine de l'expression « payer en monnaie de singe ». Certaines professions ne payaient pas la taxe pour emprunter le pont qui relie l'île de la Cité – où Saint Louis avait son palais dont le principal vestige est aujourd'hui la Conciergerie – au quartier Saint-Jacques. Il s'agit des montreurs d'animaux, forains, bateleurs et autres jongleurs, à condition toutefois de se donner en spectacle, avec un singe pour certains d'entre eux.

Bateleurs payant leur entrée à Paris en monnaie de singe.
Composition de Ferdinand Raffin.

Tenir le haut du pavé

On dit d'une personne d'un rang social élevé qu'elle « tient le haut du pavé ». Cette expression trouve son origine dans les rues médiévales. Ces dernières étaient étroites, plutôt sinueuses, et pavées. Le centre de la rue, en creux, servait à évacuer l'eau de pluie… et tout ce que les citadins jetaient. Le haut du pavé désigne donc là partie de la rue qui borde les maisons à pans de bois, dont le rez-de-chaussée est souvent occupé par l'atelier d'un artisan qui n'hésite pas à travailler à même la rue. De plus, les étages des maisons dites « en encorbellement » s'avancent dans la rue, protégeant ainsi de la pluie le haut du pavé qui se distingue déjà du reste de la rue par sa relative propreté. Lorsque l'on croisait quelqu'un dans la rue, la coutume était alors de laisser le haut du pavé aux personnes d'un rang social supposé plus élevé.

Des remparts aux boulevards

A l'inverse de Carcassonne, Provins, Vannes ou Dinan, de nombreuses villes n'ont pas conservé leur enceinte fortifiée à cause des aléas de l'histoire ou parce que les municipalités ont bien souvent décidé d'utiliser l'espace occupé par les remparts pour dessiner de larges voies, bien pratiques quand a débuté l'ère de l'automobile. Ces démolitions ont généralement donné naissance à des boulevards, nom qui fait directement référence aux anciennes fortifications, puisque le terme est issu du mot néerlandais *bolwerk* qui signifie « rempart ». L'appellation boulevard a été abusivement employée par la suite, mais elle coïncide bien souvent avec le tracé des enceintes médiévales.

La Sorbonne au XIIIe siècle.

Robert de Sorbon et le Quartier latin

Certaines villes accueillent les premières universités, comme à Montpellier où la faculté de médecine est considérée comme la plus ancienne du genre encore en activité. Dans la capitale, la seule ville du royaume à dépasser 100 000 habitants au XIIIe siècle, l'université de Paris a été reconnue par Philippe Auguste en 1200. Ses membres sont des clercs et on y enseigne la théologie comme au collège de la Sorbonne fondé sur la rive gauche de la Seine par le confesseur de Saint Louis, Robert de Sorbon. Les cours des écoles du quartier étaient donnés exclusivement en langue latine, si bien qu'aujourd'hui encore, ce quartier des 5e et 6e arrondissements de Paris est appelé « Quartier latin ».

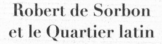 PARIS ET SON PRÉVÔT DES MARCHANDS

Paris est la seule ville française à dépasser les 100 000 habitants au XIIIe siècle. Au niveau européen, seules Milan et Venise sont comparables. Depuis une réforme de Saint Louis, le prévôt des marchands y est un personnage important élu par les bourgeois. Son rôle, essentiellement commercial au départ, devient de plus en plus politique à l'image d'Etienne Marcel, influent au début du règne de Charles V. C'est sous la prévôté d'Etienne Marcel que les institutions municipales de la ville de Paris ont occupé le site de l'actuel hôtel de ville (dont la construction a débuté au XVIe siècle). Le dernier prévôt des marchands de Paris, Jacques de Flesselles, a été tué le 14 juillet 1789 par les révolutionnaires, avant d'être remplacé par le premier maire de Paris Jean Sylvain Bailly.

LA PUISSANCE DE L'EGLISE

L'Eglise est omniprésente dans la vie des hommes du Moyen Age. Les journées sont rythmées par les cloches de l'église de la paroisse, l'année par les fêtes chrétiennes, et les étapes de la vie par les sacrements. L'Eglise perçoit la dîme, impôt dont le nom découle de « dixième » en référence à la part – variable – de la récolte due par les paysans, mais elle tire surtout ses richesses du fait que les évêques ou les abbayes sont souvent à la tête de grandes seigneuries. Des communautés monastiques comme les Cisterciens s'implantent dans des régions généralement isolées où les moines se font défricheurs. Fondé au début du Xᵉ siècle, l'ordre clunisien possède alors avec l'abbaye romane de Cluny le plus grand monument de l'Occident médiéval, avant que la puissance de l'Eglise ne se manifeste par la construction de cathédrales gothiques toujours plus hautes.

Les cathédrales, chefs-d'œuvre de « l'art français »

Les nouvelles techniques que constituent la croisée d'ogives et les arcs-boutants font naître l'architecture gothique au XIIᵉ siècle. Le terme « gothique » est postérieur, et serait dû à l'artiste italien Raphaël. A l'époque on parlait d'*opus francigenum*, autrement dit d'« art français », voire « francilien », puisque c'est en Ile-de-France qu'apparaissent les premières cathédrales. Les caractéristiques de ces édifices gothiques, qui arboraient généralement des couleurs qui se sont estompées avec le temps, sont autant de symboles religieux, à commencer par leur plan en croix latine ou les labyrinthes qui évoquent le difficile chemin vers le salut. Leur hauteur renvoie à l'élévation vers le ciel et vers Dieu. A Beauvais, alors que le chœur de la cathédrale s'était déjà effondré peu après sa construction en 1284, la flèche haute de plus de 150 m s'écroulera avec le clocher en 1573, le jour de l'Ascension… L'architecture gothique consent enfin à donner de plus grandes ouvertures, qui, ornées de vitraux, laissent passer davantage de lumière que les églises romanes, comme pour mieux éclairer les fidèles. Il fallait souvent plus d'un siècle pour bâtir ces édifices ; du temps nécessaire pour construire Notre-Dame de Paris serait née l'expression « attendre cent sept ans ».

LE PURGATOIRE, INVENTION DU MOYEN AGE

Les sculptures, les fresques et les vitraux des églises expliquent à une population qui ne sait pas lire les épisodes de la Bible et la façon de se comporter pour accéder au paradis. Comme sur les tympans des cathédrales d'Amiens ou de Bourges, il n'est pas rare de retrouver le thème du Jugement dernier, avec le Christ au centre séparant les « élus » qui gagnent le paradis, et les « damnés » qui iront en enfer, couramment représentés par des personnages subissant des supplices en tout genre. Pour ceux qui n'ont pas commis de graves péchés, le paradis est précédé par une attente plus ou moins longue au purgatoire, seulement depuis que l'Eglise a reconnu officiellement son existence au XIIIe siècle...

❧ PAIX DE DIEU ET TRÊVE DE DIEU ❧

Le pouvoir religieux surpasse le pouvoir civil. Aux Xe et XIe siècles, période où la guerre est omniprésente, l'Eglise a tenté de pacifier la société en instaurant la « Paix de Dieu » qui fait prêter serment aux seigneurs et aux chevaliers de ne pas s'attaquer aux clercs, aux marchands ou aux paysans, et surtout de les protéger. Elle s'accompagne de la « Trêve de Dieu » qui interdit les combats certains jours de la semaine et durant certaines périodes de l'année (notamment de l'Avent à Noël, la trêve des confiseurs avant l'heure...). Le non-respect de ces velléités pacifiques pouvait dans certains cas entraîner des sanctions judiciaires, mais surtout des sanctions spirituelles pouvant aller jusqu'à l'excommunication, l'exclusion redoutée du monde des chrétiens.

La Châsse de Ste-Geneviève promenée dans Paris

Trafic de reliques

Pour obtenir son salut et goûter à la vie éternelle, l'Eglise exhorte encore les fidèles à prier auprès des reliques. Ces parties du corps des saints ou objets leur ayant appartenu attirent de nombreux pèlerins. A côté de Saint-Jacques-de-Compostelle, Rome et bien sûr Jérusalem, il existe d'autres pèlerinages comme celui du Mont-Saint-Michel qui abritait les reliques de saint Aubert, celui qui construisit la première église sur le promontoire normand. Les reliques deviennent ainsi des objets convoités, à tel point que les vols ne sont pas rares. Quand elles ne font pas l'objet d'un commerce, ces reliques peuvent aussi tout simplement être inventées. Les lieux saints prétendant abriter des fragments de la Croix du Christ sont par exemple très nombreux au Moyen Age… Parmi eux figure la Sainte-Chapelle édifiée entre 1242 et 1248 par Saint Louis, sur l'île de la Cité à Paris, dans le but d'abriter les reliques de la Passion achetées pour la somme exorbitante de 135 000 livres à l'empereur byzantin. Quand on sait que la construction de la chapelle n'a coûté « que » 40 000 livres, on comprend bien l'importance des reliques à l'époque médiévale.

La faute à Titivillus

Quand les moines ne sont pas occupés à prier de longs moments à heures régulières, ils peuvent être au scriptorium à recopier des manuscrits, une tâche qui incombait généralement aux moines alors qualifiés de « copistes ». Devant maîtriser la calligraphie et parfois l'enluminure, ils se devaient naturellement de ne pas faire de fautes d'orthographe (ou confondre des lettres proches, erreurs d'autant plus courantes pour les moines qui ne comprenaient pas forcément ce qu'ils recopiaient). Quand une faute était commise, certains moines avaient l'habitude de faire porter la responsabilité au démon Titivillus, devenu par la suite le patron des calligraphes. Les moines copistes du XIIIᵉ siècle sont connus pour avoir créé les index alphabétiques, encore bien utiles aujourd'hui à la fin de nos ouvrages.

Moines du moyen âge occupés à faire des manuscrits.

Véritable Extrait de Viande Liebig.

Reproduction interdite.

Voir l'explication au verso.

MYSTÉRIEUSES LANTERNES DES MORTS

AU MOYEN AGE, LES CIMETIÈRES ÉTAIENT SITUÉS À PROXIMITÉ DES ÉGLISES, ET DONC AU CENTRE DES VILLAGES. DANS CERTAINES RÉGIONS, NOTAMMENT DANS LE CENTRE-OUEST DE LA FRANCE, IL N'ÉTAIT PAS RARE D'Y TROUVER UNE COLONNE CREUSE GÉNÉRALEMENT APPELÉE « LANTERNE DES MORTS ». SI L'ON IMAGINE QU'ON Y HISSAIT DES LAMPES ALLUMÉES LE SOIR VENU POUR SERVIR DE GUIDE AUX DÉFUNTS, LEUR ORIGINE ET LEUR FONCTION CONSERVENT ENCORE UNE GRANDE PART DE MYSTÈRE...

Héloïse et Abélard

Principalement connu pour sa relation amoureuse avec Héloïse d'Argenteuil, Pierre Abélard (1079-1142) était en son temps un intellectuel renommé. Théologien s'étant notamment confronté à Bernard de Clairvaux, fondateur de la célèbre abbaye, c'est en tant que professeur qu'il rencontre la brillante Héloïse. Lorsque la famille de la jeune femme découvre cette relation clandestine, Héloïse est enceinte ; après la naissance de l'enfant, sa famille contraint les parents à se marier, puis fait émasculer Abélard ! Passés à la postérité grâce à leurs échanges épistolaires, Héloïse et Abélard sont aujourd'hui les plus anciens pensionnaires du Père-Lachaise, où leurs restes ont été déplacés au début du XIXe siècle.

QUATRE ORDRES MENDIANTS POUR UN MÊME DESSERT

Tandis que les autres ordres vivent à l'écart de la société, de nouvelles communautés monastiques viennent prêcher dans les villes, où ils vivent de la charité. Les membres de chacun des quatre grands ordres mendiants reconnus par l'Eglise au XIIIe siècle (Franciscains, Carmes, Dominicains et Augustins) portent un habit de couleur différente rappelant les fruits secs du dessert appelé quatre mendiants, ou plus simplement mendiant, composé de figues, d'amandes, de raisins et de noix.

Abélard se séparant d'Héloïse.

Le temps des croisades

En 1095, au concile de Clermont, le pape Urbain II appelle à venir en aide aux chrétiens d'Orient et à libérer Jérusalem, où les pèlerinages étaient devenus des plus risqués depuis que la ville était aux mains des Turcs. En 1099, à l'issue d'affrontements sanglants, les croisés s'emparent de la ville qui abrite le tombeau du Christ. Godefroy de Bouillon devient le premier souverain du royaume de Jérusalem, sous le titre d'avoué du Saint-Sépulcre. De la fin du XIe siècle jusqu'aux deux dernières croisades conduites par Louis IX, huit croisades ont entraîné la création des Etats latins d'Orient mais n'ont que temporairement permis de reprendre Jérusalem.

18. PHILIPPE Ier (1060-1108).
Pierre l'Ermite prêche la Croisade (1095).

CHOCOLAT GUÉRIN-BOUTRON

1096 : L'échec de la croisade populaire

Avant le départ des chevaliers, ce sont d'abord de modestes paysans qui se sont rassemblés en 1096 pour se mettre en chemin vers l'Orient, sous la conduite de Pierre l'Ermite et de Gautier Sans Avoir. Cette croisade populaire vers le tombeau du Christ réveille la haine envers les juifs considérés comme ses meurtriers, et les persécutions à leur encontre ponctuent ainsi le trajet. L'expédition n'atteint pas son but et s'achève tragiquement avec le massacre par les Turcs de plus d'une dizaine de milliers de croisés près de Nicée. Suivront d'autres croisades populaires comme la Croisade des pastoureaux de 1251.

1212 : La Croisade des enfants

La Croisade des enfants est à vrai dire le nom de deux mouvements ayant réuni en 1212 plusieurs dizaines de milliers de personnes, sans être composés uniquement d'enfants. Menés par deux jeunes bergers, Nicolas, un Allemand de Cologne, et Etienne, un Français de Cloyes (dans l'actuel Eure-et-Loir), ces croisés n'ont pour la plupart pas pu aller plus loin que les ports méditerranéens de Marseille, pour les Français, et de Gênes, pour les Allemands. Certains jeunes croisés ont tout de même pu approcher la Terre sainte, sans toutefois arriver à bon port. Des marchands marseillais en profitèrent pour les embarquer vers l'Orient pour les vendre comme esclaves en Egypte.

❧ LE DÉVELOPPEMENT DES ARMOIRIES ❧

CRÉÉE POUR RECONNAÎTRE LES SIENS LORS DES BATAILLES, L'HÉRALDIQUE, LA SCIENCE DES ARMOIRIES ET DES BLASONS, A CONNU UN ESSOR IMPORTANT AU TEMPS DES CROISADES. POUR FAIRE FACE À L'AFFLUX DE CHEVALIERS DE NATIONS DIVERSES, DE NOUVEAUX SIGNES DISTINCTIFS L'ONT ENRICHIE. NATURELLEMENT LA CROIX – QUI DONNE SON NOM AUX CROISADES ET AUX CROISÉS – A ÉTÉ DÉCLINÉE SOUS DE NOMBREUSES FORMES.

Les Templiers : de puissants moines chevaliers

Pour protéger les pèlerins et surtout les Etats chrétiens fondés en Terre sainte, des ordres religieux militaires ont vu le jour. Parmi ces moines-soldats qui sont au départ des laïcs, figure l'ordre du Temple (ou Templiers) dont le nom se réfère au temple de Salomon de Jérusalem. Fondé par le champenois Hugues de Payns en 1119, cet ordre enrôle des membres importants de l'aristocratie, bâtit de nombreuses commanderies en Europe occidentale, principalement en France, et acquiert surtout d'importantes richesses qui, malgré les confiscations de Philippe IV le Bel, captivent encore de nos jours les chasseurs de trésors.

LA CROISADE CONTRE LES CATHARES

Le catharisme s'est développé principalement dans le sud-ouest de la France, pas seulement autour d'Albi, même si on donne également le nom d'albigeois aux cathares. La croisade contre les albigeois est promue en 1208 par le pape Innocent III et menée à partir de l'année suivante par les seigneurs catholiques du Nord avec à leur tête Simon de Montfort. Les « parfaits » sont rapidement massacrés à Béziers ou à Marmande, chassés de la cité de Carcassonne, avant l'apparition des premiers bûchers où sont brûlés, comme à Minerve en 1210 ou à Lavaur en 1211, ceux qui refusent de renier leur foi. Cette croisade s'achève en 1229, sans que le mouvement cathare ne soit véritablement éradiqué.

1209 : « Tuez-les tous, Dieu reconnaîtra les siens », l'improbable phrase d'Arnaud Amaury

Il est des petites phrases qui, pour des raisons quasi mystérieuses, ont su traverser l'histoire. On attribue ainsi, et vraisemblablement à tort, ce fameux mot au légat du pape Arnaud Amaury, chargé de réprimer l'hérésie cathare, juste après la mort de son prédécesseur Pierre de Castelnau qui servit de prétexte au déclenchement de la croisade.

Cette phrase, évoquée uniquement dans les écrits d'un moine allemand, est associée au sac de Béziers en 1209, plus précisément au moment où les soldats qui s'apprêtaient à massacrer la population biterroise souhaitaient savoir comment reconnaître les « bons chrétiens » des hérétiques cathares. Ce qui est certain, c'est qu'après la prise de la ville, Arnaud Amaury a dépossédé le vicomte Raimond-Roger de Trencavel au profit de Simon IV de Montfort, modeste seigneur de Montfort-l'Amaury tué lors du siège de Toulouse en 1218.

Mort de Simon de Montfort sous les murs de Toulouse

PARFAITS CHRÉTIENS OU VRAIS HÉRÉTIQUES ?

LES CATHARES QUI SE NOMMENT EUX-MÊMES « LES PARFAITS » VEULENT AVOIR UNE VIE CHASTE ET AUSTÈRE, PLUS PROCHE DE CELLE DES PREMIERS CHRÉTIENS. ILS OPPOSENT LE BIEN ET LE MAL EN CROYANT À DEUX DIEUX CRÉATEURS, ET JUGENT INUTILE DE PRIER POUR LES ÂMES DES DÉFUNTS. LEUR UNIQUE SACREMENT, LE *CONSOLAMENT*, SE SUBSTITUE À CEUX DE L'EGLISE. REMETTANT EN CAUSE LE DOGME CATHOLIQUE ROMAIN, ILS FURENT DÉSIGNÉS HÉRÉTIQUES ET À CE TITRE BRUTA-LEMENT PERSÉCUTÉS.

L'Inquisition

Pour lutter contre l'hérésie cathare, et plus tard contre les vaudois qui dénoncent l'enrichissement de l'Eglise, un tribunal spécial est institué par la papauté : l'Inquisition. Confié aux Dominicains, ce tribunal tire son nom de l'enquête menée par les juges inquisiteurs qui font appel aux catholiques pour dénoncer les hérétiques. Les catholiques qui accueilleraient des cathares dans leur maison sont eux aussi punissables. Recourant à la torture à partir de 1252, l'Inquisition se donne rapidement une mauvaise réputation, même si le bûcher n'attend qu'une toute petite minorité des hérétiques.

❧ RÉAFFIRMER LE POUVOIR DE L'EGLISE ET DE LA MONARCHIE ❧

A partir des années 1220, la croisade contre les albigeois est dirigée par les rois de France (Philippe Auguste, Louis VIII puis Louis IX), qui en profitent pour annexer certaines régions du Languedoc. En 1244, ce sont les troupes royales qui assiègent le château de Montségur (Ariège) où sont brûlés d'irréductibles cathares. Les forteresses médiévales où se réfugient les derniers cathares sont rasées ou, comme Quéribus ou Peyrepertuse, réutilisées pour défendre la nouvelle frontière entre le royaume de France et l'Aragon, jusqu'à l'annexion du Roussillon. Des cathédrales aux allures de forteresses, comme Sainte-Cécile à Albi ou Saint-Nazaire à Béziers, sont construites au XIIIe siècle pour réaffirmer la suprématie de l'Eglise catholique au cœur des régions les plus touchées par le catharisme.

SAINT LOUIS,
LE MODÈLE DU PRINCE CHRÉTIEN

Né en 1214 à Poissy, Louis IX est le premier roi de France à avoir connu son grand-père, à savoir Philippe Auguste. Il a été appelé Louis car, à la fin du XIIᵉ siècle, on donne au fils aîné le nom de son grand-père et au second le nom de son père. A la mort de son frère aîné Philippe en 1218, Louis devient roi succédant à son père Louis VIII mort en 1226. Sa vie nous est bien connue grâce à son ami et chroniqueur Joinville et dans une moindre mesure grâce à Guillaume de Saint-Pathus, confesseur de la reine Marguerite et acteur important dans la canonisation de Saint Louis qui interviendra vingt-sept ans seulement après sa mort à Tunis en 1270 lors de la huitième croisade.

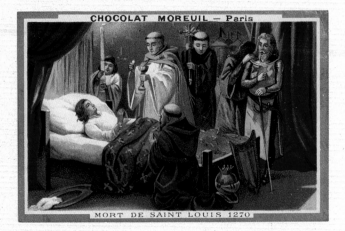

CHOCOLAT MOREUIL — Paris

MORT DE SAINT LOUIS 1270

UN ROI PIEUX ET CHARITABLE

« J'aimerais mieux vous voir mort plutôt qu'avoir commis un péché mortel », avait coutume de dire sa mère, la régente Blanche de Castille. Louis IX devint ainsi fort pieux, assistant à deux messes par jour, récitant le bréviaire comme tous les prêtres, passant une partie de la nuit en prière… On raconte que la première nuit de noces entre Louis IX et son épouse Marguerite de Provence fut reportée pour cause de dévotion : Louis IX aurait passé les quatre premières nuits de son mariage en prière… ce qui ne l'empêcha pas d'avoir onze enfants. Très charitable, il est connu pour avoir fait nourrir chaque jour cent pauvres, et pour inviter les mendiants à table en les servant lui-même. Il est le fondateur de l'hospice des Quinze-Vingts dont le nom fait référence aux trois cents (15 x 20) aveugles qu'il pouvait accueillir. On raconte encore qu'il se fit maçon pour l'édification de l'abbaye de Royaumont, où il lavait les pieds des religieux. Enfin, après chaque confession, il reçoit de la main de son confesseur la « discipline », un objet servant à se flageller.

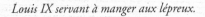
Louis IX servant à manger aux lépreux.

✑ LA ROUELLE JAUNE POUR LES JUIFS ✑

Si le roi est intransigeant envers lui-même, il l'est encore plus avec ceux qui n'ont pas sa foi, comme l'illustrent les croisades menées vers l'Orient – où il a été fait prisonnier en 1250 – et celle qu'il a poursuivie contre les Albigeois. En 1254, il bannit les juifs qui refusent de se convertir. Puis, en 1269, il leur impose de porter des signes vestimentaires distinctifs : pour les femmes un bonnet spécial et pour les hommes un rond d'étoffe jaune, symbolisant l'or et le péché d'avarice…

SAINT LOUIS, ARBITRE ET JUSTICIER

Dans son royaume, Saint Louis s'est plu à rendre la justice par lui-même et a généralisé l'appel à la justice royale, autrement dit à la justice de l'Etat qu'il a su renforcer. La fameuse image de Saint Louis rendant la justice assis sous son chêne dans le bois de Vincennes, près de sa résidence, est le témoin de cet héritage. Il exigeait de tous le même respect de la justice. Quand son frère jeta un de ses chevaliers en prison, il exigea sa libération jugeant l'affaire peu sérieuse. Il a renouvelé la quarantaine-le-roi, un délai institué sous Philippe Auguste permettant d'éviter les guerres privées. On exigeait des deux clans d'attendre quarante jours pour régler le conflit avant d'en venir aux armes. Celui qui rompait cette quarantaine portait atteinte à la majesté royale.

Guillaume de Rubrouck, le Marco Polo flamand

Né dans le village de Rubrouck situé aujourd'hui dans le département du Nord, Guillaume de Rubrouck est un franciscain flamand qui est allé évangéliser les Mongols en 1254. Son voyage nous est connu grâce à une longue lettre qu'il a adressée directement à Saint Louis. Avant Marco Polo, il décrit Karakorum, la capitale de l'empire mongol qu'il perçoit comme une tour de Babel où règne la tolérance religieuse…

De Philippe III à Charles IV,
les derniers Capétiens directs

Le règne de Philippe III le Hardi (1270-1285) est marqué par la lutte contre Pierre III d'Aragon aux côtés du pape. Malgré de graves difficultés financières, son fils Philippe IV le Bel s'aide de Guillaume de Nogaret pour continuer la politique d'affirmation de l'Etat menée avant lui par Philippe Auguste et par son grand-père Louis IX. Trois de ses fils se succéderont sur le trône : Louis X le Hutin père de l'éphémère roi Jean Ier le Posthume, Philippe V le Long et Charles IV le Bel. Formant la fin de la lignée directe des Capétiens, ils seront connus comme « les rois maudits » et popularisés par la série d'ouvrages de Maurice Druon.

❧ 1282 : LE MASSACRE DES VÊPRES SICILIENNES ❧

1282 Vêpres Siciliennes (Philippe III le hardi)

Philippe III soutient les prétentions de son oncle Charles d'Anjou à Naples et en Sicile contre les ambitions du roi Pierre III d'Aragon. Ce dernier organise une révolte contre les Français dont le massacre débute le 30 mars au début de l'office des vêpres, livrant la Sicile au roi d'Aragon. L'expression « Vêpres siciliennes » peut encore être utilisée de nos jours pour désigner une révolte violente et spontanée contre une puissance occupante. En 1285, la croisade d'Aragon sera un nouvel échec, Philippe III trouvant même la mort à Perpignan, frappé comme de nombreux soldats français par la dysenterie. Par analogie, le massacre de la garnison française en Flandre, le 18 mai 1302 au petit matin, a été nommé les « matines de Bruges ».

1ER AFFRANCHISSEMENT DES SERFS

PHILIPPE LE BEL ET SES DÉMÊLÉS AVEC LE PAPE

A la recherche d'argent, Philippe le Bel s'attaque aux biens du clergé auquel il demande de payer des impôts. Le clergé se défend et en appelle au pape Boniface VIII qui menace d'excommunier Philippe le Bel. Le roi réagit et convoque pour la première fois en 1302 les états généraux qui s'indignent de

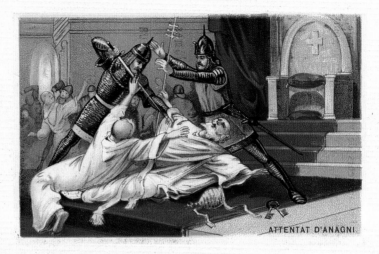

ATTENTAT D'ANAGNI

l'attitude du pape qui considère la France comme un fief du Saint-Siège. Le roi envoie en 1303 son conseiller Guillaume de Nogaret à Anagni pour signaler au pape qu'il devra être jugé par un concile à Lyon, mais Boniface VIII meurt un mois plus tard. La légende de l'attentat d'Anagni veut que

lors de l'entrevue, Colonna, allié de circonstance de Nogaret, ait giflé le pape. Philippe le Bel installe alors la papauté à Avignon en 1309 avec Clément V, le candidat du roi qui va supprimer, à sa demande, l'ordre des Templiers. Avignon demeurera soumise au Saint-Siège jusqu'à la Révolution.

☙ LA MALÉDICTION DE JACQUES DE MOLAY... ❧

L'arrestation des Templiers en 1307 est un nouveau moyen pour le roi de se procurer de l'argent et d'annuler une dette que celui-ci devait à l'ordre. Les Templiers étaient impopulaires depuis leur retour de Palestine et formaient un

CHOCOLAT DE L'UNION

SUPPLICE DES TEMPLIERS

« Etat dans l'Etat ». Philippe le Bel les déféra au tribunal de l'Inquisition en tant qu'hérétiques sur de fausses accusations. La plupart allèrent au bûcher, notamment Jacques de Molay, le dernier maître de l'ordre, en 1314. Tout comme le pape, le roi mourut en cette année 1314, et les fils du roi, à eux trois, ne régnèrent que quatorze ans avant que ne s'éteigne avec eux la dynastie des Capétiens directs. Il n'en fallait pas moins pour faire naître la légende de Jacques de Molay maudissant au milieu des flammes Philippe le Bel et sa descendance jusqu'à la treizième génération.

Philippe IV : faux monnayeur ?

Pour remplir les caisses du royaume, Philippe le Bel crée de nouveaux impôts indirects, sur les produits importés et sur le sel. Il altère les monnaies en diminuant d'un tiers la quantité de métal fin, ce qui lui vaudra le surnom de roi faux-monnayeur. De même, les juifs qui possèdent des créances importantes sont persécutés, menacés d'expulsion s'ils n'abandonnent pas au roi leurs profits usuraires, la loi divine interdisant l'usure que les juifs pratiquent. Ainsi, les débiteurs des juifs, à commencer par le Trésor royal, seront exemptés du paiement de leurs dettes.

LA SULFUREUSE TOUR DE NESLE

La tour de Nesle, construite sous Philippe Auguste à Paris, est associée à une légende qui veut qu'une reine de France, dont l'identité est inconnue, se soit livrée à la débauche en faisant ensuite jeter ses amants dans la Seine. Ce qui est plus certain, c'est l'existence d'une rumeur selon laquelle la tour servait de lieu de rencontre aux trois belles-filles de Philippe le Bel. Ce fut vraisemblablement le cas pour deux d'entre elles, Blanche et Marguerite, connues pour leurs liaisons avec les frères d'Aulnay, qui, en 1314, ont été roués vifs, puis émasculés, traînés par des chevaux et décapités avant d'être pendus au gibet de Montfaucon ! Blanche et Marguerite sont tondues et emprisonnées. La troisième, Jeanne, a seulement été accusée de n'avoir rien dit et put devenir reine de France quand son mari Philippe V accéda au trône de France. La tour sera démolie en 1665 pour céder la place à l'Institut de France.

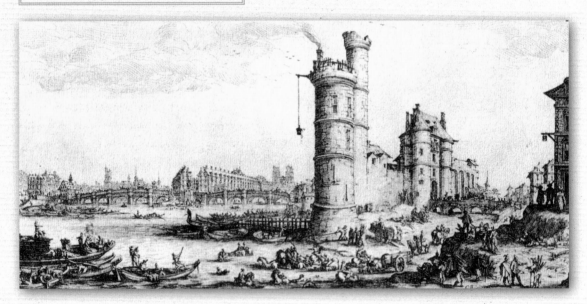

Deux siècles et demi avant Ambroise Paré

Moins connu qu'Ambroise Paré, le chirurgien des rois Philippe le Bel et Louis X, Henri de Mondeville, ne mérite pas moins le titre de « père de la chirurgie française ». Après des études à Bologne, il s'est consacré à la médecine et à son enseignement en pratiquant la dissection. Intervenant sur les champs de bataille, il explique comment soigner les blessés en armure. Il a enfin rédigé une monumentale *Chirurgie*, restée inachevée à sa mort en 1320, et faisant de lui le plus ancien auteur français ayant écrit sur le sujet.

Jean Ier roi pendant cinq jours

En moins de quatorze ans, de 1314 à 1328, cinq rois vont mourir. Scandale, rumeurs, empoisonnements vont marquer cette sombre période qui voit le déclin et la fin des Capétiens directs. En effet, Louis X dit le Hutin ou le Querelleur, le fils aîné de Philippe IV le Bel, meurt après avoir disputé dans la cour du château de Vincennes une partie de jeu de paume au cours de laquelle il se désaltéra avec du vin glacé, ce qui lui fut fatal. Il décéda, pensait-on, sans héritier mâle, mais la reine attendait un heureux événement : en novembre 1316, Jean Ier le Posthume vint au monde, mais il ne vécut que cinq jours, laissant la place à des rumeurs d'empoisonnement ou de substitution de l'enfant. Philippe V le Long lui succède et va asseoir sa légitimité grâce à une coutume formalisée sous le nom de loi salique : tant qu'il reste des héritiers mâles, celle-ci exclut les femmes de la succession, et précisément Jeanne de Navarre au moment du décès de son frère Jean Ier.

LE COMPLOT DES LÉPREUX ?

En juin 1321, venue d'Aquitaine, une terrifiante rumeur se propage : les rois musulmans de Grenade et de Tunis ont scellé un pacte avec les juifs et les lépreux afin d'empoisonner puits et sources à travers toute l'Europe chrétienne. L'hystérie collective touche bientôt l'ensemble de la population et le roi Philippe V lui-même qui, convaincu de ces dires, décide de ne plus boire que l'eau de la Seine. Pendant l'été, le roi tombe gravement malade et succombe dans la nuit du 2 au 3 janvier 1322, peut-être indirectement victime de ce faux complot des lépreux. Charles IV, dernier des fils de Philippe IV le Bel, lui succède : il n'aura que deux filles – dont une après sa mort – ce qui, au vu de la loi salique, conduira à achever la lignée directe des Capétiens sur le trône de France depuis 987.

❧ LES « FOURCHES DE LA GRANDE JUSTICE » ❧

LOCALITÉ SITUÉE JADIS EN DEHORS DE PARIS, MONTFAUCON ÉTAIT CÉLÈBRE POUR SON GIBET CONSTRUIT À LA FIN DU XIIIE SIÈCLE. ALIGNÉS SUR DEUX OU TROIS NIVEAUX, LES CORPS DES PENDUS POUVAIENT RESTER EXPOSÉS PLUSIEURS ANNÉES, COMME CE FUT LE CAS POUR ENGUERRAND DE MARIGNY, L'ARGENTIER DE PHILIPPE LE BEL, EXÉCUTÉ EN 1315 SOUS LE RÈGNE DE LOUIS X.

L'AVÈNEMENT CONTESTÉ DES VALOIS :
LE DÉBUT DE
LA GUERRE DE CENT ANS

N'étant que le cousin germain de Charles IV le Bel, Philippe VI de Valois se fait couronner roi de France en 1328, tournant à son avantage la loi salique des rois francs. Le plus proche parent du roi défunt n'est autre qu'Edouard III, petit-fils de Philippe IV le Bel par sa mère, mais aussi roi d'Angleterre, ce qui semble être la raison la plus plausible de son éviction. Cette situation est un élément déclencheur de la guerre de Cent Ans, série de conflits ayant opposé la France et l'Angleterre de 1337 à 1453. Le nouveau roi fait réaliser par ses baillis et ses sénéchaux le premier recensement à l'échelon national français, avec l'état des paroisses et des feux (entendez foyers), rédigé dès 1328 pour des raisons purement fiscales. La population française peut ainsi être estimée à près de 16 millions d'habitants... juste avant les ravages de la Peste noire.

❧ LA GUERRE DES MOUTONS... ❧

Dès 1328, Philippe VI avait montré son soutien au comte de Flandre en lui portant secours face à ses sujets révoltés, notamment les bourgeois qui commercent avec l'Angleterre. C'est à cette occasion que le roi de France lança sa célèbre formule « Qui m'aime me suive », face à ses barons peu enthousiastes. Avec la confiscation de la Guyenne en 1337, fief d'Edouard III, l'Angleterre déclare la guerre à la France. Si elle ne peut plus dès lors importer de vin de Bordeaux, c'est le blocus imposé sur les échanges entre la laine anglaise et les draps de Flandre qui entraîne la bataille de l'Ecluse en 1340. Dans cet avant-port de Bruges, la flotte française voulant faire barrage aux navires anglais connaît finalement une lourde défaite.

CHOCOLAT GUÉRIN-BOUTRON

25. PHILIPPE VI (1328-1350). Hommage d'Edouard III d'Angleterre.

Les Anglais traversant la Somme au gué de Blanquetaque.

1347 : les bourgeois de Calais

Edouard III fait le siège de Calais depuis onze mois quand, au mois d'août 1347, la population est prête à se rendre. La ville est alors sauvée de la destruction par le sacrifice de six bourgeois qui livrent les clés de la ville au roi d'Angleterre. L'intervention de la reine Philippa leur vaut la vie sauve. Excédé d'avoir piétiné un an, Edouard III voulait surtout une réparation à travers une cérémonie expiatoire où six bourgeois marcheraient en tête d'un cortège, la corde au cou, pour demander pardon au roi de l'avoir offensé, dans une scène immortalisée plus tard par le sculpteur Rodin. La ville sera néanmoins dépeuplée l'année suivante, mais à cause de la peste, avant d'être repeuplée par des Anglais jusqu'en 1558.

1346 : CRÉCY

La bataille de Crécy constitue elle aussi une terrible défaite française qui a entraîné en 1346, non loin de la baie de Somme, la perte de « la fine fleur de la chevalerie française ». Pourtant en infériorité numérique, l'armée d'Edouard III et de son fils, le Prince Noir, a su tirer parti de l'efficacité des archers gallois. Tandis que les Génois venus gonfler les rangs français se sont rapidement sentis inutiles avec leurs arbalètes aux cordes détrempées, les Gallois avaient tenu au sec leurs traditionnels arcs. Ainsi, les 6 000 à 7 000 archers, qui tiraient à la cadence de 9 flèches à la minute, firent tomber une nuée de 50 000 flèches à la minute pendant cette bataille !

La peste noire. — 1348.

La terrible Peste noire

Ce fléau transmis par les puces des rats et connu sous le nom de Peste noire est arrivé en France à la fin de l'année 1347 via le port de Marseille, avant de se propager dans toute la France. En cinq années, au moins un tiers de la population périt. D'après le registre paroissial de Givry (Saône-et-Loire) – le plus ancien ayant été de nos jours conservé –, il y aurait eu dans le village autant de morts en quatre mois que sur les vingt années précédentes. Les Juifs sont accusés d'avoir empoisonné les puits et sont envoyés au bûcher dans plusieurs villes, et même jetés dans la Vienne à Chinon. Tandis que la désorganisation des activités agricoles entraînent des famines pour les survivants, des catholiques appelés flagellants se fouettent en public pour expier les péchés de la société.

❧ LE COMBAT DES TRENTE ❧

Au cœur de la guerre de Succession de Bretagne qui voit s'opposer de 1341 à 1364 les partisans de Charles de Blois, soutenu par la France, et ceux de Jean de Montfort, soutenu par les Anglais, un singulier combat s'est déroulé. En 1351, pour l'honneur et les beaux yeux des dames de la cour, trente Bretons blésistes (partisans de Charles de Blois) ont jouté contre trente Anglais sur la lande de Mi-Voie entre Josselin et Ploërmel. Ce combat dure une journée et s'achève par la victoire de Beaumanoir et la mort de neuf Anglais, mais aussi de six Français. Mais, avant le terme du combat des Trente, Beaumanoir, blessé, demanda à boire, avant de recevoir pour toute réponse de son compagnon Geoffroy du Bois : « Bois ton sang, Beaumanoir, ta soif passera », parole qui fit naître la devise des Beaumanoir.

1356 : Jean II le Bon fait prisonnier à Poitiers

Roi de 1350 à 1364, Jean II doit son surnom à sa bravoure. Il passe cependant pour avoir été un piètre stratège, notamment lors de la bataille de Poitiers en 1356 où il est fait prisonnier. C'est lors de cette nouvelle défaite française contre les Anglais que son jeune fils Philippe, bientôt surnommé le Hardi, aurait prononcé : « Père, gardez-vous à droite ! Père, gardez-vous à gauche ! » Après la bataille, Edouard III demande une énorme rançon avant de signer en 1360 la paix de Brétigny qui lui accorde le sud-ouest de la France. Jean II est libéré sans attendre que la rançon soit payée – elle ne le sera jamais totalement – et la somme garantie par la remise d'otages dont font partie les deux frères du dauphin. Jean II le Bon retournera en 1364 en Angleterre, où il mourra la même année, pour essayer de renégocier le traité, à moins que ce ne soit pour retrouver quelque maîtresse...

Charles le Mauvais : un autre prétendant au trône !

Né en 1332, Charles II de Navarre apparaît comme un autre prétendant au trône. Petit-fils de Louis X le Hutin, celui qui sera surnommé le Mauvais a des droits sur la couronne de France en cas d'extinction de la branche des Valois. Au cœur d'intrigues aussi nombreuses que vaines pour monter sur le trône, il s'est opposé à Jean II puis à Charles V en tentant toutes les alliances possibles. Allié aux Anglais, il sera notamment vaincu en 1364 par l'armée de Du Guesclin à Cocherel en Normandie.

LE REDRESSEMENT DU ROYAUME SOUS CHARLES V

Le futur Charles V a été le premier à porter le titre de dauphin, suite à la vente du Dauphiné par Humbert II en 1343. Son père Jean II ayant été emmené en Angleterre après la bataille de Poitiers, il assure la régence de 1356 jusqu'à la mort de son père en 1364. N'ayant de cesse de refuser l'application de la paix de Brétigny, il a poursuivi la lutte contre les Anglais, parvenant à redresser le pays avant de céder le trône à son jeune fils Charles VI. Plus passionné par les livres que par la guerre, Charles V est connu pour être un admirateur des philosophes anciens. Il en a tiré son surnom de « sage ». On lui attribue la paternité de la Bibliothèque royale (future Bibliothèque nationale) qu'il a installée au Louvre.

55 CHARLES V

❧ ETIENNE MARCEL, « ROI DE PARIS » ❧

C'est en 1354 que l'influent drapier Etienne Marcel devient prévôt des marchands de Paris. Il s'occupe des affaires commerciales, mais joue aussi un rôle politique en tant que représentant des bourgeois parisiens, et

plus largement du tiers état aux états généraux. Grâce à la Grande Ordonnance de 1357, le pouvoir royal pourra être contrôlé, notamment sur le plan financier. Maître de la capitale, Etienne Marcel manœuvre en faveur de l'accession au trône de Charles II de Navarre, prétendant légitime, favorable tout comme lui à une monarchie contrôlée. Cependant, le Dauphin s'avère plus habile que prévu et, ayant perdu le soutien populaire, Etienne Marcel est assassiné le 31 juillet 1358.

CHOCOLAT CARPENTIER

MORT D'ÉTIENNE MARCEL 1358

1358 : la Grande Jacquerie

La Jacquerie constitue un ensemble de révoltes paysannes survenues dans le nord du Bassin parisien. Apparue dans le Beauvaisis, celle qui est également nommée la Grande Jacquerie doit son nom à l'appellation « Jacques » ou « Jacques Bonhomme » désignant les paysans. Par la suite, le terme de jacquerie désignera tout soulèvement paysan. Après s'être violemment attaqués aux nobles coupables d'avoir perdu à Poitiers et de faire peser sur eux de nouvelles taxes, les chefs des insurgés sont finalement arrêtés et torturés, à l'instar de Guillaume Carle, décapité à Clermont après avoir vainement tenté de s'allier aux insurgés parisiens.

1360 : la création du franc

A partir de 1356, le Dauphin Charles doit faire face à la crise que traverse le royaume. En décembre 1360, alors que le traité de Brétigny vient d'obliger le versement de 3 millions d'écus d'or à l'Angleterre, une ordonnance royale décide de frapper une monnaie à l'effigie de Jean II le Bon représenté en cavalier pour commémorer sa libération. Ainsi est né le premier franc, autrement dit la monnaie qui affranchit. Il est appelé « franc à cheval » pour le distinguer de son cadet, le « franc à pied » émis sous Charles V.

Bertrand Du Guesclin chasse les Grandes Compagnies

Petit et mal bâti, issu de la petite noblesse bretonne, le jeune Bertrand Du Guesclin n'était pas prédestiné à devenir chevalier, et encore moins connétable (chef des armées) du roi Charles V. S'étant fait remarquer à 17 ans lors d'un tournoi à Rennes, il prendra ensuite part à la guerre de Succession de Bretagne au cours de laquelle il parvient notamment à défaire le siège de Dinan tenu par les Anglais, avant d'être fait prisonnier à Auray. Le roi paie alors sa rançon et le charge de débarrasser le pays des Grandes Compagnies, des bandes de mercenaires auteurs de nombreux méfaits, en les emmenant combattre avec lui en Espagne… où il sera de nouveau fait prisonnier.

Le règne de Charles VI, le roi fou

Charles VI a douze ans lorsque son père, Charles V, décède en 1380. Ses oncles, parmi lesquels figurent les puissants ducs de Berry et de Bourgogne, assurent la régence, préoccupés avant tout par leurs intérêts personnels. Marié à Isabeau de Bavière qui lui donnera douze enfants, Charles VI règne seul à partir de 1388. D'abord surnommé le « bien-aimé », il montre à partir de 1392 des signes de démence, qui lui vaudront d'être surnommé le « fou » et qui pousseront Isabeau à lui être infidèle. La légitimité de leurs enfants s'en retrouve affectée, et bientôt deux factions vont s'opposer : les Bourguignons de Jean sans Peur, et les Armagnacs soutenant Charles d'Orléans, neveu de Charles VI, connu surtout pour son œuvre poétique. Ce règne est toujours marqué par les ambitions des rois anglais : si Henri IV s'est rallié aux Armagnacs, son successeur Henri V, fort de son succès à Azincourt, devient l'héritier du trône de France, avant de mourir prématurément.

Charles VI devient fou dans la forêt du Mans

En traversant la forêt du Mans, le roi aurait vu surgir face à lui un lépreux couvert de haillons qui se mit à hurler : « Ne va pas plus loin, noble roi, on te trahit. » Puis, au moment où un homme d'armes heurta malencontreusement de sa lance le casque d'un page, le bruit fit sursauter le roi qui tira aussitôt son épée et tua quatre personnes de sa suite, dont le chevalier de Polignac, avant d'être maîtrisé. Quand il reprend ses esprits deux jours plus tard, le roi est abasourdi par son geste. Trouble bipolaire, schizophrénie, psychose maniaco-dépressive, consanguinité, sont autant d'hypothèses avancées pour expliquer la folie du roi.

CHOCOLAT DE L'ABBAYE D'IGNY (Marne).

FOLIE DE CHARLES VI

LE BAL DES ARDENTS

En 1393, un grand bal est donné à Paris dans l'hôtel Saint-Pol. On s'amuse, on danse, on boit, on mange, quand cinq hommes déguisés en hommes sauvages font irruption dans la pièce. Louis, frère cadet du roi Charles VI, fasciné par le spectacle, s'approche avec une torche afin de mieux les admirer. Soudain, une étincelle s'envole et vient toucher un des costumes et le feu se propage aux autres figurants dont le roi ! Celui-ci ne doit son salut qu'à la présence d'esprit de la duchesse de Berry qui le couvre de ses amples jupes, le sauvant ainsi de la mort. Ce nouveau coup du sort ébranlera sa raison défaillante qui ne s'en remettra pas, et ce ne sont pas les traitements des médecins qui entendaient inciser la peau de son crâne pour en faire sortir la folie qui amélioreront sa santé !

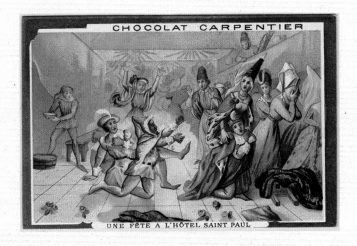

UNE FÊTE A L'HÔTEL SAINT PAUL

LE DUC DE BERRY, BÂTISSEUR ET MÉCÈNE

Troisième fils de Jean II le Bon, Jean de Berry est célèbre pour avoir fait composer l'un des plus beaux manuscrits de l'époque : *les Très Riches Heures du duc de Berry*. Œuvre des frères de Limbourg qui y ont travaillé de 1413 à 1416, ce manuscrit de scènes religieuses ne sera achevé qu'à la fin du siècle. Sur son calendrier, des enluminures représentent plusieurs châteaux du royaume, notamment celui de Mehun-sur-Yèvre que le duc de Berry a transformé en une somptueuse résidence.

1415 : le désastre d'Azincourt

Le manque de stratégie, l'indiscipline et les armures trop lourdes expliquent la défaite française à Azincourt, survenue dans le nord du royaume (ci-contre). A la dizaine de milliers de morts, s'ajoutent les nombreux otages parmi lesquels figure Charles d'Orléans, prisonnier des Anglais pendant vingt-cinq ans. Par le traité de Troyes signé en 1420, le vainqueur d'Azincourt, Henri V d'Angleterre, pourra devenir roi de France, en épousant Catherine, la fille d'Isabeau et de Charles VI. A la mort de ce dernier, le dauphin déshérité – le futur Charles VII – devra laisser la Couronne au roi d'Angleterre…

JEANNE D'ARC ET CHARLES VII
LA RESTAURATION DU POUVOIR ROYAL

Henri V d'Angleterre devait hériter du trône de France à la mort de Charles VII, mais il mourut avant celui-ci. Les Anglais et les Bourguignons soutiennent alors son fils Henri VI. A la tête des Armagnacs, Charles VII ne l'entend pas ainsi, mais le fils de Charles VI peine à se faire reconnaître, se faisant surnommer le « roi de Bourges », du nom de la ville où il s'est réfugié. Toutefois, avec l'aide inattendue de la jeune Jeanne d'Arc, il parvient à se faire sacrer à Reims en 1429, avant de mettre fin à l'alliance anglo-bourguignonne. En 1431, Henri VI avait tout de même été couronné à Notre-Dame à l'âge de 10 ans, mais il ne sera jamais reconnu. Les victoires des troupes de Charles VII à Formigny en Normandie (1450) et à Castillon en Guyenne (1453) marqueront la fin de la guerre de Cent Ans.

❧ LA PUCELLE DE DOMRÉMY ❧

Née vers 1412, Jeanne d'Arc passe une enfance pieuse à Domrémy, aux confins de la Lorraine, de la Champagne et du Barrois. Affirmant avoir entendu les voix des saintes Catherine et Marguerite et celle de l'archange saint Michel, elle finit par convaincre Robert de Baudricourt, seigneur de Vaucouleurs, de lui donner une escorte et une lettre pour rencontrer le roi qu'elle veut aider à débarrasser les Anglais du royaume. A Chinon, en février 1429, elle

convainc à son tour Charles VII qui lui fait commander des troupes pour libérer Orléans assiégé par les Anglais. Les légendes qui accompagnent la « Pucelle » sont nombreuses. Après avoir découvert l'épée de Charles Martel sous l'autel de l'église de Sainte-Catherine-de-Fierbois en Touraine, elle aurait reconnu le roi, simplement vêtu, au milieu de ses courtisans.

1429 : la journée des harengs

LE 12 FÉVRIER 1429, DES FRANÇAIS BIEN INFORMÉS ATTAQUENT AU NORD D'ORLÉANS UN CONVOI ANGLAIS DE VIVRES DESTINÉ AUX TROUPES QUI ASSIÈGENT LA VILLE. LA BATAILLE, QUI A TOURNÉ À L'AVANTAGE DES ANGLAIS MENÉS PAR JOHN FALSTOLF, PORTE LE NOM DE « JOURNÉE DES HARENGS », EN RÉFÉRENCE AU CONTENU DES BARRIQUES ACHEMINÉES EN CETTE PÉRIODE DE CARÊME.

1429-1431 : l'épopée et le procès de la « pucelle d'Orléans »

Aidée de ses compagnons La Hire (celui qui a laissé son nom au valet de cœur), Gilles de Rais, Ambroise de Loré ou encore Jean Poton de Xaintrailles, Jeanne d'Arc parvient en mai 1429 à lever le siège d'Orléans, avant d'être de nouveau victorieuse à Patay en juin, les Anglais commençant eux aussi à croire que quelque chose de surnaturel habite la « Pucelle ». Contre l'avis des chefs militaires, elle convainc Charles VII de se faire sacrer à Reims en juillet. Ce dernier ne fera pourtant rien pour sauver Jeanne d'Arc après sa capture à Compiègne par l'armée du duc de Bourgogne. Vendue aux Anglais qui la déclarent sorcière, Jeanne est jugée puis condamnée par un tribunal religieux présidé par Pierre Cauchon, et périt brûlée vive sur la place du Vieux-Marché de Rouen le 30 mai 1431.

La fille d'Isabeau de Bavière au cœur d'une adroite mise en scène ?

De nombreux mystères planent sur les origines de Jeanne d'Arc et il n'est pas incongru de penser qu'elle n'était pas qu'une simple bergère lorraine. Sa bonne connaissance du français laisse penser à une origine moins populaire. Pour certains, elle serait la fille illégitime d'Isabeau de Bavière et du beau-frère de la reine, Louis d'Orléans, et donc la demi-sœur de Charles VII. Elle aurait alors été au cœur d'un habile stratagème fomenté notamment par la belle-mère du roi, Yolande d'Aragon, et annoncé par la rumeur qui affirmait que le royaume perdu par une femme (Isabeau de Bavière, protagoniste du traité de Troyes) serait sauvé par une autre femme…

Gilles de Rais,
le Barbe-Bleue de l'Ouest

Gilles de Montmorency-Laval, baron de Rais (ou Retz), est un personnage à tout le moins ambivalent de l'histoire de France. D'abord vaillant combattant lors de la guerre de Cent Ans, il est aux côtés de Jeanne d'Arc pour libérer Orléans en 1429, année au cours de laquelle Charles VII le fait maréchal de France. Extrêmement riche, il se retire peu après sur ses terres et mène une vie dispendieuse. Tout en dédiant une fastueuse chapelle aux Saints Innocents à Machecoul, au sud de Nantes, il se serait dans le même temps livré à d'horribles pratiques sur des enfants dans son château de Tiffauges. Condamné entre autres pour des dizaines d'infanticides, il est exécuté en 1440.

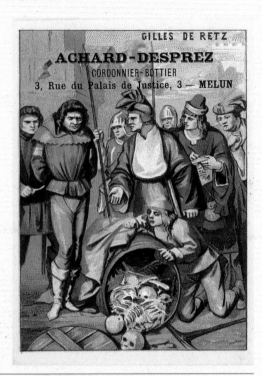

GILLES DE RETZ

ACHARD-DESPREZ
CORDONNIER-BOTTIER
3, Rue du Palais de Justice, 3 — MELUN

LES « AUTRES JEANNE »

Inspirée par les visions d'une dame blanche, Catherine de La Rochelle, qui a rencontré Jeanne d'Arc à Jargeau en 1429, exhortait ceux qui avaient des trésors cachés à les remettre au roi sans tarder. Pierronne la Bretonne, qui affirmait converser régulièrement avec Dieu, semble avoir eu davantage de crédit auprès de Jeanne et connut le même destin, brûlée sur le parvis de Notre-Dame en 1430. Parmi les nombreuses « Jeanne d'Arc » qui ont affirmé avoir échappé aux flammes du bûcher de Rouen, la plus connue est Jeanne des Armoises, qui aurait tenu une correspondance pendant quatre ans avec le roi avant de reconnaître son imposture.

✆ LA DAME DE BEAUTÉ ✆

Remarquée très jeune pour sa beauté, Agnès Sorel devient vite la maîtresse de Charles VII.

Aimant le faste et jouant de ses charmes, en inventant notamment le décolleté épaules nues, elle se voit offrir par le roi robes et bijoux, mais aussi le château de Beauté-sur-Marne, à l'origine de son surnom de « dame de Beauté ». En 1450, âgée d'à peine 30 ans, elle décède soudainement. De récents travaux ont établi la présence de mercure dans ses cheveux. Ce produit était alors utilisé comme médicament, mais à des doses bien inférieures. L'hypothèse de l'empoisonnement par le médecin du roi semble donc crédible, soit pour son propre compte (le testament d'Agnès Sorel lui a bénéficié), soit pour celui du Dauphin Louis, futur Louis XI, loin de porter dans son cœur celle qui fut la première favorite officielle d'un roi de France.

CHATEAU DE SAVIGNY-SUR-ORGE

Charles VII et Agnès Sorel.

Jacques Cœur, l'argentier plus riche que le roi

Commerçant et gestionnaire hors pair, Jacques Cœur met en place à partir de 1430 une véritable « multinationale ». Négociant épices, tapis et étoffes dans les pays du Levant, le natif de Bourges se bâtit une fortune si considérable qu'elle finit par déplaire. Malgré des relations longtemps bonnes avec Charles VII qui l'amènent à financer la reprise de la guerre contre l'Angleterre, Jacques Cœur est arrêté en 1451. On l'accuse d'avoir empoisonné Agnès Sorel, armé des musulmans, ou encore détourné des fonds. Deux ans plus tard, à l'issue d'un procès inique, il est incarcéré à Poitiers et voit ses biens confisqués. Parvenant à s'évader, il est un temps bloqué dans un couvent de Beaucaire par la surveillance royale, mais des camarades organisent une expédition rocambolesque pour l'exfiltrer en pleine nuit. Jacques Cœur rejoint peu après Rome, où le pape Nicolas V l'accueille. Parti combattre les Turcs, il trouve la mort en 1456.

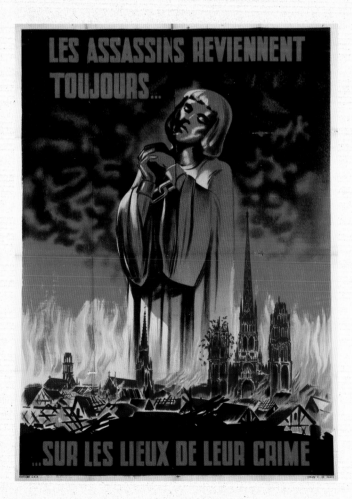

❧ LA POSTÉRITÉ DE SAINTE JEANNE D'ARC ❧

Répondant au souhait de Charles VII, le pape Calixte III réhabilite Jeanne d'Arc en 1456, mais ce n'est qu'en 1909, peu après la séparation de l'Église et de l'État, qu'elle est béatifiée, avant d'être canonisée en 1920. La même année, le Parlement, acquis à la droite et avide de symboles patriotiques, instaure la fête nationale de Jeanne d'Arc, qui doit avoir lieu le deuxième dimanche de mai. Si cette fête patriotique est tombée en désuétude, en dehors des milieux nationalistes, Nicolas Sarkozy s'est toutefois rendu à Domrémy en 2012 pour son 600e anniversaire.

Affiche vichyste de 1942 stigmatisant les bombardements britanniques sur les villes françaises, notamment à Rouen.

LE RÈGNE DE LOUIS XI

Comme son père Charles VII, Louis XI affermit le pouvoir royal vis-à-vis du clergé et de la noblesse. Avant de devenir roi à 38 ans, il s'était pourtant opposé à son père en s'associant aux grands vassaux de la révolte appelée « Praguerie ». Surnommé le Prudent, il préfère, par le traité de Picquigny (1475), payer une rente au roi d'Angleterre Edouard IV pour préserver la paix, et doit d'abord concéder des privilèges à son principal rival Charles le Téméraire, duc de Bourgogne à partir de 1467, avant

de récupérer ses terres bourguignonnes et picardes avec la signature du traité d'Arras (1482). Le domaine royal s'agrandit également à la mort de Charles V d'Anjou en 1481. Sans héritier, ce neveu du « Bon Roi René » lui lègue, outre l'Anjou, le Maine et la Provence, ainsi que les prétentions sur le royaume de Naples qui déclencheront les futures guerres d'Italie.

✎ L'UNIVERSELLE ARAGNE ✎

Bon gestionnaire, Louis XI a sécurisé le royaume, renfloué les caisses du Trésor et renforcé le centralisme de l'Etat au point d'être affublé du surnom d'« universelle aragne » (ou « araigne », ancienne appellation de l'araignée). Longtemps, il a gardé une image sombre véhiculée par ses rivaux, celle d'un tyran cruel qui enfermait notamment ses opposants dans des cages suspendues, appelées souvent à tort « fillettes ». Ce terme désigne plutôt des chaînes, comme celles qui ont retenu prisonnier onze ans le cardinal La Balue au château d'Onzain, près de Blois.

LE CARDINAL LABALUE

1472 : Jeanne Hachette, l'héroïne de Beauvais

Jeanne Hachette, Siège de Beauvais

En juin 1472, l'hostilité de Charles le Téméraire pour Louis XI se manifeste dans la guerre qu'il mène en Picardie, épisode dont le point d'orgue sera le siège de Beauvais. Sans garnison, la ville se défend bec et ongles, mettant à contribution hommes, femmes et enfants. Alors qu'un assaillant s'apprête à planter son étendard dans la muraille qui protège la ville, la jeune Jeanne Laisné lui arrache son drapeau et le repousse avec sa hachette, y gagnant son surnom et devenant le symbole de la farouche résistance beauvaisienne. Après un mois de lutte, Charles le Téméraire lève le siège. La détermination des habitants a payé. Le mari de Jeanne, Colin Pilon, trouvera la mort lors du siège de Nancy, comme Charles le Téméraire.

VÉRITABLE EXTRAIT DE VIANDE LIEBIG.

Charles le Téméraire

EPISODES DE L'HISTOIRE DE BELGIQUE (XIVe ET XVe SIÈCLES).
Découverte du corps de Charles le Téméraire après la bataille de Nancy (1477).

Voir l'explication au verso.

1476-1477 : le siège de Nancy

Pour réunir les deux parties de son duché (la Bourgogne et la Picardie), Charles le Téméraire chasse René d'Anjou de Lorraine. Mais les Nancéiens se soulèvent et René revient dans la ville. Entêté, Charles revient l'assiéger aussitôt au cours du terrible hiver 1476-1477. De nombreux assiégés meurent, mais le Bourguignon connaît le même sort. On retrouva son corps deux jours après sa mort au bord d'un lac gelé, le crâne fendu et le visage à demi dévoré par les loups. René d'Anjou décède, lui, trois ans plus tard, à 71 ans, à Aix-en-Provence où il avait acquis son surnom de « Bon Roi René ». Respectant son vœu, sa seconde épouse Jeanne de Laval a discrètement fait acheminer sa dépouille dans un tonneau jusqu'à la cathédrale d'Angers où l'attendait son tombeau. A noter que la célèbre croix de Lorraine s'appelait initialement « croix d'Anjou » et prit ce nom à l'époque du Bon Roi René.

La poste aux chevaux

Le roi est régulièrement en voyage loin de Paris et il a compris l'importance de la rapidité de la transmission d'une information. Il crée ainsi la poste royale en 1479, un précédent édit de 1464 apparaissant comme étant un faux. Des relais sont installés en théorie toutes les sept lieues (soit une trentaine de kilomètres, mais souvent moins en réalité) où, attendant qu'on leur remette un pli, des cavaliers sont en poste (d'où le nom de l'institution qui désignera à la fois le lieu, le relais et le service). Ces chevaucheurs, qui ne transportent que la correspondance du roi, desservent des villes stratégiques comme Paris, Amiens, Dijon ou Bordeaux depuis Tours où Louis XI possède sa résidence favorite de Plessis-lès-Tours.

POSTES — JOURNÉE DU TIMBRE 1945 — LOUIS XI CRÉATEUR DE LA POSTE D'ÉTAT — 2f+3f

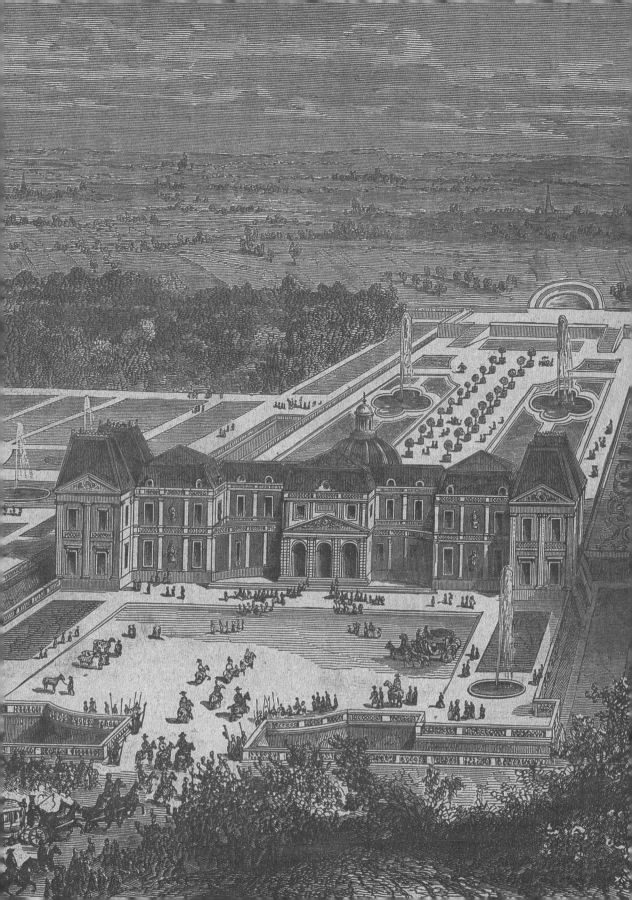

XVIᵉ siècle - 1789

L'ÉPOQUE MODERNE

Amorcée précédemment par Philippe Auguste ou Saint Louis, l'époque moderne (fin XVᵉ siècle - 1789) se caractérise par l'affirmation du pouvoir royal et la mise en place d'un véritable Etat. Les résidences favorites des rois continuent de se rapprocher de la capitale : Charles VII à Loches, Louis XI à Plessis-lès-Tours, Charles VIII à Amboise, Louis XII à Blois, François Iᵉʳ à Saint-Germain-en-Laye et Fontainebleau plus que Chambord. Henri IV, premier roi des Bourbons, accède au trône pendant les guerres de Religion, avant que Louis XIV ne symbolise à lui seul la monarchie absolue. C'est aussi l'affirmation de l'Etat-nation avec une France qui commence à se dessiner telle qu'on la connaît aujourd'hui. La modernité est d'abord celle des humanistes de la Renaissance, mais cette période riche sur le plan culturel est aussi celle des philosophes des Lumières qui trouveront écho dans la Révolution française, qui enterrera l'Ancien Régime et ses archaïsmes féodaux.

	Vᵉ siècle		XVIᵉ siècle	1789	1815	1914	
ANTIQUITÉ		MOYEN AGE		ÉPOQUE MODERNE	RÉVOLUTION ET EMPIRE	XIXᵉ SIÈCLE	1914 À AUJOURD'HUI

Le château de Vaux-le-Vicomte.

LES RÈGNES DE
CHARLES VIII ET LOUIS XII

CHATEAU D'AMBOISE

Mort tragique de Charles VIII

A la mort de Louis XI en 1483, son fils Charles VIII n'a que treize ans. Sa sœur aînée, Anne de Beaujeu, assure alors la régence. Faisant valoir ses prétentions sur le royaume de Naples, Charles VIII est l'initiateur de la première guerre d'Italie, un échec qui a non seulement mis à mal les finances du royaume, mais qui a aussi dès le départ entraîné la perte du Roussillon, de la Cerdagne, de l'Artois et de la Franche-Comté, pour s'assurer la neutralité de l'Espagne et du Saint-Empire. A sa mort, son cousin Louis XII, le « père du peuple », devient le premier et le seul roi de la branche des Valois-Orléans en 1498. Comme son prédécesseur, il meurt sans descendance mâle, après avoir mené trois nouvelles guerres d'Italie qui se sont avérées au final infructueuses. Le second mariage de Louis XII avec Marie Tudor, de trente-six ans sa benjamine, se tient quelques mois seulement avant sa mort en 1515.

La guerre folle

Cette guerre, dont le qualificatif de « folle » n'a été donné qu'un siècle plus tard, est une opposition entre Anne de Beaujeu, régente de Charles VIII, et des grands seigneurs comme le duc de Lorraine ou le duc de Bretagne, soutenus par les ennemis étrangers du roi de France. A leur tête, Louis II d'Orléans, un cousin du jeune Charles VIII, n'est autre que le futur Louis XII. Amorcées en 1485, les hostilités cessent en 1489 après la bataille de Saint-Aubin-du-Cormier qui constitue un premier pas à l'entrée de la Bretagne

PERLES DU JAPON *(Potage recherché)* Ne se vendent qu'en boîtes rondes bleues de 250 grammes.

LOUIS XII (1498-1515). *Entrée à Milan (1499).*

dans le giron royal. Emprisonné, Louis n'a été libéré que trois années plus tard, peu avant le déclenchement de la première guerre d'Italie.

❧ ANNE DE BRETAGNE, DEUX FOIS REINE DE FRANCE ❧

D'abord promise à Maximilien de Habsbourg, Anne de Bretagne se marie finalement avec Charles VIII à Langeais en 1491, après le siège de la ville de Rennes où elle s'était réfugiée. A la mort de Charles, alors qu'aucun de leurs six enfants n'a survécu, le nouveau roi Louis XII veut consolider ce rapprochement entre la Bretagne et la France, et épouse lui aussi, en 1499, la duchesse qui fut son alliée dans la guerre folle. Malgré sa volonté de préserver l'indépendance de la Bretagne,

ses unions successives aboutiront au rattachement définitif du duché de Bretagne à la France en 1532. La légende veut qu'Anne de Bretagne ait fait interdire les péages dans son duché, et que ce soit à elle que les Bretons devraient encore aujourd'hui la gratuité de leurs quatre-voies…

Château de Nantes
XVᵉ Siècle. (Style ogival).

Anne de Bretagne 1476-1514

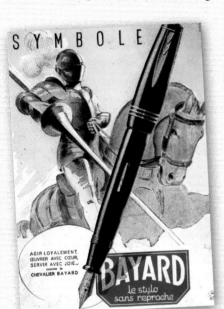

Les exploits légendaires du « chevalier sans peur et sans reproches »

Au cours des premières guerres d'Italie, le jeune chevalier dauphinois Pierre du Terrail commence à se faire un nom : celui du chevalier Bayard. Surtout connu pour la défense héroïque du pont du Garigliano en 1503, à lui seul, il aurait tenu tête aux troupes ennemies espagnoles – le royaume de Naples était une possession aragonaise – en attendant le renfort des troupes françaises. En 1515, au soir de la bataille de Marignan, c'est lui qui arme chevalier le jeune roi François Iᵉʳ.

D'AMBOISE À BLOIS

Suite à un complot de Louis d'Amboise contre un favori de Charles VII, le château d'Amboise est confisqué et rattaché à la couronne royale en 1434. Si Louis XI avait pour résidence favorite le château de Plessis-Lès-Tours, son fils Charles VIII était très attaché à la forteresse d'Amboise qu'il a transformée et où il passa les premières mais aussi les dernières heures de sa vie : alors âgé de 28 ans, il y

trouva la mort en 1498 après s'être fracassé le crâne contre le linteau d'une porte – accident sonnant le glas des Valois directs qui n'est pas sans rappeler la mort de Louis III six siècles plus tôt. Louis XII n'abandonna pas Amboise, mais s'établit plutôt à Blois, où la façade du château arbore une statue équestre surmontant un porc-épic témoignant de sa devise : Qui s'y frotte, s'y pique.

FRANÇOIS Ier

Né à Cognac en 1494, François Ier succède à son cousin Louis XII sur le trône au début de l'année 1515. Vainqueur à Marignan quelques mois plus tard, son règne est marqué par la poursuite des guerres d'Italie. Ce « roi au grand nez » qui mesure près de deux mètres a pour principal rival le « roi des Espagnes » Charles Ier plus connu sous son nom d'empereur du Saint Empire : Charles Quint. Ne parvenant pas à agrandir le royaume malgré de nombreuses entreprises militaires et diplomatiques, François Ier a toutefois renforcé l'autorité royale, et pris des mesures importantes comme l'ordonnance de Villers-Cotterêts. En 1539, ce texte rend obligatoire la tenue de registres de baptêmes, et fait du français la langue officielle du droit et de l'administration.

1515 : MARIGNAN

La célèbre bataille de Marignan – aujourd'hui Melegnano en Lombardie – constitue la première victoire de François Ier. Le triomphe rapide du jeune roi, en partie dû au renfort des Vénitiens, n'a été obtenu qu'après un véritable carnage qui fit plus de 16 000 morts. Les Suisses défaits ont dû signer la paix perpétuelle avec la France l'année suivante par le traité de Fribourg qui n'a été rompu qu'en 1798.

Un duel avec… un sanglier

APRÈS LE DÉPART DE LOUIS XII ET D'ANNE DE BRETAGNE POUR BLOIS, LA MÈRE DE FRANÇOIS IER LOUISE DE SAVOIE SÉJOURNE LA PLUPART DU TEMPS À AMBOISE OÙ FRANÇOIS IER PASSA UNE GRANDE PARTIE DE SA JEUNESSE. EN MAI 1515, LORS DU MARIAGE DE RENÉE DE BOURBON ET D'ANTOINE DE LORRAINE, IL S'Y SERAIT FAIT REMARQUER EN REMPORTANT UN DUEL INATTENDU. SON ADVERSAIRE N'EST AUTRE QU'UN SANGLIER, CAPTURÉ POUR L'OCCASION MAIS ÉCHAPPÉ DE SON ENCLOS. TRANSPERCÉ PAR UN COUP D'ÉPÉE DU ROI, LE SANGLIER SUCCOMBA DANS LA COUR DU CHÂTEAU.

François Ier fait chevalier par Bayard au soir de la bataille de Marignan.

François Ier empereur ?

A la mort de Maximilien d'Autriche en 1519, le trône du Saint-Empire romain germanique est vide. Pour l'occuper, il suffit alors de « convaincre » sept princes électeurs, mais pour ce faire le jeune Charles Ier d'Espagne dispose du soutien des Fugger, richissime famille de banquier du Sud de l'Allemagne. François Ier doit renoncer malgré le don d'une tonne et demie d'or, et voir le jeune Charles Quint, un cousin très éloigné, régner sur un « empire où le soleil ne se couche jamais » et qui encercle la France.

❧ L'ENTREVUE DU CAMP DU DRAP D'OR ❧

Pour vaincre son rival Charles Quint, François tente de s'allier avec le roi d'Angleterre Henri VIII, lors de l'entrevue du Camp du Drap d'or, en 1520. Pendant plus de deux semaines d'innombrables tentes furent installées dans une plaine proche de Calais, où l'on festoya et où l'on joua – les deux souverains en vinrent même aux mains pour une lutte amicale – autour d'un étalage de richesses visant à impressionner Henri VIII. Mais au final, aucun accord ne fut conclu. Pire encore, Henri VIII s'est rapproché secrètement de son neveu Charles Quint.

NOTRE HISTOIRE

ENTREVUE DU CAMP DU DRAP D'OR   Delagrave.

Monsieur, vous plaît-il d'ouïr
L'air du fameux La Palisse?

Il mourut le vendredi,
Le dernier jour de son âge;
S'il fût mort le samedi,
Il eût vécu davantage.

M. de La Palisse

Dessin de H. GERBAULT   Édité par DE RICQLÈS & Cⁱᵉ
LES CHANSONS (2ᵉ Série)

La vérité sur La Palice

Une lapalissade est une phrase naïve, confondante d'évidence. Ce terme fait référence à Jacques II de Chabannes de La Palice, un maréchal qui participa aux guerres d'Italie. Après son décès en 1525 à Pavie lors de la bataille qui entraîna l'emprisonnement de François Iᵉʳ en Espagne, ses soldats lui composèrent une chanson comprenant la strophe suivante : *Hélas La Palice est mort/Est mort devant Pavie/Hélas s'il n'était pas mort/Il ferait encore envie.* Par la suite, « ferait » s'est transformé en « serait », rendant la fin de la strophe un tantinet plus cocasse…

⚜ JACQUES CARTIER DÉCOUVRE LE CANADA… ET SES FAUX DIAMANTS ⚜

Né à Saint-Malo à la fin du XVᵉ siècle, Jacques Cartier a fait trois voyages vers le nouveau monde. Au cours de l'été 1534, après avoir découvert le golfe du Saint-Laurent, Jacques Cartier prend possession du Canada, au nom de François Iᵉʳ, à Gaspé. L'année suivante, il remonte les eaux du fleuve qu'il nomme Saint-Laurent, de nombreux toponymes de l'est canadien ayant été choisis par Cartier, comme l'île Saint-Pierre associée aujourd'hui à Miquelon. En 1541, une dernière expédition est lancée dans l'espoir d'atteindre l'« eldorado » du royaume du Saguenay, qui n'était en réalité qu'une légende iroquoise. Le fait que Cartier a cru trouver des diamants, qui n'étaient en réalité que du quartz, a donné naissance à l'expression « faux comme un diamant du Canada ».

François et Soliman

Depuis la prise de Constantinople en 1453, les souverains européens se méfient de l'avancée en Europe orientale des Turcs ottomans, parvenus aux portes de Vienne en 1529. Une Sainte-Ligue – qui précède une autre ligue victorieuse à Lépante en 1571 – regroupe des États catholiques européens sous l'égide du pape en 1537, pour lutter contre la flotte menée par Khayr Ad-Din dit « Barberousse ». Mais il n'y aura pas de galères françaises dans cette alliance catholique : François Iᵉʳ n'hésite pas à s'allier avec le sultan turc Soliman le Magnifique, pour défier les puissants Habsbourg qui encerclent son royaume. Un ambassadeur français est, chose inédite pour un européen, accepté à la cour de Soliman qui entretient une correspondance codée avec François Iᵉʳ. Même si la flotte turque est venue en aide aux Français lors du siège de Nice en 1543, cette alliance militaire n'eut qu'un impact limité.

JACQUES CARTIER 1494-1556   LES EXPLORATEURS CÉLÈBRES

ENTREVUE DE JACQUES CARTIER ET DES CHEFS CANADIENS

Souvent femme varie...

... BIEN FOL EST QUI S'Y FIE. ON ATTRIBUE CES VERS À FRANÇOIS IER, MAIS ON NE SAIT VÉRITABLEMENT QUELLE MÉSAVENTURE L'A AMENÉ À LES ÉCRIRE. OUTRE SES DEUX ÉPOUSES, LA REINE CLAUDE ET ELÉANORE DE HABSBOURG QUI N'EST AUTRE QUE LA SŒUR DE CHARLES QUINT, IL EUT DE NOMBREUSES MAÎTRESSES PARMI LESQUELLES LA BELLE COMTESSE DE CHATEAUBRIAND FRANÇOISE DE FOIX, ET LA DUCHESSE D'ETAMPES ANNE DE PISSELEU.

CHOCOLAT GUÉRIN-BOUTRON

33. HENRI II (1547-1559). *Mort du Roi dans un Tournoi où il est frappé par le sire de Montgommery.*

« Charbonnier est maître en sa maison »

Egaré dans la forêt de Fontainebleau après une journée de chasse, François Ier aurait trouvé refuge dans la chaumière d'un charbonnier, qui à son retour réclama le siège sur lequel s'était assis le roi. François pardonna cet accueil inhospitalier à son hôte qui ignorait son identité. Telle est l'anecdote qui donna naissance à l'expression « charbonnier est maître en sa maison » employée pour dire que quiconque a le droit de commander dans sa demeure.

La joute fatale d'Henri II, père de trois rois de France

Henri II succède à son père François Ier, atteint de pleurésie, en 1547. Poursuivant la lutte contre Charles Quint, il récupère Calais et les Trois-Evêchés (Metz, Toul et Verdun), et met fin aux guerres d'Italie en 1559. Henri II participe cette année-là à un grand tournoi organisé près de l'actuelle place des Vosges à Paris. Après avoir été touché au visage par des éclats de la lance de son adversaire, le capitaine de sa garde écossaise Montgomery, on fit intervenir, en vain, les plus grands chirurgiens de l'époque : Vésale et d'abord Ambroise Paré qui s'est exercé pour l'occasion sur la tête de six condamnés à mort ! Ce triste épisode accélérera la disparition de ces joutes médiévales.

Amoureux de sa favorite Diane de Poitiers, de vingt ans son aînée, c'est cependant avec Catherine de Médicis qu'il eut trois fils qui se sont succédé sur le trône : François II en 1559, Charles IX en 1560, et Henri III en 1574.

La Renaissance artistique en France

Dans la France du XVIᵉ siècle, François Iᵉʳ et Catherine de Médicis ont accordé une grande importance à l'art – et aussi beaucoup d'argent. Eduqué par sa mère Louise de Savoie, François Iᵉʳ est surnommé « le prince des arts » ou « le père et restaurateur des lettres », et sa belle-fille Catherine de Médicis est née en Toscane, comme le courant artistique de la Renaissance. François Iᵉʳ est revenu des guerres d'Italie avec le titre de duc de Milan, mais aussi avec l'intention d'inviter des artistes transalpins à sa cour, Léonard de Vinci tout d'abord, mais aussi Cellini ou le Primatice. L'influence italienne se retrouve dans l'architecture des châteaux de la Loire (Amboise, Chenonceau, Chaumont ou Azay-le-Rideau) et dans celui de Fontainebleau auprès duquel se développe une école artistique dont un des fers de lance est le sculpteur Jean Goujon. La Renaissance se manifeste enfin par un renouveau littéraire incarné par Rabelais, Ronsard, Du Bellay, ou Montaigne et La Boétie. Leurs œuvres sont désormais diffusées grâce à des imprimeurs comme l'humaniste Etienne Dolet.

Les dernières années du génie de la Renaissance

Après avoir été un temps au service de Louis XII à Milan, Léonard de Vinci est invité en 1516 par François Iᵉʳ à Amboise, où il est nommé « Premier peintre, ingénieur et architecte du roi ». Connu pour avoir amusé la cour avec son lion automate au château d'Argentan lors de la fête qu'il a organisée pour la sœur du roi Marguerite d'Angoulême, Léonard imagine surtout des projets grandioses pour magnifier le pouvoir de son mécène, comme la cité idéale de Romorantin et l'assèchement de la Sologne qui n'auront cependant pas le temps de voir le jour. En 1519, le décès de Léonard fait dire à François Iᵉʳ qu'« il est impossible que la vie en produise un semblable ». S'il a vécu au manoir du Clos-Lucé à Amboise, son corps repose depuis près de cinq siècles dans la chapelle Saint-Hubert du château d'Amboise.

Le Petit Journal
SUPPLÉMENT ILLUSTRÉ
DIMANCHE 28 DÉCEMBRE 1913

L'HISTOIRE D'UN CHEF-D'ŒUVRE
L'achat de la Joconde par François 1ᵉʳ. — Le Rapt. — Le Retour.

LA RENAISSANCE DU LOUVRE

Au retour de Madrid, où il avait été retenu captif après la défaite de Pavie, François Ier décide de rénover le château du Louvre, construit sous Philippe Auguste. Des aménagements tels que la destruction du donjon sont rapidement réalisés, mais il faudra attendre une vingtaine d'années pour que s'amorce la transformation du château en palais, avec l'adoption du projet de Pierre Lescot. Cet architecte, qui a donné son nom à une aile du futur musée, fait entrer le Louvre dans la Renaissance en dotant les façades de colonnes et de frontons, ou encore en s'inspirant de la mythologie pour réaliser la tribune des Cariatides, sculptée par Jean Goujon. Lescot demeure architecte du Louvre jusqu'à son décès, en 1578 ; il aura vu passer cinq rois, le dernier – Henri III – ayant fait du Louvre sa demeure principale.

❧ CHAMBORD, CHEF-D'ŒUVRE DE LA RENAISSANCE ❧

Bien que possédant certains restes du château médiéval, comme un donjon central ou des douves, le style riche et fin de Chambord est celui de la Renaissance. Chef-d'œuvre architectural, ses galeries, tourelles et cheminées lui confèrent un aspect enchanteur, qui impressionna notamment ses visiteurs étrangers. Merveille dans la merveille, l'escalier à double révolution, attribué à Léonard de Vinci, permet à deux personnes de monter et descendre sans jamais se croiser. Bordé par les eaux du Cosson (le détournement de la Loire, projeté, n'a jamais été réalisé), le château de Chambord affirme aujourd'hui encore la puissance d'un roi bâtisseur et amateur d'art : François Ier.

Catherine de Médicis, un mécène influent

Parfois caricaturée en manipulatrice assoiffée de pouvoir, Catherine de Médicis a joué un rôle plus contrasté dans l'histoire de France. Mère de trois rois, devant assurer la régence, elle a notamment tenté d'œuvrer pour la conciliation dans les guerres de Religion opposant catholiques et protestants, aidée dans cette tâche par son « escadron volant », un groupe de femmes dont le charme devait calmer les ardeurs belliqueuses des hommes de la cour. Puissant mécène, elle protège artistes et écrivains (Bernard Palissy inquiété depuis qu'il est protestant ou Montaigne libéré grâce à elle après avoir été embastillé), mais les utilise aussi pour illustrer et promouvoir tant la monarchie que sa politique. Parmi les rares restes des réalisations architecturales qui lui sont dues, la colonne Médicis, près de la Bourse de commerce de Paris. Dernier vestige de l'hôtel particulier de la reine, cette colonne aurait servi à effectuer des observations astronomiques.

Le quart d'heure de Rabelais

Moine, médecin et bien sûr écrivain, François Rabelais fut un personnage haut en couleur qui sut conjuguer science et truculence. Ainsi, au milieu des outrances de son *Gargantua*, il présente l'utopique abbaye de Thélème, dans laquelle hommes et femmes vivent en harmonie, gouvernés par une unique règle : « Fais ce que voudras. » Plein d'humour, Rabelais passe pour avoir inventé la contrepèterie, avec l'évocation de « femmes folles de la messe » dans *Pantagruel*. Farceur ingénieux, il aurait voyagé gratuitement de Lyon à Paris, alors qu'il était sans argent, en indiquant sur de petits paquets qu'ils contenaient du « poison pour le roi ». François Ier, auquel il fut mené, rit de sa plaisanterie et le relâcha. Cet épisode est à l'origine de l'expression « le quart d'heure de Rabelais », qui désigne un moment désagréable, notamment lorsque l'on doit sortir son porte-monnaie.

À la mort d'Henri II, Catherine de Médicis contraint Diane de Poitiers à restituer le château de Chenonceau à la couronne.

❧ LES TUILES DU PALAIS... ❧

Après la mort d'Henri II dans l'hôtel des Tournelles, Catherine de Médicis ne veut plus y habiter. Elle part vivre au Louvre et lance la construction d'un palais sur des terrains où se trouvaient précédemment des fabriques de tuiles : le palais des Tuileries. Les travaux, considérables, seront arrêtés prématurément en raison, semble-t-il, d'un mauvais présage de l'astrologue de la reine. Néanmoins, le palais, dont on doit les plans à l'architecte Philibert Delorme, sera progressivement étendu, devenant notamment résidence royale puis impériale sous Napoléon Ier. Détruit en 1883 suite à un incendie, des projets de reconstruction sont aujourd'hui encore évoqués eu égard à l'importance du lieu dans l'histoire de France.

NOSTRADAMUS

A la Renaissance, malgré les progrès scientifiques, il n'est pas anormal pour un médecin de s'appuyer sur l'astrologie. Ainsi, après avoir notamment révélé le secret des dents blanches dans son *Traité des fardemens et confitures*, Michel de Nostre-Dame, alias Nostradamus, rédige des recueils de prédictions. Exprimées en vers dans un style abscons, ces prophéties le rendent célèbre et lui valent l'admiration de Catherine de Médicis, qui le nommera médecin du jeune Charles IX. Dans le quatrain suivant, certains ont vu une prédiction de la mort d'Henri II lors du fameux tournoi disputé en 1559.

« Le lyon ieune le vieux surmontera,
En champ bellique par singulier duelle,
Dans cage d'or les yeux luy creuera,
Deux classes vne, puis mourir, mort cruelle. »

Catherine de Médicis allant consulter Nostradamus

A L'IMAGE DU POÈTE JACQUES PELLETIER DU MANS, AUTEUR DE LA PLÉIADE À QUI L'ON DOIT L'INVENTION DU TERME « MILLIARD », LES INTELLECTUELS DE L'ÉPOQUE BRILLENT SOUVENT TANT DANS LES LETTRES QUE DANS LES SCIENCES.

LE TEMPS DES GUERRES DE RELIGION

Picard installé à Genève, Jean Calvin a initié la Réforme protestante qui a trouvé un écho en France, puis divisé durablement catholiques et protestants. Le massacre des huguenots par les troupes du duc de Guise à Wassy en Champagne marque en 1562 le début des guerres de Religion, une série de huit conflits sous les règnes de deux fils d'Henri II : Charles IX (1560-1574) et Henri III (1574-1589). Le premier, pour qui sa mère Catherine de Médicis poursuit la régence, meurt de la tuberculose à 24 ans après avoir multiplié des édits de pacification. Le second subit l'influence de sa mère et celle des mignons, ses favoris connus pour leur raffinement. Après l'assassinat d'Henri III par le moine fanatique Jacques Clément qui a mis fin à la branche des Valois, Henri IV clôt la dernière guerre de Religion en 1598 avec l'édit de Nantes.

Véritable Extrait de viande LIEBIG

Nº 2 — LA COUR ET LES MIGNONS.

Les premiers poissons d'avril

S'APERCEVANT QUE DANS LES DIFFÉRENTS DIOCÈSES DU ROYAUME L'ANNÉE NE DÉBUTAIT PAS LE MÊME JOUR (CE POUVAIT ÊTRE À NOËL, LE 25 MARS OU À PÂQUES), CHARLES IX DÉCIDA EN 1564 PAR L'ÉDIT DE ROUSSILLON DE FAIRE DÉBUTER OFFICIELLEMENT L'ANNÉE AU 1ER JANVIER. POUR SE MOQUER DE CEUX QUI FAISAIENT ENCORE TARDIVEMENT DÉBUTER L'ANNÉE EN AVRIL, L'HABITUDE AURAIT ÉTÉ D'OFFRIR DE FAUX POISSONS, LES POISSONS CONSTITUANT DES PRÉSENTS COURANTS EN CETTE PÉRIODE DE FIN DE CARÊME.

La surprise de Meaux

Après la pendaison aux tours du château des comploteurs de la conjuration d'Amboise qui visait en 1560 à soustraire le roi de la tutelle des Guises, un épisode quelque peu similaire est resté dans l'histoire sous le nom de « surprise de Meaux ». En 1567, le prince de Condé, chef protestant, prévoit l'enlèvement de Catherine de Médicis et de Charles IX au château de Montceaux, une splendide demeure détruite pendant la Révolution. Le 28 septembre, la famille royale quitte sous bonne garde la région de Meaux, où les cavaliers protestants s'étaient rassemblés, et rentre au Louvre à Paris.

LA MICHELADE DE NÎMES

LE 30 SEPTEMBRE 1567, LENDEMAIN DE LA SAINT-MICHEL, LES PROTESTANTS DE NÎMES, FURIEUX D'AVOIR ÉTÉ ÉCARTÉS DU CONSULAT ET DE VOIR LEUR CULTE REJETÉ DANS LES FAUBOURGS, MASSACRÈRENT UNE QUARANTAINE DE PRÊTRES ET DE NOTABLES CATHOLIQUES, QUI FINIRENT AU FOND D'UN PUITS D'OÙ L'ON EXHUMA LEURS OSSEMENTS AU XIXE SIÈCLE.

24 août 1572 : le massacre de la Saint-Barthélemy

La politique d'apaisement menée par Charles IX et le rapprochement avec le chef protestant Gaspard de Coligny déplaisent aux chefs catholiques qui convainquent le roi d'éliminer leurs homologues protestants le 24 août 1572, jour de la Saint-Barthélemy. Six jours après son mariage avec la sœur du roi Marguerite de Valois, Henri de Navarre (le futur Henri IV) est contraint d'abjurer sa religion pour éviter de connaître le même sort que Coligny, tué par les hommes du duc Henri de Guise. Ne visant au départ que les chefs protestants, Charles IX ne parvient pas à faire stopper ces exactions qui feront plusieurs milliers de morts – peut être plusieurs dizaines de milliers – après avoir gagné la province à la fin de l'été.

« Plus grand mort que vivant »

La huitième et dernière guerre de Religion voit s'opposer trois Henri. Henri III, qui a quitté en catimini la Pologne dont il était le roi pour succéder à son frère Charles IX en 1574, est contraint de fuir Paris et de laisser la ville au chef de la Ligue Henri

CHATEAU DE BLOIS

Assassinat du Duc de Guise

de Guise après la journée des Barricades (formées avec des barriques) le 12 mai 1588. En décembre, Henri III ordonne l'assassinat d'Henri de Guise au château de Blois où il a réuni les états généraux, avant de s'allier avec Henri de Navarre, qui avait pourtant défait le duc Anne de Joyeuse, premier mignon du roi, à Coutras en 1587. Devant la dépouille du duc de Guise, Henri III aurait affirmé qu'il était « encore plus grand mort que vivant ».

LE RÈGNE D'HENRI IV

À la mort d'Henri III, son beau-frère et cousin éloigné Henri, roi de Navarre et descendant de Saint Louis, peinera à asseoir sa légitimité. Protestant, il doit se convertir au catholicisme – il aurait alors affirmé : « Paris vaut bien une messe » – pour être sacré en 1594, à Chartres, car Reims est aux mains de la Ligue catholique. Il doit encore négocier son entrée dans Paris

et s'imposer militairement contre les Espagnols unis aux Ligueurs menés par Charles de Mayenne, lors de la dernière guerre de Religion. Celle-ci s'achève avec l'édit de Nantes qui reconnaît en 1598 le catholicisme comme religion d'Etat tout en accordant la liberté de culte et cinquante et une places de sûreté aux protestants. Parvenant à annuler son mariage avec Marguerite de Valois, la « reine Margot », en raison d'une trop proche parenté, il se remarie avec Marie de Médicis – et sa belle dot – en 1600. Elle est couronnée reine le 13 mai 1610, la veille de l'assassinat du premier souverain de la branche des Bourbons.

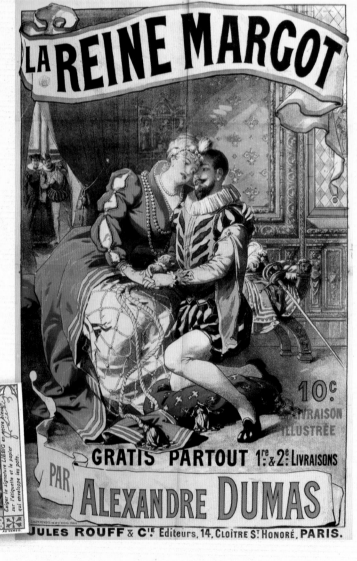

LES AMOURS DU VERT-GALANT

Henri IV a eu seize enfants (au moins…) de cinq femmes différentes. Enceinte d'un quatrième enfant, Gabrielle d'Estrées trouve la mort en 1599, peut-être empoisonnée. Henri l'oublie vite et se réfugie dans les bras d'Henriette d'Entragues qui elle aussi s'est imaginée devenir reine. L'expression « vert-galant » qui lui est associée désigne un homme d'âge mûr toujours entreprenant avec les femmes. En 1609, il a 57 ans quand il s'éprend de Charlotte de Montmorency qui a à peine 15 ans. Il fait annuler ses fiançailles et la marie avec son cousin Henri II de Condé. Mais il n'avait pas prévu que son cousin l'éloignerait de son dernier amour en envoyant sa femme aux Pays-Bas : raison suffisante pour préparer une nouvelle guerre contre les Habsbourg, qui n'aura pas lieu à cause d'un certain Ravaillac…

Le « bon roi Henri » expulse les Jésuites

La bonne image dont jouit encore aujourd'hui Henri IV s'est essentiellement construite après sa mort, au XVIIIᵉ siècle puis sous la Restauration. De son vivant, ses abjurations du protestantisme, pour échapper à la Saint-Barthélemy puis pour être sacré, ne l'ont rendu populaire dans aucun des deux camps, et il a échappé à au moins onze tentatives d'assassinat. Celle du jeune Jean Châtel, qui a blessé le roi à la lèvre devant l'hôtel parisien de Gabrielle d'Estrées en 1594, s'est suivie de l'écartèlement du coupable, de la démolition de la maison paternelle remplacée par une pyramide commémorative, mais aussi de l'expulsion des Jésuites de France ; Châtel avait en effet reçu son éducation auprès de ces Compagnons de Jésus qui ne seront autorisés à revenir en France qu'en 1603.

Paulette et poule au pot

A sa naissance au château de Pau, Henri IV est connu pour s'être fait frotter les lèvres avec une gousse d'ail et quelques gouttes de jurançon. On lui associe aussi la poule au pot, qu'il aurait souhaité voir sur la table de tous les Français le dimanche, si l'on en croit la réinterprétation faite au XIXᵉ siècle d'une formule qu'il n'a peut-être même pas prononcée : « Si Dieu me donne encore de la vie, il n'y aura point de laboureur en mon royaume qui n'ait moyen d'avoir une poule dans son pot. » Ainsi il aurait seulement voulu montrer au duc de Savoie que la France allait redevenir prospère après les temps difficiles des guerres de Religion. La paulette est quant à elle bien réelle et a permis de renflouer les caisses de l'Etat à partir de 1604. Elle doit son nom à son instigateur Charles Paulet et constitue un droit annuel payé par le titulaire d'un office qui aboutira à la reconnaissance de l'hérédité des charges.

LA POULE

HISTOIRE ANECDOTIQUE DE L'ALIMENTATION

❧ LES DEUX MAMELLES DE SULLY ❧

Après avoir combattu aux côtés d'Henri IV et géré ses affaires personnelles, Maximilien de Béthune (duc de Sully à partir de 1602) devient en 1598 un surintendant des finances économe, pour qui « labourage et pâturage sont les deux mamelles de la France ». Bon gestionnaire, il s'occupe encore des fortifications, de l'artillerie, de la voirie, fait débuter les travaux du canal de Briare pour relier la Loire et la Seine, et les ormes qu'il fait planter sur les places et le long des routes françaises sont encore appelés les « Sully ». Dans sa seigneurie berrichonne de Boisbelle, où il vit

Construction du canal de Briare.

quasiment comme un souverain en battant sa monnaie, en rendant la justice et en décidant des lois pour des habitants exemptés de nombreux impôts, il a fondé la cité d'Henrichemont dédiée à son ami Henri IV.

OLIVIER DE SÉRRES

Les pères de l'agronomie et du mercantilisme

Olivier de Serres et Barthélemy de Laffemas vont participer avec Sully au relèvement économique de la France. Le premier a contribué à améliorer la productivité agricole en expérimentant des techniques et des outils nouveaux et en important le houblon anglais ou la garance des Flandres pour la teinture. Il a surtout introduit le mûrier blanc sur lequel des vers à soie seront élevés pour stopper les coûteuses importations de la soie orientale, une ordonnance royale demandant même à chaque paroisse de posséder une magnanerie. D'abord simple tailleur du roi puis contrôleur général du commerce, Laffemas est lui plus attaché à l'essor de l'industrie, et s'oppose à Sully en développant les manufactures royales spécialisées dans le verre, la soie, la dentelle, et les tapisseries comme les Gobelins à Paris.

L'étonnante ascension de Fouquet de La Varenne

Lorsqu'il accéda en 1578 aux cuisines de Catherine de Bourbon, Guillaume Fouquet n'imaginait certainement pas l'avenir qui l'attendait. Recommandé par Catherine à son frère, le futur Henri IV, Guillaume Fouquet participe aux batailles contre la Ligue. Anobli par son ami devenu roi, Fouquet de La Varenne devient notamment contrôleur général des postes, fonction qu'il marque de son empreinte en ouvrant au public un service jusqu'alors réservé aux messages royaux. Après l'assassinat du roi, il perd de son influence et termine sa vie dans sa ville de La Flèche, où il a fait établir un collège aujourd'hui connu sous le nom de Prytanée, et où fut longtemps conservé le cœur d'Henri IV.

🙰 1608 : CHAMPLAIN FONDE QUÉBEC 🙰

Né à Brouage près de La Rochelle quarante ans plus tôt, Samuel de Champlain quitte Honfleur pour rejoindre la Nouvelle-France en 1608. Remontant le Saint-Laurent, il fonde un poste fortifié destiné à la traite des fourrures, où se développera la ville de Québec, « là où le fleuve rétrécit » dans la langue des autochtones. Afin d'explorer le Canada plus à l'ouest avec le soutien de ses alliés amérindiens, il doit s'investir dans leur guerre contre les Iroquois. Poursuivant ses voyages sous Louis XIII en l'honneur de qui il voulait fonder la ville de Ludovica, il aura effectué pas moins de vingt et une traversées de l'Atlantique au cours de sa vie.

14 mai 1610, rue de la Ferronnerie…

Vers 16 heures, Henri IV vient de quitter le Louvre, quand il est poignardé dans son carrosse immobilisé. François Ravaillac, un catholique originaire d'Angoulême, ne tente pas de fuir et affirmera avoir agi seul. Des soupçons se portèrent sur la reine qui, la veille, avait été couronnée et pouvait ainsi aussitôt assurer la régence. La disparition des documents officiels de l'enquête dans un incendie, en 1618, renforça les soupçons portés sur le duc d'Epernon, présent au moment du drame. Condamné à mort, Ravaillac connaît le supplice d'un régicide : sur les plaies causées par les premières tortures, du plomb fondu et de l'huile bouillante sont versés, avant l'écartèlement final. Quant au patronyme Ravaillac, il fut tout bonnement interdit !

12ᵉ annee. — N° 24.   10 centimes.   12 mai 1900.

LE
Petit Français illustré
JOURNAL DES ÉCOLIERS ET DES ÉCOLIÈRES

FRANCE : UN AN, 6 FRANCS (du 1ᵉʳ de chaque mois) | *Armand COLIN & Cⁱᵉ, éditeurs* **5, rue de Mézières, Paris** | UNION POSTALE : UN AN, 7 FRANCS (Paraît chaque Samedi)

L'assassinat de Henri IV, 14 mai 1610. (Voir page 284).
Composition et dessin de MOREAU DE TOURS.

ACHEVÉ EN 1606, LE PONT-NEUF EST AUJOURD'HUI LE PLUS ANCIEN PONT DE PARIS.

Le règne de Louis XIII

CHOCOLAT IBLED
PARIS - MONDICOURT (P-d-C)

Quand son père Henri IV est assassiné en 1610, Louis XIII n'a pas encore 9 ans. Sa mère, Marie de Médicis, assure la régence et écarte Sully. Dès 1615, Louis est marié à la fille du roi Philippe III d'Espagne, Anne d'Autriche, avec qui il n'aura un premier enfant qu'en 1638. Cet « enfant du miracle », qui aura ainsi Dieudonné pour deuxième prénom, n'est autre que le futur Louis XIV. En 1624, le cardinal de Richelieu devient le principal ministre du roi qu'il soutient contre la maison d'Autriche pendant la guerre de Trente Ans, un conflit accompagné d'une multiplication des impôts à l'origine d'une série de révoltes paysannes. Richelieu décède à la fin de l'année 1642, quelques mois avant Louis XIII, en ayant « adoubé » Mazarin pour lui succéder.

La reine mère se fait la belle et affronte le roi

Soutenue par une partie de la noblesse, Marie de Médicis s'évade le 22 février 1619 du château de Blois, où elle est mise à l'écart du pouvoir depuis deux ans. Pour rejoindre le duc d'Epernon à Angoulême, la légende veut que, malgré son vertige, la reine mère ait dû descendre une échelle de corde. Malgré une réconciliation obtenue grâce à Richelieu et à Bérulle, les troupes de Louis XIII affrontent et défont très facilement celles de la reine mère près d'Angers, le 7 mai 1620 lors de la « drôlerie des Ponts-de-Cé ». Une nouvelle réconciliation de façade s'opère alors, Marie poursuivant ses intrigues jusqu'à son exil dans les Pays-Bas espagnols en 1631.

Concini et la Galigaï : les mal-aimés

SOUS LA RÉGENCE, MARIE DE MÉDICIS S'ENTOURE DE SA SŒUR DE LAIT LEONORA GALIGAÏ. INFLUENTE AUPRÈS DE LA REINE MÈRE, LEONORA OBTIENT DE NOMBREUSES FAVEURS POUR SON MARI CONCINO CONCINI, FAIT MARÉCHAL DE FRANCE SANS AVOIR JAMAIS COMMANDÉ LA MOINDRE TROUPE ! SON COMPORTEMENT À L'ENCONTRE DU ROI AMÈNE CE DERNIER À LE FAIRE ASSASSINER AU LOUVRE EN 1617. RAVI, LE PEUPLE DE PARIS VA MÊME DÉTERRER LE CADAVRE DE CONCINI POUR LE PENDRE ET LE METTRE EN PIÈCES ! QUANT À LA GALIGAÏ, APRÈS UN JUGEMENT POUR SORCELLERIE, ELLE EST DÉCAPITÉE.

Leonora Galigaï.

LE SUPPLICE DE CHALAIS

En 1626, la duchesse Marie de Chevreuse sollicite les services d'Henri de Talleyrand, comte de Chalais et favori du roi Louis XIII, dans le but avoué d'assassiner Richelieu et de destituer le roi au profit de son frère Gaston de France. Cependant, le secret est éventé et le comte de Chalais est jeté dans un cachot du château de Nantes. Condamné à mort après un procès inique, ses complices enlèvent le bourreau le jour de l'exécution, dans l'espoir d'éviter le supplice. Un prisonnier condamné à mort est alors chargé de la besogne, en échange de sa grâce. Inexpérimenté, il donnera trente-quatre coups de hache avant de réussir à lui trancher la tête…

❧ 1627-1628 : LE SIÈGE DE LA ROCHELLE ❧

Depuis l'édit de Nantes, les protestants constituent un « Etat dans l'Etat » avec l'indépendance dont ils jouissent dans leurs places de sûreté, dont La Rochelle, soutenue par les Anglais, apparaît comme la plus puissante. En 1627, Richelieu décide de faire le blocus de la ville, et fait construire une digue de 1,5 km de long, de 16 m de large et de 20 m de haut, achevée au printemps 1628. N'ayant pu être ravitaillés par les Anglais, les Rochelais décimés par la famine capitulent le 28 octobre. Ironie du sort, une tempête détruit en partie la digue, le 7 novembre… L'année suivante, par la paix d'Alès, le roi retire de nombreux droits aux protestants mais pas leur liberté de culte.

La tête
de Richelieu...

Quasiment tombé en disgrâce le matin du 10 novembre 1630, Richelieu se retrouve plus puissant que jamais le soir de ce qui restera dans l'histoire comme « la journée des Dupes ». Avec Marie de Médicis et Anne d'Autriche à leur tête, les Dévots, favorables à la paix et opposés à la politique de Richelieu – et de son éminence grise le père Joseph –, ne s'attendaient pas à ce que Louis XIII conserve son principal ministre : il avait laissé entrevoir sa disgrâce en septembre alors qu'il était malade et presque donné pour mort à Lyon. La tête de Richelieu, que le chancelier de Marillac aurait bien voulu voir coupée à l'automne 1630, eut après la mort du cardinal en 1642 une sinistre destinée. Proviseur du collège de la Sorbonne, Richelieu y a reposé en paix jusqu'en 1793. Cette année-là, les sans-culottes profanent son tombeau et un épicier parisien emporte la tête (à vrai dire la face) chez lui avant de la confier plus tard à un abbé qui l'emmènera à Plourivo en Bretagne. Elle y sera conservée pendant presque trois quarts de siècle, avant son retour à la Sorbonne en 1866.

Louis XIII ne sachant choisir entre sa mère, Marie de Médicis, et son conseiller, le cardinal de Richelieu dont elle demande la disgrâce.

La Gazette du médecin du roi

Médecin né en 1586, Théophraste Renaudot est l'auteur d'un traité sur la pauvreté qui remonte jusqu'au sommet de l'Etat, puis d'un bureau d'adresses dont le but est de mettre en relation employeurs et demandeurs d'emploi. En 1631, il lance l'un des premiers hebdomadaires : *La Gazette*. Spécialisée dans les affaires politiques, *La Gazette* est soutenue, mais aussi surveillée, par Richelieu qui nomma du nom de ce journal un de ses quatorze chats, et par Louis XIII qui rédigea quelques articles officieux. A l'origine du nom de cette publication qui perdura jusqu'en 1915, le mot *gazetta* désigne une pièce de monnaie vénitienne avec laquelle on pouvait s'acquitter d'une feuille d'information.

LES PREMIERS « IMMORTELS »

Reconnue par le roi en 1635, l'Académie française est issue d'un petit groupe d'érudits relativement méconnus (Sirmond, Boisrobert, Desmarets, Chapelain…) qui se réunissaient chaque semaine depuis 1629 pour débattre de l'harmonie de la langue française. Richelieu eut l'idée de les mettre au service de la monarchie. Avec un nombre d'académiciens fixé à quarante, le travail de rédaction du célèbre dictionnaire de l'Académie débute en 1639, mais n'est publié qu'en 1694.

Cinq-Mars, le favori déchu

« MIGNON » DE LOUIS XIII, LE MARQUIS DE CINQ-MARS DEVIENT LE RIVAL DE RICHELIEU QUAND CELUI-CI S'OPPOSE À SON MARIAGE AVEC LA PRINCESSE DE MANTOUE. CONSPIRANT AVEC LE FRÈRE DU ROI GASTON D'ORLÉANS, CINQ-MARS VA JUSQU'À PRENDRE LES ARMES CONTRE SA PATRIE EN OBTENANT LE COMMANDEMENT D'UNE ARMÉE SOUS CONTRÔLE ESPAGNOL ! LORS DU SIÈGE DE PERPIGNAN PAR LES TROUPES ROYALES, UN ESPION DU CARDINAL RAPPORTE LA COPIE DE L'ACCORD CONCLU ENTRE CINQ-MARS ET L'ESPAGNE. C'EN EST TROP POUR LE ROI QUI FAIT DÉCAPITER EN 1642 CELUI QUI FUT UN DE SES PLUS PROCHES FAVORIS.

✎ 1643 : LES ESPAGNOLS VEULENT ENVAHIR LA FRANCE ✎

La guerre de Trente Ans (1618-1648) a essentiellement eu pour cadre le Saint Empire, mais la disparition de Richelieu et celle du roi que l'on sait imminente, décident les Espagnols à envahir la France. Le 19 mai 1643, les armées du gouverneur des Pays-Bas espagnols de Melo rencontrent celle du jeune duc d'Enghien, futur Grand Condé, près de Rocroi dans les Ardennes. La bataille remportée par les Français est livrée à l'heure même où l'on dépose à Saint-Denis le corps de Louis XIII décédé cinq jours plus tôt. Cette bataille ouvre le siècle de Louis XIV et met fin à la toute-puissance de l'infanterie espagnole.

La bataille de Rocroi.

LE RÈGNE DE LOUIS XIV
L'APOGÉE DE LA MONARCHIE ABSOLUE

Devenu roi avant l'âge de 5 ans, Louis XIV a eu de 1643 à 1715 le plus long règne de l'histoire de France. Pendant la régence d'Anne d'Autriche, Mazarin dirige le pays et doit affronter les troubles de la Fronde (1648-1652) qui obligent la famille royale à se retirer à Saint-Germain-en-Laye. Sacré à Reims en 1654, le Roi-Soleil décide d'exercer personnellement le pouvoir à la mort de Mazarin en 1661. Il parvient à imposer un pouvoir absolu, symbolisé par la phrase probablement apocryphe « L'Etat c'est moi », par la lettre de cachet, ou par le château de Versailles. Mais au cours de son règne marqué par des guerres qui assoient son prestige et agrandissent le royaume, le niveau de vie baisse, les calamités naturelles (notamment le petit âge glaciaire) entraînant plusieurs épisodes de famine. Après une fin de règne difficile, attristé par les deuils de son fils et de son petit-fils, Louis XIV meurt de la gangrène, laissant le trône à son arrière-petit-fils.

❧ 25 JUIN 1658 : LA FOLLE JOURNÉE DE DUNKERQUE ❧

EN JUIN 1658, LORS DE LA BATAILLE DES DUNES, LA COALITION FRANCO-ANGLAISE COMMANDÉE PAR TURENNE EST VICTORIEUSE FACE À L'ARMÉE ESPAGNOLE DES FLANDRES QUI COMPREND DANS SES RANGS LE GRAND CONDÉ, PASSÉ MOMENTANÉMENT À L'ENNEMI. LE 25 AU MATIN, LA VILLE DE DUNKERQUE EST ENCORE ESPAGNOLE. A MIDI, ELLE EST DEVENUE FRANÇAISE. LE SOIR, LOUIS XIV L'AVAIT REDONNÉE AUX ANGLAIS !

Louis XIV, enfant, fuyant Paris et la Fronde, arrivant au château de Saint-Germain.

1660 : un mariage pour sceller la paix franco-espagnole

Entérinant l'annexion du Roussillon, le traité des Pyrénées mettant fin à la guerre franco-espagnole en 1659 est signé près d'Hendaye, sur l'île franco-espagnole des Faisans. Mazarin y organise la rencontre entre Louis XIV et Philippe IV d'Espagne, pour prévoir le mariage du jeune roi avec l'infante d'Espagne, sa cousine Marie-Thérèse. Marie Mancini, la nièce de Mazarin dont le roi est amoureux, est alors exilée à Brouage, et la célébration a lieu l'année suivante à Saint-Jean-de-Luz. La reine, connue pour avoir fait découvrir le chocolat à la cour, donnera six enfants au Roi-Soleil dont un seul survivra, Louis, le Grand Dauphin à qui Jean de La Fontaine a dédié son premier recueil de fables.

Les adieux de Marie Mancini à Louis XIV.

1661 : PLUS DURE SERA LA CHUTE POUR FOUQUET

Si la disgrâce du surintendant Nicolas Fouquet est déjà décidée avant la splendide fête de Vaux-le-Vicomte organisée le 17 août 1661, la magnificence étalée ce jour-là a précipité la chute de ce ministre trop ambitieux au goût du roi, et de son concurrent Colbert. Arrêté le 5 septembre par d'Artagnan, il est envoyé à la forteresse alpine de Pignerol. Le blason de la famille Fouquet arbore un écureuil (animal appelé foucquet en patois angevin), sa devise étant *Quo non ascendet*, « Jusqu'où ne montera-t-il pas ? »…

Le château de Versailles.

1664 : les plaisirs de l'île en chantier…

La cour est d'abord itinérante (Vincennes, Louvre, Tuileries, Fontainebleau, Saint-Germain), avant que le Roi-Soleil n'ait le coup de foudre pour Versailles, un lieu où son père n'avait construit qu'un modeste pavillon de chasse. Commencé en 1662, sans cesse agrandi et transformé par Le Vau ou Hardouin-Mansart, le château de Versailles sera pendant plus d'un demi-siècle un immense chantier. La cour ne s'y installe qu'en 1682, mais dès 1664 le jeune roi donne, du 7 au 13 mai, la première d'une longue série de fêtes somptueuses avec « Les plaisirs de l'île enchantée », organisée en l'honneur de la reine mère Anne d'Autriche, mais qu'il dédie officieusement à sa maîtresse Louise de La Vallière. Molière, qui a fait ses débuts grâce au mécénat de Fouquet, y fait jouer la première de *Tartuffe*, qui fait scandale. Il y collabore pour la première fois avec Lully, qui, devenu surintendant de la musique, mourra en 1687 de la gangrène, après s'être donné un coup dans le pied avec son bâton de direction !

COLBERT, L'INFATIGABLE MINISTRE

Recommandé par Mazarin, Jean-Baptiste Colbert (1619-1683) cumule un nombre considérable de charges. Contrôleur général des finances en 1665, il a pour habitude d'être au travail dès cinq heures et demie du matin. Il développe l'industrie avec les manufactures royales, créant celle des glaces de miroirs à Paris puis à Saint-Gobain en Picardie, et favorise le commerce avec le creusement de nouvelles voies navigables, comme le canal du Midi par l'ingénieur Riquet. Il modernise certains ports (Toulon, Brest, Dunkerque), en crée de nouveaux (Lorient, Rochefort, Sète). A sa mort en 1683, la France possède deux cent vingt navires de combat et surclasse la *Navy* britannique.

MAZARIN MOURANT PRÉSENTE COLBERT À LOUIS XIV

VÉRITABLE EXTRAIT DE VIANDE LIEBIG.

LES LE TELLIER À LA TÊTE DE LA PREMIÈRE ARMÉE D'EUROPE

Les Le Tellier ont été secrétaires d'Etat de la Guerre pendant trois générations : Michel Le Tellier de 1651 à 1662, puis son fils Louvois jusqu'en 1691, et enfin le fils de ce dernier, Barbezieux, jusqu'en 1701. Louvois fonda en 1671 l'hôtel des Invalides destiné aux blessés de guerre et aux anciens combattants et accomplit une profonde réforme de l'armée où, désormais, une grande partie des grades se gagne au mérite : s'il y eut des nobles de très grande valeur comme Condé ou Turenne, il y eut aussi des maréchaux de petite noblesse comme Vauban ou roturiers comme Fabert. Dans la marine, les corsaires Jean Bart ou Duguay-Trouin ont eux aussi été anoblis après leurs premiers coups d'éclat.

« Ville défendue par Vauban, ville imprenable ; ville investie par Vauban, ville prise »

Pour défendre le territoire français qui s'agrandit, Vauban invente la tour bastionnée et développe l'idée de détacher des bastions des enceintes fortifiées. Gouverneur de Lille à partir de 1668, il en fait la reine des citadelles avant de devenir commissaire général aux fortifications. Lors de la guerre de Hollande (1672-1679), il dirige entièrement, et pour la première fois, le siège de Maastricht (1673) où d'Artagnan trouve la mort. Vauban n'est pas seulement l'homme aux trois cents fortifications, il est l'auteur d'un projet de réforme fiscale, la dîme royale, et il a perfectionné notamment l'armement en équipant les soldats de baïonnettes.

SÉBASTIEN LE PRESTRE DE VAUBAN
1633 · 1707

Le bon numéro

POUR GONFLER LES RANGS D'UNE ARMÉE DE VOLONTAIRES QUI RÉUNIRA PRÈS DE 400 000 HOMMES, LES PAROISSES DEVAIENT DÉSIGNER DE JEUNES HOMMES CÉLIBATAIRES, CE QUI ÉTAIT SOUVENT L'OCCASION DE SE DÉBARRASSER DES IVROGNES, DES INFIRMES OU DES IDIOTS ! POUR Y REMÉDIER, UN TIRAGE AU SORT FUT MIS EN PLACE AVEC UNE POSSIBILITÉ POUR LES PLUS RICHES DE RACHETER UN MAUVAIS NUMÉRO. AUSSI, CERTAINS RALLIAIENT L'ARMÉE POUR TOUCHER LA PRIME À L'ENGAGEMENT, AVANT DE DÉSERTER ET REJOINDRE ENSUITE UN AUTRE RÉGIMENT, POUR RECEVOIR UNE NOUVELLE PRIME.

Enrôlement de jeunes villageois dans l'armée de louis XIV.

❧ LES QUATRE GUERRES DE LOUIS XIV ❧

Le non-paiement de la dot de la reine entraîne la guerre de Dévolution (1667-1668) qui se solde par l'acquisition d'une partie de la Flandre, la guerre de Hollande (1672-1678) ayant permis le rattachement de la Franche-Comté. A l'issue de la guerre contre la ligue d'Augsbourg (1689-1697), la France obtient la partie occidentale de Saint-Domingue (Haïti), future « perle sucrière des Antilles ». Enfin, Louis XIV doit combattre lors de la guerre de Succession d'Espagne (1701-1714) une alliance des grandes monarchies européennes, repoussées à Malpaquet en 1709. Ce conflit longtemps indécis aboutit à l'avènement du premier roi des Bourbons d'Espagne Philippe V, petit-fils de Louis XIV. La France doit cependant céder aux Anglais Terre-Neuve, tout en conservant des droits de pêche, et l'Acadie dont les habitants ont été déportés lors du « Grand Dérangement ». La Nouvelle-France, où ont immigré pour se marier de jeunes Françaises souvent orphelines appelées « les filles du roi », conserve le Québec et la Louisiane, baptisée en l'honneur de Louis XIV par l'explorateur Cavelier de La Salle.

Les femmes : une passion royale

Malgré ses nombreuses infidélités, Louis XIV partage le lit de Marie-Thérèse chaque soir. Parmi ses trois plus célèbres maîtresses, Louise de La Vallière lui donnera trois enfants, puis madame de Montespan (ci-contre) huit, dont cinq ont été légitimés. Cette dernière, qui devient la favorite officielle en 1667, exerce une réelle influence sur le roi et protège de nombreux artistes. Soupçonnée d'avoir voulu se débarrasser de sa rivale, la Fontanges, son déclin auprès du roi s'amorce avec « l'affaire des Poisons » qui mit Paris en émoi de 1679 à 1682. Enfin, madame de Maintenon, qui était la petite-fille du poète Agrippa d'Aubigné et la veuve de l'auteur Scarron, a gardé les enfants que la Montespan avait eus avec le roi, qu'elle épouse secrètement en 1683, probablement en présence du confesseur de Louis XIV François d'Aix, seigneur de La Chaise, plus connu sous le nom de Père Lachaise.

L'étiquette de la cour

Par souci d'autorité et d'ordre, Louis XIV impose une étiquette rigoureuse à une cour où la moyenne d'âge est fort peu élevée au début de son règne. Méfiant à cause du souvenir vivace laissé par la Fronde, il attire à Versailles des nobles qui veulent recevoir ses faveurs, devenant ainsi ses serviteurs. Contrôlée, la cour assiste aux réceptions fastueuses, aux ballets, aux concerts et aux représentations théâtrales qui se succèdent. La vie du roi est parfaitement réglée par un cérémonial dont les moindres détails sont minutieusement fixés pour le lever, le dîner, la promenade, la chasse, la messe ou le coucher. Si le manque d'hygiène à Versailles est parfois exagéré, il est tout de même vrai qu'à l'époque, l'eau ayant mauvaise réputation, on masquait la crasse et les mauvaises odeurs à grand renfort de poudres et de parfums.

❧ LA MORT DE VATEL ❧

La mort tragique du maître d'hôtel du Grand Condé, François Vatel, est passée à la postérité grâce à deux lettres de la marquise de Sévigné envoyées à sa fille, madame de Grignan. Le 23 avril 1671, dans son château de Chantilly, le Grand Condé reçoit Louis XIV, et la viande est déjà venue à manquer pour quelques hôtes. Le lendemain, alors que le poisson n'est pas livré à temps, Vatel ne supporte pas cette nouvelle atteinte à son honneur et se transperce à trois reprises de son épée... au moment où arrive enfin la « marée ».

1685 : la révocation de l'édit de Nantes et son lourd tribut

La révocation de l'édit de Nantes, en 1685, par l'édit de Fontainebleau résulte d'une remise en cause progressive des droits des protestants. Dès 1681, Louis XIV avait permis les dragonnades, opérations par lesquelles des soldats (les dragons), logés chez des protestants, se prêtaient à toutes sortes d'abus. De nombreux huguenots se convertissent ou commencent à fuir à l'étranger où ils sont accueillis favorablement, notamment par le Brandebourg (future Prusse), qui les exempte d'impôts et attire ainsi de nombreux artisans, riches d'un précieux savoir-faire. Le tribut à payer aura été considérable : conflits diplomatiques, émigration, perte de techniques et de richesses, mais aussi des violences, qui continueront notamment avec l'insurrection des Camisards dans les Cévennes.

Les dragonnades.

L'HOMME AU MASQUE DE FER

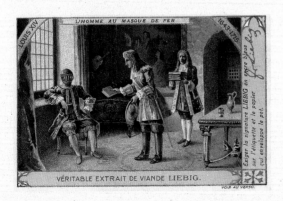

En 1703, un prisonnier à qui l'on faisait porter un masque meurt à la Bastille. En 1751, dans son *Siècle de Louis XIV*, Voltaire commence à alimenter la légende de l'homme au masque de fer. De nombreuses hypothèses ont ensuite été émises sur son identité : le frère jumeau de Louis XIV, le comte Mattioli, d'Artagnan, Fouquet, le duc de Beaufort… A ce jour, la thèse la plus plausible est celle d'un certain Eustache Dauger. Masqué par Saint-Mars pour faire croire qu'il s'agissait d'un prisonnier de marque, on ne connaît cependant pas la raison de sa détention.

LE RÈGNE DE LOUIS XV

Âgé de 5 ans, Louis XV succède à son arrière-grand-père Louis XIV. La régence est assurée par son oncle Philippe d'Orléans, qui s'attache les services de John Law, un économiste écossais surtout connu pour la banqueroute de son système bancaire. En 1726, Louis XV choisit de s'entourer du cardinal Fleury pour régner. Marié à Marie Leszczynska, il soutient son beau-père Stanislas Leszczynski, ancien roi de Pologne, qui lui lègue ses duchés de Lorraine et de Bar à sa mort en 1766 à Lunéville où il avait installé une cour brillante. La Corse intègre à son tour le royaume après la défaite des troupes de Pascal Paoli à Ponte Novu (1769). Les guerres,

CHOCOLAT GUÉRIN-BOUTRON

49. LOUIS XV (1715-1774). *Mariage avec Marie Lecksinska.*

l'influence de ses maîtresses et sa vie à Versailles coupée des réalités feront de celui qui a d'abord été le « Bien-Aimé », le « Mal-Aimé » responsable de tous les maux du royaume.

Le Palais-Bourbon

Nos députés se réunissent dans un palais dont le nom évoque pourtant la monarchie : le Palais-Bourbon. Construit à partir de 1722 dans le goût du Grand Trianon pour la duchesse de Bourbon, celle-ci en céda une partie à son amant le marquis de Lassay. C'est pourquoi l'hôtel de Lassay est aujourd'hui la résidence du président de l'Assemblée nationale. Devenu palais républicain sous la Révolution, le Palais-Bourbon connaît d'importants travaux sous le premier Empire quand l'architecte Poyet lui donne une allure néo-classique avec ses douze colonnes.

La Pompadour et le Parc-aux-Cerfs

Louis XV eut de nombreuses maîtresses, qu'il aimait retrouver aux châteaux de La Muette ou de Choisy. En 1745, il rencontre Jeanne Poisson, une roturière qu'il fera marquise de Pompadour. A Versailles elle a son appartement d'où elle peut rejoindre le roi grâce à une « chaise volante », précurseur de l'ascenseur. A partir de 1751, elle n'est plus que sa confidente, mais, pour loger ses jeunes maîtresses, elle lui aménage l'hôtel versaillais du Parc-aux-Cerfs, dont le nom sera bientôt synonyme de lupanar. Malgré des choix peu inspirés et la protection de certains philosophes des Lumières, elle demeure très influente auprès du roi qui lui offre encore l'hôtel d'Evreux, futur palais de l'Elysée. Tout comme la comtesse Du Barry qui lui succédera, elle fut très critiquée, jusqu'à son enterrement en 1764, dans une sépulture proche de celle de la famille de La Trémoille, dont « les gros os » devaient être « bien étonnés de sentir près d'eux les arêtes des Poisson » comme l'aurait affirmé la princesse de Talmont.

CHOCOLAT LOMBART

MOTS HISTORIQUES
Après moi, le déluge !.
(Paroles de
Louis XV à Madame de Pompadour. 1745)

Mandrin contre les fermiers généraux

Chargée de percevoir cinq types d'impôts tels que la gabelle ou l'octroi, la Ferme générale remplace les Cinq Grosses Fermes en 1726. Commettant de nombreux abus, les fermiers généraux s'enrichissent et il se crée un climat propice aux contrebandiers. Parmi eux, Louis Mandrin a pris la tête de plusieurs centaines d'hommes, menant six campagnes dans le Dauphiné, la Bourgogne ou encore l'Auvergne, pour permettre à la population d'acquérir des marchandises à des prix raisonnables. Après avoir tenu l'armée en échec, Mandrin est arrêté en 1755 et condamné à mort. Malgré certains méfaits commis par ses hommes, il demeurera un personnage populaire, symbole de la rébellion des plus faibles contre une autorité injuste.

❧ LA PREMIÈRE GUERRE MONDIALE ❧

La guerre de Sept Ans (1756-1763) oppose de nombreux États européens, en Europe, mais aussi en Amérique du Nord et aux Indes. Le traité de Paris de 1763 marque le début de l'hégémonie britannique, et un coup d'arrêt pour l'empire colonial français qui perd le Canada, où le général Montcalm trouva la mort à Québec, la Louisiane, cédée aux Espagnols, et ne conserve plus que cinq comptoirs en Inde (Pondichéry, Chandernagor, Yanaon, Karikal et Mahé). 1763 est aussi l'année où meurt Joseph Dupleix, gouverneur des Indes, qui s'est efforcé d'y développer le commerce, à tel point qu'il passa ses dernières années à réclamer, en vain, les avances qu'il avait faites à la Compagnie des Indes.

Montcalm blessé est ramené à Québec

Les mesures inachevées
d'Etienne de Silhouette

Contrôleur général des finances en 1759, Etienne de Silhouette veut de grandes réformes, en instaurant notamment l'impôt sur les signes extérieurs de richesse. Face à l'opposition de la noblesse, il échoue et est renvoyé par Choiseul, son nom restant associé à des actions mal conduites et incomplètes. Pour le ridiculiser, on qualifia « à la silhouette » un croquis présentant un aspect inachevé, avant que son nom ne désigne un dessin ne représentant que les contours d'un corps ou d'un objet. Son idée sera reprise sous le Directoire avec l'impôt sur les portes et fenêtres qui perdurera jusqu'en 1926.

Le fardier de Cugnot :
la première automobile

Alors que l'invention de la machine à vapeur est encore récente, Joseph Cugnot songe à utiliser une telle machine afin de propulser un fardier, chariot destiné au transport de charges lourdes. Grâce à l'intérêt du duc de Choiseul, alors ministre de la Guerre, deux prototypes sont réalisés en 1770, mais les essais, très coûteux, cessent avec l'arrivée d'un nouveau ministre. Limité à une vitesse de 4 km/h, le fardier, long de plus de 7 m et large de plus de 2 m, est aujourd'hui considéré comme la première automobile. L'incident survenu quand le fardier percuta un mur serait à ce titre le premier accident automobile de l'histoire, sa véracité faisant toutefois encore débat.

Les oubliés de Tromelin

Après le naufrage de *L'Utile* en juillet 1761, une centaine de membres de son équipage ainsi qu'une soixantaine de Malgaches, embarqués comme esclaves, se retrouvent sur une île de 1 km², à 500 km de Madagascar. Pauvre en végétation et en eau potable, constamment balayé par les vents, l'îlot est pour le moins inhospitalier. Au bout de deux mois, l'équipage s'en va sur un bateau de fortune, trop petit pour accueillir les Malgaches, mais promesse est faite de venir les sauver. Abandonnés, ils devront attendre quinze ans avant d'être secourus, non sans susciter la polémique en métropole. Lorsqu'en 1776, *La Dauphine* parvient enfin sur l'île, seuls sept femmes et un enfant ont survécu ; c'est au capitaine de ce vaisseau, Jacques-Marie de Tromelin, que cette île française doit son nom.

LA PHYSIQUE PRATIQUE DE L'ABBÉ NOLLET

Prêtre et physicien, Jean Antoine Nollet avait un goût prononcé pour les expérimentations. Scientifique et pédagogue réputé, il conçoit de ses mains des outils pour mieux comprendre et faire comprendre des domaines tels que l'astronomie, l'optique ou encore l'électricité, sa spécialité. Les expériences qu'il proposait étaient parfois de véritables spectacles pour la cour : faisant se tenir 180 gardes royaux par la main, il les soumit à une décharge électrique. Tous sursautèrent en même temps, démontrant la grande vitesse de propagation de l'électricité.

Le secret d'Eon

En mai 1810, une dame octogénaire, qui vit misérablement, décède à Londres. Quand les médecins examinent le corps, la vieille dame s'avère être un homme : Charles de Beaumont, chevalier d'Eon, mystérieux membre du Secret du Roi, le service secret mis en place par Louis XV. Servant dans cette diplomatie parallèle qui compta Beaumarchais dans ses rangs, le chevalier, qui s'est notamment vu confier la conception d'un plan d'invasion de la Grande-Bretagne, opère parfois habillé en femme. Il finit par susciter le soupçon quant à son genre, d'autant qu'après avoir vécu une cinquantaine d'années en tant qu'homme, il se déclare femme. A cette époque, la « chevalière » d'Eon n'œuvre plus en tant qu'espionne et vit d'une rente, qui lui sera retirée sous Louis XVI.

Les hommes des Lumières
et la contestation
de l'Ancien Régime

LAVOISIER

GRANDE COLLECTION NATIONALE

J-J ROUSSEAU

65c.
L'OUVRAGE COMPLET

RÊVERIES
D'UN
PROMENEUR
SOLITAIRE

F. ROUFF, éditeur, 148, rue de Vaugirard, PARIS

Les Lumières constituent un courant de pensée européen du XVIIIᵉ siècle, développé par les philosophes, mais aussi par des scientifiques comme Lavoisier ou Emilie du Châtelet, connue pour avoir traduit les travaux de Newton. La raison, placée au centre de la recherche scientifique, doit conduire au progrès et au bonheur de l'humanité, pour ces hommes des Lumières qui ont défendu les droits naturels et critiqué l'Ancien Régime, l'absolutisme et les privilèges. *De l'esprit des lois* de Montesquieu et *Du contrat social* de Rousseau ont mis en avant la nécessité de donner plus de pouvoir au peuple. Voltaire a eu à cœur de lutter contre l'arbitraire de la justice en soutenant Jean Calas et Pierre-Paul Sirven, dans deux affaires teintées d'intolérance religieuse, mais demeurait toutefois convaincu de l'inégalité des races. Ces philosophes ont un certain écho auprès des souverains étrangers qualifiés de despotes éclairés, tels Catherine II de Russie ou Frédéric II de Prusse, et naturellement auprès des têtes pensantes de la Révolution française.

« Sans la liberté de blâmer, il n'est point d'éloge flatteur »

La devise du quotidien *Le Figaro* est née de la plume d'une grande figure des Lumières : le dramaturge Pierre-Augustin Caron de Beaumarchais. Dans *Le Barbier de Séville* (1775) et surtout dans *Le Mariage de Figaro* (écrit en 1778), il réalise une critique audacieuse des privilèges de la noblesse et de la censure, à laquelle il n'échappe pas, comme la plupart des hommes des Lumières, puisqu'il dut attendre l'année 1784 pour que son *Mariage de Figaro*, également appelé *La Folle Journée*, ne soit représenté à la Comédie-Française. Auparavant, le marquis de Vaudreuil avait pu accueillir en son château de Gennevilliers une représentation privée – qui fut paraît-il un succès – en présence du comte d'Artois, frère du roi et futur Charles X…

L'Encyclopédie ou *Dictionnaire raisonné des sciences, des arts et des métiers*

Comptant 17 volumes de textes et 11 volumes de planches, la rédaction de l'*Encyclopédie* dirigée par Diderot et d'Alembert, a réuni plus de 150 auteurs spécialisés pour diffuser le savoir scientifique de l'époque, mais aussi les idées des Lumières, comme l'immoralité de la traite négrière. Éditée entre 1751 et 1772, elle fut interdite par le roi et condamnée par le pape. Moins célèbre, *L'Encyclopédie méthodique* de Charles-Joseph Panckoucke a été éditée à partir de 1782, et se voulait une version enrichie de son illustre grande sœur. Elle contient pourtant plus de 150 volumes, classés non pas par ordre alphabétique mais par thème.

❧ LA SALINE ROYALE D'ARC-ET-SENANS, REFLET DES IDÉES DES LUMIÈRES ❧

Construite entre 1774 et 1779, la saline royale d'Arc-et-Senans dans le Doubs est une manufacture chargée d'exploiter le sel gemme, qui est remarquable dans la mesure où elle constitue un ensemble architectural somptueux et soigné, comprenant à la fois des installations techniques et les logements des ouvriers. Son organisation rationnelle était pensée pour permettre un travail efficace. Son architecte Claude Nicolas Ledoux avait également prévu d'édifier autour de la saline la cité idéale de Chaux, qui resta à l'état de projet, et dans laquelle figurait une curieuse « maison des plaisirs » au plan phalloïde (ci-contre).

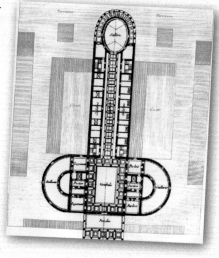

LA PREMIÈRE CONSTITUTION MODERNE POUR LA CORSE

EN 1755, PLUS DE TRENTE ANS AVANT LES ETATS-UNIS, LA CORSE, QUI S'EST DÉFAITE DU JOUG GÉNOIS, S'EST DOTÉE D'UNE CONSTITUTION INSPIRÉE DES IDÉES DES LUMIÈRES. INITIÉE PAR PASCAL PAOLI, ELLE RESPECTE LA SÉPARATION DES POUVOIRS, ET ACCORDE LE SUFFRAGE UNIVERSEL AUX HOMMES, MAIS AUSSI AUX FEMMES.

La monarchie absolue sous Louis XVI

Rien ne prédestinait vraiment Louis, duc de Berry, à succéder à son grand-père Louis XV, si ce n'est la mort de son frère aîné et de son père. Lorsque Louis XV s'éteint en mai 1774, son successeur est alors un jeune homme de 20 ans, inexpérimenté pour les affaires politiques. Dès le début de son règne, il se heurte à une France charmée par les idées des Lumières, avant d'être emporté par la tornade révolutionnaire. Même s'il ne faut pas occulter sa timidité maladive, son caractère influençable, ainsi que sa difficulté à se tenir à une décision, Louis XVI apparaît comme un monarque intelligent et moderne. Ainsi, connaît-il bien l'anglais, par sa lecture régulière des journaux de Londres. Il a un goût prononcé pour les sciences, la navigation et la géographie, rédigeant en partie les instructions de La Pérouse. Ce fut également un roi tolérant, puisque, après avoir aboli la torture en 1780, il signa l'édit de Versailles qui accorde l'état civil aux protestants et aux juifs.

MADAME DÉFICIT

En 1785, l'affaire du collier de la reine a terni l'image de Marie-Antoinette en dépit de son innocence. Cette escroquerie montée par la comtesse de La Motte et Cagliostro compromit plus directement le Cardinal de Rohan, qui croyant remettre un collier à la reine, a endetté sa famille vis-à-vis du joaillier pour plus d'un siècle ! L'incompréhension mutuelle entre le peuple et la reine se retrouvera au travers des pamphlets ou des surnoms « Madame Déficit » et « l'Autrichienne ». Enfin, elle n'a pas été rendu plus populaire par sa vie bucolique dans son hameau du Petit Trianon.

Marie Antoinette
1755·1793

Ferme de Trianon près Versailles
Résidence d'Été de Marie Antoinette

Le fruit défendu de Parmentier

Engagé dans l'armée royale comme apothicaire lors de la guerre de Sept Ans, Antoine Parmentier a préconisé la culture de la pomme de terre pour remédier à la disette. Mais les Français ont une mauvaise image de ce tubercule. Ainsi, pour attirer leur curiosité, il en fait planter en 1785 dans un champ de Neuilly qu'il fit garder par des militaires. Intrigués par ce dispositif, les Parisiens viennent en dérober à la nuit tombée et les sentinelles qui ont ordre de regarder ailleurs font de la pomme de terre, la meilleure des publicités !

Le centenaire d'un bienfaiteur de l'humanité
PARMENTIER PROPAGATEUR DE LA POMME DE TERRE EN FRANCE

La Fayette, l'Américain

Celui qui allait être le héros de trois révolutions (en Amérique en 1776 et en France en 1789 et en 1830) fut profondément marqué par son aventure américaine, à tel point qu'il prénomma son fils « Georges Washington ». Aux côtés des Insurgents, il prit une part active lors de la guerre d'indépendance des Etats-Unis, où il demeure un personnage populaire. Lors de la Première Guerre mondiale, la première unité composée de volontaires américains fut l'escadrille aérienne Lafayette, et privilège rare, La Fayette a été élevé citoyen d'honneur des Etats-Unis en 2002, seuls sept personnages étrangers ayant eu ce privilège.

❧ TURGOT, NECKER ET SON HÔPITAL ❧

Au début du règne de Louis XVI, le contrôleur général des finances, Turgot s'efforce de faire des économies et des réformes en prônant l'égalité fiscale. Cette mesure emporte le soutien du roi, mais l'opposition de la noblesse et du clergé aboutit à son renvoi en 1776. Son successeur, Necker (ci-contre) a recours à l'emprunt, ce qui aggrave le déficit des finances royales. Il est remercié en 1781, puis rappelé en 1788, pour tenter d'éviter la banqueroute. Comme Necker est apprécié du peuple, son éviction, le 11 juillet 1789, déclenchera des manifestations qui mèneront à la prise de la Bastille. De plus, en vrai philanthrope, il a pris des mesures sociales en créant des dépôts de mendicité et des bureaux de charité en réorganisant prisons, hospices et hôpitaux. Un nouvel établissement dirigé par sa femme est alors créé : l'actuel hôpital Necker.

1789 - 1815
LA RÉVOLUTION ET L'EMPIRE

La France a connu des bouleversements sans précédent lors de la période relative-ment brève qui s'étend de 1789 à 1815. Même si elle s'achève par un retour à la monarchie, avec le règne de Louis XVIII qui n'est autre que le frère de Louis XVI, elle a permis aux Français de devenir des citoyens et des acteurs de la vie politique. La Déclaration des droits de l'homme et du citoyen a reconnu de nouveaux droits pour les Français, et l'égalité entre tous, à un degré moindre tout de même pour les femmes défendues entre autres par Olympe de Gouges.

Devant faire face à de multiples oppositions, illustrées par les changements récur-rents de régime, la république n'a pu instaurer une véritable démocratie, sombrant même dans la Terreur. Pour ramener l'ordre, le général Bonaparte s'est imposé, d'abord en tant que consul, puis en abolissant la république pour devenir l'empe-reur Napoléon Ier. S'il est plus souvent vu comme le fossoyeur de la Révolution, il en a tout de même conservé certains acquis élémentaires, avant de créer le Code civil et de nombreuses autres bases de notre société d'aujourd'hui. Après Waterloo, la France retrouve peu ou prou ses frontières de 1792.

	Ve siècle		XVIe siècle	1789	1815	1914	
ANTIQUITÉ		MOYEN AGE		ÉPOQUE MODERNE	RÉVOLUTION ET EMPIRE	XIXE SIÈCLE	1914 À AUJOURD'HUI

Victoire des Français à la bataille de Valmy en 1792.

1789, ANNÉE SANS PAREILLE

En 1788, la monarchie connaît une crise financière inextricable. Louis XVI décide alors de convoquer pour le 1er mai 1789 les Etats généraux qui réuniront des députés des trois ordres (noblesse, clergé, tiers état). Ceux du tiers état s'appuient sur les cahiers de doléances dans lesquels le peuple remet en cause les privilèges et l'absolutisme, et attendent surtout des réformes sociales, d'autant plus que les mauvaises récoltes de 1787 et 1788 ont conduit à une hausse du prix du blé, entraînant disette et chômage. La fin du printemps correspond de surcroît à la période de soudure, c'est-à-dire le moment où les stocks viennent à manquer avant les prochaines récoltes…

L'affaire Réveillon

Dès la fin du mois d'avril, la colère des Parisiens se manifeste par une émeute qui entraîne la mise à sac de la manufacture Réveillon. Connu pour avoir accordé des indemnités aux ouvriers qu'il avait dû licencier et pour avoir permis l'envol de la première montgolfière en 1783, Jean-Baptiste Réveillon ne pensait pas que sa manufacture de papiers peints serait ravagée suite à son souhait de baisser le prix du pain. Peut-être n'aurait-il pas dû affirmer que cela permettrait de réduire les salaires et de fabriquer des produits moins chers et accessibles au plus grand nombre…

Rédaction d'un cahier de doléances.

20 juin : *Le serment du Jeu de paume*

D'abord réunis dans la salle des Menus Plaisirs à Versailles, les députés du tiers état se heurtent au maintien du vote par ordre. Le 20 juin, se voyant refuser l'accès de la salle par les gardes royaux, ils se réunissent alors dans la salle du Jeu de paume, où ils prêtent le serment de ne plus se quitter tant qu'une nouvelle constitution ne sera pas établie. Trois jours plus tard, face au marquis de Dreux-Brézé venu rappeler l'ordre de dissolution de cette nouvelle assemblée constituante, le grand orateur Mirabeau, un noble élu député du tiers état, aurait prononcé cette harangue abusivement résumée comme tel : « Allez dire à votre maître que nous sommes là par la volonté du peuple et que nous n'en sortirons que par la force des baïonnettes ! »

LE SERMENT DU JEU DE PAUME

LA PRISE DE LA BASTILLE

Le 12 juillet les émeutes font rage à Paris. L'hôtel de ville tombe aux mains des bourgeois parisiens, et une garde nationale est formée. Deux jours plus tard, après s'être emparés d'armes aux Invalides, les insurgés se dirigent vers un des symboles de l'arbitraire royal – le roi y enfermait quiconque grâce aux lettres de cachets – pour y chercher des munitions : la prison de la Bastille. Détenant seulement sept prisonniers, la Bastille retenait encore quelques jours plus tôt le marquis de Sade qui aurait appelé les passants à la révolte depuis sa fenêtre. La prise de la Bastille fit une centaine de morts, essentiellement du côté des assaillants. Son gouverneur, le marquis de Launay, fut massacré et sa tête portée dans les rues de Paris au bout d'une pique. Les pierres de la forteresse permirent alors d'achever la construction du pont de la Concorde, initialement appelé pont Louis XVI.

LIQUEUR DE LA BASTILLE

❧ 14 juillet : Rien ! ☙

Dans son journal, Louis XVI a noté un seul mot à la journée du 14 juillet : « rien ». Il ne faut pas penser que le roi se moque des événements survenus dans la capitale. Il ne s'agissait en effet que d'un simple compte rendu de sa journée de chasse. Depuis Versailles, il ne fut en outre que tardivement informé de la prise de la Bastille. Il eut alors cet échange avec le duc de Liancourt :

– « C'est une révolte ? »

– « Non, Sire, c'est une révolution ! »

LA GRANDE PEUR

L'écho des événements parisiens pousse le peuple des grandes villes du pays à se révolter, comme à Strasbourg où le commissaire royal de Dietrich – celui qui pourrait être le premier à avoir publiquement entonné *La Marseillaise* – refuse de faire tirer sur les émeutiers qui s'emparent de l'hôtel de ville. Dans les campagnes, l'image des paysans qui brûlent les châteaux est excessive. Si quelques nobles ont pu être pris à partie, le peuple s'est le plus souvent contenté de brûler les textes établissant les droits seigneuriaux, dans un contexte d'affolement connu sous le nom de « Grande peur ». C'est ainsi qu'on a désigné la rumeur qui a circulé dans de nombreuses régions françaises de l'arrivée de brigands venus piller les campagnes à la solde des aristocrates.

De Versailles à Paris

La pénurie alimentaire et les soupçons portés sur le roi quant à son hostilité aux dernières réformes mécontentent le peuple de Paris, qui marche alors en direction de Versailles, les femmes en tête de cortège. Le 6 octobre, les gardes royaux ne peuvent empêcher les émeutiers de conduire la famille royale à Paris. Rejoint par l'Assemblée aux Tuileries, le roi est désormais sous le contrôle des Parisiens. C'est à cet épisode que la légende associe ces mots à Marie-Antoinette : « S'ils n'ont pas de pain, qu'ils mangent de la brioche ! »

CHOCOLAT LOUIT

N°8 — RETOUR DU ROI A PARIS (6 8bre 1789)

❦ L'ABOLITION DES PRIVILÈGES ❦

Pour ramener le calme, les députés sont amenés à voter l'abolition des privilèges dans la nuit du 4 août, même si certains d'entre eux sont détenteurs de seigneuries. Cette destruction des fondements de l'Ancien Régime est confirmée dès le premier article de la Déclaration des droits de l'homme et du citoyen arguant que « les hommes naissent et demeurent libres et égaux en droits ». Ce texte présenté le 26 août s'inspire des idées des Lumières, mais aussi de la Déclaration des droits (ou *Bill of rights*) imposée aux rois d'Angleterre dès 1689, et du préambule de la Déclaration d'indépendance des Etats-Unis de 1776. Deux autres déclarations ont été rédigées les années suivantes, mais c'est bien celle de 1789 qui figure encore dans le préambule de la Constitution de la Ve République.

Un remède tout trouvé à la crise financière

ALORS QUE LES TROUBLES DE L'ANNÉE 1789 N'ONT PAS ARRANGÉ LA SITUATION FINANCIÈRE DU PAYS, LA NATIONALISATION DES BIENS DU CLERGÉ EST PROPOSÉE PAR TALLEYRAND, ÉVÊQUE D'AUTUN, QUI S'EST POURTANT DÉCLARÉ ATHÉE... DÉFENDU PAR MIRABEAU, CE PROJET ENTÉRINÉ PAR LE DÉCRET DU 2 NOVEMBRE S'ACCOMPAGNE DE L'ABOLITION DE LA DÎME. LES ASSIGNATS DEVIENDRONT DES BONS À VALOIR SUR CES NOUVEAUX BIENS NATIONAUX.

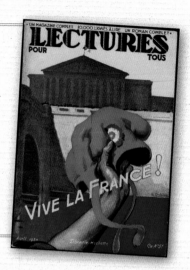

Les symboles révolutionnaires

Plusieurs symboles révolutionnaires ont émergé au cours de cette période. Le bonnet phrygien porté par les esclaves affranchis de l'empire romain est repris par les sans-culottes, nom donné aux insurgés parisiens qui se distinguent en portant le pantalon. Ce symbole de liberté est généralement orné d'une cocarde, qui, comme le drapeau tricolore, associe le blanc, couleur du roi, au rouge et au bleu, couleurs de Paris. Il est porté par la figure allégorique de la France, Marianne, dont le nom fait référence aux deux prénoms Marie et Anne, alors très courants. Enfin, un peu partout en France sont plantés des arbres de la liberté, nombre d'entre eux ayant été abattus sous la Restauration.

CHOCOLAT LOMBART

MOTS HISTORIQUES

« Voici une cocarde qui fera le tour du monde. »

(Lafayette présente à Louis XVI la cocarde tricolore. 1789).

LA FRANCE EN RECONSTRUCTION APRÈS 1789

Synonyme de réorganisation politique, la rédaction de la Constitution de 1791 s'accompagne d'une réorganisation économique marquée par les lois d'Allarde et Le Chapelier, d'une reconstruction religieuse avec la Constitution civile du clergé qui divisera prêtres jureurs et réfractaires, et d'une réorganisation administrative avec la création des départements. Pour marquer une rupture avec l'Ancien Régime, aucun nom d'anciennes provinces n'a été repris. Ils se caractérisent par leurs superficies à peu près équivalentes, d'autant plus si on les compare à la diversité des anciennes provinces. Avant l'officialisation du découpage en 83 départements début 1790, un curieux projet de découpage géométrique eut ses partisans. Au cœur de départements parfaitement carrés, le géographe Robert de Hesseln y incluait neuf districts eux-mêmes divisés en neuf cantons.

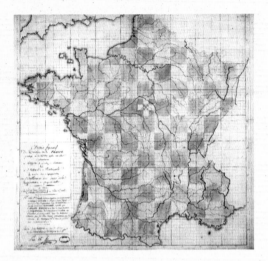

Projet de découpage géométrique du territoire français.

✎ 14 JUILLET 1790 :
UNE FÊTE POUR CÉLÉBRER L'UNION NATIONALE ✎

Au début du mois de juillet 1790, le Champ-de-Mars fut aménagé pour accueillir la fête de la Fédération, commémoration de la prise de la Bastille. Après le serment de La Fayette, commandant de la garde nationale, Louis XVI jure de respecter la future Constitution établissant les règles de la monarchie constitutionnelle. La fête nationale du 14 juillet célébrée aujourd'hui par les Français commémore tout autant cette fête qui a donné l'illusion d'une union nationale, que les événements du 14 juillet 1789.

L'EXERCICE DE LA CITOYENNETÉ

Les changements de 1789 ont permis aux Français de passer du statut de sujets à celui de citoyens découvrant la politique grâce à la liberté de réunion et à l'essor de la presse. De nombreux journaux sont diffusés, parmi lesquels *Le Père Duchesne* d'Hébert, du nom d'un personnage de la culture populaire s'insurgeant contre les injustices. Le *Vieux Cordelier* de Desmoulins fait référence à l'ancien couvent qui accueillit le club des Cordeliers, fondé en 1790 par Danton et Marat. A côté de ces clubs réservés aux « têtes pensantes » de la Révolution, il existait aussi des clubs populaires gratuits, pas seulement à Paris. Cependant, même si la *Déclaration des droits de l'homme et du citoyen* affirme que tous les citoyens naissent libres et égaux en droits, l'Assemblée constituante va distinguer des citoyens actifs et des citoyens passifs selon le montant de l'impôt…

Demandez la Chicorée extra "LA SANS RIVALE" chez tous les épiciers

— "Ô liberté, que de crimes on commet en ton nom !"

Dernières paroles de Madame Roland au moment de son supplice.

9 Novembre 1793.

ÉTABLIS*TS J. MINOT – PARIS

Des origines de la gauche et de la droite en politique

LES DÉBATS HOULEUX DE L'ASSEMBLÉE CONSTITUANTE (1789-1791) ÉTAIENT OUVERTS AU PUBLIC. LE PEUPLE PARISIEN A AINSI PU Y OBSERVER L'ORIGINE DU CLIVAGE GAUCHE-DROITE DANS LA SALLE DU MANÈGE AU PALAIS DES TUILERIES. LES DÉPUTÉS FAVORABLES AU ROI, ET PRÉCISÉMENT AU FAIT DE LUI OCTROYER UN VETO SUSPENSIF, SE PLACÈRENT À DROITE TANDIS QUE LES DÉPUTÉS POPULAIRES S'ÉTAIENT REGROUPÉS À GAUCHE.

« La femme a le droit de monter à l'échafaud ; elle doit avoir le droit également de monter à la tribune »

Même si les femmes ont activement participé aux événements de 1789, parmi les sans-culottes ou dans les clubs, elles n'ont guère profité des avancées de la Révolution. Pour défendre leurs droits figure en premier lieu Olympe de Gouges, auteure d'une *Déclaration des droits de la femme et de la citoyenne*. Née Marie Gouze, l'ajout de sa particule n'était pas forcément du meilleur goût en cette période trouble, mais si elle fut guillotinée c'est en raison de ses critiques envers Robespierre et la Terreur.

La chute du roi

Louis XVI est déjà suspecté de mener un double jeu vis-à-vis de la monarchie constitutionnelle, quand la reine et son amant Fersen lui soumettent un plan d'évasion des Tuileries, mis en œuvre le 20 juin 1791. Partis en fin de soirée, ce n'est que le lendemain matin que La Fayette envoie des soldats pour arrêter les fuyards qui ont pris du retard, si bien qu'en chemin, les troupes de Choiseul qui devaient les escorter ne les ont pas attendus. A Sainte-Menehould, le roi déguisé en valet est reconnu par le maître des postes Drouet, qui le laisse filer avant de le rejoindre à Varennes pour le retenir jusqu'au petit matin. Montmédy où étaient postés des nobles émigrés n'est qu'à une cinquantaine de kilomètres de là, mais la voiture royale doit reprendre le chemin de la capitale, où gonfleront les rangs des partisans de l'abolition de la monarchie.

CHICORÉE NOUVELLE CASIEZ-BOURGEOIS

LE ROI RAMENÉ A PARIS (25 Juin 1791)

Le « baiser Lamourette »

AU DÉBUT DU MOIS DE JUILLET, ALORS QUE LES GIRONDINS SEMBLAIENT SE RAPPROCHER DES JACOBINS, UN DÉPUTÉ EXHORTA TOUS LES PARTIS À SE RÉCONCILIER, ET LES MEMBRES DE L'ASSEMBLÉE LÉGISLATIVE À S'EMBRASSER FRATERNELLEMENT. LOUIS XVI PARTICIPA À CET ÉPISODE QUI N'EUT PAS LES SUITES ESCOMPTÉES PAR SON INSTIGATEUR ANTOINE-ADRIEN LAMOURETTE.

Brunswick met le feu aux poudres

Si la guerre contre l'Autriche et la Prusse est déclarée en avril 1792, Louis XVI, toujours « roi des Français » à cette date, espère une défaite rapide des troupes françaises, face aux monarchies européennes qui le soutiennent et avec qui il a de surcroît de proches liens de parenté. Le 25 juillet, le manifeste du duc prussien de Brunswick, émanant en réalité des émigrés, menace la capitale de lourdes représailles si l'on s'en prend au roi. Il ne fait ainsi que mettre le feu aux poudres, la colère des sans-culottes entraînant la prise des Tuileries, le 10 août 1792, et l'incarcération de la famille royale à la Tour du Temple.

❧ LE CHANT DES MARSEILLAIS ❧

Lors de la prise des Tuileries, des fédérés de plusieurs régions françaises se sont adjoints aux sans-culottes parisiens. Parmi eux les Marseillais arrivés dans la capitale fin juillet chantaient *Le Chant de l'armée du Rhin* composé quelques mois plus tôt par Rouget de Lisle, et c'est ainsi que *La Marseillaise* prit son nom. Rouget de Lisle n'était pourtant pas antiroyaliste et échappa même de peu à la guillotine sous la Terreur. Sous la Restauration, il a même été l'auteur d'un *Chant du Jura* également intitulé… *Vive le roi !*

« Coupable de conspiration contre la liberté publique et la sûreté générale de l'État »

Une fois la République proclamée, le sort du roi est entre les mains des députés. Sa mort est votée à une étroite majorité. Le duc d'Orléans, père du futur roi Louis-Philippe connu sous le nom de Philippe-Egalité, vota lui aussi la mort du roi. Le 21 janvier 1793, sur le trajet menant à la place de la Révolution – ancienne place Louis XV désormais place de la Concorde – le baron de Batz tenta en vain de faire évader « Louis Capet », qui ne put échapper à la guillotine, tout comme Marie-Antoinette en octobre.

Des nouvelles de la Pérouse ?

Peu de temps avant son exécution, Louis XVI aurait demandé des nouvelles de l'explorateur Jean-François de la Pérouse. Féru de géographie et de navigation, le roi a organisé l'expédition autour du monde commandée par cet officier de marine qui n'a plus donné signe de vie depuis 1788. Il ne put alors être informé du sort tragique de l'expédition. Une trentaine d'années plus tard, près de Vanikoro en Océanie, le Britannique Dillon retrouvera les traces de *La Boussole* et de *L'Astrolabe* et des témoignages du naufrage des navires, dont les restes ne furent formellement identifiés qu'en 2005.

LA CONVENTION :
DE LA DÉMOCRATIE À LA TERREUR

Un peu plus d'un mois après la prise des Tuileries, la monarchie est abolie le 21 septembre 1792. C'est toutefois le 22 septembre qui marque le premier jour de l'an I du calendrier républicain. Celui-ci est présenté devant l'Assemblée, qui a pris le nom de Convention, par Gilbert Romme en septembre 1793. Déchristianisation oblige, les saints sont remplacés par des noms évoquant la nature. Les journées ne sont plus divisées qu'en dix heures, et les mois regroupés par saisons – la république a eu la bonne idée de débuter à l'équinoxe d'automne – sont divisés en trois décades de dix jours, des jours supplémentaires appelés « sanculotides » permettant d'atteindre 365 ou 366 jours dans l'année.

LES MASSACRES DE SEPTEMBRE...

Dès juillet 1792, l'Assemblée avait déclaré « la patrie en danger », suite aux déclarations de guerre quelques mois plus tôt contre l'Autriche et la Prusse, deux monarchies qui soutiennent Louis XVI et qui occupent bientôt Longwy et Verdun. Des rumeurs de complots aristocratiques circulent et, début septembre, les révolutionnaires, principalement à Paris, se livrent à de nombreuses exécutions sommaires sur les prisonniers. Au même moment, la duchesse de Lamballe est décapitée et sa tête présentée à son amie la reine au bout d'une pique.

❧ ... ET L'ÉTRANGE VICTOIRE DE VALMY EN PRÉAMBULE ❧

La victoire française de Valmy en Champagne le 20 septembre 1792 symbolise la prédominance de la république (qui naîtra le lendemain) sur les monarchies. Cependant, le retrait des troupes de Brunswick après ce qui ne fut qu'une simple canonnade pose encore question. Parmi les hypothèses avancées les plus insolites, il a pu être dit que Dumouriez avait offert les diamants de la reine à Brunswick ou alors que ce serait un fantôme qui aurait convaincu le roi de Prusse de se retirer...

Prénoms et toponymes à la mode…

Si la période était propice aux prénoms Victoire ou Liberté, le calendrier révolutionnaire a relancé des prénoms comme Angélique ou Rose, mais aussi créé de curieux prénoms comme Concombre ou Salpêtre ! Si un Emile-Jemmapes rappelle une victoire française, d'autres parents ont souhaité honorer l'invention de Chappe en baptisant leur fille Télégraphine ! C'est grâce au télégraphe récemment mis au point que la capitale sut que Condé-sur-l'Escaut avait été reprise par l'armée républicaine. Comme de nombreuses villes françaises dont le nom évoque la religion ou la noblesse, cette ville a été rebaptisée, devenant Nord-Libre. Etant aux mains des Girondins sous la Terreur, les Montagnards donnèrent à Marseille le nom de Ville-sans-Nom.

Jeu de cartes révolutionnaire édité à Paris en 1792.

Chassé-croisé au Panthéon

Le révolutionnaire Marat, dont le nom fut donné ou accolé à plusieurs villes comme Saint-Nazaire, Le Havre ou Compiègne, est mort assassiné par Charlotte Corday le 12 juillet 1793, alors qu'il tentait de soigner ses problèmes de peau dans sa baignoire. Celle qui le jugeait responsable des excès de la Révolution fut exécutée cinq jours plus tard. Inhumé au Panthéon en septembre 1794, en martyr de la Révolution, il y « croisa » Mirabeau : c'est en 1791, juste à la mort de ce dernier, que fut décidé de faire de l'église Sainte-Geneviève un « temple républicain » ; l'ouverture de l'armoire de fer, le coffre de Louis XVI dissimulé dans un mur du palais des Tuileries, ayant révélé les connivences de Mirabeau avec la famille royale, les ossements de l'« orateur du peuple » finirent dans une fosse du cimetière de Clamart.

ASSASSINAT DE MARAT PAR CHARLOTTE CORDAY (13 Juillet 1793)

❦ LA TERREUR À L'ORDRE DU JOUR ❦

Outre les menaces extérieures, le régime révolutionnaire doit faire face à des contestations intérieures : celle des contre-révolutionnaires, chouans ou vendéens, mais aussi celles des Girondins, des républicains modérés. Robespierre et les Montagnards – qui siégeaient en haut à la Convention – pensent sauver la république en instituant la Terreur, quitte à bafouer la nouvelle Constitution, dite de l'an I. Inscrivant pour la première fois le suffrage universel, elle ne sera jamais appliquée. La loi des suspects fait gonfler le nombre d'exécutions, une quarantaine de milliers entre le jour de septembre 1793 où Saint-Just déclara la Terreur à l'ordre du jour et l'arrestation de Robespierre le 9 thermidor an II (28 juillet 1794). Entre-temps, le régime de Terreur était devenu impopulaire jusque dans les rangs des Montagnards, causant la perte des « indulgents » Danton et Desmoulins, mais aussi de l'« enragé » Hébert.

CHOCOLAT GUÉRIN-BOUTRON — LES MOTS HISTORIQUES 72 Sujets

— " Pour vaincre les ennemis de la patrie, pour les atterrer, que faut-il? De l'audace, encore de l'audace, toujours de l'audace ! "

Déposé   Danton (Août 1792).

La guillotine, pour une mort plus égalitaire

À partir de 1791, « tout condamné à mort aura la tête tranchée », même si à cette date Robespierre demande l'abolition de la peine de mort… La guillotine doit, à son grand regret, son nom au médecin Joseph Ignace Guillotin, qui l'a préconisée pour que tous les condamnés à mort soient exécutés de la même façon, d'une mort immédiate et sans souffrance. C'est à son ami Antoine Louis que revient la paternité du « rasoir national » encore surnommé « la cravate à Capet ».

L'abbé Grégoire contre l'« aristocratie de la peau »

Rallié au tiers état dès le printemps 1789, l'abbé Grégoire a défendu l'abolition des privilèges, le suffrage universel, la place des juifs, mais aussi l'abolition de l'esclavage qu'il fait voter en 1794. Malgré la déchristianisation ambiante et la mode du culte de la Raison et de l'Etre suprême, il n'a pas renié sa foi. Cela n'empêcha pas l'Eglise, en 1831, de lui refuser l'assistance d'un prêtre pour les derniers sacrements, à la fin d'une vie où il a continué à militer contre les régimes aristocratiques, et surtout contre l'esclavage restauré en 1802. La République l'a fait rejoindre les grands hommes de la patrie en transférant ses cendres au Panthéon en 1989.

L'abbé Grégoire.

❧ PIED, COUDÉE ET POUCE MIS À L'INDEX… ❧

Les cahiers de doléances avaient soulevé les abus engendrés par la disparité des poids et des mesures utilisés sous l'Ancien Régime. Une première unification du système de mesure est établie dès mars 1790, mais c'est la loi du 18 germinal an III (7 avril 1795), qui reconnaît comme unités officielles l'are, le litre, le gramme, le franc, et enfin le mètre qui correspond à la dix millionième partie de l'arc du méridien terrestre. Reste à définir précisément cette longueur, mission confiée, entre Dunkerque et Barcelone sur le méridien de Paris, aux géographes Delambre et Méchain. Insatisfait de ses calculs, ce dernier envoyé en Espagne faillit y perdre la raison, retardant l'étalonnage du mètre qui fut par la suite adopté dans le monde entier.

BONAPARTE EN PRISON

L'arrestation de Robespierre le 27 juillet 1794 (9 thermidor an II) a entraîné la fin de la Terreur et la prise du pouvoir par des députés dits « thermidoriens » jusqu'à la mise en place du Directoire. Mais, avant de donner congé au bourreau, il faut juger – et exécuter dès le lendemain – la vingtaine de responsables de la Terreur. D'autres qui furent moins impliqués dans la politique robespierriste ont seulement été emprisonnés. C'est dans ce contexte que le général Bonaparte, que l'on estimait proche des Jacobins, est incarcéré, brièvement, en août 1794.

CHOUANNERIE ET GUERRES DE VENDÉE

Les guerres de Vendée désignent les combats qui opposent, principalement dans ce département, les royalistes aux républicains. Les chouans, mouvement insurrectionnel des paysans du Maine, de l'Anjou, de Normandie et de Bretagne, ne doivent pas être confondus

CHOCOLAT LOUIT

N°33.   LE GÉNÉRAL MICHEL BEAUPUY A CHATEAU-GONTIER.
(26 8bre 1793.)

avec les vendéens qui eux sont organisés en une véritable armée catholique et royale autour de chefs comme Cathelineau ou La Rochejaquelein. Néanmoins, durant l'hiver 1793, une tentative de ralliement entre chouans et vendéens lors de la « virée de galerne » se produit, mais elle se solde par un échec. Les chouans tirent leur nom du surnom du chef mayennais Jean Cottereau, dit Jean Chouan, ou plus précisément de celui de son père qui imitait le cri du chat-huant, à l'approche des gabelous traquant les « faux sauniers ». Ce soulèvement des populations de l'Ouest qui défendent les prêtres réfractaires et refusent d'être enrôlées dans les armées révolutionnaires, s'accompagne ailleurs de nombreuses révoltes fédéralistes soutenant les Girondins et dénonçant les excès de la Convention montagnarde.

❧ LA VENDÉE, DÉPARTEMENT VENGÉ ❧

Durant l'hiver 1793-1794, la Terreur frappe « l'exécrable Vendée » où la position des ailes des moulins informait les insurgés de l'avancée des « Bleus ». Le général Turreau, avec ses colonnes infernales, pille et massacre tout le département. L'objectif reconnu étant de « transformer la Vendée en cimetière national » pour ensuite la repeupler avec des « Bleus ». Ainsi, il est arrivé que l'on écorche les victimes et qu'on tanne leurs peaux pour des usages vestimentaires ! A Clisson, on fait fondre les corps afin d'en récupérer la graisse pour les charrettes. La Convention et son représentant Carrier font de la Loire la « baignoire nationale » au travers des multiples noyades perpétrées, avec en point d'orgue les « mariages républicains » au cours desquels un homme et une femme sont attachés et jetés à l'eau. Les prisons et les camps à ciel ouvert conçus comme des mouroirs ont quant à eux pu être désignés comme les « antichambres de la mort ».

59. Épisodes des Guerres de Vendée
Une Noyade à Nantes, ordonnée par Carrier, en décembre 1793

Charette, le « roi de la Vendée »

Lieutenant de vaisseau sous l'Ancien Régime, il sert pendant la guerre d'Indépendance américaine avant de démissionner et de revenir sur ses terres de Machecoul. Poussé par les paysans révoltés à devenir leur chef, il rejoint Cathelineau. Il va mettre en place la guérilla expérimentée lors de son expérience américaine et tenter de rallier le comte d'Artois (frère de Louis XVI et futur Charles X) à sa cause en vain. Finalement pris par les soldats de Hoche, il sera fusillé en 1796 à Nantes, à l'âge de 33 ans.

JOSEPH BARA

Un jour de décembre 1793, alors qu'il promène deux chevaux dans la campagne angevine, le jeune Joseph Bara, engagé dans les troupes républicaines à seulement 14 ans, est tué lors d'une embuscade menée par les vendéens. Cette histoire émeut Robespierre qui va alors créer un héros légendaire pour diaboliser l'adversaire. Sommé de crier « Vive le roi ! », Bara aurait, d'après la légende, répondu « Vive la République ! » avant de mourir en pressant la cocarde tricolore sur son cœur… Une autre version lui accorde plutôt ces derniers mots : « Va te faire foutre, brigand ! »

Les saintes républicaines

PERRINE DUGUÉ ET MARIE MARTIN, ORIGINAIRES RESPECTIVEMENT DE MAYENNE ET D'ILLE-ET-VILAINE, ONT TOUTES DEUX ÉTÉ VICTIMES DES CHOUANS. DE NOMBREUX PÈLERINS ONT ACCOURU AU TOMBEAU DE PERRINE DUGUÉ, OÙ DES GUÉRISONS AURAIENT EU LIEU GRÂCE À L'INTERVENTION DE CELLE QU'ON APPELAIT DÉSORMAIS « SAINTE TRICOLORE ». QUANT À MARIE MARTIN, SURNOMMÉE SAINTE PATAUDE, DES OFFRANDES LUI SONT TOUJOURS OFFERTES AUJOURD'HUI À LA « TOMBE À LA FILLE » DE LA FORÊT DE TEILLAY.

Le Directoire,
la république bourgeoise

Après l'arrestation de Robespierre le 9 thermidor an II, les thermidoriens (les députés modérés de la Convention qui ont fait arrêter Robespierre) prévoient de rédiger une nouvelle Constitution : celle du Directoire. Ce régime doit son nom au fait qu'il est mené par cinq directeurs qui officient aux côtés de deux Chambres : le Conseil des Cinq-Cents et le Conseil des Anciens. Le suffrage est censitaire et indirect. Les électeurs sont des propriétaires fonciers, élus par des citoyens actifs payant l'impôt. Les idéaux démocratiques ne sont à présent plus en vogue, et il ne fait plus bon être jacobin. Mais ce régime demeure fragile et menacé par des coups d'Etat de tous bords, jusqu'à celui de Bonaparte le 18 brumaire an VIII (9 novembre 1799).

Babeuf,
communiste avant l'heure

François Noël Babeuf est plus connu sous le nom de Gracchus Babeuf, en référence aux Gracques, deux frères ayant mené des réformes sociales sous la République romaine. Auteur d'un projet d'abolition de la propriété au début de la Révolution, il est au printemps 1796 à la tête de la conjuration des Egaux. Les babouvistes veulent renverser le Directoire en rétablissant la Constitution de 1793 jamais entrée en application, et aboutir à la collectivisation des terres et des moyens de production. Les principaux comploteurs sont arrêtés par le directeur Lazare Carnot en mai, et Babeuf est guillotiné l'année suivante, cinquante ans avant la rédaction du *Manifeste du parti communiste*.

❧ MUSCADINS, INCROYABLES ET MERVEILLEUSES ❧

Pour se démarquer des sans-culottes, de nouveaux « personnages » apparaissent. De jeunes hommes élégants à la toilette excentrique sont appelés incroyables, muscadins ou merveilleux. Les merveilleuses habillées à la grecque, d'étoffes légères et presque transparentes, tenaient souvent des salons. Parmi les célèbres merveilleuses qui attiraient les personnalités les plus en vue de l'époque figurent Mme Récamier, Mme Tallien ou Joséphine de Beauharnais. Ces derniers avaient pris l'habitude de ne pas prononcer les « r », première lettre du mot Révolution, et aimaient à se faire appeler les « incoyables » et les « meveilleuses ».

L'ascension du « général vendémiaire »

Le jeune Bonaparte se fait d'abord remarquer en 1793 avec la reprise de la ville de Toulon, tombée aux mains des Anglais et des royalistes. Protégé du frère de Robespierre, sa proximité avec les Jacobins lui vaut d'être emprisonné quelques jours à Antibes juste après la Terreur. Le 13 vendé-

JOURNÉE DU 13 VENDÉMIAIRE 1795.

miaire an IV (5 octobre 1795), il réprime une insurrection royaliste aux côtés de Barras, ancien amant de Joséphine de Beauharnais, que Bonaparte épouse en 1796, avant d'être promu à la tête de l'armée d'Italie.

❧ LE GÉNÉRAL BONAPARTE EN ITALIE ET EN EGYPTE ❧

Les succès du général Bonaparte contre l'armée autrichienne au pont d'Arcole ou à Rivoli se soldent en 1797 par le traité de Campoformio, qui divise la péninsule italienne en plusieurs Républiques sœurs. L'expédition d'Egypte avait pour but de couper la route des Indes aux Anglais. Le 21 juillet 1798, lors de la bataille des Pyramides, les mamelouks sont défaits par l'armée que Bonaparte aurait haranguée de sa célèbre phrase : « Soldats, songez que, du haut de ces pyramides, quarante siècles vous contemplent. » Mais par la suite Bonaparte subit la défaite navale d'Aboukir contre les Anglais et, malgré de nouvelles victoires contre les Ottomans, ses troupes sont affaiblies par la peste. A l'été 1799, le contexte en Orient mais aussi celui du Directoire sont alors propices à un retour en France…

CHOCOLAT-LOUIT

BATAILLE DES PYRAMIDES (21 Juillet 1798)

DU CONSULAT
AU SACRE

Le 9 novembre 1799, le coup d'Etat du 18 brumaire met fin au Directoire, et d'une certaine façon à la Révolution. La Constitution de l'an VIII marque un nouveau recul pour la démocratie, même si la Iʳᵉ République n'est pas abolie. Bonaparte conserve certains acquis de la Révolution et sert de rempart à un retour à la monarchie, ce qui explique le soutien de

révolutionnaires de la première heure comme Sieyès. Les citoyens disposent d'un suffrage très indirect qui permet d'établir des listes de notabilité dans lesquelles le pouvoir choisit les députés… Le Consulat est un régime autoritaire, d'autant plus en 1802 quand Bonaparte devient consul à vie. En 1804, il fait exécuter à Vincennes le duc d'Enghien, éventuel héritier au trône. Le chef chouan Cadoudal, accusé d'avoir organisé l'attentat de la rue Saint-Nicaise, est arrêté puis guillotiné aux premières heures de l'Empire proclamé le 18 mai 1804, et très largement approuvé par les Français lors d'un plébiscite qui précéda le sacre du 2 décembre 1804.

Le coup d'Etat de Bonaparte dans l'orangerie de Saint-Cloud.

❧ LA SECONDE CAMPAGNE D'ITALIE ❧

Après avoir franchi les Alpes et le col du Grand-Saint-Bernard à près de 2 500 m d'altitude, l'armée napoléonienne – avec l'écrivain Stendhal dans ses rangs – s'impose à Montebello grâce à Lannes en 1800, et récidive grâce à Desaix à Marengo, bataille dont le nom sera bientôt celui de la plus célèbre monture de Napoléon. La France signe la paix de Lunéville avec les Autrichiens, bientôt imités par les Russes. Il faut attendre la paix d'Amiens en mars 1802 pour que les Anglais en fassent de même. Mais, dès 1805, une troisième coalition se formera en Europe, contre Napoléon.

Abeilles ou cigales ?

PARMI LES SYMBOLES NAPOLÉONIENS FIGURENT L'AIGLE, EMBLÈME DE LA ROME IMPÉRIALE, MAIS AUSSI LES ABEILLES. C'EST EN RÉFÉRENCE AUX INSECTES REPRÉSENTÉS SUR LE CERCUEIL DU ROI MÉROVINGIEN CHILDÉRIC Iᵉʳ (539-584) RETROUVÉ AU XVIIᵉ SIÈCLE À TOURNAI QUE NAPOLÉON CHOISIT CES ABEILLES. CONSIDÉRÉES COMME LE PLUS ANCIEN EMBLÈME DES ROIS DE LA FRANCE, CES ABEILLES ÉTAIENT PEUT-ÊTRE EN RÉALITÉ DES CIGALES. EN OUTRE, NAPOLÉON RENOUE AVEC LA MAIN DE JUSTICE ET LE SCEPTRE, QUI RAPPELLENT QUANT À EUX L'EMPIRE DE CHARLEMAGNE.

Exigez le CHOCOLAT POULAIN ORANGE c'est le meilleur

MUSÉE DU LOUVRE

J.L. DAVID 1748 1825

Portrait de Mᵐᵉ RÉCAMIER

N° 1. – 1ʳᵉ ANNÉE. Dimanche 25 Juin 1905.

BRILLAT - SAVARIN

LE NUMÉRO : 5 Centimes

LA CUISINE des Familles

ALEXⁿᵉ DUMAS PÈRE

CHARLES MONSELET

Recueil Hebdomadaire
de Recettes d'Actualité très clairement expliquées
très faciles à exécuter
Rédactrice en chef : Mᵐᵉ JEANNE SAVARIN

LE POULET A LA MARENGO

Improvisé sur le champ de bataille, le 14 juin 1800, ce mets succulent a eu pour créateur Dunan, cuisinier de Bonaparte, premier consul.

Jacques-Louis David, un artiste au cœur de la Révolution

Des toiles comme *Le Serment des Horaces* rattachent le peintre David au style néoclassique. Ce Jacobin proche de Robespierre qui a repris le thème du serment pour son esquisse du *Serment du jeu de paume*, a organisé des fêtes révolutionnaires et a été à l'origine d'un programme d'embellissement de Paris. Moins célèbre que *La Mort de Marat*, il a représenté le député Lepeletier de Saint-Fargeau lui aussi assassiné, mais tous les exemplaires de ce portrait ont mystérieusement disparu. Sa ferveur pour les idéaux révolutionnaires va, comme pour beaucoup d'autres, s'effacer pour se rapprocher de Bonaparte, qu'il glorifie au col du Grand-Saint-Bernard et qu'il représente plus tard couronnant la reine après s'être lui-même couronné sur *Le Sacre de Napoléon*.

LES « MASSES DE GRANIT »

En 1800, dans un discours au Conseil d'Etat, Napoléon Bonaparte a exprimé sa volonté de créer des bases solides pour une société qu'il juge trop éclatée. D'après ses mots, son projet visait à « jeter sur la France des masses de granit », pour maintenir l'ordre et la cohésion sociale. Le nouveau personnage phare de ces réformes est le préfet. A la tête des départements conservés et associé aux sous-préfets pour lesquels des arrondissements ont été tracés, le préfet a d'abord pour rôle de ramener l'ordre et d'apaiser les haines suscitées par les tumultes de la Révolution.

C'est également dans cet esprit d'apaisement que Bonaparte a signé le Concordat pour réconcilier les Français sur le plan religieux, et pour mieux contrôler les régions de l'Ouest, il fondera deux villes nouvelles : La Roche-sur-Yon (Napoléon-Vendée) et Pontivy (Napoléonville).

CODE CIVIL DES FRANÇAIS

CHOCOLAT GUÉRIN-BOUTRON

ARMES DES VILLES DE FRANCE

LA ROCHE S/YON

Vue de la Roche-s/Yon

LE « CODE NAPOLÉON »

Au cœur de ses grandes réformes, le Code civil, couramment appelé « Code Napoléon », confirme en 1804 l'égalité de tous devant la loi et les libertés individuelles. Ce code consolide les acquis révolutionnaires en supprimant les droits coutumiers, très différents d'une province à l'autre. Rédigé notamment par Cambacérès, ce dernier s'est vu refuser trois projets initiaux de Code civil par les Assemblées révolutionnaires. Le Code civil demeure la base du droit français, même s'il a naturellement été modifié à de nombreuses reprises.

Former l'élite de la nation

La création des lycées en 1802 a pour but de former des fonctionnaires dévoués et les futurs officiers. Les grandes villes du pays vont dès lors abriter un lycée impérial accueillant environ deux cents élèves qui n'ont que six professeurs, trois en lettres et trois en sciences, mais ils apprennent en outre l'exercice militaire sous la direction d'un adjudant. A partir de 1809, les études sont sanctionnées par le baccalauréat.

✍ LA BANQUE DE FRANCE ✍

CRÉÉE EN 1800, LA BANQUE DE FRANCE DÉTIENT LE MONOPOLE DE L'ÉMISSION DES BILLETS. POUR RETROUVER UNE MONNAIE STABLE, LE FRANC GERMINAL EST CRÉÉ EN 1803 ET PERMET DE RELANCER L'ÉCONOMIE. SA VALEUR EN OR S'EST MAINTENUE JUSQU'EN 1914 ET « GERMINAL » FAIT RÉFÉRENCE AU MOIS DU CALENDRIER RÉPUBLICAIN AU COURS DUQUEL IL EST ENTRÉ EN VIGUEUR, CE CALENDRIER AYANT ÉTÉ MAINTENU JUSQU'AU 1ER JANVIER 1806. ENTRE-TEMPS, UN CADASTRE UNIQUE, TEL QUE NOUS LE CONNAISSONS AUJOURD'HUI, A ÉTÉ INSTITUÉ EN 1802 POUR ÊTRE LA BASE DU SYSTÈME FISCAL.

Des hochets pour mener les hommes

La Légion d'honneur rompt avec les décorations de l'Ancien Régime en étant ouverte à tous, et non plus seulement aux officiers. Créée en 1804, elle permet de fidéliser les cadres de la nation récompensant les mérites civils et militaires. A ceux qui pensaient que la Légion d'honneur s'opposait au principe de l'égalité civique, Bonaparte aurait affirmé que « c'est avec des hochets que l'on mène les hommes ».

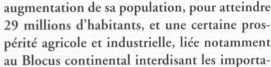
Les grandes heures de l'Empire

L'histoire du règne de Napoléon Ier est avant tout le récit des victoires et des défaites françaises face aux coalitions des puissances européennes. La France connut sous l'Empire une

augmentation de sa population, pour atteindre 29 millions d'habitants, et une certaine prospérité agricole et industrielle, liée notamment au Blocus continental interdisant les importations britanniques et favorisant le développement des manufactures françaises. L'Empereur organisa sa cour, remplaça *La Marseillaise* par le *Veillons au salut de l'Empire*, le coq gaulois par l'aigle romain et les abeilles, et institua comme fête nationale la « Saint-Napoléon » le jour même de sa naissance, le 15 août. Si l'on peut dire que la devise de la monarchie était « A chacun selon sa naissance », et celle de la Révolution « L'égalité ou la mort », celle de l'Empereur fut « A chacun selon ses mérites ».

La mort obscure de l'inventeur du bec de gaz

A quelques heures du sacre de l'Empereur, le 1er décembre 1804, on retrouve un certain Philippe Lebon le corps percé de nombreux coups de couteau. Il se trouve que cet homme ressemble étrangement à l'Empereur : même figure pâle, mêmes cheveux plaqués sur le front, même taille, même âge, un véritable sosie ! Ironie de l'histoire, cet homme est le pionnier de l'éclairage public, l'inventeur français de l'éclairage au gaz. Or, à cette époque, Paris est éclairée de 4 500 réverbères alimentés à l'huile de tripes ou de colza. Aussi constituait-il une menace pour les fabricants de combustibles…

DE TRAFALGAR...

A Trafalgar, au large des côtes espagnoles, la flotte française est anéantie en 1805 par celle de l'amiral Nelson qui y laissa la vie. Fait prisonnier par les Anglais et affecté par les reproches de Napoléon, l'amiral Villeneuve qui passe pour le responsable de cette déroute est retrouvé mort à Rennes en 1806, probablement après un suicide. Avec le coup de Trafalgar, les espoirs d'envahir l'Angleterre se dissipent. De tels projets avaient été préparés sous la Révolution, parfois avec des formes fantaisistes comme le creusement d'un tunnel ou l'utilisation massive d'aérostats.

Mort de Nelson à la bataille de Trafalgar.

... à Austerlitz

Si les Anglais deviennent les maîtres de la mer, en revanche, Napoléon est sans rival sur terre. Chaque année, il remporte d'éclatantes victoires, telles qu'Austerlitz (1805), Iéna (1806), Friedland (1807), Wagram (1809)... A ses soldats épuisés et glorieux, il affirmait : « Soldats, je suis content de vous ! Il vous suffira de dire : " J'étais à la bataille d'Austerlitz ", pour que l'on réponde : " Voila un brave ! " » La veille de la bataille dite « des Trois Empereurs » (Napoléon Ier, François Ier d'Autriche et le tsar Alexandre Ier), Napoléon a affirmé avoir passé la plus belle soirée de sa vie, après avoir été ovationné sous les flambeaux par ses soldats en l'honneur du premier anniversaire de l'Empire. La bataille d'Austerlitz a en effet eu lieu le 2 décembre 1805.

GRANDS CONQUÉRANTS

Portrait peint par Paul Delaroche.

Véritable EXTRAIT DE VIANDE LIEBIG.

Napoléon Ier. à Austerlitz (Bataille des trois empereurs) ordonne l'attaque des hauteurs de Pratzen (2 Décembre 1805).

❧ LES GROGNARDS ❧

La Grande Armée est composée de jeunes célibataires âgés de 19 ans au moins et devant accomplir un service militaire, tant que les circonstances l'exigent. Ainsi, plus de 2 millions d'hommes seront appelés sous les drapeaux, entre 1804 et 1815, avec un impératif de taille, mesurer au moins 1,55 m. Une fois l'Empire effondré, ces « grognards » seront qualifiés de « vieux de la vieille », en référence à la Vieille Garde. Il ne faut pas les confondre avec les « Marie-Louise », les jeunes soldats inexpérimentés, incorporés à partir de 1812, et ainsi surnommés en référence à la seconde l'impératrice.

L'Europe des Bonaparte

Soucieux d'asseoir son autorité sur les provinces conquises, Napoléon installa ses frères sur les trônes européens. Joseph fut roi de Naples puis d'Espagne, Louis roi de Hollande, et Jérôme roi de Westphalie. Dans ces régions, les lois françaises et notamment le Code civil furent imposés. Outre de l'argent, chaque pays devait fournir des régiments de soldats afin de grossir les rangs de la Grande Armée impériale. On considère aussi que la conduite à droite y aurait été établie par Napoléon, par opposition à la pratique anglaise…

✍ MARÉCHAUX ET NOBLESSE D'EMPIRE ✍

La Grande Armée est composée de 26 maréchaux et 2 400 généraux. Parmi les plus célèbres, Masséna est « l'enfant chéri de la Victoire », Ney « le brave des braves ». Outre ces surnoms, ils ont surtout été associés à de nouveaux titres de noblesse, comme Davout devenu prince d'Eckmühl ou Soult duc de Dalmatie. Souvent issus de milieux populaires, Lannes fut par exemple apprenti teinturier, ils ne doivent leur ascension qu'à leur mérite et à leur fidélité à l'Empereur. Quant à Bernadotte, la légende veut que son bras arborât un tatouage sur lequel on pouvait lire « mort au roi ». Ceci ne l'empêcha pas de devenir roi de Suède, sous le nom de Charles XIV, fondant la dynastie qui règne encore aujourd'hui sur le pays !

Comme au temps des Romains

Afin de rendre hommage à la Grande Armée et d'exalter les victoires de l'Empire, Napoléon ordonne la construction de deux arcs de triomphe : celui du Carrousel, qui ferme la cour des Tuileries, et celui de l'Etoile, à l'entrée ouest de Paris, qui ne sera terminé qu'en 1836... après trente ans de travaux et d'aléas ! De même, la colonne Vendôme, inaugurée en 1810, rappelle les hauts faits de l'Empire.

LE PAPE PRISONNIER DE NAPOLÉON

LE PAPE PIE VII A SIGNÉ LE CONCORDAT AVEC BONAPARTE EN 1801, AVANT D'ASSISTER À SON SACRE. IL REFUSE PLUS TARD D'INSTAURER LE BLOCUS CONTINENTAL DANS SES ETATS PONTIFICAUX QUI SONT ANNEXÉS EN 1809. EXCOMMUNIÉ, NAPOLÉON FAIT ENLEVER LE PAPE ET LE DÉTIENT D'ABORD À SAVONE JUSQU'EN 1812, PUIS À FONTAINEBLEAU PENDANT DIX-NEUF MOIS. FIXER LE SIÈGE DE LA PAPAUTÉ À AVIGNON OU À PARIS EST ALORS ENVISAGÉ.

DE L'APOGÉE À LA CHUTE DE L'EMPIRE

Entre 1810 et 1812, l'Empire napoléonien est à son apogée. La France compte 130 départements et s'étend de l'Elbe à Rome, regroupant 44 millions d'habitants. Il faut y ajouter des territoires comme les Provinces Illyriennes, et de nombreux territoires vassaux. En 1812, la bonne entente entre le tsar et Napoléon Ier prend fin, mais la campagne de Russie tourne au désastre. Après la bataille de Leipzig (1813), et la campagne de France (1814), Napoléon doit abdiquer. La France est réduite à ses frontières de 1792 et Louis XVIII accède au trône. La première Restauration ne dure que d'avril 1814 à mars 1815, Bonaparte revenant de son exil sur l'île d'Elbe pour les Cent-Jours, période qui s'achève après la défaite de Waterloo (1815). Exilé à Sainte-Hélène, une île de l'Atlantique qu'il ne quittera plus, il aura laissé brièvement le pouvoir à son fils Napoléon II après chacune de ses abdications.

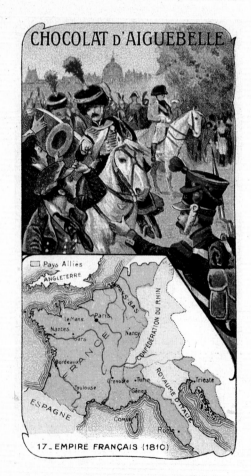

CHOCOLAT D'AIGUEBELLE

17 _ EMPIRE FRANÇAIS (1810)

◈ « J'AI ÉPOUSÉ UN VENTRE » ◈

NAPOLÉON DÉSIRE ARDEMMENT FONDER UNE DYNASTIE ET DOIT POUR CELA METTRE AU MONDE UN GARÇON, QUE SON UNION AVEC JOSÉPHINE DE BEAUHARNAIS TARDE À LUI DONNER. LE VŒU SERA EXAUCÉ LE 20 AVRIL 1811 AVEC LA NAISSANCE DU ROI DE ROME, MAIS CELUI QU'ON SURNOMMERA AUSSI « L'AIGLON » EST LE FILS DE L'IMPÉRATRICE MARIE-LOUISE, PETITE-NIÈCE DE MARIE-ANTOINETTE ET SECONDE ÉPOUSE DE L'EMPEREUR. CE DERNIER AURAIT PRÉSENTÉ SON MARIAGE DE LA SORTE : « J'AI ÉPOUSÉ UN VENTRE ! »

Les routes impériales ancêtres de nos routes nationales

Un décret impérial de 1811 a classé les routes en différentes catégories. A partir de Paris, quatorze grands axes – les routes impériales de première classe – rayonnent vers les frontières et les grands ports. Ainsi la route impériale n° 1 relie Paris à Calais, la n° 2 prend le chemin d'Amsterdam, et ainsi de suite dans le sens des aiguilles d'une montre. Cette numérotation radiale apparaît encore quelque peu aujourd'hui avec nos nationales. En 1805, on avait adopté, pour la numérotation des rues, l'usage des nombres pairs sur le côté droit et impairs à gauche, ainsi que la couleur blanche des numéros sur des plaques à fond bleu.

De Moscou à la Berezina

En juin 1812, les 600 000 hommes de toutes origines qui composent la Grande Armée entrent en Russie. Face à eux, l'armée russe adopte la politique de la terre brûlée, et accepte finalement de livrer bataille à Borodino. Pour les Français, ce sera la bataille de la Moskova, du nom d'une rivière qui évoque déjà Moscou… Ce sera aussi la bataille la plus meurtrière des campagnes napoléoniennes. Victorieux, Napoléon entre dans Moscou incendiée par le comte Rostopchine – le père de la célèbre comtesse de Ségur – qui avait fait enlever les pompes à incendie. Mais on est déjà au mois d'octobre et la Grande Armée va connaître la rudesse de l'hiver russe, et une interminable retraite. Il faut franchir la Berezina, une rivière devenue synonyme de débâcle et qui aurait pu être un obstacle fatal pour l'armée napoléonienne encerclée par les Russes. Mais, grâce au courage des pontonniers du général Eblé, la retraite des « débris » de la Grande Armée est assurée.

NAPOLÉON EST MORT…

Tel est ce qu'affirme Claude François de Malet, ancien officier républicain hostile à l'Empire, qui a mis à exécution un plan diabolique en octobre 1812. Muni de faux papiers, il annonce la mort de l'Empereur en Russie, et proclame la constitution d'un gouvernement provisoire. Cette tentative de coup d'Etat tourne court : il est arrêté et fusillé comme conspirateur. Apprenant la nouvelle, Napoléon aurait laissé éclater sa colère. En effet, aucun de ses fidèles n'avait su dire : « Napoléon Ier est mort, vive Napoléon II ! »

NAPOLÉON IER ABDIQUE POUR NAPOLÉON II

Après la calamiteuse campagne d'Allemagne de 1813, la Grande Armée – ou ce qu'il en reste – doit combattre la sixième coalition sur le territoire français. Murat, le beau-frère de Napoléon qui a pactisé avec l'Autriche pour garder son royaume de Naples, y rejoint un autre ancien maréchal d'Empire en la personne de Bernadotte. A la tête d'une poignée de soldats, Napoléon obtient encore

Les adieux de Napoléon Ier dans la cour du château de Fontainebleau.

de brillantes victoires en Champagne au début de l'année 1814, notamment à Brienne où l'Empereur a effectué une partie de ses études. Ces efforts n'empêchent toutefois pas les coalisés d'entrer dans Paris fin mars. Napoléon signe début avril une abdication conditionnelle en faveur de son fils, que les Alliés semblent accepter, jusqu'à la trahison du général de Marmont. Le 12, il effectue ses adieux à Fontainebleau (ci-dessus) avant de partir en exil sur l'île d'Elbe.

Une éphémère restauration

La restauration officielle de la monarchie n'est établie que le 2 mai, après le retour du frère de Louis XVI : Louis XVIII. Auparavant Talleyrand – que Napoléon avait six ans plus tôt qualifié de « merde dans un bas de soie » – fut le chef d'un gouvernement provisoire avant de devenir ministre des Affaires étrangères. L'impopularité des Bourbons et la menace d'être assassiné ou déporté dans un territoire lointain décident Napoléon à rentrer en France. Il débarque le 1er mars 1815 à Golfe-Juan et emprunte la route des Alpes baptisée depuis « route Napoléon » à la tête de 700 hommes. Après une cascade de ralliements et en dépit de leur serment à Louis XVIII, les anciens généraux se jettent dans ses bras : Napoléon est à la tête d'une nouvelle armée, pour quatre-vingt-quatorze jours exactement.

Napoléon à bord du Bellérophon qui l'emmène à Sainte-Hélène.

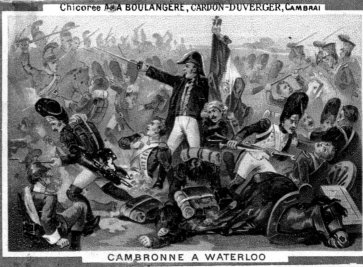

CAMBRONNE A WATERLOO

Waterloo, morne plaine

Cette célèbre bataille, qui s'est déroulée près de Bruxelles, a longtemps été indécise. L'infanterie anglaise résiste aux charges françaises. Certains carrés s'effondrent, laissant croire à une victoire française, mais l'intervention des Prussiens décide du sort de la journée. Enfin, à 21 heures, la retraite française se transforme en déroute et, dans l'ultime combat du premier régiment de chasseurs, retentissent les célèbres paroles du général Cambronne : « La Garde meurt, mais ne se rend pas ! » Quant au fameux « mot de Cambronne », il ne l'aurait peut-être jamais prononcé. Si Grouchy est connu pour avoir « manqué à l'appel » de ce 18 juin 1815, les troupes du général Lamarque auraient également pu combattre à Waterloo si elles n'avaient pas été déployées en Vendée pour lutter contre un soulèvement royaliste.

❧ UN ÉLÉPHANT À LA BASTILLE ❧

POUR REMPLACER LA FORTERESSE DE LA BASTILLE RAPIDEMENT DÉMOLIE APRÈS LE 14 JUILLET 1789, NAPOLÉON EUT POUR PROJET D'ÉRIGER UNE FONTAINE MONUMENTALE QUI AURAIT LA FORME D'UN ÉLÉ-

PHANT. REMIS EN QUESTION PAR LA CHUTE DE NAPO-LÉON IER, UN MODÈLE EN PLÂTRE DE CET ÉLÉPHANT ORNA TEMPORAIREMENT LA PLACE AVANT D'ÊTRE ABANDONNÉ SOUS LOUIS-PHILIPPE AU PROFIT DE LA COLONNE DE JUIL-LET. SEULS LES INFRASTRUCTURES, LE BASSIN ET LE SOCLE DE CETTE FONTAINE SONT ENCORE VISIBLES DE NOS JOURS ET SERVENT DE BASE À LA COLONNE. GRÂCE À VICTOR HUGO, LE SOUVENIR DE CET ÉTONNANT ÉDIFICE PER-DURE, GAVROCHE Y TROUVANT REFUGE DANS *LES MISÉ-RABLES*.

1815 - 1914
LE XIXᵉ SIÈCLE

Comme sous la Révolution, les différents régimes en place au XIXᵉ siècle continuent d'être contestés de tous bords, avant qu'une insurrection populaire (1830, 1848) ou qu'un coup de force (1852) n'entraînent leur chute. Les derniers rois – Louis XVIII et Charles X (frères de Louis XVI), puis Louis-Philippe – laissent la place en 1848 à la courte expérience de la IIᵉ République dont le seul président, Louis Napoléon Bonaparte, parvient sans peine à renforcer son pouvoir en rétablissant l'Empire. Née de la défaite de 1870 face aux Allemands, la IIIᵉ République peinera à se faire accepter. Sa Constitution est adoptée à une voix près en 1875. Malgré les oppositions, ce régime démocratique s'enracinera, résistant même à la Première Guerre mondiale née du jeu des alliances entre des puissances européennes déjà rivales dans le contexte colonial.

Cette période est aussi celle de profonds changements pour la société française. Avec la révolution industrielle apparaissent les chemins de fer, les usines et bientôt l'électricité et l'automobile. L'exode rural et l'urbanisation accompagnent la naissance d'une classe ouvrière qui ne profite pas autant de la croissance économique que la bourgeoise.

	vᵉ siècle		XVIᵉ siècle	1789	1815	1914	
ANTIQUITÉ		MOYEN AGE		ÉPOQUE MODERNE	RÉVOLUTION ET EMPIRE	XIXᵉ SIÈCLE	1914 À AUJOURD'HUI

Les houillères du Creusot.

LA RESTAURATION

Après la première Restauration interrompue par les Cent-Jours, Louis XVIII revient durablement au pouvoir en juillet 1815. Une « terreur blanche » écarte bonapartistes et anciens révolutionnaires. Le roi se retrouve face à la « Chambre introuvable » : l'élection des députés au suffrage censitaire lui donne un parlement encore plus favorable que ce qu'il avait rêvé. Conscient d'un impossible retour à l'Ancien Régime, Louis XVIII est à la tête d'une monarchie constitutionnelle qui se heurte toutefois aux ultraroyalistes (ou ultras). En 1824, il est le dernier roi de France à mourir sur le trône. Son frère Charles X (ci-contre) lui succède et organise un somptueux sacre à Reims, dévoilant des penchants conservateurs illustrés bientôt par la suppression de la liberté de la presse et le dédommagement des émigrés (les nobles spoliés sous la Révolution). Poussé à abdiquer après les Trois Glorieuses durant l'été 1830, il meurt en exil du choléra dans l'empire d'Autriche, dans l'actuelle Slovénie où son tombeau demeure.

Naundorff, un des nombreux Louis XVII…

En 1795, après trois ans passés à la prison du Temple, Louis-Charles de France, fils de Louis XVI et Marie-Antoinette, décède à l'âge de 10 ans. La disparition de celui à qui on a donné le nom de Louis XVII à la mort de son père est drapée de mystère par la rumeur, ce qui suscite des vocations. Nombre de prétendus Louis XVII se feront connaître, l'horloger prussien Naundorff étant le plus fameux d'entre eux. Perçu comme un imposteur, notamment à cause de ses erreurs de français, il obtient néanmoins un certain crédit chez des proches de la famille royale.

Depuis, des analyses ADN ont rendu délicate la position des derniers « naundorffistes », ses descendants qui continuent à prétendre au trône de France.

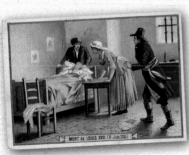

MORT DE LOUIS XVII (8 Juin 1795)

❧ LES VISIONS DE THOMAS MARTIN ❧

EN 1816, À GALLARDON PRÈS DE CHARTRES, THOMAS MARTIN TRAVAILLE DANS UN CHAMP QUAND UN HOMME, QUI SE RÉVÉLERA PLUS TARD ÊTRE L'ARCHANGE RAPHAËL, S'ADRESSE SOUDAIN À LUI : IL DOIT ALLER AVERTIR LE ROI QUE LA FRANCE COURT DE GRANDS DANGERS SI L'AUTORITÉ ET LA FOI NE SONT PAS RÉTABLIES. IGNORANT D'ABORD CETTE REQUÊTE, LES VISIONS SE RÉPÈTENT ET IL EN RÉFÈRE À SON CURÉ. ENVOYÉ À L'ÉVÊQUE PUIS AU MINISTRE, MARTIN FINIRA PAR RENCONTRER LE ROI, QUI L'ÉCOUTERA AVEC CURIOSITÉ. AUSSI, NAUNDORFF SE VANTERA QUE MARTIN AIT VU EN LUI LOUIS XVII.

LE NAUFRAGE DE *LA MÉDUSE*

Au départ de l'île d'Aix, la frégate *La Méduse* est chargée d'emmener au Sénégal, en juin 1816, des colons, des militaires et des scientifiques. Le 2 juillet, elle s'échoue dans le banc d'Arguin (Mauritanie) avec près de 400 personnes à son bord. Un radeau de 20 m sur 7, censé rester amarré aux canots de sauvetage, accueille plus de 150 naufragés qui partent bientôt à la dérive. Retrouvés douze jours plus tard, il ne reste que 15 rescapés, leurs compagnons d'infortune ayant été jetés à la mer ou même mangés ! Dès 1819, Théodore Géricault présentera l'un des premiers chefs-d'œuvre de la peinture romantique française : *Le Radeau de la Méduse*.

Ils s'éloignent de la " Méduse " en criant : « Vive le Roi ! »

1818 : ouverture de la première caisse d'épargne

La première caisse d'épargne a été créée en 1818 à Paris par deux philanthropes influencée par la pensée libérale des Lumières : le baron Delessert, un botaniste connu pour avoir mis au point la méthode d'extraction du sucre des betteraves, et le duc de La Rochefoucauld-Liancourt déjà resté dans l'histoire pour son dialogue avec Louis XVI le 14 juillet 1789 (« Non, sire, c'est une révolution ! »). Cette initiative privée peine d'abord à gagner la confiance des Français, mais, après la loi de 1835 qui reconnaît ces types d'établissements d'utilité publique, les caisses d'épargne vont se développer dans tout le pays.

Champollion déchiffre les hiéroglyphes

Jean-François Champollion est considéré comme le père de l'égyptologie, depuis qu'il a pu présenter, en 1822, son mémoire sur l'écriture égyptienne. En déchiffrant l'inscription trilingue (hiéroglyphe, démotique et grec) de la pierre de Rosette, il perçait le mystère des écritures de l'ancienne Egypte. A l'époque, les Britanniques veulent associer à cette découverte Thomas Young, auteur de travaux antérieurs, mais dont Champollion n'a pas reconnu la qualité. Devenu conservateur du département d'égyptologie du musée du Louvre, Champollion fera fi de ces querelles en y accueillant son rival d'outre-Manche.

CHAMPOLLION

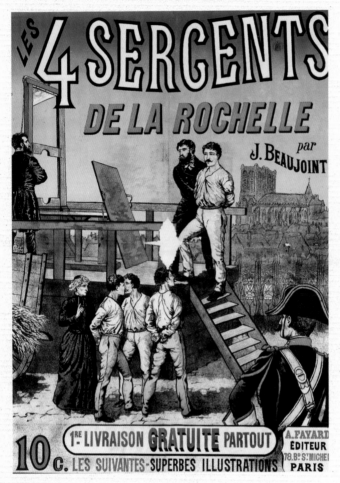

LES QUATRE SERGENTS DE LA ROCHELLE

Hostiles à la restauration monarchique, quatre sergents du 45e régiment d'infanterie transféré à La Rochelle sont guillotinés à Paris en septembre 1822. Le courant romantique ne tardera pas à faire des martyrs de la liberté de ceux dont le crime est d'appartenir à la charbonnerie. Comme la loi électorale les empêche de se faire entendre au Parlement, ces derniers forment une organisation secrète qui complote contre le régime, et celle-ci emprunte son nom aux « carbonari » napolitains, une organisation similaire... née sous l'occupation française.

LES VOYAGES DE DUMONT D'URVILLE

Impliqué dans l'achat par la France de la *Vénus de Milo* juste après sa découverte en 1815, l'explorateur Jules Dumont d'Urville explore à partir de 1826, à la tête de *L'Astrolabe*, l'Océanie et le Pacifique où il a nommé certains territoires comme la Mélanésie, la Micronésie et la Polynésie. Sous la monarchie de Juillet, il atteindra l'Antarctique où la terre Adélie a été nommée en l'honneur de sa femme Adèle, qui mourut comme lui dans la première catastrophe ferroviaire française à Meudon en 1842.

Nicéphore Niépce, auteur de la première photographie

INVENTEUR D'UN MOTEUR DESTINÉ À LA PROPULSION DES BATEAUX APPELÉ « PYRÉOLOPHORE », NICÉPHORE NIÉPCE EST SURTOUT LE PÈRE DE LA PHOTOGRAPHIE. APRÈS ÊTRE PARVENU À RÉALISER DES NÉGATIFS GRÂCE AU CHLORURE D'ARGENT, IL RÉALISE EN 1827 LA PREMIÈRE PHOTOGRAPHIE, POUR LAQUELLE LE TEMPS DE POSE FUT DE HUIT HEURES. DISPARU EN 1833, IL S'ÉTAIT AUPARAVANT ASSOCIÉ AVEC LOUIS DAGUERRE, QUI TIRERA PROFIT DE SES TRAVAUX POUR METTRE AU POINT SON DAGUERRÉOTYPE.

La première girafe sur le sol français

Pour améliorer les relations franco-égyptiennes, le vice-roi d'Egypte Méhémet-Ali a offert à Charles X un cadeau insolite : une girafe. Arrivée à Marseille fin 1826, le cortège qui l'accompagne à pied jusqu'à Paris crée l'événement partout où il passe. Après avoir rencontré le roi, l'animal rejoint le Jardin des Plantes et provoque une véritable « girafomania ». Déclinée en vaisselle, inspirant une coiffure, la girafe reçoit des centaines de milliers de visites. Aujourd'hui visible, la girafe naturalisée continue à attirer des visiteurs au Muséum d'histoire naturelle de La Rochelle.

AU SON DES CANONS

En 1822, une équipe de scientifiques chevronnés, regroupant notamment Arago, Humboldt, Gay-Lussac et Prony, réalise une expérience qui vise à mesurer plus précisément la vitesse du son. Entre les hauteurs de Villejuif et la tour de Montlhéry, des coups de canon sont échangés. La durée séparant l'observation du coup de feu — l'expérience a été réalisée la nuit — et la perception du son leur permettent de calculer une vitesse du son dans l'air à 15,9 °C proche de 341 m/s.

LA MONARCHIE DE JUILLET

Pendant les journées révolutionnaires des 27, 28 et 29 juillet 1830, appelées les Trois Glorieuses, le peuple se soulève contre le régime de Charles X, dernier souverain de la dynastie des Bourbons. Le duc d'Orléans agit avec finesse en adoptant un comportement attentiste pour apparaître comme le nécessaire recours. Après l'abdication de Charles X – suivie de celle du dauphin Louis XIX qui a ainsi régné un court instant – le 2 août, Louis-Philippe Ier

est intronisé « roi des Français » le 9 août. Le pays place de grands espoirs dans ce nouveau souverain admirateur du système anglais, pour lequel ce jour est celui de la revanche des d'Orléans contre les Bourbons, Philippe II le fondateur de la maison d'Orléans étant le frère de Louis XIV. Né d'une révolution, ce régime prendra fin avec une autre en 1848, après avoir été animé par d'autres révoltes comme celles des Canuts à Lyon en 1831 et 1834.

(91) LOUIS-PHILIPPE

Müller au cap Nord

Louis-Philippe, alors duc de Chartres, a soutenu la Révolution et participé à l'âge de 19 ans aux batailles de Valmy et de Jemmapes en 1792. Son père le duc d'Orléans, député sous la Convention connu sous le nom de Philippe Egalité, a voté la mort du roi – ce qui ne l'empêcha pas d'être guillotiné pendant la Terreur. Mal vu au sein même des royalistes, Louis-Philippe débute alors un exil qui l'amène en Suisse, aux Etats-Unis, en Amérique centrale, en Angleterre et en Sicile, mais aussi entre-temps en Laponie où le jeune prince a atteint le cap Nord en voyageant sous le nom de Müller. Il se marie avec Marie-Amélie de Bourbon-Siciles, avec qui il n'aura pas moins de dix enfants, avant de revenir en France à la chute de Napoléon, retrouvant alors son titre de duc d'Orléans. Reconnaissant envers ses hôtes norvégiens, il leur offrit un buste à son effigie en 1839.

L'inconfortable cachette de la duchesse de Berry

Quand le fils de Charles X est assassiné en 1820 par un républicain fanatique souhaitant mettre fin à la dynastie des Bourbons, son épouse la duchesse de Berry est enceinte. Elle ne vécut dès lors que pour mettre sur le trône de France « l'enfant du miracle », Henri V. En 1832, elle imagina à nouveau de soulever la Vendée, mais cette tentative échoua. Ayant trouvé refuge à Nantes, sa maison fut cernée par la police, suite à une dénonciation. Après une vaine perquisition, on y posta des gardes, qui, pour se réchauffer, firent un feu. Presque

CHOCOLAT GUÉRIN-BOUTRON

67. LOUIS-PHILIPPE (1830-1848). Arrestation de la Duchesse de Berry

aussitôt, des coups redoublés se firent entendre. Derrière la plaque de la cheminée se tenait cachée depuis 17 heures la duchesse de Berry qui allait finalement être arrêtée.

1832 : LA DERNIÈRE GRANDE ÉPIDÉMIE DE CHOLÉRA

L'épidémie de choléra qui touche la France en 1832 est en réalité une pandémie apparue en Asie en 1826. Parmi les victimes notoires figure le président du Conseil Casimir Perier. Ce mal qui envahit Paris s'accompagne de mouvements de panique et de comportements imprudents : quatre personnes ont été tuées par des excités convaincus qu'il s'agissait d'empoisonneurs, tandis qu'un certain Dumas serait guéri après avoir bu, par mégarde, un flacon entier d'éther, l'habitude étant plutôt d'essayer de combattre l'épidémie avec du thé noir, ce qui restait sans effet. Cette épidémie aura pour effet le regain d'intérêt pour la construction d'un véritable réseau d'égouts, dont la longueur triple entre 1830 et 1848.

La loi Guizot : une loi pionnière en matière d'instruction

En 1833, le ministre de l'Instruction publique, Guizot, publia une loi, qui, pour la première fois, attribuait à l'Etat la tâche d'assurer l'instruction primaire. Par ailleurs, pour relever le niveau du corps enseignant, on créa une école normale d'instituteurs dans chaque département, à une époque où 45 % des conscrits signaient encore avec une croix. En outre, Guizot a été à l'origine de la protection des monuments historiques, dont l'écrivain Prosper Mérimée a été inspecteur à partir de 1834.

CHOCOLAT GUÉRIN-BOUTRON

66. LOUIS-PHILIPPE (1830-1848). Attentat Fieschi (1835).

🦢 LOUIS-PHILIPPE ÉCHAPPE À TOUS LES ATTENTATS 🦢

Entre les royalistes légitimistes et les républicains, voire les bonapartistes, Louis-Philippe ne manque pas d'opposants. Dans ce contexte, il échappa à une importante série de complots et d'attentats. Dès 1832, le complot « de la rue des Prouvaires » est éventé : à l'occasion d'un bal aux Tuileries, des légitimistes veulent capturer le roi et proclamer Henri V. La même année, il doit faire face à un soulèvement républicain en juin et à un coup de feu tiré par un républicain en novembre. Parmi les trois attentats qu'allait encore connaître le roi, le plus retentissant fut celui de Fieschi en 1835. Cet aventurier corse mit en place une machine infernale, constituée de 25 canons de fusil posés sur un châssis et préfigurant les célèbres « orgues de Staline ». Si l'attentat fit 18 morts et 25 blessés, le roi et sa famille en sont sortis indemnes !

1836 : L'obélisque de Louxor est érigé à Paris

Trônant encore aujourd'hui au centre de la place de la Concorde, l'obélisque de Louxor est un cadeau offert par le vice-roi d'Egypte Méhémet-Ali. N'évoquant ni la monarchie française ni la république, cet obélisque haut de 22 m et d'un poids de 250 tonnes a l'avantage de ne pas soulever de querelles politiques. Pendant son transport, il fut endommagé et l'on s'interrogea sur la manière de le réparer. Les archéologues recommandèrent l'utilisation de granit ou de bronze, mais finalement on opta pour du mastic ! En échange la France offrit une horloge monumentale pour la mosquée du Caire. Celle-ci ayant aussi souffert pendant le transport, elle n'a jamais fonctionné…

A travers la Science (VULGARISATION)

Collection C. CHARIER.   Tous droits réservés.
LA DILATATION ET LA CONTRACTION DES CORPS. — Pour redresser l'obélisque, il fallut mouiller les câbles.

Cahier d _____, appartenant à _____

❧ UNE MÉPRISE PRINCIÈRE ❧

LORSQUE FUT DÉCIDÉ, EN 1837, LE MARIAGE DU DUC D'ORLÉANS, FILS AÎNÉ DE LOUIS-PHILIPPE, ET DE LA PRINCESSE DE MECKLEMBOURG, LES DEUX JEUNES GENS NE S'ÉTAIENT JAMAIS RENCONTRÉS. IMPATIENT, LE JEUNE HOMME SE PRÉCIPITA À LA GARE DE NANCY, OÙ SA PROMISE ARRIVAIT ACCOMPAGNÉE DE SA MÈRE ET D'UNE DAME D'HONNEUR. AUSSITÔT, IL SALUA SA FUTURE BELLE-MÈRE ET CRUT S'INCLINER DEVANT SA FIANCÉE, QUI N'ÉTAIT AUTRE QUE LA DAME D'HONNEUR ! CETTE CONFUSION N'EUT COMME CONSÉQUENCE QU'UN ÉCLAT DE RIRE GÉNÉRAL ET UN MARIAGE HEUREUX.

1843 : La prise de la smala d'Abd el-Kader

Après la prise d'Alger en 1830, le reste de l'Algérie reste à conquérir. Le chef arabe Abd el-Kader s'oppose aux desseins français jusqu'à ce que la « capitale itinérante » que constitue sa smala tombe aux mains du duc d'Aumale, troisième fils de Louis-Philippe. Délogé de son refuge marocain par le général Bugeaud en 1844, Abd el-Kader finit par se rendre au duc d'Aumale, en lui offrant le dernier cheval qu'il avait monté, une jument blanche. Emprisonné à Pau, il sera libéré par Napoléon III et se montrera d'une rare loyauté avec la France après l'avoir durement combattue pendant cette première guerre d'Algérie.

1840 : LE RETOUR DE NAPOLÉON Iᴱᴿ ET DE SON NEVEU

Adolphe Thiers a reçu du roi l'autorisation de l'Angleterre pour le retour en France du corps de Napoléon, inhumé à Sainte-Hélène en 1821. Les « cendres » (terme improprement utilisé) de l'Empereur quittent Sainte-Hélène à bord de *La Belle Poule*, partie le 7 juillet 1840 de Toulon avec à son bord le général Bertrand qui avait accompagné Napoléon jusqu'à Sainte-Hélène. Pour la seconde inhumation, la place Vendôme, trop passante, eut ses partisans, tout comme la basilique de Saint-Denis, demeure des rois. On choisit finalement l'église Saint-Louis des Invalides. Entre-temps, début août, Louis Napoléon Bonaparte tentait, en vain, un débarquement à Boulogne-sur-Mer pour reprendre le pouvoir…

La IIe République

La crise économique et sociale amorcée en 1846 a eu raison de la monarchie de Juillet. Dès 1847, la gauche organise des banquets dans toute la France pour s'opposer aux mesures du conservateur Guizot (ci-contre) et pour réclamer l'élargissement du suffrage censitaire. L'opposition à la tenue dans la capitale de l'un d'eux a été l'étincelle des journées révolutionnaires parisiennes de février 1848 qui ont accouché de la IIe République. Aussitôt le suffrage universel (masculin) est proclamé, l'esclavage dans les colonies aboli, la liberté de la presse garantie. Les rêves d'une république sociale s'estompent toutefois rapidement avec la répression des journées de juin et le retour des conservateurs au pouvoir. La nouvelle Constitution prévoit l'élection d'un président de la République qui sera le plus jeune de tous les présidents français et aussi le neveu d'un empereur… Louis-Napoléon Bonaparte recueille les trois quarts des suffrages d'un peuple nostalgique, qui plébiscitera un retour à l'empire seulement quatre ans plus tard.

Ledru-Rollin acclamé par la foule après le vote de son projet de suffrage universel.

Édité spécialement pour le "Chocolat-Louit"

✌ LAMARTINE DÉFEND LE DRAPEAU TRICOLORE ✌

Le 25 février 1848, alors que la République vient d'être proclamée, le drapeau tricolore réhabilité par Louis-Philippe en 1830 – sous la Restauration le drapeau blanc avait été adopté – est en passe d'être « renversé » par le drapeau rouge qu'une foule armée brandit devant l'hôtel de ville. Le poète Alphonse de Lamartine, tout juste nommé ministre des Affaires étrangères et membre influent du gouvernement provisoire, ponctue alors une harangue ainsi : « Je repousserai jusqu'à la mort ce drapeau de sang, et vous devez le répudier plus que moi, car le drapeau rouge que vous rapportez n'a jamais fait que le tour du Champ-de-Mars, traîné dans le sang du peuple, en 91 et 93 ; le drapeau tricolore a fait le tour du monde, avec le nom, la gloire et la liberté de la patrie ».

Le droit au travail : des Ateliers nationaux au canal de la Sauldre

Dès février 1848, sont créés les Ateliers nationaux, destinés à tous ceux qui sont sans travail. Toutefois, avant même la suppression de ces Ateliers nationaux en juin qui engendrera de nouvelles échauffourées, il est difficile de répondre à la demande de ces chômeurs que l'on veut occuper si possible en dehors de l'agitation politique de la capitale. Certains d'entre eux sont amenés à creuser le canal de la Sauldre, destiné à apporter de la marne pour fertiliser les terres acides de Sologne. Mais les plans ne sont pas véritablement entérinés et la majeure partie du canal (11 km sur 13) creusée à la hâte entre juin 1848 et avril 1849 ne servira finalement jamais… Le canal de la Sauldre sera achevé sous le Second Empire, mais son intérêt demeurera limité en raison de l'utilisation de nouveaux engrais, du développement du rail, et de son absence de liaison avec d'autres voies navigables.

UN ATELIER NATIONAL EN 1848

Mr Smith rentre chez lui...

Face aux insurgés parisiens, Louis-Philippe refusa la répression et abdiqua le 25 février pour son fils Louis-Philippe II qui ne fut pas reconnu par le gouvernement provisoire. Ne souhaitant pas connaître le même sort que Louis XVI et Marie-Antoinette, le roi et la reine Marie-Amélie regagnent séparément les côtes normandes où, recherchés, ils vont attendre jusqu'au 2 mars avant de pouvoir embarquer pour l'Angleterre. Pour voyager incognito,

Louis-Philippe possédait un passeport au nom de William Smith, ce qui ne l'empêcha pas d'être reconnu à plusieurs reprises par des Français qui ne lui montrèrent pas d'hostilité.

DÉPART PRÉCIPITÉ DE LOUIS PHILIPPE DU CHÂTEAU DES TUILERIES (24 Février 1848)
(Il disait chassé comme Charles dix.)

Miss Howard

EN 1846, BONAPARTE RENCONTRE HARRIET HOWARD, UNE JEUNE ACTRICE ANGLAISE QUI N'A PAS SEULEMENT ÉTÉ UNE DE SES MAÎTRESSES, MAIS AUSSI UN SOUTIEN FINANCIER IMPORTANT AVANT QU'IL NE DEVIENNE NAPOLÉON III. APRÈS, LA RECHERCHE D'UNE IMPÉRA-TRICE ET LE MARIAGE AVEC EUGÉNIE DE MONTIJO ÉCLIPSÈRENT CETTE FEMME DE L'OMBRE QUI A ÉLEVÉ LES DEUX PREMIERS FILS DE L'EMPEREUR NÉS D'UNE AUTRE RELATION, ELÉONORE VERGEOT, LIN-GÈRE AU FORT DE HAM.

❧ UN PRINCE SUISSE GLOBE-TROTTER ❧

Louis-Napoléon Bonaparte est le fils de Louis Bonaparte, frère de Napoléon Ier ayant été roi de Hollande, et d'Hortense de Beauharnais, la fille de l'impératrice Joséphine. Ainsi Louis-Napoléon n'est-il pas seulement le neveu de Napoléon, mais aussi son petit-fils par alliance. A la mort de son frère aîné en 1831, et de celle du duc de Reichstadt (Napoléon II)

l'année suivante, Louis-Napoléon apparaît comme l'héritier du trône impérial. Né à Paris en 1802, il a dû, comme tous les Bonaparte, quitter la France sous la Restauration. Grandissant en Suisse alémanique, sa mère le conduit à plusieurs reprises en Italie. Après l'échec du soulèvement de Strasbourg qui visait en 1836 à renverser la monarchie de Juillet,

il doit quitter le pays et même le continent. Il gagne alors les Etats-Unis, mais revient rapidement en Angleterre. De sa jeunesse, il a gardé un accent suisse allemand qui n'arrangea rien au regard que les députés portèrent sur sa piètre prestation lors de sa première intervention à l'Assemblée, mais aussi la nationalité suisse acquise en 1832.

« Badinguet » président pour quatre ans…

Emprisonné en 1840 après avoir tenté un débarquement à Boulogne dans le but de renverser Louis-Philippe, Louis-Napoléon Bonaparte s'évade du fort de Ham en Picardie, après six années de détention, en empruntant les vêtements du maçon Charles-Auguste Pinguet surnommé Badinguet. Il empruntera aussi, malgré lui, son surnom que se plairont à lui donner ses détracteurs. Pour l'élection présidentielle de 1852, il ne peut se représenter, mais le coup d'Etat du 2 décembre 1851, date anniversaire du sacre de son oncle et de la bataille d'Austerlitz, lui permet de réviser la Constitution. Quittant l'Elysée pour les Tuileries, il met en place un régime autoritaire que les Français approuvent largement par plébiscite. Son mandat est alors allongé à dix ans, mais un autre plébiscite le fera devenir empereur en 1852, le 2 décembre naturellement.

LE DÉPUTÉ BAUDIN MEURT « POUR 25 FRANCS »

Le coup d'État du 2 décembre 1851 a entraîné de vives oppositions toutefois rapidement réprimées. Paré d'une écharpe tricolore, le député Jean-Baptiste Baudin prend part à une barricade au matin du 3 décembre, et essaie de convaincre les habitants du faubourg Saint-Antoine de le rejoindre. Un ouvrier affirme alors qu'il n'est pas utile de se battre pour la République et pour que les députés continuent de toucher leurs 25 francs par jour. Selon la tradition républicaine qui lui a donné une image de martyr, Baudin aurait alors répondu : « *Vous allez voir comment on meurt pour 25 francs !* »… juste avant d'être atteint par trois balles.

Catastrophe du Pont suspendu, actuellement Pont de la Basse chaine en l'année 1850 (le 11ᵉᵐᵉ Léger)

Angers

LE 11ᵉ LÉGER AU (TRÉ)PAS…

Le 16 avril 1850, le 11ᵉ régiment d'infanterie légère traverse le pont suspendu qui relie le quartier de la Doutre au château à Angers. Bientôt 220 soldats se noient dans les eaux de la Maine. Une première hypothèse veut que le pont se soit effondré à cause de la tempête et de l'oxydation de certaines structures métalliques. Le phénomène physique de résonance sera par la suite avancé : l'oscillation du pont aurait été amplifiée par les pas en cadence des soldats. Toujours est-il que les régiments ne franchiront plus les ponts au pas.

LA RÉVOLUTION INDUSTRIELLE

Précédée par la Grande-Bretagne, la France connaît à partir du milieu du XVIIIe siècle une transformation industrielle majeure, rendue possible par les inventions scientifiques, de nouvelles machines et l'utilisation d'énergies nouvelles. Mais il faut souvent attendre de nombreuses années pour qu'une technique nouvelle se généralise, à l'instar de la machine à vapeur, puis de la locomotive à vapeur perfectionnée par le Britannique Stephenson en 1817. Si en 1823 le roi Louis XVIII accorde la première concession d'une ligne de chemin de fer reliant Saint-Etienne à la Loire, le réseau ferré français ne se densifie véritablement qu'à la fin du XIXe siècle. A ces innovations qui bouleversent l'économie en facilitant les échanges, il faut ajouter les bateaux à vapeur dont on doit des prototypes au Français Jouffroy d'Abbans, et à l'Américain Fulton qui testa un bateau à vapeur sur la Seine en 1803, sous les yeux de Bonaparte.

CHEMINS DE FER DU MIDI

VIADUC DU VIAUR
TARN-AVEYRON

BILLETS À PRIX RÉDUITS D'ALLER ET RETOUR & DE LIBRE PARCOURS
POUR RENSEIGNEMENTS : S'ADRESSER CHEMINS DE FER DU MIDI, 54 Bd BOULEVARD HAUSSMANN, PARIS.

❧ LA MACHINE À VAPEUR ❧

IL N'EST PAS AISÉ DE DIRE QUI EST L'INVENTEUR DE LA MACHINE À VAPEUR. A SES ORIGINES ON TROUVE ENTRE AUTRES LES TRAVAUX DU FRANÇAIS DENIS PAPIN, MAIS CE SONT LES BRITANNIQUES NEWCOMEN ET SURTOUT WATT EN 1769 QUI ONT SU TRANSFORMER EFFICACEMENT L'ÉNERGIE DE LA VAPEUR D'EAU SOUS PRESSION EN ÉNERGIE MÉCANIQUE. D'ABORD UTILISÉE POUR POMPER L'EAU DANS LES MINES, LA MACHINE À VAPEUR CONTRIBUE À L'ESSOR DE LA GRANDE INDUSTRIE, EN FAISANT FONCTIONNER TOUTES SORTES DE MACHINES, NOTAMMENT DANS LES FILATURES.

Le charbon, la fonte et l'acier

Le fer.-N°3. Haut-fourneau.-Transformation du minerai en fonte de fer.

Le charbon est au cœur de la révolution industrielle. Utilisé d'abord pour le chauffage compte tenu de sa combustion lente, il entre également dans la fabrication de l'acier se combinant au fer pour former dans un premier temps la fonte. La métallurgie indispensable à l'essor du chemin de fer se développe près des mines de charbon ou de fer, dans le nord de la France, dans l'Est ou encore dans les bassins du Creusot et de Saint-Etienne où fleurissent les hauts-fourneaux.

La peur des premiers chemins de fer

En 1835, des membres de l'académie de médecine de Lyon s'inquiètent des conséquences des voyages en train. Le passage trop rapide d'un climat à l'autre affecterait les voies respiratoires, les trépidations entraîneraient des troubles nerveux, tandis que les femmes enceintes ne manqueraient pas de faire une fausse couche. Enfin, la rapide succession des images enflammerait la rétine de passagers filant à toute allure dans des trains ne dépassant pas 50 km/h…

RÉVOLUTION AGRICOLE ET EXODE RURAL

De nouvelles cultures qui permettent d'abandonner la jachère, la sélection des semences et des races d'élevage et l'utilisation d'engrais chimiques vont faire augmenter les rendements à l'hectare. Les outils et machines agricoles se perfectionnent, et on a de moins en moins

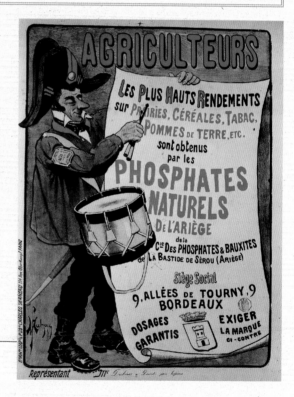

besoin de bras dans les campagnes du pays qui a vu sa population passer de 27 à 39 millions entre 1800 et 1900. C'est tout naturellement que l'exode rural s'accentue, grâce aux nombreux emplois que procure l'industrialisation des villes.

PATRONS ET OUVRIERS

Si la révolution industrielle a fait émerger une haute bourgeoisie capitaliste, représentée par des grands patrons comme la « dynastie » des Schneider au Creusot ou celle des Wendel en Lorraine, elle a aussi fait naître une nouvelle classe : le prolétariat. Séparée par les classes moyennes qui s'affirment au XIXe siècle, bourgeois et ouvriers font vivre la lutte des classes, notion associée à Karl Marx mais déjà développée sous la Restauration par l'historien et homme politique François Guizot.

Chez ma tante

De nombreuses compagnies, minières ou de chemins de fer, ont vu le jour grâce aux actionnaires qui se sont partagé le capital de sociétés par actions pour qui les banques sont des partenaires indispensables. En 1848 est fondé le Comptoir national d'escompte de Paris, future BNP, une quinzaine d'années avant le Crédit Lyonnais et la Société générale. Les classes populaires se tournent plutôt vers les Caisses d'épargne dont la première a été ouverte à Paris en 1818. Les monts-de-piété, organismes de prêts sur gage, sont surnommés « ma tante » depuis que le fils de Louis-Philippe y aurait déposé une montre pour honorer une dette de jeu, alors que, peu fier, il aurait affirmé l'avoir laissée chez sa tante…

Si vous rêvez revoir une Tante.

CLEF DES SONGES   Série de 84 cartes
Vous irez au Mont-de-piété.

❧ LES GRANDS NOMS DE LA « LUTTE FINALE » ❧

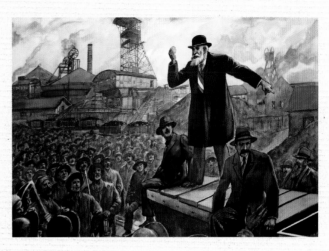

Des socialistes tels que Jules Guesde diffusent les idées de Marx. Louis Auguste Blanqui – qui se trouve être le frère de l'économiste Adolphe Blanqui qui a développé la notion de révolution industrielle – est surnommé l'« Enfermé », ayant passé trente-trois ans de sa vie en prison. Pierre Joseph Proudhon, ami du peintre chef de file du courant réaliste Gustave Courbet, est pour sa part associé à la formule « la propriété c'est le vol ». Jean Jaurès (ci-contre) se rallie quant à lui définitivement aux idées socialistes au moment des grèves des mineurs de Carmaux dans son Tarn natal. Plusieurs mouvances socialistes ont coexisté avant la fondation en 1905 de la SFIO (Section française de l'Internationale ouvrière qui deviendra le Parti socialiste en 1969). En 1871, en pleine répression de la Commune de Paris, le poète Eugène Pottier écrit les paroles de *L'Internationale*, chant symbole des luttes sociales à travers le monde, mis en musique ultérieurement par l'ouvrier belge Pierre Degeyter.

LES PROGRÈS SOCIAUX DU XIXE SIÈCLE

Au début du XIXe siècle, malgré des conditions de travail très difficiles, les soulèvements des ouvriers sont généralement écrasés dans le sang, à l'image de la révolte des Canuts lyonnais. Le droit de grève est autorisé en 1864, vingt ans avant que la loi Waldeck-Rousseau ne reconnaisse la liberté syndicale. La durée de la journée de travail n'est véritablement limitée à dix heures que par la loi Millerand de 1900 et il faut attendre 1907 pour que la journée de repos hebdomadaire devienne obligatoire. Le travail des enfants fut interdit en 1841 avant l'âge de 8 ans, avant 13 ans en 1874, la journée des 13-18 ans ne devant pas dépasser dix heures à partir de 1892…

Le paternalisme

Certains patrons dits « paternalistes » ont à cœur d'améliorer les conditions de vie de leurs employés. Les Schneider, qui fabriquaient notamment les canons de l'armée au Creusot, ont ainsi aménagé de nombreux services comme des écoles ou un hôpital. Bien qu'il s'agisse d'un bon moyen pour contrôler les ouvriers, ils n'échappèrent pas à la grande grève de 1899. Le Familistère construit à Guise dans l'Aisne, pour les ouvriers de l'usine de poêles de Jean-Baptiste Godin, est une réalisation paternaliste encore plus aboutie, qui reprend les idées du philosophe socialiste utopique Charles Fourier.

LE SECOND EMPIRE

Plébiscité par les Français, Louis-Napoléon Bonaparte devient l'empereur Napoléon III le 2 décembre 1852, un an après son coup d'Etat. Le second Empire est généralement divisé en deux périodes : une autoritaire et l'autre libérale. L'opposition est d'abord muselée, mais au fil des années 1860, le régime prend des tournures libérales avec les libertés de presse et de réunion rétablies. Le territoire français est transformé par une politique de grands travaux : les régions marécageuses comme la Sologne et les Landes sont asséchées et reboisées, Paris est transformé, et le réseau de chemin de fer s'étend petit à petit dans tout le territoire. Sur le plan colonial, la présence française se renforce en Afrique et en Indochine. Inquiet de la montée en puissance de la Prusse, Napoléon III lui déclare la guerre en 1870. Vaincu à Sedan, les républicains renverseront le second Empire.

LA MÉNAGERIE IMPÉRIALE.

NAPOLÉON III

N°1

DÉPOSÉ — Tous droits réservés

LE VAUTOUR (Lâcheté-Férocité)

Victor Hugo et « le Petit »

Ecrasé par l'ombre de son illustre oncle, Napoléon III reste attaché à l'image caricaturale d'un monarque terne. Victor Hugo a été le chef d'orchestre de la légende noire de celui qu'on appelait « Naboléon », ou « Boustrapa » en référence à ses coups d'Etat (**Bou**logne, **Stra**sbourg, **Paris**). Dans son livre *Napoléon le Petit*, il le qualifie de « tyran », de « chacal à sang froid », de « vautour », de « pourceau dans son cloaque », de « nain tout-puissant » ou encore d'« escroc du scrutin » ! Cependant, il convient de réhabiliter l'empereur social, l'auteur de *L'Extinction du paupérisme* qui a financé en partie les cités ouvrières grâce à la confiscation des biens des Orléans en 1852. A l'origine du droit de grève et des caisses de retraite, il renonce même durant son règne à la quasi-totalité de ses revenus en vue de financer hôpitaux, écoles et secours aux nécessiteux.

Le Paris d'Haussmann

Si Paris possède une telle cohérence urbanistique, elle la doit à Napoléon III et à son préfet, le baron Haussmann, qui a anticipé l'évolution des moyens de transports en développant un large réseau

de boulevards. Dans une capitale souvent prête à se rebeller, l'ouverture de grands axes, qui a causé la destruction de plus de vingt mille habitations, est aussi une manière d'éviter les barricades. L'assainissement de la capitale passe par un nouveau système d'évacuation des eaux usées. Une loi de 1852 impose le raccordement des immeubles aux égouts, dont le réseau s'étendra de plus de 500 km sous la houlette d'Eugène Belgrand qui a également fait construire l'aqueduc de la Vanne pour approvisionner les réservoirs de Montsouris. Parmi les legs du second Empire figurent encore la division en vingt arrondissements, les halles de Baltard, l'opéra Garnier, l'aménagement des bois de Vincennes et de Boulogne et le parc des Buttes-Chaumont. Soupçonné d'enrichissement personnel – Jules Ferry est l'auteur d'une brochure intitulée *Les comptes fantastiques d'Haussmann…* –, il est révoqué quelques mois avant la chute de l'Empire.

Les étages de l'immeuble haussmannien.

Le magicien Robert-Houdin contre les marabouts algériens

Né à Blois en 1805, Jean-Eugène Robert-Houdin est devenu un des plus célèbres prestidigitateurs de l'histoire. Il a aussi créé de nombreux automates, et déposé de nombreux brevets dans les domaines de l'électricité et de l'ophtalmologie. En 1856, il ne s'attendait sans doute pas à ce que ses talents soient utilisés à des fins politiques. A la demande du colonel Neveu, chef du bureau politique d'Alger, il reçoit la mission d'aller décrédibiliser les marabouts de Kabylie, qui constituent une menace pour les opérations de pacification françaises.

Les hauts et les bas des relations franco-britanniques

Motivée par des impératifs politiques et par une émulation économique, l'entente avec l'Angleterre fut surtout possible grâce à la sympathie réciproque qu'éprouvaient Napoléon III et la reine Victoria. Pour l'Exposition universelle de 1855, la reine effectua une visite officielle à Paris – la première d'un souverain britannique depuis la guerre de Cent Ans ! – au cours de laquelle elle prit la peine de s'incliner devant le tombeau de Napoléon Iᵉʳ. En 1859, les agissements de Ferdinand de Lesseps, qui fait commencer le creusement du canal de Suez, font toutefois craindre une perte d'influence des Britanniques au Proche-Orient.

LA GUERRE DE CRIMÉE OU L'ESSOR DE LA MÉTÉOROLOGIE

PRISE DE SÉBASTOPOL, 1855

Le 14 novembre 1854, durant la guerre de Crimée qui vise à limiter l'expansion russe, une tempête détruit une grande partie de la flotte franco-anglo-turque au large de Sébastopol. Face à ce désastre Urbain Le Verrier, directeur de l'Observatoire de Paris, suggère à Napoléon III d'étudier l'évolution des conditions atmosphériques avec une plus grande précision. Un réseau de stations qui communiquent leurs mesures par le télégraphe électrique est mis en place à partir de 1855. En 1863, l'Observatoire de Paris débute la publication quotidienne de cartes météorologiques. Il était temps…

De l'entrevue secrète de Plombières à Solférino

En 1849, la France permet au pape de revenir à Rome en mettant fin à l'éphémère république romaine. Considéré comme un traître de la cause italienne, Napoléon III est la cible du patriote Orsini, auteur d'un attentat qui fait huit morts et près de cent cinquante blessés à Paris le 14 janvier 1858. Indemne, l'empereur rencontre l'été suivant, en secret, le président du Conseil du Piémont-Sardaigne Cavour, dans la station thermale vosgienne de Plombières, où la famille Bonaparte a ses habitudes. En échange du soutien français pour libérer le nord de l'Italie du joug autrichien, la Savoie et Nice seront rattachés à la France. Après les victoires de Magenta et Solférino (juin 1859), Savoyards et Niçois ont accepté le traité de Turin en 1860, à une très écrasante majorité, qui l'aurait toutefois été un peu moins avec une organisation plus équitable du plébiscite.

BATAILLE DE SOLFÉRINO, 1890

EXPÉDITION DU MEXIQUE, 1861

LA LÉGION À CAMERONE

L'empereur rêve de la création d'une monarchie catholique au Mexique, pour contrebalancer l'influence croissante des Etats-Unis protestants. De 1862 à 1867, l'intervention militaire de la France se solde par un échec et la condamnation à mort de l'éphémère empereur Maximilien, frère de l'empereur d'Autriche. Parmi les hauts faits d'armes français, figure le combat de Camerone en 1863, où 64 légionnaires commandés par le capitaine Danjou ont tenu tête pendant onze heures à 2000 soldats mexicains. L'expression « faire Camerone » est toujours utilisée dans la Légion étrangère, qui commémore ce combat chaque 30 avril.

Trahi par un gentil toutou...

NAPOLÉON III VENAIT AUSSI RÉGULIÈREMENT EN CURE À VICHY. LE 27 JUILLET 1863, ALORS QU'IL SE PROMÈNE AVEC L'IMPÉRATRICE EUGÉNIE, UN PETIT CHIEN S'APPROCHE DE L'EMPEREUR, ET LUI MONTRE DES SIGNES D'AFFECTION SI APPUYÉS QU'ILS ÉVEILLENT BIENTÔT LES SOUPÇONS DE L'IMPÉRATRICE. EN EFFET,

CE CHIEN S'AVÈRE ÊTRE CELUI DE LA COMÉDIENNE EN VOGUE MARGUERITE BELLANGER. FURIEUSE D'UNE PREUVE AUSSI ÉCLATANTE DE L'INFIDÉLITÉ DE SON ÉPOUX, ELLE QUITTE LA VILLE LE SOIR MÊME POUR NE PLUS JAMAIS Y REVENIR !

La guerre franco-allemande (1870 - 1871) et l'avènement de la IIIe République

La guerre de 1870, qui a opposé la France à une confédération d'Etats allemands dominés par le royaume de Prusse, trouve son origine dans la candidature d'un parent du roi de Prusse au trône d'Espagne et dans la crainte des Français de se voir pris en tenailles, comme au temps de Charles Quint et François Ier. Beaucoup moins bien préparée que les Allemands, l'armée française peine durant l'été 1870 à contenir les assauts ennemis dans le nord de l'Alsace et en Moselle, avant d'être battue à Sedan le 1er septembre et de capituler le lendemain. Le 2 septembre est resté jour de fête nationale en Allemagne jusqu'en 1918, sous le nom de Sedantag (« jour de Sedan »). Malgré quelques sursauts à Coulmiers près d'Orléans, ou à Villersexel près de la place forte de Belfort ardemment défendue par Denfert-Rochereau, l'armistice est signé le 28 janvier après la capitulation de Paris assiégé depuis plusieurs mois.

UN EMPIRE CHASSE L'AUTRE

Si la guerre franco-allemande a enterré le second Empire, elle a aussi fait naître un autre empire réunissant de nombreux Etats allemands. Fait prisonnier à Sedan, Napoléon III est déchu dès le 4 septembre, quand la république est proclamée à Paris où s'est formé un gouvernement de Défense nationale. L'empereur est d'abord retenu en Allemagne, avant de pouvoir rejoindre Eugénie à Chislehurst en Angleterre, où il décède en 1873 suite à une opération de la vessie. L'Empire allemand est quant à lui proclamé dans la galerie des Glaces du château de Versailles le 18 janvier 1871, avec Guillaume Ier de Prusse à sa tête.

LA DÉPÊCHE D'EMS MET LE FEU AUX POUDRES

LE ROI GUILLAUME Ier, ALORS EN CURE À EMS, RÉDIGE UN TÉLÉGRAMME POUR SIGNALER QU'IL RENONCE AU SOUTIEN DE LA CANDIDATURE DE SON COUSIN AU TRÔNE D'ESPAGNE. MAIS LA CÉLÈBRE DÉPÊCHE D'EMS, QUI A DÉCHAÎNÉ LES ESPRITS EN FRANCE COMME EN ALLEMAGNE, EST LA REFORMULATION SCIEMMENT PROVOCANTE QU'EN A FAIT LE CHANCELIER BISMARCK, IMPATIENT D'EN DÉCOUDRE AVEC L'ARMÉE DE NAPOLÉON III.

Bataille de SEDAN (1er Septembre 1870)
Combat de Cavalerie à Illy

L'annexion partielle de l'Alsace-Lorraine

Le traité de Francfort de mai 1871 n'a pas entraîné la perte totale de l'Alsace et de la Lorraine. D'âpres négociations menées par Thiers ont maintenu Belfort en territoire français, contrairement au reste de l'Alsace qui est annexé avec quelques communes vosgiennes, et avec des terres lorraines qui ne correspondent qu'à l'actuel département de la Moselle, cependant riche en minerais... Si plusieurs dizaines de milliers « d'optants » décidèrent de garder la nationalité française en quittant leur région, ceux qui sont restés dans l'Alsace-Lorraine, qui eut le statut spécial de « Reichsland » au sein de l'Empire allemand, demeurèrent très majoritairement francophiles à l'image du maire de Colmar Lauth, démis de ses fonctions pour n'avoir pas prêté serment au Reich.

Les Parisiens assiégés et affamés

Du 18 septembre 1870 au 26 janvier suivant Paris est encerclé. Bientôt, la population est contrainte de se nourrir de rats, de chats ou de chiens, et même de viandes plus exotiques. Les pensionnaires de la ménagerie du Jardin des Plantes sont abattus, notamment les deux éléphants Castor et Pollux, dont la viande n'était paraît-il guère fameuse. Certains pigeons furent épargnés, et pour cause. Outre les ballons postaux et les insolites boules de Moulins déposées dans la Seine en amont de la capitale, le pigeon voyageur était redevenu à la mode pour communiquer entre la capitale et la province. Le ballon avait également permis à Gambetta de rejoindre la délégation gouvernementale à Tours en octobre 1870.

Gambetta quittant la capitale en ballon.

L'ALIMENTATION DE PARIS PENDANT LE SIÈGE. — Un coin du marché Saint-Germain. — Boucheries canine et féline. — (Dessin d'après nature de M. Vierge.)

LES DÉBUTS FRAGILES DE LA IIIᵉ RÉPUBLIQUE

Succédant à trois monarchies, deux républiques et deux empires, la IIIᵉ République est le premier régime à s'imposer durablement depuis 1789. Il faut toutefois attendre neuf ans après la proclamation du 4 septembre 1870 pour que le pouvoir soit réellement aux mains des républicains avec le début du septennat de Jules Grévy. Auparavant les deux premiers présidents de la IIIᵉ République qui ont joué un rôle majeur dans la répression de la Commune de Paris, sont tous deux des monarchistes. Si le premier, Adolphe Thiers, se rallie finalement à la république, le second, Patrice de Mac-Mahon, demeure favorable à la restauration de la monarchie. En 1875, l'amendement Wallon fixant l'élection pour sept ans du président de la République par le Sénat et la Chambre des députés est voté, à 353 voix contre 352 !

La Commune de Paris contre les Versaillais

LA NOUVELLE LUNE

PANTHÉON DES ÉPATEUSES, par GILL

Louise MICHEL

Née le 18 mars 1871, moins de deux mois après la fin du siège de la capitale par les Prussiens, la Commune de Paris est un soulèvement populaire parisien, opposé au gouvernement bourgeois de Thiers. Les fédérés, ou communards, forment un gouvernement qui compte parmi ses élus l'écrivain Jules Vallès et le peintre Gustave Courbet. De nombreuses mesures sont votées, instaurant notamment le drapeau rouge, la laïcité, et l'enseignement mixte gratuit. A l'origine de plus de 20 000 morts, la répression par les troupes de Thiers basées à Versailles s'achève par la « semaine sanglante », connue pour les exécutions du mur des Fédérés dans le cimetière du Père-Lachaise. Comme Louise Michel, la « vierge rouge », quelques milliers d'insurgés sont déportés en Nouvelle-Calédonie, ou en Algérie. Ce mouvement, timidement imité dans d'autres villes françaises, marque aussi la défiance des Parisiens vis-à-vis de la province qui a amené au pouvoir les monarchistes. Ce sont pourtant des provinciaux qui vont venir à Paris remplacer les ouvriers et les petits artisans qui ont péri près des barricades.

GAMBETTA : « LE CLÉRICALISME VOILÀ L'ENNEMI »

Connu pour avoir quitté la capitale assiégée en ballon pour organiser la Défense nationale à Tours, après avoir proclamé la république, Léon Gambetta était un avocat, fils d'un immigré italien. Fervent anticlérical, ce remarquable tribun fut le pourfendeur de l'ordre moral de Mac-Mahon et de son ministre de Broglie. Il décéda à seulement 44 ans d'une péritonite, sans lien avec la blessure au bras qu'il s'est faite accidentellement un peu plus tôt avec son pistolet, et dans laquelle certains imaginèrent un attentat ou un acte commis par sa maîtresse. Son corps fut alors confié au Dr Baudrian, précurseur dans l'utilisation du formol.

La France est au-dessus de tout...

La République dirigée par des monarchistes !

Les premières élections organisées durant l'hiver 1871 vont jeter un froid sur la République. Les députés monarchistes (orléanistes et légitimistes) sont nettement majoritaires dans la nouvelle Assemblée qui se réunit la première fois à Bordeaux pour nommer Thiers chef de l'exécutif. Peu enclin à un retour de la monarchie, ce dernier, démissionnaire en 1873, laisse la place au maréchal Mac-Mahon élu par des députés monarchistes qui espèrent en réalité l'avènement du comte de Chambord. Mais à leur grand désarroi, alors que son trône et son carrosse étaient prêts, celui qui aurait pu devenir Henri V n'a pas daigné quitter son château autrichien juste parce qu'on lui refuse le changement du drapeau tricolore pour le drapeau blanc ! Le monarchiste Mac-Mahon demeure président jusqu'aux élections législatives de 1879, remportées par les républicains après un mandat marqué par la politique réactionnaire de « l'ordre moral » symbolisée par la construction de la basilique du Sacré-Cœur de Montmartre censée expier les excès de la Commune.

Les deux présidents Grant (Etats-Unis) et Thiers devant un globe terrestre.

LE PLUS PETIT DES PRÉSIDENTS DE LA RÉPUBLIQUE FRANÇAIS EST ADOLPHE THIERS (1,55 M). CHARLES DE GAULLE MESURAIT QUANT À LUI 1,92 M.

L'ENRACINEMENT DE LA RÉPUBLIQUE

Une fois majoritaires dans les deux Chambres en 1879, les républicains vont mettre en place de nombreuses réformes. L'école primaire joue un rôle essentiel pour diffuser les valeurs républicaines et pour diminuer le poids de l'Eglise catholique. Les lois scolaires de Jules Ferry de 1881-1882 rendent l'école gratuite, laïque – l'enseignement religieux ayant été remplacé par l'instruction civique et morale – et obligatoire, le nombre de lauréats au certificat d'études doublant entre 1881 et 1886. Mais cette laïcisation de l'enseignement ne fait pas l'unanimité et accentue les divisions non seulement entre les partis politiques, mais aussi localement entre les partisans du curé du village et ceux de l'instituteur, bientôt surnommé « hussard noir de la République ».

L'officialisation des symboles de la République

LA MARSEILLAISE REDEVIENT L'HYMNE NATIONAL AU COURS D'UNE SÉANCE PRÉSIDÉE PAR GAMBETTA LE 14 FÉVRIER 1879. L'ANNÉE SUIVANTE LE DRAPEAU TRICOLORE EST OFFICIALISÉ ET LE 14 JUILLET INSTITUÉ FÊTE NATIONALE (CI-CONTRE). AUPARAVANT, L'ANNÉE 1878 EUT LA PARTICULARITÉ D'AVOIR UNE FÊTE NATIONALE TENUE LE 30 JUIN PENDANT L'EXPOSITION UNIVERSELLE DE 1878. MONET IMMORTALISA L'ÉVÉNEMENT DANS UNE TOILE RÉPONDANT AUX CODES DU TOUT JEUNE COURANT IMPRESSIONNISTE.

PRÉPARER LA REVANCHE

Après la défaite de 1870-1871, l'enseignement se doit de former de futurs citoyens prêts à défendre leur patrie amputée de l'Alsace-Lorraine. Le célèbre livre de lecture *Le Tour de France par deux enfants* est rédigé en ce sens. Paul Bert, qui collabora aussi à la rédaction de manuels scolaires, crée en 1882 les bataillons scolaires. A partir de 12 ans, les enfants peuvent se préparer à être soldats, les plus jeunes d'entre eux maniant des fusils en bois et les autres des fusils de petits calibres créés tout spécialement. Ces bataillons défileront chaque 14 juillet jusqu'en 1892, année où cette institution disparaît. Cet enseignement empreint de nationalisme décrit également les inégalités raciales. Rien d'étonnant à une époque où les colonialistes, Jules Ferry en tête, affirment que « les races supérieures ont un droit sur les races inférieures […] et le devoir de les civiliser »…

D'origine italienne, l'explorateur français Pierre Savorgnan de Brazza a colonisé le Congo où Brazzaville porte toujours son nom.

La République remet les pendules à l'heure !

Jusqu'en 1891, il y avait deux heures différentes en usage : celle du méridien de Paris – utilisée notamment par les compagnies des chemins de fer – et celle de chaque localité – définie par la position du soleil au zénith. Il y avait ainsi près d'une demi-heure d'écart entre Brest et Paris. Avec la loi du 14 mars, l'heure légale est partout en France celle de la capitale. En 1911, l'heure légale sera décalée de quelques minutes pour se référer au méridien de Greenwich, qui traverse l'ouest de la France, faisant de « l'ancienne heure » d'Argentan ou de Tarbes la nouvelle heure légale.

Galtier, Pasteur et Meister

De la pasteurisation à ses travaux sur la fermentation, les apports de Louis Pasteur à la science sont nombreux. Moins connu que Pasteur, Pierre Victor Galtier a mis au point le premier vaccin contre la rage, quelque temps avant Pasteur. Galtier ne l'a toutefois testé que sur des animaux. C'est en 1885 que Pasteur essaie « leur » vaccin pour sauver un jeune Alsacien amené à Paris après avoir été mordu. Si pour certains spécialistes la rage chez le chien n'a pas été prouvée, toujours est-il que l'écho de cette vaccination a permis de lancer une souscription pour la création de l'Institut Pasteur. Jusqu'à ce qu'il mette fin à ses jours en 1940 après n'avoir pu empêcher l'accès du site aux Allemands, Joseph Meister, le jeune Alsacien qui avait rencontré Pasteur cinquante-cinq ans plus tôt, fut le gardien de l'Institut.

La IIIe République dans la tourmente

A la fin du XIXe siècle, le modèle républicain en France se construit autour de valeurs démocratiques héritées de la Révolution française. Il faut toutefois attendre la présidence d'Emile Loubet (1899-1906) pour qu'un président de la République arrive au terme de son (ou ses) mandat(s). Jean Casimir Perier effectua quant à lui le plus court mandat, démissionnant en janvier 1895, six mois après son entrée en fonction. Durant les années 1880 et 1890, la IIIe République connaît en effet une série de crises qui la déstabilisent et permettent l'émergence d'opposants virulents, à l'extrême gauche avec Ravachol et les anarchistes, ou à l'extrême droite avec la naissance d'Action française.

❧ UN GENDRE PAS VRAIMENT IDÉAL ❧

Réélu pour un second mandat en 1885, Jules Grévy dut démissionner deux ans plus tard à cause du scandale des décorations dans lequel trempait son gendre, le député Wilson. Celui-ci procurait la Légion d'honneur contre 25 000 francs et utilisait pour l'envoi de son courrier la griffe présidentielle de l'Elysée où il avait établi son officine. L'enquête révéla également qu'il monnayait la grâce des condamnés à mort ! Le président démissionna et Wilson, après une parodie de procès, continua la vie politique, protégé par son immunité parlementaire ! Succédant à Grévy, Sadi Carnot a su redorer la fonction présidentielle, en dépit des crises. Assassiné à Lyon par l'anarchiste italien Caserio, il est le seul président reposant au Panthéon.

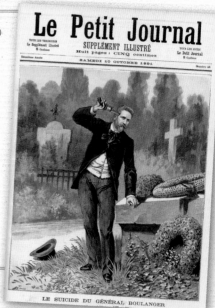

LE SUICIDE DU GÉNÉRAL BOULANGER

Boulanger : un élan populaire aux portes de l'Elysée

Georges Boulanger, est général et ministre de la Guerre entre 1886 et 1887, mais ses positions trop belliqueuses l'écartent du gouvernement. Devenu député de Paris en 1889, les partisans du « général la Revanche » le pressent de prendre le pouvoir par la force, mais, légaliste, Boulanger refuse. « Pourquoi conquérir illégalement un pouvoir que je suis certain d'obtenir par l'unanimité des Français ! » se plaît-il à affirmer. Dès lors, certains pensent qu'il veut faire un coup d'Etat : on cherche à l'arrêter et on le condamne par contumace car il s'est enfui en Belgique, où il se donne la mort sur la tombe de sa maîtresse en 1891.

LE SCANDALE DE PANAMÁ

Fort du succès rencontré avec la construction du canal de Suez en 1869, Ferdinand de Lesseps a le projet de percer l'isthme de Panamá. En 1881, il crée une société afin de construire le canal, mais rapidement les fonds manquent. Ayant besoin d'émettre un emprunt national, ce qui nécessite une loi, il se lance dans une corruption méthodique de parlementaires et de journalistes alors qualifiés de « chéquards ». L'année suivante, la compagnie dépose le bilan. L'affaire n'est révélée qu'en 1892 par la presse et crée un scandale sans précédent dans lequel sont mis en cause Clemenceau ou Eiffel. Aux législatives suivantes, la plupart des députés inquiétés dans l'affaire ne sont pas réélus. En 1902, les Etats-Unis rachètent la concession et achèvent le canal de Panamá en 1913.

(102) F. DE LESSEPS

Dreyfusards contre antidreyfusards

Ce qui est au départ une banale affaire d'espionnage va se transformer en une crise majeure. Un officier juif, Alfred Dreyfus, est reconnu coupable de trahison au profit de l'Allemagne et condamné au bagne à vie en 1895. Dans le sillage de son frère Mathieu Dreyfus et du journaliste Bernard Lazare, les intellectuels s'opposent aux antidreyfusards dans le sillage d'Emile Zola qui publie dans le journal de Clemenceau *L'Aurore* le fameux « J'accuse ». Après un second procès à Rennes en 1899, Dreyfus est à nouveau condamné avec une peine ramenée à quinze ans… Il faudra attendre la grâce signée par le président Loubet en 1899 pour qu'il soit innocenté et réintégré dans l'armée… en 1906.

UN DINER EN FAMILLE

(PARIS, CE 13 FÉVRIER 1898)

PAR CARAN D'ACHE

— Surtout ! ne parlons pas de l'affaire Dreyfus !

— Ils en ont parlé…

CHICORÉE A LA FRANÇAISE

FACHODA

En 1898, la République subit un échec diplomatique majeur, quand le colonel Marchand est contraint de quitter Fachoda au Soudan, laissant la mainmise des Britanniques sur le bassin du Nil.

LA SECONDE RÉVOLUTION INDUSTRIELLE

On parle parfois de « seconde révolution industrielle » pour caractériser la période de la fin du XIXe siècle et du début du XXe siècle marquée par le recours à deux nouvelles sources d'énergie : le pétrole et l'électricité, par l'apparition de l'automobile et de l'aviation, et la généralisation de la bicyclette et de la marine à vapeur. Le premier navire frigorifique conçu par Charles Tellier quitte Rouen en 1876, et les progrès de la chimie permettent d'utiliser de nouvelles matières, comme la soie artificielle inventée en 1884 par Hilaire de Chardonnet. De nouveaux moyens de communication, dont les Français profiteront réellement au cours du XXe siècle, sont créés : le téléphone exploité en France à partir de 1879, la télégraphie sans fil (TSF) étudiée notamment par Edouard Branly, mais aussi le phonographe d'Edison devancé de dix-sept ans par le Français Scott de Martinville, auteur en 1860 du plus ancien enregistrement sonore qui n'a pu être entendu qu'en 2005.

La fée électricité

VOLTA EST CONNU POUR SA PILE ÉLECTRIQUE DEPUIS LE XVIIIE SIÈCLE, MAIS LA FIN DU XIXE SIÈCLE EST MARQUÉE PAR DE NOUVELLES AVANCÉES AVEC L'INVENTION DE LA DYNAMO ET SURTOUT LA FACULTÉ DE TRANSPORTER L'ÉLECTRICITÉ, GRÂCE NOTAMMENT AUX INGÉNIEURS ARISTIDE BERGÈS ET MARCEL DEPREZ, QUI, DANS LES ANNÉES 1880, TIRÈRENT PROFIT DE LA « HOUILLE BLANCHE », L'ÉNERGIE DES CHUTES D'EAU, POUR ÉCLAIRER CERTAINS SITES DE GRENOBLE, ET LA PETITE VILLE DE BOURGANEUF DANS LA CREUSE.

LES EXPOSITIONS UNIVERSELLES

A partir de 1851, les Expositions universelles sont l'occasion de présenter les dernières merveilles du progrès et d'échanger des produits venus du monde entier. Avant 1889, Paris a déjà été ville

hôte à trois reprises et les villes de Besançon, Metz et Lyon ont eu elles aussi leur Exposition internationale. Mais, cette année-là, la célébration du centenaire de la Révolution française autour du Champ-de-Mars est d'une tout autre ampleur, à l'image de la tour Eiffel, plus haut bâtiment au monde construit pour l'occasion. Avec plus de 50 millions de visiteurs, l'exposition parisienne suivante connaît un succès plus grand encore en 1900, année où Fulgence Bienvenüe dote Paris du métro.

La naissance du cinématographe

Le premier film connu de l'histoire, *Une scène au jardin de Roundhay*, est une œuvre de seulement deux secondes tournée en 1888 à Leeds par le méconnu Louis Le Prince, inventeur français mystérieusement disparu deux ans plus tard. Le premier « cinématographe » fut un appareil mis au point par Léon Bouly, mais, ce dernier n'ayant pas payé les redevances de son brevet, les frères Lumière ont repris ce terme pour nommer leur invention. Accorder la paternité du cinéma aux frères lyonnais est discutable, mais ce sont eux qui ont toutefois été les premiers à effectuer une projection payante en 1895.

❧ L'ENVOL DES CANARDS ❧

Le pétrole, que la France importe essentiellement des Etats-Unis, devient stratégique avec l'invention du moteur à essence qui équipe les héritières du fardier de Joseph Cugnot, à savoir les De Dion-Bouton, Panhard et Levassor, Renault, et autres Peugeot. Gabriel Voisin eut lui aussi sa marque automobile, mais il fut d'abord un constructeur aéronautique. Alors que le premier vol de l'histoire de Clément Ader en 1890 est parfois contesté, Gabriel Voisin fit voler en 1905 son *Canard*, le premier hydravion mû par une vedette sur la Seine. En 1910, un autre *Canard* d'Henri Fabre réalise le premier vol autonome avec Louis Paulhan à son bord, sur l'étang de Berre.

LA FRANCE DE LA BELLE EPOQUE

L'appellation « Belle Epoque » désignant une période s'étendant de la fin du XIXᵉ siècle à 1914 est née après la Première Guerre mondiale, alors que la France pleure ses morts et porte un regard nostalgique sur l'avant-guerre vue comme une ère d'insouciance et de prospérité. Elle a constitué une période de progrès social, économique et technologique, marquée par un foisonnement culturel et par l'engouement pour les Expositions universelles, mais aussi par les rudes conditions ouvrières et agricoles, par une chute de la natalité et par le maintien de mentalités et de structures traditionnelles malgré l'urbanisation et le développement industriel.

Les brigades du « Tigre »

Sur les conseils du préfet de police Célestin Hennion, le président du Conseil Georges Clemenceau a modernisé la police française en 1907 en créant les brigades mobiles, désormais indissociables du surnom de « Tigre » donné en raison de son caractère inflexible. Ces brigades mobiles au nombre de douze, réparties dans les principales villes de province, disposent de moyens modernes (le

télégraphe, le téléphone, l'anthropométrie grâce à Bertillon et bientôt l'automobile) qui permettront notamment d'arrêter la célèbre bande à Bonnot en 1912.

« ON TROUVE TOUT DANS LES GRANDS MAGASINS »

Avec leurs décors souvent raffinés de style Art nouveau ou Art déco, les grands magasins – qui ont inspiré *Au Bonheur des dames* à Zola – attirent la bourgeoisie, la politique de faibles marges et de prix bas élargissant

toutefois la clientèle. Dans son Bon Marché fondé en 1852, Aristide Boucicaut a bouleversé les habitudes commerciales en instaurant l'entrée libre dans un magasin organisé en rayons spécialisés, une large gamme de produits dont le prix est affiché et fixé à l'avance, et des manifestations commerciales. D'autres enseignes célèbres l'imitent bientôt comme le Printemps, le Bazar de l'Hôtel de Ville. La Samaritaine doit pour sa part son nom à la pompe à eau du même nom, près de laquelle son fondateur Ernest Cognacq, époux de Marie-Louise Jay, tenait initialement une échoppe en bord de Seine.

1905 - La séparation des Eglises et de l'Etat

Alors que la loi de 1901 sur les associations avait déjà permis de contrôler les congrégations religieuses, la loi de séparation de 1905 enracine les institutions laïques de la République qui ne subventionne plus aucun culte, ou presque. Comme l'Alsace et la Moselle étaient allemandes en 1905, le Concordat de 1801 y a été maintenu, si bien que prêtres, pasteurs et rabbins, y sont toujours aujourd'hui rémunérés par l'Etat. Cette loi a suscité de vives oppositions, notamment au moment de dresser les inventaires des biens de l'Eglise devenus propriété de l'Etat, dans les régions les plus attachées à la religion que sont l'Ouest ou le sud du Massif central. Jean-Baptiste Bienvenu-Martin, un des défenseurs de cette loi avec Emile Combes et Aristide Briand, a même été directement pris à partie lors d'un séjour à Valloire en Savoie.

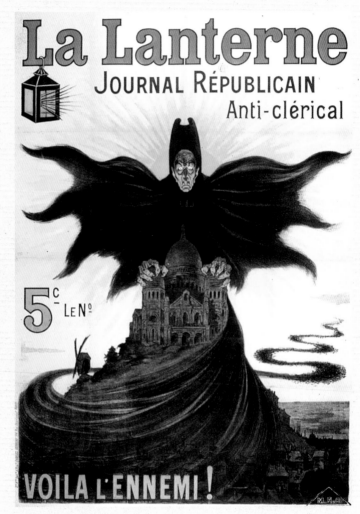

L'ENTENTE CORDIALE

Après une opposition franco-britannique qui a atteint son apogée sous l'Empire, un premier rapprochement diplomatique s'est opéré sous la monarchie de Juillet, la reine Victoria séjournant au château d'Eu, résidence d'été de Louis-Philippe. Toutefois, le terme d'« Entente cordiale » renvoie surtout à l'accord signé en 1904 qui unit, une décennie avant la Grande Guerre, les deux Etats reliés pour la première fois par les airs par Louis Blériot en 1909.

❧ LE TOURISME DES « BAINS DE MER » ❧

Le tourisme est une « invention » anglaise, comme le suggère à Nice la Promenade des Anglais, sur la Côte d'Azur, première appellation touristique d'une portion de littoral français, suivie par la Côte d'Emeraude du côté de Dinard, station créée par des hommes venus d'outre-Manche et qui comme beaucoup d'autres a vu fleurir les villas « Belle Epoque ». La mode des bains de mer va être initiée au XIXᵉ siècle par les aristocrates, comme la duchesse de Berry Marie-Caroline qui aimait se baigner à Dieppe, station la plus proche de Paris qui se vante d'être la première station balnéaire de France, et plus tard l'impératrice Eugénie à Biarritz, ou le duc de Morny, demi-frère de Napoléon III, connu quant à lui pour avoir développé Deauville. Le chemin de fer a eu un rôle important dans l'essor de ces stations, comme en témoignent les innombrables affiches publicitaires

des compagnies soucieuses de rentabiliser leurs lignes. Tout comme le littoral, l'image de la montagne évolue pour devenir un espace de villégiature de premier plan. C'est au cœur des Vosges, à Gérardmer, qu'est créé en 1875 le premier office de tourisme.

Pas de Tour de France sans l'affaire Dreyfus !

A l'heure où les clubs de football et de rugby commencent à fleurir dans le pays, c'est le cyclisme qui est populaire. Mais, en pleine affaire Dreyfus, les divisions vont se faire sentir jusque dans le milieu du journalisme sportif. Le directeur du journal *Le Vélo* défend Dreyfus, ce qui ne plaît pas à ses annonceurs antidreyfusards qui créent une nouvelle publication *L'Auto-Vélo*, qui doit, à la suite d'une plainte, retirer le mot « vélo » de son nom. Cherchant à doper les ventes et à associer vaille que vaille l'image de *L'Auto* à la petite reine, le journaliste Géo Lefèvre propose à Henri Desgrange d'organiser en 1903 un premier Tour de France, divisé en six longues étapes et remporté par Maurice Garin, vainqueur notamment de la première étape entre Montgeron, près de Paris, et Lyon où il arrive avant le commissaire qui a fait le trajet en train… Les ventes de *L'Auto*, qui deviendra en 1946 *L'Equipe*, s'envolent, entraînant la disparition du *Vélo*.

MARIE CURIE, SEULE FEMME LAURÉATE DE DEUX PRIX NOBEL

MARIE CURIE A PARTAGÉ AVEC HENRI BECQUEREL ET SON MARI PIERRE LE PRIX NOBEL DE PHYSIQUE EN 1903 POUR SES TRAVAUX SUR LES RADIATIONS. CETTE POLONAISE DE NAISSANCE DEVIENT, SEULE, LAURÉATE DU PRIX NOBEL DE CHIMIE EN 1911, SON MARI ÉTANT DÉCÉDÉ APRÈS S'ÊTRE FAIT RENVERSER PAR UNE VOITURE HIPPOMOBILE, ET ELLE NE VOIT PAS SA FILLE IRÈNE JOLIOT-CURIE OBTENIR LA MÊME RÉCOMPENSE EN 1936, EMPORTÉE DEUX ANS PLUS TÔT PAR UNE LEUCÉMIE CAUSÉE PAR L'EXPOSITION AUX ÉLÉMENTS RADIOACTIFS.

Les jeux Olympiques de Paris de 1900 : course en sac et triple saut sans élan au programme

La deuxième olympiade n'a pas été une franche réussite. Etalée sur cinq mois, avec de piètres récompenses et des médailles remises seulement en 1912, ces Concours internationaux – ils étaient ainsi appelés au grand dam de Pierre de Coubertin – furent marginalisés par l'Exposition universelle. Cela n'empêcha pas les Parisiens d'applaudir Ray Ewry, athlète américain proche de la paralysie dans sa jeunesse, médaillé d'or en saut en longueur sans élan, saut en hauteur sans élan et triple saut sans élan. Vainqueur du marathon, Michel Théato remporta la première médaille d'or en athlétisme pour la France, bien qu'étant luxembourgeois... Des épreuves non olympiques comme le tir à la corde, la pêche à la ligne ou la course en sac agrémentaient des festivités sans commune mesure avec les JO de 1924, nettement mieux organisés.

LA POMPE FUNÈBRE...

Félix Faure est plus connu pour être mort en 1899 dans les bras de sa maîtresse Marguerite Steinheil que pour son action en tant que président de la République. Les bons mots ne tardèrent pas à accompagner ce cas supposé d'épectase, la maîtresse se voyant affublée du surnom de « pompe funèbre », quand d'autres préféreront dire de lui qu'il voulut être César, et qu'il n'avait été que Pompée.

DE 1914 A AUJOURD'HUI

Souvent considérée comme un « suicide de l'Europe », la Première Guerre mondiale a conduit au bouleversement de l'équilibre géopolitique mondial avec l'émergence de la puissance des Etats-Unis et la fragilité de la paix issue du traité de Versailles. Paix de vengeance et non de réconciliation, elle satisfait partiellement les appétits des vainqueurs en écrasant les vaincus dont elle attise une soif de revanche à l'origine des totalitarismes.

Lors de la Seconde Guerre mondiale, dernière phase d'une « guerre civile européenne » qui s'est étendue de 1914 à 1945, la IIIᵉ République ne résiste pas à la défaite en juin 1940. Malgré la collaboration, la France rejoint tout de même le camp des vainqueurs dominés par les Etats-Unis, mais aussi par les Soviétiques. A nouveau affaiblie par la décolonisation qui a eu raison de la jeune IVᵉ République, la France s'est tournée avec ses voisins vers la construction européenne, qui franchira de nouveaux paliers sous la Vᵉ République dont la longévité a dépassé le demi-siècle.

ANTIQUITÉ	MOYEN AGE	ÉPOQUE MODERNE	RÉVOLUTION ET EMPIRE	XIXᵉ SIÈCLE	1914 À AUJOURD'HUI

Foule en liesse à la libération de Paris (1944).

LA PREMIÈRE GUERRE MONDIALE : LE FRONT

L'assassinat de l'archiduc François-Ferdinand d'Autriche à Sarajevo et le jeu des alliances ont précipité la France dans une guerre avant tout européenne. Les Allemands, qui attaquent la France en passant par la Belgique, pourtant neutre, sont stoppés en septembre 1914 lors de la bataille de la Marne. Après une guerre de mouvement, le conflit s'enlise dans une guerre de positions entre 1915 et 1917. Les armées à l'abri dans leurs tranchées progressent peu. L'entrée des Etats-Unis en guerre (aux côtés de la Triple-Entente) rend le conflit mondial et permet la victoire de la Triple-Entente (France, Royaume-Uni, Russie). Les chars Renault ont permis de repousser les dernières offensives allemandes, avant la signature de l'armistice dans la forêt de Compiègne le 11 novembre 1918, qui mit fin à une guerre qui aura fait près d'un million et demi de morts côté français, et plus encore côté allemand.

❧ DÈS LE 2 AOÛT 1914… ET JUSQU'AU 11 NOVEMBRE 1918 ❧

Avec la déclaration de la guerre de l'Allemagne à la France, la guerre commence officiellement le 3 août. Pourtant, le caporal Peugeot, mort la veille près de Belfort, est considéré comme le premier mort français de la Grande Guerre. Au 2 août, les deux pays ont déjà appelé à la mobilisation, et ce jour-là un détachement allemand en reconnaissance franchit la frontière avant d'échanger des tirs avec l'escouade du caporal Peugeot. A l'inverse, le soldat Augustin Trébuchon est mort quant à lui dans les Ardennes le 11 novembre 1918, un quart d'heure seulement avant le cessez-le-feu, d'une guerre qui a aussi emporté Alain-Fournier, Charles Péguy ou Louis Pergaud.

Septembre 1914 : les taxis de la Marne

Début septembre, les Allemands s'approchent dangereusement de Paris. L'initiative de réquisitionner les taxis de Paris pour emmener les soldats au front revient davantage à Gallieni qu'à Joffre, ce dernier étant connu pour avoir dit : « Je ne sais pas qui a gagné la bataille de la Marne, mais je sais bien qui l'aurait perdue. » S'il eut un réel impact psychologique, ce célèbre épisode doit toutefois être relativisé, puisque 700 taxis parisiens ont transporté environ 4000 hommes dans un combat qui en réunit plus de 400 000 !

LA TRÊVE DE NOËL

LE 25 DÉCEMBRE 1914, ET DANS UNE MOINDRE MESURE LES ANNÉES SUIVANTES, DES FRATERNISATIONS SE SONT OPÉRÉES. A DIVERS ENDROITS DU FRONT, SOLDATS ALLEMANDS ET FRANCO-BRITANNIQUES SORTIS DES TRANCHÉES PLANTÈRENT DES SAPINS, ENTONNÈRENT DES CHANTS DE NOËL, S'ÉCHANGÈRENT DES CADEAUX OU ENTAMÈRENT MÊME UN MATCH DE FOOTBALL ! CENSURÉES ET LONGTEMPS IGNORÉES, CES TRÊVES ONT ÉTÉ ENTRAVÉES PAR LES AUTORITÉS MILITAIRES QUI ONT MENACÉ LES ÉVENTUELS RÉCIDIVISTES DE LOURDES SANCTIONS.

L'impréparation française

En août 1914, l'armée française est encore équipée du pantalon garance d'un beau rouge vif, repérable de fort loin… L'état-major imagine alors de fournir à la troupe un couvre-pantalon de toile bleue ou plus simplement des pantalons civils, bleu horizon comme le reste de leur uniforme. Il faut attendre juin 1915 pour que le képi laisse place au casque Adrian et les premiers masques à gaz ne furent que des lunettes et des tampons imbibés, le masque « groin de cochon » n'équipant totalement l'armée française qu'en février 1918.

LUCIEN BERSOT, VICTIME DE L'ABSURDITÉ DE LA GUERRE

En février 1915, le soldat Lucien Bersot ne peut recevoir un pantalon de laine à sa taille et doit se contenter d'un pantalon de toile blanche. Transi de froid, on lui propose un pantalon de laine en loques maculé de sang, qu'il refuse. Il sera fusillé pour l'exemple… pour refus d'obéissance ! Les poilus qui s'adonnaient à des mutilations volontaires pour pouvoir rentrer chez eux connurent le même sort.

1916 : Verdun

Véritable cordon ombilical, la route qui relie Verdun à Bar-le-Duc fut surnommée la « Voie sacrée ». La chaussée, qui vit passer 3000 camions par semaine, 90 000 hommes et 50 000 tonnes de munitions, était naturellement l'objet d'un entretien tout particulier qui a contribué à la victoire défensive de l'armée française. De février à décembre 1916, le déferlement d'obus allemands a causé la mort de plus de 160 000 soldats français, et passe pour être à l'origine de la « tranchée des baïonnettes », désormais surmontée d'un monument à Douaumont. En 1916, des soldats, majoritairement vendéens, auraient été ensevelis, laissant émerger leurs baïonnettes. Cependant, il est peu concevable que des obus puissent combler une tranchée, et les fouilles n'ont trouvé que des corps allongés et désarmés. Cette tranchée « des fusils » est probablement une fosse commune où les armes ont fait office de croix.

Les mutineries de 1917

La guerre s'éternise et les rats, le froid, la boue, la peur et les scènes d'horreur remplissent le quotidien des tranchées. L'espoir d'une fin imminente estompé après l'échec de l'offensive Nivelle sur le Chemin des Dames (emprunté jadis par les filles de Louis XV), les cas de mutineries s'accentuèrent en 1917, Pétain tentant d'améliorer les conditions de vie pour apaiser les contestations. Parmi les mutins, figurent des troupes alliées venues de Russie où a déjà éclaté la révolution de Février. Eloignés du front au camp de la Courtine dans la Creuse, des soldats russes vont y instaurer un gouvernement « soviétique ». Ils ont désigné leurs chefs, et négocient leur retour en Russie. Pour éviter la contagion, l'armée française est intervenue aux côtés des troupes russes loyalistes, avant la révolution d'Octobre, pour mettre fin à cette rébellion.

❦ LES POILUS DES COLONIES ❦

Sur les 600 000 soldats des colonies, majoritairement africains, qui ont combattu pour la France, près de 80 000 d'entre eux n'ont pas survécu à la guerre, morts au front ou en raison d'une acclimatation difficile. Placés en hivernage dans le sud de la France en octobre 1914, un millier de tirailleurs sénégalais – originaires en réalité de toute l'Afrique de l'Ouest – meurent malades au camp du Courneau près d'Arcachon. Particulièrement exposés lors de l'offensive sanglante du Chemin des Dames en 1917, ils seront qualifiés de « chair à canon » par Blaise Diagne, seul député noir d'Afrique, à qui Clemenceau a donné la mission de recruter des soldats en Afrique. Diagne aurait aussi souhaité que « [ses] frères noirs, en versant le même sang, [gagnent] les mêmes droits que [leurs] camarades français ». C'est pendant cette guerre que la marque Banania remplace son Antillaise par un tirailleur africain caricatural, que Léopold Sedar Senghor « voulait déchirer […] sur tous les murs de France ».

Un faux Paris pour leurrer les Allemands

L'aviation, qui plus est militaire, n'en est qu'à ses balbutiements. Il faut attendre 1915 pour que l'avion de Roland Garros – et bientôt ceux de Fonck, Nungesser et Guynemer – soit doté d'une mitrailleuse qui remplace les armes portatives (fusil, pistolet…). On lance à la main des obus, mais aussi des fléchettes capables de traverser un homme ! Face aux bombardiers allemands qui menacent Paris, une étonnante parade est étudiée : recréer un faux Paris nocturne. La gare de l'Est est imitée au nord-est de la capitale. Pour tromper l'ennemi, on fait figurer des trains en marche par l'éclairage de vapeurs, et en faisant courir des lumières le long d'une voie. Achevées après le dernier raid allemand, ces ingénieuses réalisations n'auront pas pu prouver leur efficacité.

L'APPELLATION « GROSSE BERTHA », QUE DONNAIENT LES PARISIENS AUX CANONS ALLEMANDS QUI LES BOMBARDAIENT, DÉSIGNE BIEN DES PIÈCES D'ARTILLERIE DONT LE NOM FAIT RÉFÉRENCE À L'HÉRITIÈRE DE L'EMPIRE INDUSTRIEL KRUPP, MAIS DIFFÉRENTES DES *PARISER KANONEN* QUI PRIRENT LA CAPITALE POUR CIBLE EN 1918.

LA PREMIÈRE GUERRE MONDIALE : L'ARRIÈRE

Malgré les pénuries et l'absence des hommes partis au front, l'arrière doit tenir bon et participer à l'effort de guerre. Pour ne pas démoraliser les civils, les lettres trop réalistes des soldats sont censurées et une intense propagande déforme la vérité. On peut lire dans la presse que « les balles allemandes ne tuent pas » ou encore que les tranchées sont des lieux où il fait bon vivre… L'économie se tourne vers la guerre et il est demandé aux Français de verser leur argent à l'Etat lors de quatre emprunts nationaux. Jamais une guerre n'avait autant mobilisé les civils.

❧ LA BROMIDROSE FÉTIDE DE LA RACE ALLEMANDE ❧

La propagande de la Première Guerre mondiale visait souvent à dénigrer l'ennemi, notamment sur des affiches où l'« Allemand » est ridiculisé ou présenté comme un barbare sanguinaire. Des savants tels que le Dr Bérillon ont participé à cette campagne de dénigrement, en décrivant « la bromidrose fétide de la race allemande », dans un ouvrage de 1915. Après avoir énuméré les prétendues tares de l'ennemi, il décrit une pathologie qui pourrait se résumer au fait que les Allemands urinent par les pieds !

LES POILUES DE L'ARRIÈRE

Les munitionnettes

Dès les premières heures de la guerre, le président du Conseil Viviani a exhorté les femmes des campagnes à remplacer aux champs leurs époux partis au front, pour quelque temps imaginait-on… Aidées par les grands-parents et les enfants, elles prennent alors une grande part dans les travaux agricoles. La mobilisation féminine dans l'industrie est plus tardive mais a fait gonfler les effectifs particulièrement dans les usines d'armement. Celles qui assemblent à la chaîne les pièces nécessaires à la fabrication des obus sont surnommées les « munitionnettes ».

L'effort de guerre de Louis et André

Louis Renault et André Citroën se sont connus enfants, sur les bancs du lycée Condorcet. Ils ne savaient pas encore que leur passion pour la mécanique allait faire d'eux des pionniers de l'industrie automobile française, particulièrement pour la production en série. Tout comme la toute nouvelle usine Peugeot de Sochaux, leurs usines sont réquisitionnées en 1914 pour participer à l'effort de guerre. Les chaînes de montage assemblent alors de moins en moins de voitures, la production se concentrant sur les camions, les moteurs d'avion et les obus. En 1917, Louis Renault conçoit le char léger FT-17, qui permettra de surpasser l'armée allemande à la fin de la guerre.

FLIRTS ÉPISTOLAIRES

Les femmes ont également tenu le rôle de « marraines de guerre ». L'armée ne voit pas forcément d'un bon œil le soutien moral apporté par leurs courriers, craignant de voir des espions tenter

de récupérer des informations auprès de leurs filleuls, en se faisant passer pour la marraine que certains auront la chance de rencontrer lors de leurs permissions, et qui deviendra parfois leur épouse. En mai 1915, le journal *Fantasio* veut servir d'intermédiaire pour faire rencontrer des soldats et marraines, pour des échanges pas seulement épistolaires… Croulant sous les demandes des militaires, cette opération nommée « Flirt sur le front » ne dure que quelques mois.

La « der des ders »

La société française sort profondément marquée de la Première Guerre mondiale que l'on espérait être la « der des ders ». Au million et demi de morts, s'ajoutent les innombrables veuves et orphelins, et les séquelles physiques et psychologiques des survivants, notamment ceux que l'on nommera les « gueules cassées ». En 1919, les vainqueurs organisent à Paris la Conférence de la Paix et le traité de Versailles inflige à l'Allemagne de lourdes réparations financières et des pertes territoriales incluant l'Alsace et la Moselle. La Chambre des députés conservatrice devient la « Chambre bleu horizon », en référence à la couleur des uniformes des nombreux anciens combattants qui y siègent. Surtout connu pour être le président tombé d'un train, Paul Deschanel est préféré malgré sa santé fragile à Clemenceau et effectue un cours mandat en 1920, année où les divergences parmi les socialistes – liées notamment aux événements de 1917 en Russie – amèneront la scission entre la SFIO et le PCF au congrès de Tours.

Les ravages de la grippe espagnole

Déjà affaiblie par quatre années de guerre, la France voit en 1918 une nouvelle menace s'abattre sur elle : la grippe espagnole. Le virus ne vient pas d'Espagne, mais seule la presse espagnole est libre d'en parler. Non impliquée dans la Première Guerre mondiale, l'Espagne n'a en effet pas d'adversaires auxquels il importe de cacher sa faiblesse. Particulièrement virulente, la grippe de 1918 touchera la moitié de la population mondiale, faisant vraisemblablement plus de victimes que la guerre. En France, on attribue environ 400 000 décès à cette épidémie, dont ceux de Guillaume Apollinaire et d'Edmond Rostand.

Joffre à Bucarest

Le nom du maréchal Joffre est bien connu des Roumains, depuis qu'il est allé remettre la médaille militaire au roi Ferdinand Ier et la croix de guerre à la ville de Bucarest, en janvier 1920. Lors du banquet qui suivit la cérémonie, un gâteau au chocolat fut créé et nommé en l'honneur de leur invité. La pâtisserie aurait paraît-il plu au maréchal, et elle est en tout cas toujours appréciée aujourd'hui en Roumanie.

"SOURIRE QUAND MÊME"
LES GUEULES CASSÉES
1/10   11 FRANCS
LOTERIE NATIONALE
1938   1938
BILLET DÉPOSÉ DANS NOS COFFRES
0 975 297
10ᶜ   ÉMIS SOUS LA GARANTIE DE   10ᶜ
L'UNION DES BLESSÉS DE LA FACE
20, RUE D'AGUESSEAU - PARIS
TRANCHE   TRANCHE

🙖 LE DROIT LOCAL D'ALSACE ET DE MOSELLE 🙖

Cédées à l'Allemagne de 1871 à 1919, l'Alsace et la Moselle gardent encore aujourd'hui un droit particulier, qu'Edouard Herriot tenta en vain de modifier dans les années vingt. L'Etat français a conservé des lois avantageuses mises en place par l'Allemagne ou par des organes locaux, et certaines lois entrées en vigueur entre 1871 et 1919 ne concernent pas ces

deux entités, qui vivent encore sous le régime concordataire, abrogé dans le reste de la France par la loi de sépara-tion des Eglises et de l'Etat de 1905. Ainsi prêtres, pasteurs et rabbins y sont sala-riés par l'Etat et les communes peuvent financer la construction d'édifices reli-gieux. Les deux jours fériés supplémen-taires, le 26 décembre et le vendredi saint, font aussi partie des nombreuses spécifi-cités héritées du passé mouvementé des Alsaciens et des Mosellans.

LE DEVOIR DE MÉMOIRE

Il y a bien eu quelques communes françaises qui ont honoré leurs soldats morts aux champs d'honneur lors de la guerre de 1870 en érigeant des monuments aux morts, mais cette pratique s'est généralisée à l'issue de la Grande Guerre qui a épargné bien peu de familles françaises. Si la plupart d'entre eux glo-rifient le courage des héros de la guerre, quelques-uns affichèrent un message pacifique, comme celui de Gentioux (Creuse) sur lequel on peut encore lire « Maudite soit la guerre » et que la préfecture avait refusé d'inaugurer. Le 11 novembre 1920, la tombe du soldat inconnu – choisi par un jeune soldat nommé Auguste Thin parmi huit soldats français non identifiés – est installée sous l'Arc de triomphe, où est allumée depuis 1923 une flamme éternelle.

Les bornes souvenirs vont jalonner la Voie sacrée.

LES ANNÉES FOLLES

On appelle les Années folles, les années qui s'étendent de la fin de la Première Guerre mondiale à la crise économique apparue en 1929 aux Etats-Unis, mais qui n'a véritablement touché la France qu'en 1931. L'expression évoque l'insouciance toute relative d'une période de paix et de croissance où la radio et le cinéma commencent à faire naître une culture de masse, et où Montmartre et Montparnasse deviennent l'épicentre d'un renouveau culturel, engagé encore par le *Manifeste du surréalisme* d'André Breton en 1924. Cette année-là, Millerand, défenseur du Bloc national formé par la droite après la guerre, est contraint de démissionner après la victoire du Cartel des gauches aux législatives de 1924. Il cède sa place à Doumergue qui doit, dès 1926, face à l'effondrement du franc, faire appel à Raymond Poincaré pour rassurer le monde de la finance. En 1928, le franc Poincaré est défini. Il remplace le franc Germinal de Bonaparte dévalué de 80 %. La perte est importante pour les créanciers de l'Etat, mais les exportations et la croissance repartent.

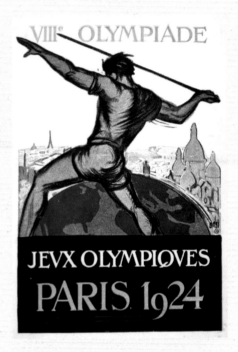

❧ LES GARÇONNES REVENDIQUENT L'ÉGALITÉ DES SEXES ❧

Ce qu'on fait aux flammes d'un admirateur

Popularisé par le roman *La Garçonne* de Victor Margueritte, ce terme désigne, dans les années vingt, une jeune femme émancipée aux mœurs libérées qui adopte les cheveux courts, un nouveau look qui efface les formes du corps féminin – comme la petite robe noire de Coco Chanel – et des comportements jusque-là plutôt masculins, comme fumer, boire ou conduire. Cette mutation qui n'est pas sans lien avec le nouveau rôle joué par les femmes durant la Première Guerre mondiale s'accompagne de revendications égalitaires entre hommes et femmes à une époque où les sénateurs, plus que les députés, ne voient pas d'un bon œil le vote des femmes. Parmi les arguments du chef de file de cette opposition, Alexandre Bérard, on peut entendre que « plus que pour manier le bulletin de vote, les mains de femmes sont faites pour être baisées, [...] Séduire et être mère, c'est pour cela qu'est faite la femme ».

L'homme qui vendit la tour Eiffel

La tour Eiffel, qui n'était au départ qu'une construction provisoire, a besoin d'être rénovée. Ces travaux qui doivent débuter en 1925, donnent une impensable idée à l'escroc Victor Lustig : vendre la tour Eiffel. Encore plus impensable est le fait qu'il ait trouvé pour la lui acheter un ferrailleur dénommé André Poisson, tellement humilié qu'il n'osa porter plainte, contrairement à sa seconde victime qui le contraint ainsi à quitter le pays. De 1925 à 1933, la tour Eiffel est ornée des lettres du nom d'André Citroën, fin publicitaire connu dans les années vingt pour la traversée du Sahara en autochenilles et pour la Croisière noire. Cet éclairage de la tour Eiffel aurait servi à l'aviateur Lindbergh à se repérer avant d'atterrir au Bourget, à l'issue de sa traversée New York-Paris à bord du *Spirit of Saint Louis* en 1927. Quinze jours plus tôt, sur le trajet inverse, *L'Oiseau Blanc* de Nungesser et Coli disparaissait mystérieusement au large de Terre-Neuve.

LA SIGNATURE DU PACTE METTANT LA GUERRE "HORS LA LOI"

Aristide Briand : mettre la guerre hors la loi

Pour son action en faveur de la réconciliation franco-allemande, notamment lors des accords de Locarno, le ministre des Affaires étrangères Aristide Briand reçut le prix Nobel de la paix en 1926, conjointement avec l'Allemand Gustav Stresemann. Sa volonté de préserver la paix mondiale le conduit à se rapprocher des Etats-Unis qui ne s'investissent pas dans la Société des Nations, et plus précisément du secrétaire d'Etat Frank B. Kellogg. Réunis à Paris le 27 août 1928, ils renoncent à la guerre comme moyen de résoudre les conflits avec le pacte Briand-Kellogg auquel adhéreront près d'une soixantaine d'Etats… avant que tous ces efforts ne soient réduits à néant par la crise des années trente.

Les années trente :
la France touchée par la crise

La crise économique apparue aux Etats-Unis en 1929 a touché relativement tardivement la France en 1931. Si la production industrielle baisse, le chômage augmente. Mais la crise est également politique : avec cinq partis importants à la Chambre des députés, il est difficile de dégager une majorité durable. L'instabilité ministérielle, ajoutée à divers scandales, discrédite les hommes politiques. Parmi les nombreux présidents du Conseil du début de ces années trente, figurent Daladier, le « taureau du Vaucluse », mais aussi Pierre Laval, surtout connu pour son rôle sous l'Occupation. Ce dernier, qui a d'abord été socialiste avant de rejoindre la droite parlementaire, a été désigné par le magazine américain *Time* homme de l'année 1931 ! Parmi les Français, seul le général de Gaulle a eu pareil honneur.

Le Ruban bleu
pour le *Normandie*

C'est dans le contexte de la crise économique que l'Etat s'est associé à la Compagnie générale transatlantique pour la construction de ce qui allait devenir le plus grand – et peut-être le plus beau – paquebot au monde : le *Normandie*. La tradition de donner le nom d'une province française l'a emporté sur la proposition de baptiser ce luxueux paquebot *Président Paul Doumer*, certains arguant de la fâcheuse ressemblance avec l'anglais *doomed* (« maudit »). Malgré son nom, c'est des chantiers navals de Saint-Nazaire, réaménagés pour l'occasion, qu'il est lancé en octobre 1932 en présence du président Lebrun, mais il n'y a guère que la coque à être alors réalisée. Il faudra attendre le 29 mai 1935, pour que le *Normandie* entame, après avoir rallié Le Havre, sa première croisière transatlantique, remportant au passage le Ruban bleu, récompensant la traversée la plus rapide de l'océan Atlantique.

LA « BELLE FIN » DE DOUMER

Bien plus bref que le mandat de président de la République de son prédécesseur et quasi-homonyme Gaston Doumergue, celui de Paul Doumer n'a pas duré un an. Le 6 mai 1932, alors qu'il s'apprête à inaugurer une exposition sur les écrivains de la Grande Guerre – au cours de laquelle quatre de ses cinq fils sont morts pour la France –, Doumer est assassiné par un immigré russe dénommé Gorgulov. Les raisons qui ont motivé son acte sont demeurées floues à l'issue de son procès qui l'a envoyé à la guillotine. Quelques semaines plus tôt, le président s'était étonné des mesures d'ordre qui entouraient ses déplacements, affirmant qu'« à [son] âge, ce serait une belle fin de mourir assassiné »…

Suicidé d'une balle tirée à 3 m...

... Voilà ce que c'est que d'avoir le bras long ! Tel fut le titre du *Canard enchaîné* annonçant au début de l'année 1934 le décès mystérieux d'Alexandre Stavisky. Impliqué dans le scandale financier du Crédit municipal de Bayonne, la mort de cet escroc a laissé penser que des personnes haut placées pouvaient être liées à cette arnaque découverte en 1933. L'affaire Stavisky entraîna la démission du président du Conseil Camille Chautemps, beau-frère du procureur en charge du dossier qui avait fait en sorte de repousser indéfiniment le procès de Stavisky, ainsi que les émeutes des ligues d'extrême droite du 6 février 1934.

❧ LE SUCCÈS POPULAIRE DE L'EXPOSITION COLONIALE ❧

Les retombées de la crise de 1929 n'ont pas empêché le succès de l'Exposition coloniale internationale dirigée par le maréchal Lyautey, qui s'est tenue à Paris de mai à novembre 1931. Les nombreux pavillons aménagés à la gloire de la colonisation française ont accueilli plus de 8 millions de visiteurs aux abords du bois de Vincennes. Le rocher des singes du futur zoo de Vincennes a d'ailleurs été construit pour l'occasion, et constitue aujourd'hui une des rares traces de cette exposition qui exhibait notamment des populations kanakes et qui n'eut pas que des défenseurs, à l'image des communistes qui ont organisé une contre-exposition dans le parc des Buttes-Chaumont.

Le football se professionnalise

A l'issue de la saison 1932-1933, l'Olympique lillois remporte le premier championnat de France de football professionnel. Cette année-là, la Coupe de France – qui existe depuis 1918 et dont le premier vainqueur fut l'Olympique de Paris (ex-Olympique de Pantin) – a vu s'affronter deux autres clubs du Nord et qui plus est de la même ville, l'Excelsior Athletic Club de Roubaix venu à bout du Racing Club de Roubaix sur le score de 3 buts à 1.

LE FRONT POPULAIRE :
ENCHANTEMENTS ET DÉSILLUSIONS

La crise économique, l'instabilité gouvernementale et les scandales politico-financiers comme l'affaire Stavisky ont affaibli la IIIᵉ République, faisant grossir les rangs des ligues d'extrême droite comme Action française ou les Croix-de-Feu. Réunies le 6 février 1934, les ligues en marche vers la Chambre des députés sont réprimées par les forces de l'ordre. Suite à cette manifestation qui sera perçue par la gauche comme une tentative de coup d'Etat, on dénombre une vingtaine de morts et plus de 2 000 blessés. L'idée d'une coalition des partis de gauche fait alors peu à peu son chemin. Le 14 juillet 1935, ils manifestent et font

Les grèves joyeuses de 1936 et les accords Matignon

Au printemps 1936, les trois partis du Front populaire sortent victorieux des élections législatives. Avant même que Léon Blum ne se charge de former un nouveau gouvernement, de nombreux ouvriers – à commencer par ceux des usines Breguet du Havre – entrent spontanément en grève, les occupations d'usines revêtant souvent un caractère particulier du fait de leur ambiance festive. Le mouvement qui a rassemblé près de 2 millions de grévistes s'estompe peu à peu après la signature, début juin, des accords Matignon qui accordent notamment aux ouvriers l'abaissement de la semaine de travail à 40 heures, l'instauration de délégués du personnel, et deux semaines de congés payés. Ces derniers permettent à de nombreux Français de partir en vacances pour la première fois, notamment en train grâce aux billets à tarif réduit instaurés par Léo Lagrange. Ce nouveau gouvernement, que la droite qualifie de « ministère de la Paresse », se distingue en nommant trois femmes sous-secrétaires d'Etat alors qu'elles ne sont ni éligibles ni électrices.

le serment de rester unis. Pour les élections législatives d'avril-mai 1936, communistes, socialistes et radicaux affichent un programme commun sous la bannière du Front populaire. Même si l'union s'est vite fissurée – les communistes souhaitant intervenir en Espagne, et les radicaux s'alliant avec la droite modérée en 1938 –, des mesures sociales importantes ont pu apporter, d'après les mots de Blum, « une embellie dans des vies difficiles ».

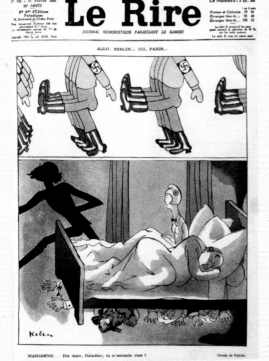

« Marianne : dis donc, Daladier, tu n'entends rien ? »

Ah, les cons !

LES ACCORDS DE MUNICH SIGNÉS PAR DALADIER POUR LA FRANCE RECONNAISSENT L'ANNEXION DE LA RÉGION TCHÈQUE DES SUDÈTES PAR LES ALLEMANDS. CRAIGNANT D'AVOIR ENCOURAGÉ HITLER DANS SA POLITIQUE D'EXPANSION, DALADIER EST À SON RETOUR, À L'AÉROPORT DU BOURGET, ÉTONNÉ D'ÊTRE ACCLAMÉ PAR UNE FOULE QUI LE VOIT AVANT TOUT COMME LE GARANT DE LA PAIX. IL ÉVOQUE AINSI CE RETOUR EN FRANCE DANS SES MÉMOIRES : « JE M'ATTENDAIS À RECEVOIR DES TOMATES ET J'AI REÇU DES FLEURS », MAIS ON LUI ATTRIBUE AUSSI LA FORMULE PLUS LACONIQUE : « AH, LES CONS ! »…

ROGER SALENGRO ABATTU PAR LA CALOMNIE

Victime d'une campagne de calomnie de la part de l'extrême droite qui l'accuse d'avoir déserté pendant le Première Guerre mondiale, le ministre de l'Intérieur Roger Salengro est si déprimé qu'il met fin à ses jours le 16 juin 1936 à Lille. Six mois plus tard, une loi sera votée pour aggraver les peines encourues par les journalistes auteurs de diffamation.

FÉLIX EBOUÉ

Nommé en Guadeloupe en 1936 par le gouvernement de Léon Blum, le Guyanais Félix Eboué est le premier Noir à devenir gouverneur des colonies. Nommé plus tard en Afrique, il rallie le Tchad à la France libre du général de Gaulle qui le fera membre du conseil de l'ordre de la Libération.

17 juin 1939 : La dernière exécution publique

Le meurtrier allemand Eugène Weidmann est la dernière personne guillotinée en public en France. Lors de son exécution à Versailles le 17 juin 1939, les forces de l'ordre se sont laissées quelque peu déborder par la foule, certains curieux ayant pu approcher le corps du supplicié de trop près. Dès le 24 juin, un décret de Daladier abolissait les exécutions capitales publiques.

DE LA « DRÔLE DE GUERRE »
À LA DÉBÂCLE

Après l'annexion de l'Autriche, des Sudètes et de la Bohême-Moravie par l'Allemagne, l'invasion de la Pologne le 1ᵉʳ septembre 1939 rompt la passivité de la France et du Royaume-Uni. La guerre que les démocraties européennes voulaient éviter est déclarée. Après quelques escarmouches en Sarre et en Rhénanie, l'armée française attend derrière la ligne Maginot l'armée allemande qui ne passera à l'offensive qu'en mai 1940. Les premiers mois de la Seconde Guerre mondiale sont donc ceux de la « drôle de guerre ». A partir du 10 mai, date du début de l'invasion de la Belgique, près de 8 millions de civils fuient le nord-est de la France, un second exode pour certains après celui de la Première Guerre mondiale. S'amorce alors la « débâcle », l'armée française ne résistant que six semaines à la guerre éclair de la Wehrmacht. Le 10 juin, le gouvernement de Paul Reynaud – tout comme de nombreux Parisiens – quitte la capitale déclarée « ville ouverte » pour Tours, puis Bordeaux. Le 17 juin, le maréchal Pétain devenu président du Conseil demande aux Français de cesser le combat.

Exode sur les routes de France en mai et juin 1940.

LA LIGNE MAGINOT

La ligne Maginot est un ensemble de fortifications établi durant l'entre-deux-guerres le long de la frontière allemande, ou dans une acceptation plus large des frontières belges aux frontières italiennes, même si l'essentiel de ses nombreux ouvrages militaires se trouve en Alsace et en Lorraine. Décédés au début des années trente, les deux ministres de la Guerre à l'origine de cette ligne de défense, André Maginot et Paul Painlevé, ne verront pas les Allemands contourner la Lorraine et passer par les « infranchissables » Ardennes, révélant ainsi l'inanité de la ligne Maginot. Le pendant allemand de la ligne Maginot est durant cette période bien connu des Français grâce à la chanson de Ray Ventura *On ira pendre notre linge sur la ligne Siegfried.*

La « drôle de guerre » en VO

De la déclaration de guerre à l'Allemagne au début du mois de septembre 1939 à la bataille de France de mai 1940, il ne se passe pas grand-chose à l'Ouest : c'est la « drôle de guerre ». Cette expression a été popularisée par le journaliste et écrivain Roland Dorgelès, connu pour être l'auteur des *Croix de bois*, un roman narrant le quotidien des soldats de la Première Guerre mondiale. Pour les Anglais, cette période est la « fausse guerre » (*phoney war*), pour les Allemands la « guerre assise » (*Sitzkrieg*), en néerlandais c'est la « guerre fantôme » (*Spookoorlog*), et pour les Polonais la *dziwna wojna* est la « guerre étrange ».

Non à la paix d'Hitler !

LE 6 OCTOBRE 1939, ALORS QUE LE PARTAGE DU TERRITOIRE POLONAIS AVEC L'URSS SE PROFILE, HITLER PROPOSE UNE PAIX SOUS CONDITIONS AUX FRANÇAIS ET AUX BRITANNIQUES. LE PRÉSIDENT DU CONSEIL DALADIER ET SON HOMOLOGUE BRITANNIQUE CHAMBERLAIN N'APPORTENT PAS DE CRÉDIT À CETTE PAIX FACTICE QU'ILS REJETTENT RESPECTIVEMENT LES 11 ET 12 OCTOBRE.

❧ LE « PARTI DES FUSILLÉS » ❧

Profondément antifascistes, les communistes français sont quelque peu perturbés par le pacte de non-agression signé par Hitler et Staline – ou plus précisément par Ribbentrop et Molotov. Opposés à la guerre, les communistes de moins de 40 ans comme Maurice Thorez, le secrétaire du parti, doivent néanmoins rejoindre les rangs de l'armée française. Le gouvernement Daladier fait interdire la presse communiste fin août, et fin septembre le PCF est dissous. Le 8 octobre, 44 députés sont arrêtés alors que Maurice Thorez vient de choisir de déserter pour rejoindre Moscou. Sous l'Occupation, le parti communiste deviendra « le parti des fusillés ».

LA BATAILLE DES ALPES

L'armée italienne n'est pas l'armée allemande. Mal équipée et peu entraînée, elle entre en guerre le 10 juin et attend le 18 juin pour lancer les premières offensives. L'Italie souhaite alors occuper avant les Allemands des territoires tels que le pays niçois, en tablant sur une démobilisation française. Mais l'armée des Alpes commandée par le général Olry, en infériorité numérique mais en position favorable depuis ses fortifications, repousse les Italiens à Briançon et à Menton. Ces succès seront les seuls du désastreux printemps 1940, avec les deux contre-attaques menées à Montcornet et à Abbeville par les chars d'un colonel – bientôt promu général – qui avait prématurément dénoncé les mauvais choix tactiques de l'armée française : un certain Charles de Gaulle…

Evacuer Dunkerque

Acculées sur les côtes de la mer du Nord, les troupes franco-britanniques sont encerclées à la fin du mois de mai 1940 dans la poche de Dunkerque. Il leur reste tout de même la mer pour éviter de donner d'innombrables prisonniers à l'ennemi. Pour emmener au plus vite un maximum de soldats en Angleterre, les bâtiments de la Royal Navy sont relayés par de petites embarcations de toutes sortes réquisitionnées pour faire le va-et-vient, sous le feu des bombardiers allemands, entre les plages et ces immenses navires contraints de rester au large ; 215 000 Anglais et 120 000 Français regagnent les côtes anglaises en neuf jours. Le 4 juin, l'armée allemande entre dans Dunkerque et récupère l'important matériel de guerre britannique qui n'a pu être évacué et fait 80 000 prisonniers surtout parmi les Français, qui ont héroïquement contenu la Wehrmacht dans les faubourgs de la ville.

L'improbable union franco-britannique

Les situations de crise donnent parfois naissance à de surprenantes intentions. Ainsi, au cœur de la débâcle de 1940, la France a sérieusement envisagé de s'unir au Royaume-Uni. Après diverses hésitations, cette proposition, élaborée par Jean Monnet, est acceptée par Winston Churchill. Pour lui comme pour de Gaulle, le but n'est pas de lier les deux nations à long terme, mais d'encourager la France à poursuivre son combat. Paul Reynaud, président

du Conseil, est favorable au projet, mais les ministres, dont Pétain, ne le suivent pas. Au lieu d'aller à Concarneau pour valider avec Churchill la naissance de l'union, Reynaud démissionne le 16 juin. Le maréchal Pétain le remplace, et son cabinet choisit de signer l'armistice avec l'Allemagne nazie.

LE WAGON DE L'ARMISTICE

APRÈS AVOIR ÉTÉ EXPOSÉ À PARIS DANS LA COUR DES INVALIDES, LE WAGON OÙ FUT SIGNÉ L'ARMISTICE DU 11 NOVEMBRE 1918 A ÉTÉ REPLACÉ DANS LA FORÊT DE COMPIÈGNE, NON LOIN DE RETHONDES, EN 1927. QUAND HITLER EXIGEA QUE L'ARMISTICE DE JUIN 1940 SOIT SIGNÉ DANS CE MÊME WAGON, EXACTEMENT AU MÊME ENDROIT, IL FALLUT ENCORE LUI FAIRE FAIRE UN COURT DÉPLACEMENT. LE FÜHRER TIENT SA REVANCHE, CELLE POUR LAQUELLE IL A TOUJOURS FAIT CAMPAGNE APRÈS LE DIKTAT DU TRAITÉ DE VERSAILLES. RAPPORTÉ À BERLIN, LE WAGON EST FINALEMENT BRÛLÉ PAR LES SS EN 1945. AUJOURD'HUI, LA CLAIRIÈRE DE RETHONDES ABRITE UN AUTRE WAGON, PRÈS

DU MUSÉE RASÉ PAR HITLER EN 1940 ET « RÉINAUGURÉ » EN 1950.

✦ L'ÉPISODE DU MASSILIA ✦

Réquisitionné par le gouvernement Reynaud, le paquebot *Massilia* devait permettre la poursuite de la lutte depuis les départements français d'Afrique du Nord. Vingt-sept parlementaires, dont Mandel, Daladier, Zay et Mendès France, embarquent le 21 juin 1940 du port du Verdon près de Bordeaux et arrivent trois jours plus tard à Casablanca. Le gouvernement Pétain, à la tête de l'Etat depuis le 16 juin, n'a pas empêché le départ mais donne ordre de consigner les arrivants dans un hôtel. Considérés comme des traîtres et des déserteurs, certains seront jugés et emprisonnés ; ceux qui échappent à ces sanctions rentrent en France le 18 juillet, peu après le vote des pleins pouvoirs au maréchal Pétain, n'ayant pu faire entendre leur voix.

LA FRANCE
À L'HEURE ALLEMANDE

Le régime de Vichy, ou « Etat français », met fin à la IIIe République en juillet 1940. Dès octobre, la collaboration symbolisée par la poignée de main entre Pétain et Hitler à Montoire, se manifeste par le statut des Juifs, interdisant l'accès à certaines professions et à certains lieux publics. Les Juifs étrangers, puis français, sont menacés d'être déportés. La police française est à l'origine de la rafle du Vél d'Hiv des 16 et 17 juillet 1942, tandis que le camp de Drancy accueille de nombreux Juifs en partance pour Auschwitz. La Milice de Darnand créée en 1943 collabore en ce sens avec la Gestapo et traque également les résistants réfractaires au Service du travail obligatoire. Au cours de ces quatre années, Pétain a mené la « Révolution nationale », une politique réactionnaire qui s'appuie sur une intense propagande et sur les chantiers de jeunesse.

❧ MARÉCHAL, NOUS VOILÀ ! SUR UNE MUSIQUE D'UN COMPOSITEUR JUIF… ☙

Le culte de la personnalité de Pétain a été largement entretenu par la chanson *Maréchal, nous voilà !*, l'hymne du régime qui tend à remplacer *La Marseillaise*, sans que cette dernière soit officiellement détrônée. La musique de *Maréchal, nous voilà !* n'est pas sans rappeler *La Fleur au guidon* qui fut choisie par les organisateurs du Tour de France en 1937, mai aussi, comme le remarqua la SACEM, *La Margoton du bataillon* de Casimir Oberfeld, compositeur juif qui mourut en 1945, à Auschwitz…

Les malgré-nous victimes du redécoupage de la France

À l'été 1940, deux France se retrouvent séparées par la ligne de démarcation : au nord la zone occupée, au sud la zone libre. Cette dernière est cependant occupée en novembre 1942 suite aux débarquements alliés en Afrique du Nord, l'Italie s'octroyant la région alpine. Le Nord et le Pas-de-Calais sont placés sous la même administration militaire que la Belgique, tandis que la Moselle et l'Alsace sont annexées au Reich en octobre 1940, mais c'est seulement à partir de 1942 que les Mosellans et les Alsaciens ont été enrôlés de force dans l'armée allemande. Généralement envoyés sur le front de l'Est, ces « malgré-nous » ont été nombreux à connaître les camps de prisonniers soviétiques. Collaborant avec l'occupant, des autonomistes bretons ont quant à eux espéré tirer profit de la situation pour voir l'indépendance accordée à la Bretagne.

Finis les mauvais jours !
Papa gagne de l'argent en Allemagne !

La flotte se saborde à Toulon

Malgré la collaboration menée avec l'occupant, l'armistice de juin 1940 prévoyait que l'armée française devait rester neutre. Cette clause n'empêcha pas certains volontaires collaborationnistes de former la LVF (Légion volontaire française) et de combattre sur le front de l'Est dans la division SS Charlemagne, mais comme Hitler voulut faire main basse sur la flotte française, 90 % de cette dernière fut sabordée le 27 novembre 1942. Consignés dans le port de Toulon, près de 90 bâtiments français sont alors coulés. Cet épisode marque non seulement le refus de collaborer militairement avec l'Allemagne, mais aussi celui de continuer la lutte avec les Alliés, la flotte française ayant éventuellement pu rejoindre l'Afrique du Nord.

L'HEURE ALLEMANDE

Dans les territoires occupés, les Allemands ont instauré l'heure de Berlin. C'est ainsi qu'il y avait, jusqu'en 1942, une heure d'avance entre Paris et Vichy. On retrouve l'expression dans le titre du roman de Jean-Louis Bory, Mon village à l'heure allemande, prix Goncourt 1945.

OMELETTE avantageuse
Prenez 2 œufs, battez en neige les blancs, ajoutez de la mie de pain trempée dans du lait écrémé. Bien battre cette composition, salez, poivrez & cuire comme à l'habitude...
ÉCONOMIQUE Les œufs sont rares.

La Résistance

L'appel du général de Gaulle émis sur la BBC le 18 juin 1940 symbolise la naissance de la Résistance, même si des groupes de résistants se sont formés spontanément suite à la signature de l'armistice. L'occupation allemande et l'hostilité au régime de Vichy, et notamment au STO, n'ont cessé de faire gonfler les effectifs de la Résistance, peu à peu unifiée au sein du CNR par Jean Moulin. Ceux qui ont quitté le pays ont formé les FFL (Forces françaises libres) et ont participé à la Libération, tout comme les FFI (Forces françaises de l'intérieur) regroupées dans les maquis et particulièrement actives le 6 juin 1944, pour ralentir les renforts allemands vers la Normandie. Outre les sabotages, les résistants pouvaient mener des actions de renseignement, receler des armes, ou bien encore cacher des Juifs, avec le risque d'être arrêtés par la Gestapo ou la Milice.

SEIN, LE QUART DE LA FRANCE

L'APPEL DU 18 JUIN 1940 A ÉTÉ RELATIVEMENT PEU ENTENDU COMPARATIVEMENT AUX MESSAGES ULTÉRIEURS DU GÉNÉRAL DE GAULLE. CE MESSAGE, ET SURTOUT CELUI DU 22 JUIN, A EN TOUT CAS BIEN ÉTÉ ÉCOUTÉ SUR LA PETITE ÎLE BRETONNE DE SEIN. DANS LES JOURS QUI ONT SUIVI, LES RÉSISTANTS DE LA PREMIÈRE HEURE À LONDRES ÉTAIENT POUR LE QUART D'ENTRE EUX DES PÊCHEURS DE L'ÎLE DE SEIN. TOUT COMME LES COMMUNES DE NANTES, PARIS, GRENOBLE ET VASSIEUX-EN-VERCORS, L'ÎLE DE SEIN A ÉTÉ FAITE COMPAGNON DE LA LIBÉRATION.

Guy Môquet et les 47 autres

Les résistants s'en prenaient rarement directement aux Allemands, ces derniers n'hésitant pas à exécuter des otages en représailles. Le jeune communiste Guy Môquet, connu pour la lettre qu'il a laissée à ses parents avant de mourir, a ainsi été exécuté suite à l'assassinat d'un officier allemand à Nantes, où le cours des 50-Otages rappelle ce douloureux événement. Il n'y eut finalement « que » 48 fusillés, à Châteaubriant, Nantes et Paris. Quasiment au même moment, les Allemands agissaient pareillement à Bordeaux, suite à l'assassinat d'un des leurs.

ENTRE ICI JEAN MOULIN

Plus jeune préfet de France à 38 ans, Jean Moulin s'est opposé aux exigences allemandes dès juin 1940 à Chartres. Arrêté et maltraité, il tenta de se suicider en se tranchant la gorge avec un bout de verre et portait ainsi une écharpe pour cacher une cicatrice. En 1943, il est arrêté par la Gestapo à Caluire près de Lyon, et torturé par Klaus Barbie, avant de décéder sans avoir parlé dans le train qui l'emmenait en Allemagne. Lors du transfert de ses (supposées) cendres du Père-Lachaise au Panthéon, André Malraux, ministre de la Culture et ancien résistant, prononça un vibrant discours en l'honneur de celui qui avait Max pour nom de résistant.

Peugeot fait de la résistance

Pendant l'Occupation, les constructeurs automobiles français n'ont pas fait les mêmes choix. Pour éviter la réquisition des machines et l'envoi au STO des salariés, une coopération est inévitable ; mais il est possible d'agir pour la rendre inefficace, et c'est là le choix fait dans l'usine sochalienne Peugeot. En utilisant des outils inappropriés, les salariés font chuter la productivité et, par le choix de mauvais matériaux, ils dégradent la qualité des équipements livrés aux Allemands. Impliqués dans la fabrication des fusées V1, ils transmettent des informations cruciales aux renseignements britanniques. Malgré ces efforts, Sochaux reste une cible pour les bombardements alliés : la famille Peugeot autorise alors les résistants à réaliser des sabotages au sein de l'usine. En mars 1944, alors qu'un bombardement est prévu, les lignes à haute tension alimentant l'usine sont coupées. Au final, l'usine Peugeot et ses employés auront été ménagés tout en ayant contribué à freiner la réalisation des desseins allemands. Plusieurs directeurs furent néanmoins déportés. Le stade Bonal où évolue le FC Sochaux porte d'ailleurs le nom de l'un d'entre eux abattu par des officiers allemands en 1945.

LA LIBÉRATION

Après la libération de l'Algérie par les Alliés en 1942, on assiste à celle de la Corse à l'automne 1943. Le 6 juin 1944 est le « jour J » du débarquement de Normandie. A partir des plages du Calvados et de la Manche, les Alliés américains, canadiens, britanniques et les FFL parviennent à former un nouveau front à l'Ouest qui mènera à la libération du territoire français, conjointement avec les offensives menées dans le Sud à partir du débarquement de Provence d'août 1944. En septembre, une très grande partie du territoire est libérée, mais des poches de résistance allemandes subsisteront jusqu'au terme de cette guerre, et même quelques heures encore après la signature de l'armistice le 8 mai 1945, autour de points stratégiques comme les ports de Lorient et Saint-Nazaire, libérés comme de nombreuses villes normandes après avoir été massivement bombardés.

LE SERMENT DE KOUFRA

Le 2 mars 1941 au sud de la Libye, le colonel Leclerc prend aux Italiens l'oasis de Koufra. Avec ses hommes, qui ont rejoint comme lui le général de Gaulle après l'invasion de la France par la Wehrmacht, il fait alors le serment de combattre jusqu'à ce que le drapeau français flotte sur Strasbourg. Après avoir libéré Paris avec la 2e DB, ses troupes libèrent la capitale alsacienne en novembre 1944, et achèvent leur périple en mai 1945 au « nid d'aigle » d'Hitler, à Berchtesgaden, dans les Alpes bavaroises.

Les Canadiens débarquent à Dieppe

Début 1942, les Alliés s'accordent pour mener une attaque sur les côtes françaises, notamment sous la pression de l'URSS qui souhaite l'ouverture d'un front à l'ouest. L'opération Jubilee vise ainsi à prendre le port de Dieppe. Le 19 août, à partir de 5 heures du matin, les troupes, en grande majorité canadiennes, débarquent sur des plages proches du port. Mais les Allemands, vraisemblablement informés de cette offensive, attendent en position de force, et l'opération tourne au désastre. Sur les 6 000 hommes ayant débarqué, plus de 3 000 seront tués, blessés ou capturés. Néanmoins, ce débarquement ne fut pas totalement vain : en établissant l'inefficacité de certaines options stratégiques, il permit de mieux préparer les débarquements ultérieurs. Le 17 août, le nom de Dieppe était apparu dans une grille de mots croisés du *Daily Telegraph*, ce qui n'a pas toujours été perçu comme une coïncidence...

Opération Fortitude pour dérouter l'ennemi

L'assaut mené sur les côtes normandes le 6 juin 1944 est connu sous le nom d'opération Neptune, première phase de l'opération Overlord qui vise plus largement la libération de la Normandie, chose faite le 21 août avec la fermeture de la poche de Falaise.

Mais, en marge du débarquement de Normandie, de nombreuses manœuvres ont été menées dans le cadre de l'opération Fortitude pour dérouter les Allemands, en leur faisant croire que le débarquement se ferait dans le Pas-de-Calais. Quasi détruite par les bombardements

en septembre 1943, la commune du Portel près de Boulogne-sur-Mer en fit les frais. Même après le 6 juin, les Allemands continuèrent à penser que les événements de Normandie n'étaient qu'une diversion !

LA MÉSAVENTURE DE JOHN STEELE

BIEN QUE LE NOM DE JOHN STEELE NE SOIT PAS DES PLUS CÉLÈBRES, NOMBREUX SONT CEUX QUI CONNAISSENT SA MÉSAVENTURE, SURVENUE LE 6 JUIN 1944, NOTAMMENT GRÂCE AU FILM *LE JOUR LE PLUS LONG*. JOHN STEELE EST EN EFFET LE PARACHUTISTE AMÉRICAIN QUI RESTA PLUSIEURS HEURES SUSPENDU AU-DESSUS DES COMBATS, ACCROCHÉ AU CLOCHER DE SAINTE-MÈRE-EGLISE, OÙ L'ON PEUT VOIR AUJOURD'HUI UN FAUX PARACHUTISTE. FINALEMENT CAPTURÉ, IL S'ÉVADA ET PARTICIPA À LA LIBÉRATION DE LA FRANCE, SAINTE-MÈRE-EGLISE CONSTITUANT LE KILOMÈTRE ZÉRO DE LA VOIE DE LA LIBERTÉ.

✥ ORADOUR ET AUTRES REPRÉSAILLES ALLEMANDES ✥

Les jours qui suivirent le débarquement de Normandie furent marqués par d'importantes représailles allemandes sur les civils, spécialement de la part de la II᷄ division SS Das Reich. Le 9 juin 1944 à Tulle, 99 personnes sont pendues et 149 déportées. Le lendemain les Waffen-SS sont à Oradour-sur-Glane, près de Limoges. Sous le prétexte d'un contrôle d'identité, la population est réunie sur la place du village. Femmes et enfants sont conduits dans l'église et les hommes enfermés dans des granges. Bientôt l'église est incendiée et les hommes fusillés. Une trentaine d'habitants survivra à ce massacre qui fit au total 642 victimes. Les raisons du choix d'Oradour demeurent mystérieuses, l'hypothèse d'une confusion avec Oradour-sur-Vayres, commune du même département connue pour son maquis, étant parfois avancée. Toujours est-il qu'en 1953, l'annonce des lois d'amnistie y a été fort mal accueillie dans la commune qui s'est reconstruite à l'écart du « village martyr ». D'autres communes comme Maillé en Touraine ou celles de la vallée de la Saulx dans la Meuse avaient également subi des représailles allemandes durant le mois d'août 1944.

Paris libéré !

Alors que les résistants parisiens dirigés par Rol-Tanguy ont déjà libéré une grande partie de la ville, Paris est libéré par la 2ᵉ DB du général Leclerc le 25 août 1944, jour où le général de Gaulle prononce ces mots passés à la postérité : « Paris outragé ! Paris brisé ! Paris martyrisé ! mais Paris libéré ! » Le lendemain, il descend triomphalement les Champs-Elysées, avant de garder son calme devant Notre-Dame, au milieu d'une foule paniquée par la présence éventuelle de tireurs embusqués. Le gouverneur allemand de la capitale von Choltitz, arrêté par le lieutenant Karcher, est souvent abusivement considéré comme le sauveur de Paris, pour ne pas avoir respecté l'ordre d'Hitler de détruire la capitale, ce dont il aurait voulu s'assurer, d'après la légende, en lui demandant « *Brennt Paris ?* » (Paris brûle-t-il ?).

Royan sous le napalm

Verrou de la Gironde, la cité balnéaire de Royan a été particulièrement occupée depuis 1940, par des Allemands qui se retrouvent à l'été 1944 encerclés par les FFI du colonel Adeline. Les civils de la poche de Royan peuvent alors quitter la zone, mais une partie refuse et va connaître les bombardements alliés du 5 janvier 1945, puis ceux du 14 avril 1945, quelques semaines seulement avant la fin de la guerre, quand les bombardiers américains ont déversé plus de 700 000 litres de napalm sur la ville, lors de la première utilisation d'envergure de cette nouvelle arme terriblement destructrice.

LA 1ʳᵉ ARMÉE FRANÇAISE ENTRE EN ALLEMAGNE

« SOLDATS de la Première Armée Française, sur les traces de TURENNE et de HOCHE vous êtes à nouveau porté aux armes en Allemagne. Le 19 Mars 1945, à 16 heures, une Compagnie du 4ᵉ Régiment de Tirailleurs Tunisiens forçait le passage de la LAUTER à SCHEIBENHARDT. Ce fait d'armes glorieux, symbole de la Libération définitive de la Patrie, marque le point de départ de votre nouvelle mission. »
Le Général d'Armée Commandant en chef la 1ʳᵉ Armée française :
J. de LATTRE

DE REIMS À SÉTIF

L'armée allemande a signé sa reddition le 7 mai à Reims, mais c'est le 8 mai qui deviendra jour férié en 1953. Huit ans plus tôt à Berlin, peu après le suicide d'Hitler, l'armistice mettant fin à la Seconde Guerre mondiale en Europe était signé. Le 8 mai 1945 est aussi le jour des massacres de Sétif en Algérie. Profitant de la liesse liée à la fin de la guerre, des nationalistes algériens défilent pacifiquement pour faire entendre le droit des peuples à disposer d'eux-mêmes. La répression de cette manifestation qui a tourné à l'émeute fait autour d'une dizaine de milliers de morts, à peine relatés dans la presse française, *L'Humanité* évoquant que les émeutiers étaient des sympathisants nazis…

LE RÉTABLISSEMENT DE LA RÉPUBLIQUE

De 1944 à 1946, la France est gouvernée par le GPRF (Gouvernement provisoire de la République française), présidé, dès le 3 juin 1944, par le général de Gaulle qui a su faire reconnaître sa légitimité aux yeux des Alliés. Pour le chef de la France libre, le régime de Vichy étant illégitime, il ne convient pas de rétablir la république par une proclamation officielle. Félix Gouin et Georges Bidault lui ont succédé – Léon Blum assurant la transition avant l'élection du premier président de la IVᵉ République – à la tête de ce gouvernement provisoire qui n'a toutefois pas attendu la mise en place de la nouvelle république pour prendre des mesures économiques et sociales déjà présentes dans le programme du CNR (nationalisations comme celles des usines Renault pour cause de collaboration, création de la Sécurité sociale…). En octobre 1944, le droit de vote est officialisé pour les femmes qui peuvent remplir leur nouveau devoir de citoyennes dès l'année suivante.

Gagner la guerre, reconstruire la France

M.L.N

MOUVEMENT DE LIBÉRATION NATIONALE

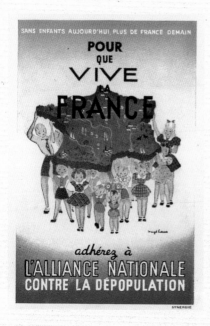

L'épuration

Après les milliers de morts causés par les règlements de comptes de « l'épuration sauvage », symbolisée par les femmes tondues accusées d'avoir couché avec l'occupant (« la collaboration horizontale »), vient le temps de juger les collaborateurs lors de l'épuration légale, de plus en plus clémente au fil des ans jusqu'aux lois d'amnistie des années cinquante. La Haute Cour de justice prononce 18 peines de mort. Seuls Pierre Darnand (chef de la Milice), Pierre Laval (chef du gouvernement sous Vichy), et Fernand de Brinon sont exécutés, certains ayant vu leur peine commuée quand d'autres ont fui en Espagne. D'autres cours prononcèrent plus de 6 000 condamnations à mort et plus de 20 000 peines de prison, notamment pour Louis-Ferdinand Céline. D'autres personnalités furent un temps inquiétées, comme Sacha Guitry, Henri-Georges Clouzot dont le film *Le Corbeau* fut accusé de servir la propagande nazie, ou encore Arletty qui, pour une relation avec un officier allemand, aurait affirmé : « Si mon cœur est français, mon cul, lui, est international ! »

DE SIGMARINGEN À L'ÎLE D'YEU

Celui qui est devenu le chef d'Etat français le plus âgé (84 ans en 1940), est contraint par les Allemands de quitter la France en 1944. De septembre 1944 à avril 1945, le maréchal Pétain réside à Sigmaringen, la plupart du temps cloîtré dans sa chambre. A son retour en France, il est jugé pour intelligence avec l'ennemi et haute trahison. Condamné à mort, sa peine est commuée en réclusion à perpétuité par le général de Gaulle. Démis de sa dignité de maréchal, Philippe Pétain séjourne au fort pyrénéen du Portalet – où Blum fut transféré en 1943 avant d'aller à Buchenwald – rejoignant ensuite le fort de Pierre-Levée sur l'île d'Yeu, où il a été inhumé en 1951. Ayant entamé sa 96e année, ce personnage controversé de l'histoire de France était considéré comme le plus vieux détenu au monde.

La veuve qui clôt

PROSTITUÉE, AVIATRICE, ESPIONNE, RÉSISTANTE : DÉMÊLER LE VRAI DU FAUX DANS LA LÉGENDE QUE MARTHE RICHARD S'EST FORGÉE NE RELÈVE PAS DE L'ÉVIDENCE, MAIS CERTAINS FAITS S'IMPOSENT. AINSI, APRÈS AVOIR ÉTÉ PENSIONNAIRE DE MAISONS CLOSES DANS SA JEUNESSE, MARTHE RICHARD PROPOSE, EN DÉCEMBRE 1945, ALORS QU'ELLE EST CONSEILLÈRE MUNICIPALE À PARIS, LA FERMETURE DE CES MAISONS. D'ABORD APPLIQUÉE DANS LE DÉPARTEMENT DE LA SEINE, LA MESURE EST ÉTENDUE EN 1946 À LA FRANCE ENTIÈRE. MARTHE RICHARD, À QUI IL ARRIVERA PAR LA SUITE DE S'EXPRIMER EN FAVEUR DE LEUR RÉOUVERTURE, Y GAGNERA LE SURNOM DE « VEUVE QUI CLÔT ».

La France de la IVᵉ République

La IVᵉ République garde l'image d'un régime instable. Vingt-deux gouvernements se sont succédé en douze ans, avec parmi les nombreux présidents du Conseil – équivalents des Premiers ministres actuels – Pierre Mendès France, Antoine Pinay associé plus tard au nouveau franc, ou Robert Schuman, un des pères de la CEE fondée en 1957. Porté au pouvoir par les événements d'Algérie, de Gaulle mettra un terme en 1958 à ce régime trop parlementaire à son goût et dont l'expérience a montré les limites. D'abord marquée par la reconstruction favorisée par le plan Marshall, cette période de croissance économique, mais aussi démographique grâce au baby-boom, correspond à la première partie des Trente Glorieuses. Les femmes ont davantage accès à l'emploi, l'exode rural s'intensifie, et de nouveaux biens de consommation comme la télévision gagnent les foyers français.

❧ LES PRÉSIDENTS DISCRETS DE LA IVᴱ RÉPUBLIQUE ❧

La Constitution de 1946 n'a donné qu'une influence limitée au président de la République. Le premier, Vincent Auriol, entre en fonction en 1947, après avoir présidé l'Assemblée. Sept ans plus tard, René Coty (ci-dessous) lui succède, mais son accès à la fonction présidentielle est plus délicat. Tout d'abord, le 10 juillet 1940, il a voté – comme une large majorité de parlementaires, mais contrairement à Vincent Auriol – les pleins pouvoirs à Pétain, ce qui lui vaudra d'être temporairement déclaré inéligible, avant d'être réhabilité en 1945 par un jury d'honneur pour ses actions en faveur de la Libération. D'autre part, alors qu'Auriol a été élu au premier tour par le Parlement, René Coty n'est lui pas même candidat lors du premier tour de l'élection de 1954. Après divers désistements, il est finalement élu après treize tours de scrutin !

Sortez les sortants !

En 1963, la société Carrefour ouvre le premier hypermarché français à Sainte-Geneviève-des-Bois (Essonne). La même année, Pierre Poujade fonde l'Union de défense des commerçants et artisans, et devient bientôt le porte-parole des victimes de la restructuration industrielle et de la concentration de la distribution. Ce défenseur des « petits » a connu son apogée le 12 janvier 1956, quand une cinquantaine de députés poujadistes font leur entrée à l'Assemblée au cri de : « Sortez les sortants ! » Si cette agitation n'a pas survécu à la chute de la IVᴱ République, le terme poujadisme est resté pour faire référence à des idées corporatistes et populistes teintées de nationalisme.

DIÊN BIÊN PHU

En 1920, Nguyên Ai Quôc fait partie des fondateurs du parti communiste français né lors du congrès de Tours. Sous le nom d'Hô Chi Minh (« celui qui éclaire »), il dirige le Viêt-minh au cours de la guerre d'Indochine, de 1946 et son appel à la guérilla, jusqu'au 7 mai 1954 et la reddition de l'armée française à Diên Biên Phu. Après deux mois de résistance dans cette plaine du nord du Viêt-Nam, une marche de près de 1000 km et une « rééducation » aux idées marxistes attend les nombreux prisonniers. Ceux qui ne seront pas morts dans ces camps ou perdus dans la jungle après s'être évadés, seront livrés à la Croix-Rouge au moment de la signature des accords de Genève qui mettent fin à la « décolonisation ratée » de l'Indochine.

La crise de Suez révélatrice d'un nouveau contexte

L'Egypte de Nasser, soupçonnée d'aider le FLN en Algérie, nationalise le canal de Suez en 1956. La France décide alors d'intervenir aux côtés du Royaume-Uni et d'Israël. Mais leur retrait est rapide face aux menaces d'intervention de l'URSS et à la condamnation des Etats-Unis. La crise de Suez illustre l'affaiblissement des puissances d'Europe occidentale et la domination des « deux grands » dans le contexte de la guerre froide.

LA GUERRE D'ALGÉRIE

Si la France a accordé l'indépendance en 1956 à la Tunisie et au Maroc, le cas de l'Algérie est différent. Il s'agit d'une colonie de peuplement où cohabitent Européens et Algériens, et pour beaucoup « l'Algérie c'est la France ». Les attentats de la Toussaint rouge (1er novembre 1954), perpétrés par le FLN, marquent le début de ce conflit dans lequel la France a d'abord adopté une politique de la main tendue avant de réagir plus fermement après les massacres de Philippeville, allant jusqu'à l'usage de la torture contre les indépendantistes, notamment lors de la bataille d'Alger en 1957. Contribuant à la chute de la IVᵉ République et au retour du général de Gaulle, ces « événements d'Algérie », reconnus comme une véritable guerre par l'Assemblée nationale qu'en 1999, s'achèvent en mars 1962 par les accords d'Evian qui prévoient, outre l'indépendance algérienne, l'exploitation des terres pétrolifères sahariennes pour six ans.

1956 : LA JOURNÉE DES TOMATES

Président du Conseil de février 1956 à juin 1957, Guy Mollet a été au cœur de la « journée des tomates » à Alger, au tout début de son mandat, le 6 février 1956. Favorable à la paix et enclin à accorder l'indépendance algérienne, le président du Conseil a reçu un accueil plus qu'hostile de la part des défenseurs de l'Algérie française, se manifestant notamment par des jets de légumes.

1958 : « Je vous ai compris »

C'EST EN TANT QUE PRÉSIDENT DU CONSEIL DE LA IVᵉ RÉPUBLIQUE QUE DE GAULLE PRONONCE, LE 4 JUIN 1958 AU BALCON DU GOUVERNEMENT GÉNÉRAL À ALGER, CETTE CÉLÈBRE PHRASE QUELQUES JOURS APRÈS QUE LE PRÉSIDENT COTY A FAIT APPEL AU « PLUS ILLUSTRE DES FRANÇAIS ». MALGRÉ CE QUI APPARAÎT COMME UN SOUTIEN AUX FRANÇAIS D'ALGÉRIE, LE GÉNÉRAL PROPOSERA DÈS 1959 UN RÉFÉRENDUM POUR L'AUTODÉTERMINATION APRÈS L'ÉCHEC DE LA « PAIX DES BRAVES ».

« Un quarteron de généraux en retraite »

C'est en ces termes que le général de Gaulle a désigné les auteurs du putsch des généraux en 1961. Les généraux Challe, Jouhaud, Salan et Zeller ont tenté de soulever les partisans de l'Algérie française à partir du 21 avril 1961. Quelques jours plus tard, l'entreprise se solde par un échec. Entre-temps, le général de Gaulle avait utilisé l'article 16 de la Constitution pour prendre les pleins pouvoirs. Jouhaud et Salan rejoindront ensuite l'OAS (Organisation armée secrète), mouvement clandestin anti-indépendantiste à l'origine de nombreux attentats en Algérie, et aussi en métropole où les domiciles de Sartre, Mitterrand ou Malraux ont été visés. A Pont-sur-Seine en 1961 et au Petit-Clamart en 1962, de Gaulle est pris pour cible. Une manifestation organisée à Paris le 8 février 1962 pour dénoncer les agissements de l'OAS s'achève par la mort de neuf personnes, étouffées dans la station de métro Charonne.

LES ÉVÉNEMENTS OUBLIÉS DU 17 OCTOBRE 1961

Le 17 octobre 1961, alors que Michel Debré a mis en place un couvre-feu pour les Algériens habitant la métropole où des attentats ont été perpétrés par le FLN, une manifestation des Algériens des bidonvilles de Nanterre s'achève par de nombreuses arrestations, mais surtout par la mort de plusieurs dizaines de manifestants, certains d'entre eux ayant été jetés dans la Seine. La lumière sur ces événements longtemps restés dans l'oubli peine encore à être faite.

LE DRAME DES HARKIS

Si 800 000 pieds-noirs ont été contraints de rejoindre la métropole, choisissant « entre la valise ou le cercueil », seule une minorité de harkis a pu en faire de même. Dans le sud-est de la France, certains de ces musulmans algériens engagés dans l'armée française entre 1957 et 1962 ont pu vivre dans des « hameaux de forestage » et être employés pour des travaux forestiers. Considérés comme des traîtres, ceux qui sont restés en Algérie ont subi de violentes représailles.

RIEN NE NOUS SEPARERA
لاشيء يفارقنا

Nous avons souffert ensemble
تعذبنا جميعا

La République du général de Gaulle

L'inextricable question algérienne fait sortir le général de Gaulle de sa traversée du désert en mai 1958. Soutenu par le Comité de salut public présidé à Alger par le général Massu, il est sollicité par le président Coty puis élu président du Conseil par l'Assemblée. Reprenant les idées défendues dans son discours de Bayeux en 1946, il fait naître une nouvelle Constitution adoptée par référendum en septembre 1958, donnant plus de poids au président de la République. Elu par un collège électoral en décembre, il prend ses fonctions en janvier 1959. Après la décolonisation pacifique de l'Afrique noire, et le règlement plus difficile de la guerre d'Algérie, de Gaulle est élu en 1965 pour la première fois au suffrage universel avec 55 % des voix contre Mitterrand. Il poursuit sa politique de grandeur et d'indépendance nationale en dotant la France de l'arme nucléaire et en la retirant de l'OTAN.

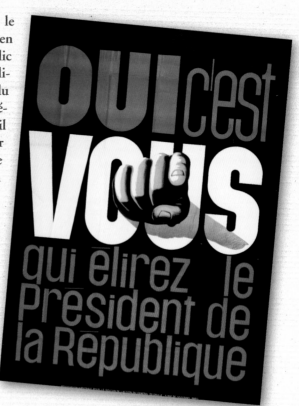

✸ MARCEL BARBU, UN CANDIDAT UTOPISTE ✸

La première élection présidentielle au suffrage universel direct a lieu en 1965. Parmi les candidats, un personnage atypique : Marcel Barbu. Né dans un bidonville de Nanterre, ce fervent croyant, qui sera père de seize enfants, se lance dans la fabrication de boîtiers de montres. Voulant être l'égal de ses salariés, il les implique autant que possible dans ses entreprises. Après son retour de Buchenwald, il a notamment évité le STO à ses employés, il rejoint l'Assemblée nationale, où il propose trois lois sur les communautés de travail, et où il demande à siéger sur un tabouret. Sensible au problème du logement, c'est pour cette cause qu'il brigue la présidence de la République. Celui qui se définit comme « le candidat des chiens battus » peine à être pris au sérieux et recueille 1 % des voix.

« *Pour faire le blocus de Monaco, il suffit de deux panneaux de sens interdit* »

Si le général de Gaulle n'a pas mis cette menace à exécution, il a en revanche imposé en 1962 des contrôles douaniers à la frontière, et surtout supprimé les avantages fiscaux des Français résidant à Monaco. A l'origine de cette décision, une tentative du prince Rainier III de rendre son indépendance à la radio et à la télévision monégasques ; mal accepté par l'Etat français, ce projet provoque une crise diplomatique qui sera résolue quelques mois plus tard avec l'adoption, notamment, de nouvelles règles fiscales.

Le paquebot France inauguré en 1960 avec pour marraine Yvonne de Gaulle.

QUAND CHIRAC BATTAIT MITTERRAND

François Mitterrand et Jacques Chirac se sont affrontés à deux reprises lors des élections présidentielles, et c'est toujours le socialiste qui l'a emporté. Néanmoins, lors des législatives de 1967, c'est Chirac qui l'emporte face à Mitterrand dans la circonscription d'Ussel, en Corrèze. Précision d'importance : l'adversaire du futur maire de Paris n'était pas François Mitterrand mais son frère, Robert.

Vive le Québec libre !

EN JUILLET 1967, DE GAULLE EST ACCLAMÉ PAR LES QUÉBÉCOIS TOUT AU LONG DE SA VISITE OFFICIELLE AU CANADA. S'APERCEVANT QUE LES MICROS N'ONT PAS ÉTÉ DÉBRANCHÉS, IL ENTAME AU BALCON DE L'HÔTEL DE VILLE DE MONTRÉAL UN DISCOURS QU'IL CONCLUT PAR : « VIVE MONTRÉAL ! VIVE LE QUÉBEC ! VIVE LE QUÉBEC LIBRE ! VIVE LE CANADA FRANÇAIS ET VIVE LA FRANCE ! » S'IL NE S'AGIT PAS D'UN SOUTIEN AUX INDÉPENDANTISTES QUÉBÉCOIS, IL A AINSI APPELÉ LES QUÉBÉCOIS À CONSERVER LEUR IDENTITÉ FRANÇAISE, AU RISQUE DE TENDRE LES RELATIONS AVEC LE CANADA.

Mai 1968

La contestation de mai 1968 est partie de Nanterre, où des étudiants menés par Daniel Cohn-Bendit occupent l'université à partir du 22 mars, avant de venir tenir leur meeting à la Sorbonne où, début mai, l'évacuation par la police des manifestants est suivie des premiers affrontements, et des premières barricades dans les rues du Quartier latin.

La crise prend rapidement une tournure sociale, avec 8 millions de grévistes dans toute la France qui retourneront peu à peu au travail après les accords de Grenelle du 27 mai. La dernière phase de la crise est politique. Même si les événements de mai 1968 n'ont pas directement entraîné la chute du général, ils révèlent l'usure du pouvoir gaulliste. Combattu dans les urnes, le mouvement aura toutefois un impact majeur dans les contestations futures de la jeunesse « soixante-huitarde ».

Les garçons de Nanterre vont chez les filles…

Baby-boom oblige, les étudiants se font beaucoup plus nombreux à la fin des années soixante. Pour désengorger la Sorbonne, l'université de Nanterre est créée. Ouverte à la hâte en périphérie de la capitale, près d'un bidonville et mal desservie, elle constitue un terreau propice à la contestation estudiantine. Le 21 mars 1967, des étudiants viennent occuper la cité universitaire réservée aux filles, avant de se faire prestement expulser par les forces de l'ordre. Au-delà de la rigueur du système éducatif, ces étudiants veulent contester les pesanteurs de la société.

LA CHIENLIT, NON !

« Il est interdit d'interdire » ; « Sous les pavés la plage » ; « Elections, pièges à cons » ; « Prenez vos rêves pour la réalité » ; « CRS-SS »… De nombreux slogans de mai 1968 sont passés à la postérité. De son côté, le général de Gaulle a donné une nouvelle vie au terme chienlit, déformation de « chie-en-lit » désignant autrefois un personnage grotesque du carnaval de Paris. Avec le sens de « désordre », de Gaulle évoque ce terme le 19 mai devant les responsables des forces de l'ordre en affirmant : « La réforme, oui. La chienlit, non ! »

De Gaulle disparaît à Baden-Baden pour mieux revenir…

Alors que ses opposants le poussent à démissionner, le président de la République « disparaît » le 29 mai. Même son Premier ministre Georges Pompidou ne sait pas que de Gaulle est parti à Baden-Baden en RFA prendre conseil auprès du général Massu. Dès le lendemain, il annonce la dissolution de l'Assemblée nationale lors d'une allocution radiodiffusée suivie par une manifestation de soutien de plus de 500 000 personnes. Les législatives de juin confirment le revirement d'une partie de l'opinion en rendant les députés gaullistes majoritaires.

❧ LE RÉFÉRENDUM DU 27 AVRIL 1969 ET LA RETRAITE À COLOMBEY ❧

En soumettant les Français à un référendum sur des réformes visant notamment à donner plus de pouvoirs aux Régions, de Gaulle les prévient qu'il démissionnera si le non l'emporte. Dès le lendemain midi, il tient sa promesse en cessant d'exercer ses fonctions de président de la République. Président du Sénat de 1968 à 1992, Alain Poher assurera l'intérim. En juin 1970, les époux de Gaulle ont rendu visite au général Franco, lors d'un voyage en Espagne quelque peu controversé. Retiré à Colombey-les-Deux-Eglises en Haute-Marne, où une croix de Lorraine monumentale a été érigée en 1972 grâce à une souscription nationale, « le grand Charles » y décède au milieu d'une partie de patience, le 9 novembre 1970 à l'âge de 80 ans. Pompidou déclarera que « la France est veuve ». Le journal satirique *Hara-Kiri* fut quant à lui interdit pour avoir titré – en référence au récent incendie d'une boîte de nuit – « Bal tragique à Colombey : 1 mort ».

LA FRANCE
DES ANNÉES SOIXANTE-DIX

C'est un gaulliste qui succède à Charles de Gaulle à la présidence de la République, en la personne de son ancien Premier ministre : Georges Pompidou. Décédé de la maladie de Waldenström en cours de mandat, celui qui a poursuivi la politique de modernité de la France et la construction européenne est un fils d'instituteurs né à Montboudif dans le Cantal, dont l'image tranche quelque peu avec celle de son successeur Valéry Giscard d'Estaing, polytechnicien né en 1926 dans une famille bourgeoise. Tentant de se rapprocher des Français avec un air d'accordéon ou en s'invitant chez eux, « VGE » n'a pas laissé le « monopole du cœur » à François Mitterrand, son adversaire battu d'un fil au second tour des élections présidentielles de 1974. Sous sa présidence, le défilé militaire du 14 Juillet change plusieurs fois de site au sein de la capitale, dont Jacques Chirac est, en 1977, le premier maire depuis Jules Ferry.

CHOCS PÉTROLIERS ET HEURE D'ÉTÉ

LES ANNÉES SOIXANTE-DIX SONT MARQUÉES PAR UN RALENTISSEMENT DE LA CROISSANCE QUI SONNE LE GLAS DES TRENTE GLORIEUSES. EN 1973, SOUS L'ACTION DE L'OPEP, LES PRIX DU PÉTROLE ONT ÉTÉ MULTIPLIÉS PAR QUATRE AVANT DE CONNAÎTRE UNE NOUVELLE HAUSSE MAJEURE EN 1979. C'EST DANS UN CONTEXTE DE RIGUEUR INCARNÉE PAR RAYMOND BARRE QUE FUT ADOPTÉE EN 1976 L'HEURE D'ÉTÉ, DANS LE BUT D'ÉCONOMISER L'ÉNERGIE EN PROFITANT DE LA LUMIÈRE SOLAIRE EN SOIRÉE.

Dix ans de luttes sur le Larzac

Le Larzac, plateau du sud du Massif central, a fait parler de lui tout au long des années soixante-dix. En 1971, le ministre de la Défense Michel Debré souhaite y agrandir un camp militaire en expropriant quelques dizaines de familles d'agriculteurs. Obtenant rapidement des soutiens dans toute la France, les agriculteurs du Larzac multiplièrent les manifestations : brebis sur le Champ-de-Mars, montée à Paris en tracteurs, puis à pied… Leur combat fut marqué par le rassemblement de près de 100 000 personnes sur le plateau en août 1973 et en août 1974. Venu apporter son soutien lors du second rassemblement, François Mitterrand a été pris à partie par des militants d'extrême gauche mais aussi par des policiers en civil. Sept ans plus tard, c'est son élection à la présidence de la République qui enterrera le projet d'extension au terme d'une lutte non violente de dix années.

❧ LA LOI VEIL À L'ESSAI ❧

Avec l'abaissement de la majorité de 21 à 18 ans, l'autre mesure phare du septennat de Valéry Giscard d'Estaing est la légalisation de l'interruption volontaire de grossesse. Alors que 300 000 femmes avortent illégalement en France chaque année, Simone Veil, ministre de la Santé, doit alors convaincre une Assemblée où siègent seulement neuf femmes. Subissant de vives critiques au sein même de sa majorité et de la part de l'extrême droite, celle qui a connu les camps de la mort a vu son immeuble tagué de croix gammées… Dans la nuit du 28 novembre 1974, après trois jours et deux nuits de débats enragés, la loi est finalement votée – grâce aux voix de l'opposition et de seulement un tiers de la droite – mais seulement pour cinq ans. En 1979, elle est reconduite définitivement.

Jean Bertin, l'inventeur malheureux

Période de grands progrès scientifiques, les Trente Glorieuses donnent l'occasion aux ingénieurs talentueux de concevoir des technologies audacieuses. C'est ainsi que Jean Bertin décide en 1955 de créer une entreprise spécialisée dans l'innovation. L'un de ses ingénieurs, Louis Duthion, dépose un brevet sur le coussin d'air, et c'est sur ce principe que sont développés plusieurs véhicules : le Terraplane (véhicule militaire amphibie), le Naviplane (un aéroglisseur), et surtout l'Aérotrain, qui atteint la vitesse record de 430,2 km/h en 1974. L'Aérotrain est technologiquement en avance sur son temps, mais cette avance ne lui suffit pas : un revirement du gouvernement enterre le projet d'une ligne Cergy-La Défense, et affecte son inventeur qui décède l'année suivante. Ayant mis les acteurs traditionnels du rail en danger, il aura indirectement contribué au lancement d'un autre chantier majeur : le TGV.

L'Aérotrain dessiné par Alain Grée.
© 2012 Rico Bel et Alain Grée.

LA FRANCE DEPUIS 1981 :
ALTERNANCE ET COHABITATION

La gauche revient au pouvoir le 10 mai 1981, jour de l'élection de François Mitterrand. De véritables mesures de gauche sont aussitôt menées, mais la politique de relance de la consommation atteint rapidement ses limites. Lors de chacun des deux septennats de Mitterrand, qui constituent le plus long mandat pour un président français, la France connaît la cohabitation avec les Premiers ministres Chirac (1986-1988) et Balladur (1993-1995). Par un référendum, Jacques Chirac abaisse le mandat présidentiel à cinq ans, et connaît, après un septennat marqué par cinq ans de cohabitation avec Lionel Jospin, un quinquennat pour lequel il est élu avec plus de 82 % des voix à un second tour où s'est hissé Jean-Marie Le Pen. En 2009, suite à une révision de la Constitution, Nicolas Sarkozy s'exprime devant le Parlement réuni à Versailles, une première depuis Louis-Napoléon Bonaparte.

Affiche pour l'élection présidentielle de 1981.

10 mai 1981 : les chars russes sur les Champs-Elysées...

SI L'ÉLECTION DE FRANÇOIS MITTERRAND, PREMIER PRÉSIDENT SOCIALISTE DE LA Vᴱ RÉPUBLIQUE, SUSCITA CHEZ DE NOMBREUX FRANÇAIS L'ESPOIR D'UNE FRANCE PLUS JUSTE, ELLE VIT AUSSI S'ENTROUVRIR LA PORTE D'UNE INVASION « ROUGE ». L'ALLIANCE PROMISE AVEC LE PARTI COMMUNISTE FIT NAÎTRE EN EFFET CHEZ CERTAINS LA PEUR DE VOIR DÉFILER LES CHARS RUSSES SUR PARIS ! DANS UN CONTEXTE DE GUERRE FROIDE DÉTERMINANT ENCORE LES RELATIONS MONDIALES, CETTE PEUR QUI POURRAIT FAIRE SOURIRE AUJOURD'HUI ÉTAIT D'AUTANT PLUS CRÉDIBLE QU'ELLE ÉTAIT ALIMENTÉE PAR LES OPPOSANTS À MITTERRAND, GISCARD ET CHIRAC.

❧ CLAP DE FIN POUR LA GUILLOTINE ❧

En 1791, Le Peletier de Saint-Fargeau avait en son temps demandé l'abolition de la peine de mort. Près de deux siècles plus tard, au début des années soixante-dix, Roger Bontems est reconnu complice de Claude Buffet, auteur du crime d'une infirmière et d'un gardien de la prison de Clairvaux (Aube). Condamné à mort alors qu'il n'a pas tué, Pompidou refuse de gracier Bontems. Cet épisode va marquer profondément son avocat, Robert Badinter (ci-dessus), déterminé à se battre contre la guillotine. Nommé en 1981 garde des Sceaux par Mitterrand, qui avait fait de l'abolition de la peine de mort une promesse de campagne malgré l'hostilité de l'opinion publique, Badinter fut chargé de préparer le projet de la loi. Entre l'affaire Bontems-Buffet et l'abolition de 1981, quatre personnes ont été exécutées, parmi lesquelles Hamida Djandoubi, dernière personne au monde exécutée au moyen d'une guillotine, et auparavant Christian Ranucci qui continuait de clamer son innocence dans sa cellule…

Arlette, Edith et Ségolène

Arlette Laguiller avait été en 1974 la première candidate à se présenter aux élections présidentielles. Edith Cresson est devenue en 1991 la première femme à occuper le poste de Premier ministre. En 2007, Ségolène Royal est quant à elle la première femme à atteindre le second tour de la course à l'Elysée. Encore relativement peu nombreuses à l'Assemblée et dans les gouvernements, les femmes profitent désormais des lois sur la parité votées sous le gouvernement Jospin.

Fête sur les Champs-Elysées pour la victoire de l'équipe de France de football lors de la Coupe du monde de 1998.

Lazare rejoint tous les autres

Lazare Ponticelli est né à la fin de l'année 1897 dans une famille très pauvre du nord de l'Italie. A 2 ans, il est trop jeune pour suivre sa famille en quête de travail en région parisienne, mais les rejoint, seul, à seulement 9 ans. A 16 ans, il triche sur son âge pour s'engager dans le premier conflit mondial au sein de l'armée française. Avec l'entrée en guerre de l'Italie aux côtés de la France en 1915, il est contraint de rejoindre un bataillon de chasseurs alpins italiens connu pour avoir fraternisé avec les Autrichiens, avant d'être sérieusement blessé au visage. Après avoir fondé une société de fumisterie avec ses frères au début des années vingt, il s'engage dans la Résistance pendant la Seconde Guerre mondiale. A l'issue d'une vie qui s'est étalée sur trois siècles différents, son décès en 2008 à l'âge de 110 ans constitue la disparition du dernier poilu français – et italien – de la Première Guerre mondiale. Deux ans plus tard, l'Allemagne achevait le remboursement de ses dernières dettes de la Première Guerre mondiale…

Le 1ᵉʳ janvier 2002, l'euro remplace définitivement le franc.

LISTE CHRONOLOGIQUE DES SOUVERAINS ET CHEFS D'ÉTAT DE LA FRANCE

MÉROVINGIENS

Chlodion (ou Clodion)
(V. 428-v. 447)
Mérovée (v. 447-v. 457)
Childéric Ier
(v. 457-481 ou 482)
Clovis (481 ou 482-511)
Premier partage (511)

AUSTRASIE
Thierry Ier (511-v. 534)
Théodebert Ier ou Thibert
(534-547/548)
Théodebald ou Thibaud
(547/548-555)

ORLÉANS
Clodomir (511-524)

PARIS
Childebert Ier (511-558)

NEUSTRIE
Clotaire 1er
(seul roi de 558 à 561)
(511-561)
Deuxième partage (561)

PARIS
Caribert(561-567)

ORLÉANS ET BOURGOGNE
Gontran (561-592)

NEUSTRIE
Chilpéric Ier (561-584)
Clotaire II
(seul roi de 613 à 629)
(584-629)
Dagobert Ier
(seul roi de 629 à 634)
629-v. 638

AUSTRASIE
Sigebert Ier (561-575)
Childebert II (575-595)
Thibert ou Théodebert II
(595-612)
Sigebert II (613)

BOURGOGNE
Thierry II (595/596-613)

AUSTRASIE
Sigebert III (634-656)
Childéric II (662-675)
Dagobert II (676-679)

NEUSTRIE ET BOURGOGNE
Clovis II (639-657)
Clotaire III (657-673)
Thierry III (673-690 ou 691)
Clovis III (675)
Clovis IV (691-695)
Childebert III (695-711)
Dagobert III (711-715)
Chilpéric II, désigné
par les Neustriens (715-721)
Clotaire IV, désigné
par Charles Martel (718-719)
Thierry IV (721-737)
Interrègne (737-743)
Childéric III (743-751)

CAROLINGIENS

Pépin le Bref (751-768)
Charlemagne (avec Carloman
jusqu'en 771) (768-814)
Louis Ier le Pieux
ou le Débonnaire (814-840)

Charles II le Chauve (843-877)
Louis II le Bègue (877-879)
Louis III et Carloman (879-882)
Carloman seul (882-884)
Charles le Gros (884-887)
Eudes (famille capétienne)
(888-898)
Charles III le Simple
(il partagea le trône avec Eudes de
893 à 898)
(893-923)
Robert Ier (famille capétienne) :
opposé
à Charles le Simple (922-923)
Raoul (923-936)
Louis IV d'Outremer (936-954)
Lothaire (954-986)
Louis V (986-987)

CAPÉTIENS DIRECTS

Hugues Capet (987-996)
Robert II le Pieux
(996-1031)
Henri Ier (1031-1060)
Philippe Ier (1060-1108)
Louis VI le Gros (1108-1137)
Louis VII le Jeune (1137-1180)
Philippe II Auguste (1180-1223)
Louis VIII (1223-1226)
Louis IX (Saint Louis)
(1226-1270)
Philippe III le Hardi
(1270-1285)

Philippe IV le Bel (1285-1314)
Louis X le Hutin (1314-1316)
Jean 1er (posthume) (1316)
Philippe V le Long (1316-1322)
Charles IV le Bel (1322-1328)

VALOIS
Valois directs
(issus de Charles de Valois, frère
de Philippe le Bel)
Philippe VI de Valois
(1328-1350)
Jean II le Bon
(1350-1364)
Charles V le Sage
(1364-1380)
Charles VI (1380-1422)
Charles VII (1422-1461)
Louis XI (1461-1483)
Charles VIII (1483-1498)
Valois-Orléans
(Issus du 1er fils
de Louis d'Orléans,
frère de Charles VI)
Louis XII (1498-1515)
Valois-Angoulême
(issus du 3e fils
de Louis d'Orléans)
François Ier (1515-1547)
Henri II (1547-1559)
François II (1559-1560)
Charles IX (1560-1574)
Henri III (1574-1589)

BOURBONS
(issus de Robert,
comte de Clermont,
6e fils de Saint Louis)
Henri IV (1589-1610)
Louis XIII (1610-1643)
Louis XIV (1643-1715)
Louis XV (1715-1774)
Louis XVI (1774-1792)

Ire RÉPUBLIQUE
Convention (1792-1795)
Directoire (1795-1799)
Consulat (1799-1804)

PREMIER EMPIRE
Napoléon Ier, empereur
(1804-1814)
Les Cent-Jours (1815)

RESTAURATION
(Bourbons)
Louis XVIII
(1814 ; 1815-1824)
Charles X (1824-1830)

MONARCHIE DE JUILLET
(Bourbons-Orléans)
Louis-Philippe Ier (1830-1848)

IIe RÉPUBLIQUE
Louis-Napoléon Bonaparte
(1848-1852)

SECOND EMPIRE
Napoléon III, empereur
(1852-1870)

IIIe RÉPUBLIQUE
Adolphe Thiers
(1871-1873)
Mac-Mahon (1873-1879)
Jules Grévy (1879-1887)
Sadi-Carnot (1887-1894)
Casimir-Perier (1894-1895)
Félix Faure (1895-1899)
Émile Loubet (1899-1906)
Armand Fallières (1906-1913)
Raymond Poincaré (1913-1920)
Paul Deschanel (févr. sept. 1920)

Alexandre Millerand
(1920-1924)
Gaston Doumergue (1924-1931)
Paul Doumer (1931-1932)
Albert Lebrun (1932-1940)

ÉTAT FRANÇAIS
Philippe Pétain (1940-1944)

GOUVERNEMENT PROVISOIRE DE LA RÉPUBLIQUE
Charles de Gaulle (1944-1946)
Félix Gouin, Georges Bidault,
Léon Blum (1946-1947)

IVe RÉPUBLIQUE
Vincent Auriol (1947-1954)
René Coty (1954-1959)

Ve RÉPUBLIQUE
Charles de Gaulle
(1959-1969)
Georges Pompidou
(1969-1974)
Valéry Giscard d'Estaing
(1974-1981)
François Mitterrand
(1981-1995)
Jacques Chirac
(1995-2007)
Nicolas Sarkozy
(2007-2012)
François Hollande
(2012-…)

INDEX
DES DÉPARTEMENTS

PAR ORDRE NUMÉRIQUE DES DÉPARTEMENTS

PRÉFECTURES

01 Ain : Bourg-en-Bresse
02 Aisne : Laon
03 Allier : Moulins
04 Alpes-de-Haute-Provence :
   Digne
05 Hautes-Alpes : Gap
06 Alpes-Maritimes : Nice
07 Ardèche : Privas
08 Ardennes :
   Charleville-Mézières
09 Ariège : Foix
10 Aube : Troyes
11 Aude : Carcassonne
12 Aveyron : Rodez
13 Bouches-du-Rhône :
   Marseille
14 Calvados : Caen
15 Cantal : Aurillac
16 Charente : Angoulême
17 Charente-Maritime :
   La Rochelle
18 Cher : Bourges
19 Corrèze : Tulle
2A Corse-du-Sud : Ajaccio
2B Haute-Corse : Bastia
21 Côte-d'Or : Dijon
22 Côtes-d'Armor :
   Saint-Brieuc
23 Creuse : Guéret
24 Dordogne : Périgueux
25 Doubs : Besançon
26 Drôme : Valence
27 Eure : Évreux
28 Eure-et-Loir : Chartres
29 Finistère : Quimper
30 Gard : Nîmes
31 Haute-Garonne : Toulouse
32 Gers : Auch

33 Gironde : Bordeaux
34 Hérault : Montpellier
35 Ille-et-Vilaine : Rennes
36 Indre : Châteauroux
37 Indre-et-Loire : Tours
38 Isère : Grenoble
39 Jura : Lons-le-Saunier
40 Landes : Mont-de-Marsan
41 Loir-et-Cher : Blois
42 Loire : Saint-Étienne
43 Haute-Loire :
   Le Puy-en-Velay
44 Loire-Atlantique : Nantes
45 Loiret : Orléans
46 Lot : Cahors
47 Lot-et-Garonne : Agen
48 Lozère : Mende
49 Maine-et-Loire : Angers
50 Manche : Saint-Lô
51 Marne :
   Châlons-en-Champagne
52 Haute-Marne : Chaumont
53 Mayenne : Laval
54 Meurthe-et-Moselle : Nancy
55 Meuse : Bar-le-Duc
56 Morbihan : Vannes
57 Moselle : Metz
58 Nièvre : Nevers
59 Nord : Lille
60 Oise : Beauvais
61 Orne : Alençon
62 Pas-de-Calais : Arras
63 Puy-de-Dôme :
   Clermont-Ferrand
64 Pyrénées-Atlantiques : Pau
65 Hautes-Pyrénées : Tarbes
66 Pyrénées-Orientales :
   Perpignan

67 Bas-Rhin : Strasbourg
68 Haut-Rhin : Colmar
69 Rhône : Lyon
70 Haute-Saône : Vesoul
71 Saône-et-Loire : Mâcon
72 Sarthe : Le Mans
73 Savoie : Chambéry
74 Haute-Savoie : Annecy
75 Paris : Paris
76 Seine-Maritime : Rouen
77 Seine-et-Marne : Melun
78 Yvelines : Versailles
79 Deux-Sèvres : Niort
80 Somme : Amiens
81 Tarn : Albi
82 Tarn-et-Garonne :
   Montauban
83 Var : Toulon
84 Vaucluse : Avignon
85 Vendée : La Roche-sur-Yon
86 Vienne : Poitiers
87 Haute-Vienne : Limoges
88 Vosges : Épinal
89 Yonne : Auxerre
90 Territoire de Belfort :
   Belfort
91 Essonne : Évry
92 Hauts-de-Seine : Nanterre
93 Seine-Saint-Denis :
   Bobigny
94 Val-de-Marne : Créteil
95 Val-d'Oise : Cergy-Pontoise
971 Guadeloupe : Basse-Terre
972 Martinique : Fort-de-France
973 Guyane : Cayenne
974 La Réunion : Saint-Denis
976 Mayotte : Mamoudzou

Crédits iconographiques

**Collection BHVP-Grob/
Kharbine-Tapabor**
Pages 145 (bg), 376 (h).

**Collection privée GalDoc/Grob/
Kharbine-Tapabor**
Pages 162 (g), 164 (bg), 181 (hg).

**Collection IM/
Kharbine-Tapabor**
Pages 16, 17 (h), 35 (bd), 36 (g),
48 (bd), 54 (hg), 61 (bg), 67 (bg),
68 (bd), 69 (hd), 79 (bg), 80 (bg),
82 (bg), 88 (bg), 89 (h), 97 (hd),
117 (hd), 119 (bg), 133 (md),
134 (bg), 150 (bd), 151 (hg),
152 (bg), 155 (d), 168 (bg), 171 (bg),
180 (bg), 184 (bg), 186 (g), 190 (hd),
194 (bg), 201 (hg), 212 (bg), 215 (hg),
216 (bd), 217 (hd), 224 (hd),
226 (hd), 227 (bd), 238 (hd), 239 (g),
268 (bg), 297 (bg), 310 (hg), 339 (bg),
355 (bg), 374 (bd), 386 (bd),
387 (b), 400 (bg), 404 (hg), 407 (bg),
409 (hg), 415 (bg), 420, 428, 430 (d),
434, 435.

**Collection Jean Vigne/
Kharbine-Tapabor**
Pages 43 (bd), 158 (d), 191 (bg),
198 (bg), 366, 390.

**Collection Jonas/Kharbine-
Tapabor**
Pages 24 (hd), 29 (g), 32 (hg),
70 (hd), 83 (bg), 99 (hd), 166 (d),
170 (bg), 235, 248, 263, 293 (bd),
316 (g), 320, 323 (hd), 324 (bd),
329 (hg), 332 (bd), 341 (hd),
357 (hd), 360 (d).

**Collection Lou/
Kharbine-Tapabor**
Page 365 (hg).

**Collection MX/
Kharbine-Tapabor**
Page 384 (hd).

**Collection Perrin/
Kharbine-Tapabor**
Pages 18 (b), 19 (g), 23 (bd), 27 (hd),
35 (hg), 43 (hg), 47 (hg), 48 (hg),
59 (bd), 60, 63 (bd), 64 (g), 71 (hd),
76 (bg), 78 (bg), 91 (hg), 95 (bg),
102 (bg), 104 (d), 108 (d), 109 (bd),
114 (g), 118 (bg), 123 (bg), 125 (hg),
129 (hd), 137 (hg), 138 (bg),
153 (hd), 156 (bg), 159 (bg),
169 (bg), 174 (d), 178 (bg), 185 (bd),
192 (bg), 197 (hd), 202 (bg),
204 (bd), 205 (hd), 207 (bg), 211 (b),
331 (bg), 381 (bd), 397 (bd).

**Collection S. Kakou/Kharbine-
Tapabor**
Page 361 (bg).

© PLM — ACCOR
Pages 67 (bg), 81 (hg), 85 (d),
91 (hd).

Collection Maugein, Tulle
Page 122 (bg).

Musée Dobrée, Nantes
Page 154 (bg).

L'Adresse, musée de la Poste
Page 177 (bg).

Familistère Godin
Page 179 (b).

Archives de Seine-et-Marne (77)
Page 194 (hd).

**Collection Rossignol/
Kharbine-Tapabor**
Page 432 (b).

Akg-images
Pages 402, 438 (bg).

Akg-images/Erich Lessing
Page 378.

Michel Baret/RAPHO
Page 443 (hg).

**Pool DEVILLE/DUCLOS/
GAMMA**
Page 443 (d).

Alain Grée/Éditions Casterman
Page 441 (b).

Collection Michel Launay
Pages 221, 222 (bg), 223, 225.

Collection Abbaye d'Aiguebelle
Pages 222, 244 (bg), 246 (hd), 247,
454 (d), 259.

Musée de l'École
Pages 10 (hg), 11 (bd).

DR
Pages 13, 15, 23 (hg), 24 (bg),
49 (bg), 50 (bg), 55 (bg), 67 (hd),
68 (hd), 71 (bg), 73 (b), 98 (d),
105 (b), 124 (g), 125 (bd), 139 (g),
140 (b), 145 (hd), 155 (hg), 172 (hd),
173 (hg), 182 (b), 185 (hg), 186 (bd),
193 (md), 196 (bg), 199 (bg),
202 (hd), 208 (hd), 209 (h, bd),
210 (hd).

Collection de l'auteur
Page 14.

LES ÉDITIONS OUEST-FRANCE REMERCIENT TOUT PARTICULIÈREMENT :
Christian Le Corre pour sa recherche iconographique, Dominique Gazeau, Patricia Magourou,
Michel et Nicole Sohier, Michel Launay et Béatrice Rousseau pour leur prêt de documents.

TABLE DES MATIÈRES

8 — Avant-propos
12 — Une brève histoire des départements français

218 — Histoire

220 — L'histoire de la France à travers la formation de son territoire

Editions OUEST-FRANCE
Lille - Rennes

Éditeur Anne Cauquetoux
Coordination éditoriale Isabelle Rousseau
Conception Studio des Éditions Ouest-France
Mise en page et photogravure graph&ti, Cesson-Sévigné (35)
Impression GPS

© 2015, Éditions Ouest-France, Édilarge SA, Rennes

ISBN 978-2-7373-6451-8 • N° d'éditeur 7555.02.03.08.16
Dépôt légal : septembre 2015
Imprimé en Union européenne
www.editionsouestfrance.fr